KB152129

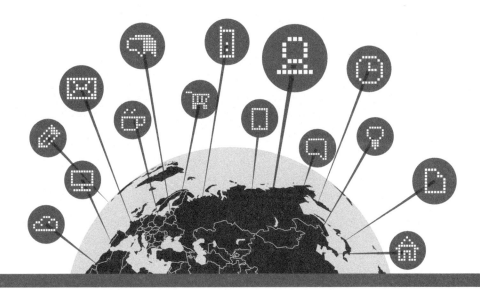

Internet of Things

사물인터넷
시대의
RF 공학

기현철 지음

 한티미디어

저자소개

기현철 교수 hcki@gachon.ac.kr
가천대학교 IT대학 전자공학과
연구분야: RF 회로 설계, WEH(Wireless Energy Harvesting), 메타물질응용설계, 안테나 등

사물인터넷 시대의 RF 공학

발행일 2017년 8월 31일 초판 1쇄

지은이 기현철
펴낸이 김준호
펴낸곳 한티미디어 | **주 소** 서울시 마포구 동교로 23길 67 Y빌딩 3층
등 록 제15-571호 2006년 5월 15일
전 화 02)332-7993~4 | **팩 스** 02)332-7995
ISBN 978-89-6421-310-0 (93000)
정 가 25,000원

마케팅 노호근 박재인 최상욱 김원국 김택성 | **편집** 김은수 유채원 | **관리** 김지영 문지희

이 책에 대한 의견이나 잘못된 내용에 대한 수정정보는 한티미디어 홈페이지나 이메일로 알려주십시오.
독자님의 의견을 충분히 반영하도록 늘 노력하겠습니다.

홈페이지 www.hanteemedia.co.kr | **이메일** hantee@hanteemedia.co.kr

PREFACE

RF(Radio Frequency) 기술은 사물인터넷(Internet of Things, IoT)의 근간을 이루는 무선 네트워크 인프라의 구축을 가능하게 해주는 핵심 기술이다. 또한, RF 기술은 사물인터넷의 감각기관이 되는 고부가 가치 센서 구현에도 큰 기여를 하고 있다. 뿐만 아니라 바이오 센서 등의 미래 센서 분야에 대한 무한한 가능성을 내포하고 있다. 따라서, 사물인터넷 시대를 맞아 'RF 기술의 사물인터넷과의 만남'이라는 새로운 시각으로 재조명할 필요가 있다.

RF 기술은 레이더, GPS(Global Positioning System) 무전기 등의 군용 장비와 핸드폰, 무선 LAN 등의 정보통신분야, 그 밖에도 RF 주파수 대역의 특성을 응용한 각종 측정 검사 장비 등 이루 다 헤아릴 수 없을 정도로 광범위하게 응용되고 있다. 그러나 이 책에서는 사물인터넷 속에서 꽃 피울 수 있는 근거리 무선 기술과 RF 기술을 이용한 센서 등 사물인터넷과의 융합이라는 관점에서 RF 기술을 살펴보고자 한다.

이 책은 Part I: 사물인터넷과 RF 공학, Part II: RF 회로의 기본이론, Part III: IoT 속에서의 RF 기술, Part IV: IoT 디바이스 설계의 네 개의 파트(part)로 구성되어 있다. Part I: 사물인터넷과 RF 공학에서는 RF 공학과 사물인터넷의 개요를 설명하여 장님이 코끼리 다리 만지는 것과 같은 상황을 방지하고자 했다. 또한, IoT 디바이스의 구조와 기능에 대해 설명하여 IoT 디바이스에 연관되는 기술들을 자연스럽게 파악할 수 있도록 하였다. Part II: RF 회로의 기본 이론에서는 RF 기술을 이해하기 위해 필요한 기본 이론에 대해 설명한다. 이 파트는 제4장: 전송선과 분포정수 회로, 제5장: S-파라미터, 제6장: 스미스 차트, 제7장: 임피던스 정합의 네 개의 장으로 이루어져 있어, RF를 처음 접하는 초보자에게 RF의 기본 이론과 개념을 배울 수 있도록 배려된 파트이다. 그러나 그 분량이 적지 않으므로 충분한 시간을 할애할 수 없거나 RF에 대해 약간은 이해하고 있는 경우에 활용할 수 있도록 각 장마다 끝에 그 장의 내용을 간략히 요약해 놓았다. 여기에서의 요약은 내용의 핵심을 요약 정리하는 것뿐만 아니라 근본 개념을 이해하는 데 필수적인 것 외에는 모두 생략하였다. 따라서 최소한의 시간으로 RF에 대한 최소한의 근본 개념만을 공부할 수 있도록 하였으며 필요한 경우 선택적으로 활용할 수 있도록 하였다. 또한, 요약된 내용의 수식이나 그림 등의 번호는 본문의 내용의 번호와 동일하게 사용함으로써 필요에 따라 쉽게 본문을 참조할 수 있도록 하였다. Part III: IoT 속에서의 RF 기술에서는 근거리 무선통신 기술과 RF 기술을 이용한 센서를 다룬다. 이 파트는 제8장 무선통신과 RF 트랜시버, 제9장 블루투스의 이해, 제10장 RF 기술을 이용한 센서의 3개의 장으로 구성되어 있어, RF 트랜시버의 구조와 동작을 이해하고 근거리 무선 네트워크의 구성을 이해할 수 있도록 하고, RF 기술이 다양한 형태의 센서로 구현되어 사물인터넷에 접목되는 점을 이해할 수 있도록 하고 있다. Part IV: IoT 디바이스 설계는 BLE(Bluetooth Low Energy)를 이용한 IoT 디바이스 설계를 팀프로젝트로 수행하는 내용을 담고 있다. 이 파트는 창의적이고 다양한 IoT 디바이스를 팀 단위로 설계하도록 함으로써 사물인터넷에 대한 체험과 아울러 더 많은 흥미를 느낄 수 있도록 하였다.

이러한 의도와 노력에도 불구하고 미흡한 점이 너무도 많음을 자인하지 않을 수 없으며 송구한 마음을 금할 길이 없다. 끝으로, 이 책이 출판되기까지 도와주신 한티미디어 모든 분들께 감사를 드린다.

저자 기현철

CONTENTS

PART 1

사물인터넷과
RF 공학

RF 개론

1.1 서론

RF 기술은 사물인터넷(Internet of Things, IoT)의 근간을 이루는 무선 네트워크 인프라의 구축을 가능하게 해주는 핵심 기술이다. 또한, RF 기술은 사물인터넷의 감각기관이 되는 고부가 가치 센서 구현에도 큰 기여를 하고 있을 뿐만 아니라 바이오 센서 등의 미래 센서 분야에 대한 무한한 가능성을 내포하고 있다. 따라서, 사물인터넷 시대를 맞아 RF 기술을 사물인터넷과의 융합이라는 새로운 시각으로 재조명할 필요가 있다.

이 장에서는 RF(Radio Frequency)의 광범위한 분야에 대해 개괄적으로 이해할 수 있도록 RF 공학의 개요에 대해 설명하고자 한다. 그러나 광범위한 RF 기술 중에서 사물인터넷에 융합될 수 있는 기술에 비중을 두고 그와 관련된 분야를 위주로 설명하기로 한다.

1.2 전자기파의 이해

전자기파(electromagnetic wave)란 **전계(E : electric field)**와 **자계(H : magnetic field)**로 이루어진 파(wave)로서 자유공간에서 광속으로 전파한다. 우리가 공부하고자 하는 RF도 전자기파이고 우리가 눈으로 보는 빛도 전자기파이다. 전자기파에 대해 보다 깊이 이해하기 위해서 먼저 파에 대해 살펴보기로 한다.

1.2.1 파

파(wave)란 매질의 영구적인 이동 없이 매질 내의 한 지점에서 다른 지점으로 전파하는 요동을 말한다. 이것은 전기적인 파뿐만 아니라 모든 파에 해당되는 파에 대한 일반 정의이다.

■ 수면파

고요한 수면 위에 돌을 하나 떨어뜨려 보자. 이 경우 돌이 떨어진 자리의 물이 움푹 밑으로 들어갔다가 다시 솟구치면서 요동을 만든다. 이 만들어진 요동은 그 자리에 머물러 있지 않고 매질인 물을 타고 전파하면서 점점 더 큰 원을 만들게 된다. 이때 매질인 물도 이동했을까? 이것을 확인하기 위해 이번에는 탁구공을 물 위에 띄워 놓고 같은 실험을 반복해 보자. 탁구공이 물결을 따라 멀리 이동하는가? 그렇지 않다. 탁구공은 제자리에서 상하 운동만 할 뿐이다. 즉, 매질은 이동하지 않고 파만 전파되는 것이다. 그렇다면 그 파를 통해 이동한 것은 무엇일까? 그것은 에너지이다. 즉, 파를 통해서 전파되는 것은 에너지인 것이다.

1.2.2 전자기파

■ 전자기파

그렇다면 전자기파(electromagnetic wave)를 발생시키는 돌멩이는 무엇일까? 그것은 전하(electric charge)의 요동이다. 따라서, **전자기파는 전하의 요동(진동)에 의해 발생된 방사에너지(radiant energy)의 흐름으로 정의된다.** 전하의 진동에 의해 발생된 전자기파는 전계(E)와 자계(H)로 이루어져 있으며 이 전계(E)와 자계(H)는 서로 직교하는 동시에 진행방향과도 직교하며 광속도로 전파된다. 전자기파의 발생과 전파의 간단한 예를 보이면 [그림 1.1]과 같다.

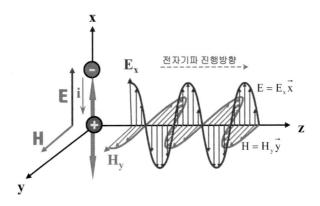

[그림 1.1] 전자기파의 발생과 전파

결국, 전자기파는 에너지의 흐름이고 그 에너지는 다음 수식으로 표현된다.

$$E = h\nu \tag{1.1}$$

여기서, h는 플랑크상수이고, ν는 진동수이다.

[그림 1.2]는 전자기파와 다른 형태의 에너지와의 관계를 보여주고 있다. RF는 전자기파 중 특정 주파수 대역의 한 부분을 지칭하는 것이다.

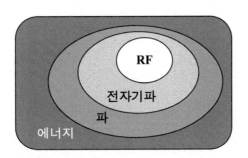

[그림 1.2] 전자기파와 다른 형태의 에너지 관계

> ### 예제 1.1 | 전자기파와 에너지
>
> 다음 각 항에 답하라.
> (a) 파 형태가 아닌 에너지 형태를 열거하라.
> (b) 전자기파 외의 파를 열거하라.

풀이
(a) 화학에너지, 운동에너지 등
(b) 물결파, 음파, 지진파 등

1.3 RF에 대한 이해

(1) RF

도체를 통해 신호(전류)가 흐르면 전자기파(electromagnetic wave)가 발생한다. 신호의 주파수가 가청주파수(20KHz)를 넘게 되면 도체로부터 전자기파가 방사(radiate)되기 시작한다. 이러한 방사 특성으로 인해 이 대역의 주파수를 Radio Frequency(약어로, RF)라고 부른다. 일반적으로 RF는 [그림 1.3] 전자기파의 스펙트럼에서 보였듯이 30KHz~300GHz 사이의 주파수를 갖는 전자기파를 일컫는다.

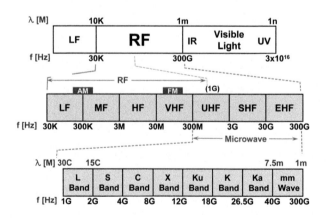

[그림 1.3] 전자기파의 스펙트럼

한편, 사전적인 주파수 정의로는 RF는 1GHz 이하, Microwave(초고주파)는 300MHz~
30GHz의 전자파를 일컫기도 한다. 하지만 실제 RF라는 용어와 Microwave라는 용어는
명확한 구분 없이 혼용하여 쓰는 경우가 더 많으며, RF라는 용어가 Microwave보다 더
포괄적인 의미로 쓰이고 있다.

(2) RF 대역

RF의 전 대역을 통째로 모든 용도로 사용하게 하거나 모든 대역에서 다 동작하는 회로
를 설계하는 것은 배우 비효율적일 뿐만 아니라 비현실적이다. 따라서 [그림 1.3] 전자
기파의 스펙트럼에서 볼 수 있듯이 RF 대역은 여러 개의 대역(band)으로 분할하여 사용
하고 있다. [그림 1.3]은 전자기파의 주파수 대역을 구분하고 있으며, 첫 번째 그림은 전
자기파 대역이 저주파 대역(LF), RF 대역, 자외선(IR) 및 가시광선 등으로 구분됨을 보
여주고 있다. 두 번째 그림은 RF 대역이 VHF, UHF 등의 세분화된 주파수 대역으로 다
시 분류됨을 보여주고 있으며, 세 번째 그림은 Microwave 대역이 X밴드, Ku밴드, Ka밴
드 등의 세분화된 밴드로 분류되는 것을 보여주고 있다.

전자기파의 스펙트럼은 오랜 시일을 통하여 주파수 분류가 이루어져 왔으며 오늘날
은 <표 1.1>에 보인 미국 전기전자공학회(IEEE) 분류 주파수 스펙트럼을 주로 사용하
고 있다.

〈표 1.1〉 미국 전기전자공학회(IEEE)가 분류한 RF 대역

Frequency Bend	Frequency	Wavelength	이용분야
ELF (Extreme Low Frequency)	30~300Hz	10,000~1000km	잠수함의 통신
VF (Voice Frequency)	300~3000Hz	1000~100km	잠수함의 통신, 지하광산간 통신
VLF (Very Low Frequency)	3~30kHz	100~10km	해상통신
LF (Low Frequency)	30~300kHz	10~1Km	무선전화국
MF (Medium Frequency)	300~3000kHz	1~0.1km	국제단파통신

(계속)

Frequency Bend	Frequency	Wavelength	이용분야
HF (High Frequency)	3~30MHz	100~10m	아마추어무선
VHF (Very High Frequency)	30~300MHz	10~1m	FM, TV, 무선호출
UHF (Ultrahigh Frequency)	300~3000MHz	100~10cm	이동전화, PCS, 이리듐
SHF (Superhigh Frequency)	3~30GHz	10~1cm	인공위성
EHF (Extreme High Frequency)	30~300GHz	1~0.1cm	우주통신

〈표 1.2〉 미국 전기전자공학회(IEEE)가 분류한 Microwave 대역

Frequency Bend	Frequency	Wavelength
P Band	0.23~1GHz	130~30cm
L Band	1~2GHz	30~15cm
S Band	2~4GHz	15~7.5cm
C Band	4~8GHz	7.5~3.75cm
X Band	8~12.5GHz	3.75~2.4cm
Ku Band	12.5~18GHz	2.4~1.67cm
K band	18~26.5GHz	1.67~1.13cm
Ka Band	26.5~40GHz	1.13~0.75cm
Millimeter wave	40~300GHz	7.5~1mm
Submillimeter wave	300~3000GHz	1~0.1mm

예제 1.2 전자기파 대역

다음 각 항에 답하라.

(a) 300MHz~3GHz의 주파수 대역을 무엇이라고 부르는가?

(b) X밴드 레이더가 사용하는 주파수는 어떤 범위 내에 존재하는가?

풀이

(a) UHF 대역

(b) 8GHz~12GHz

1.4 주파수에 따른 전자기파 이론

전자기파는 주파수에 따라 저주파, RF, 광파 등으로 분류되며 파장과 회로의 상대적 크기에 따라 해석 방법을 달리한다. 전자기파 이론의 핵심적 내용은 Maxwell 방정식으로 요약될 수 있다. 일반적으로 RF 대역에서 전자기파의 파장(λ)은 회로의 크기와 비슷하므로 회로 정수가 회로 내에 분포되어 있는 **분포정수** 개념으로 Maxwell 방정식을 적용하여 해석하게 된다. 그러나 저주파 대역에서 전자기파의 파장(λ)이 회로의 크기에 비해 상대적으로 매우 크므로 회로 정수가 회로 내의 한 점에 뭉쳐있는 **집중정수** 개념으로 해석할 수 있으며, 이 경우 Maxwell 방정식도 간략화되어 키르히호프 법칙 등의 저주파 회로이론으로 해석할 수 있다. 한편, 광파에서는 전자기파의 파장(λ)이 회로의 크기에 비해 상대적으로 매우 작으며, 이 경우 전자기파 이론은 간략화되어 표현될 수 있고 이를 광파이론이라 한다. [그림 1.4]는 주파수에 따라 적용하기 적절한 전자기파 이론의 형태를 요약하여 설명하고 있다.

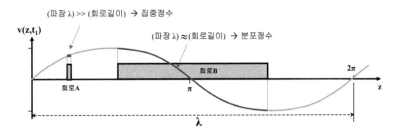

(a) 파장(λ)과 회로길이의 상대적 비교

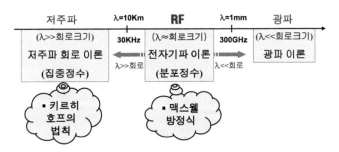

(b) 파장(λ)과 회로길이의 상대적 크기에 따른 전자기파 이론

[그림 1.4] 주파수에 따른 전자기파 이론

> **예제 1.3** 집중정수와 분포정수
>
> 위상속도(υ_p)가 광속도의 50%인 전송선에서 다음 각 경우에 집중정수 해석을 해야 하는지 분포정수 해석을 해야 하는지 판단하여 답하라.
> (a) 1,500Km 길이의 전송선으로 주파수가 60Hz인 신호가 흐르고 있다.
> (b) 1m 길이의 전송선으로 주파수가 100KHz인 신호가 흐르고 있다.
> (c) 10cm 길이의 전송선으로 주파수가 1.5GHz인 신호가 흐르고 있다.

풀이

(a) $\lambda = \dfrac{\upsilon_p}{f} = \dfrac{0.5 \times 3 \times 10^8}{60} = 2{,}500\text{Km} \approx 1{,}500\text{Km}$ (회로크기) 이므로 분포정수로 해석해야 한다.

(b) $\lambda = \dfrac{\upsilon_p}{f} = \dfrac{0.5 \times 3 \times 10^8}{100 \times 10^3} = 1{,}500\text{m} \gg 1\text{m}$ (회로크기) 이므로 집중정수로 해석해도 된다.

(c) $\lambda = \dfrac{\upsilon_p}{f} = \dfrac{0.5 \times 3 \times 10^8}{1.5 \times 10^9} = 0.1\text{m} \approx 0.1\text{m}$ (회로크기) 이므로 분포정수로 해석해야 한다.

1.5 Maxwell 방정식의 이해

1.5.1 Maxwell 방정식

Maxwell은 이전까지 분리되어 있던 전기력과 자기력을 통일해 전자기력에 대한 학문 즉, 전자기학을 정립하였다. 전계(E)의 원천인 전하(ρ)와 자계(H)의 원천인 전류(J)의 분포와 전자계(E, H) 사이의 관계를 설명하고, 전압 및 전류와 같은 전기회로의 스칼라 개념을 전계 및 자계와 같은 벡터계의 개념으로 전환시키는 등 모든 전자기 현상을 설명할 수 있는 이론을 완성하였다. 이렇게 완성된 이론을 다음과 같이 4개의 간단한 수식으로 요약해 놓았는데 이를 Maxwell 방정식이라고 한다.

$$\text{div}\mathbf{D} \equiv \nabla \cdot \mathbf{D} = \rho \qquad \text{(Gauss 법칙)} \qquad (1.2a)$$

$$\text{div}\mathbf{B} \equiv \nabla \cdot \mathbf{B} = 0 \qquad \text{(Gauss 자기 법칙)} \qquad (1.2b)$$

$$\text{curl}\mathbf{H} \equiv \nabla \times \mathbf{H} = \mathbf{J}_c + \frac{\partial \mathbf{D}}{\partial t} \qquad \text{(Ampere 법칙)} \qquad (1.2c)$$

$$\mathrm{curl E} \equiv \nabla \times E = -\frac{\partial B}{\partial t} \qquad \text{(Faraday 법칙)} \qquad\qquad (1.2\mathrm{d})$$

따라서 모든 전자기 현상은 Maxwell 방정식으로부터 설명될 수 있다. Maxwell은 Faraday 법칙, Ampere 법칙, Gauss 법칙, Gauss 자기 법칙 등 이전에 알려진 법칙에 변위전류(displacement current)라는 개념을 도입하여 전계와 자계 및 그 상호 관계를 설명하였다. 따라서 Maxwell 방정식은 Faraday의 전자기유도법칙(Faraday's law of electromagnetic induction, 줄여서 Faraday 법칙), Ampere의 주회법칙(Ampere's circuital law)에 변위전류 개념을 도입한 Ampere-Maxwell의 주회법칙(Ampere-Maxwell's circuital law, 줄여서 Ampere 법칙), Gauss 법칙(Gauss' law) 및 Gauss 자기 법칙(Gauss's law for magnetism)의 4개의 방정식으로 이루어져 있다.

1.5.2 Maxwell 방정식의 물리적인 의미

Maxwell 방정식 4개 수식의 물리적인 의미를 설명하기 전에 필요한 몇 가지 용어의 정의를 먼저 살펴보기로 한다. 두 전하 Q_1, Q_2 사이에는 두 전하의 곱에 비례하고, 두 전하 사이의 거리(r)의 제곱에 반비례하는 힘(F)이 존재하는데 이를 쿨롱 법칙(Coulomb's law)이라고 하며 다음의 수식으로 표현된다.

$$F = \frac{1}{4\pi\varepsilon}\frac{Q_1 Q_2}{r^2} \qquad\qquad (1.3)$$

여기서, ε는 매질의 유전율(permittivity)이고, 이때에 발생한 힘(F)을 쿨롱 힘(Coulomb force)이라고 한다. 이와 같이 전하에 의해 눈에 보이지 않지만 어떤 역선(line of force)이 발생하는데 이를 전계(E, electric field)라고 명명하고 단위전하(+1C)에 작용하는 쿨롱 힘으로 정의하였다. 따라서 전하 Q_1에 의해서 발생한 전계(E)는 다음 수식으로 표현된다.

$$E = \frac{1}{4\pi\varepsilon}\frac{Q_1}{r^2} \qquad\qquad (1.4)$$

식(1.4)로부터 알 수 있듯이 전계(E)는 매질의 유전율(ε) 변화에 영향을 받는다. 따라서 매질의 유전율(ε) 영향을 받지 않는 플럭스(flux)인 전속밀도(D, electric flux density)를 다음과 같이 정의하였다.

$$D = \varepsilon E = \frac{Q_1}{4\pi r^2} \tag{1.5}$$

(1) Gauss 법칙

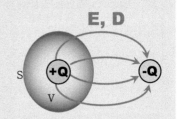

$$div D \equiv \nabla \cdot D = \rho \Leftrightarrow \oint_s D \cdot ds = \int_V \rho \, dv$$

전하를 포함하고 있는 폐곡면을 관통하여 나가는 전속의 합은 폐곡면 내부에 있는 총 알짜전하와 같다.
전계(E)는 양전하에서 시작되어 음전하에서 끝나고, 원천이 있는 장으로서 원천이 전하이다.

위의 Maxwell 방정식 중 식(1.2a)를 Gauss 법칙(Gauss' law)이라고 부른다. 위의 수식에서 양방향 화살표의 좌측은 Gauss 법칙의 미분형이고 우측은 적분형이다. 정의에 의하면 전계는 양전하에서 시작되어 음전하에서 끝난다. Gauss 법칙의 적분형은 전하를 포함하고 있는 폐곡면을 관통하여 나가는 전속(electric flux)의 합은 폐곡면 내부에 있는 총 알짜전하(total net charge)와 같음을 의미한다. 이는 전계(E)는 원천(source)이 있는 장(field)으로서 원천이 전하임을 의미한다.

(2) Gauss 자기 법칙

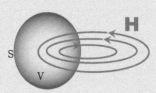

$$div B \equiv \nabla \cdot B = 0 \Leftrightarrow \oint_s B \cdot ds = 0$$

폐곡면을 관통해 나가는 자속의 합은 항상 0으로 자계는 항상 폐곡선 형태이다. 즉, 자계(H)는 원천이 없는 장이다.

위의 Maxwell 방정식 중 식(1.2b)를 Gauss 자기 법칙(Gauss' law for magnetism)이라고 부른다. 위의 수식에서 양방향 화살표의 좌측은 Gauss 자기 법칙의 미분형이고 우측은 적분형이다. 전계(E)와 전속밀도(D)를 구분하는 것과 같은 논리로 자계(H)와 지속밀도(B)를 구분하며 다음의 관계를 갖는다.

$$B = \mu H \tag{1.6}$$

여기서, μ는 투자율(permeability)이다.

Gauss 자기 법칙의 적분형은 폐곡면을 관통해 나가는 자속의 합은 항상 0임을 의미한다. 이는 자속은 항상 자석의 내부를 지나 N극에서 나와 S극으로 들어가는 폐루프(closed-loop)를 이루며 자계(H)는 홀극이 없고, N극과 S극이 언제나 함께 존재함을 의미한다. 즉, 자계(H)는 원천이 없는 장이다. 이러한 자기의 성질 때문에 일정한 공간으로 들어오는 자기력선과 나가는 자기력선의 크기는 언제나 같고, 따라서 서로 정반대의 방향으로 작용하는 같은 크기의 힘의 합계는 언제나 0이다.

(3) Ampere 법칙

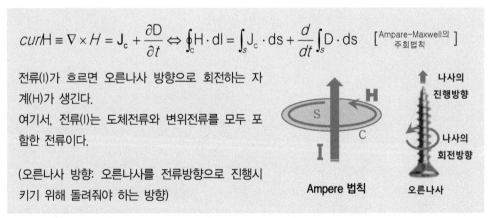

위의 Maxwell 방정식 중 식(1.2c)를 Ampere-Maxwell의 주회법칙(Ampere-Maxwell's circuital law)이라고 부르고, 줄여서 Ampere 법칙이라고 부르기도 한다. Maxwell은 이전의 Ampere의 주회법칙에 변위전류 개념을 추가하여 도체가 없는 자유 공간에서 전자기파가 전파

되는 원리를 설명하였고, 이렇게 수정된 Ampere의 주회법칙을 Ampere-Maxwell의 주회
법칙으로 부르게 되었다. 여기서 변위전류란 커패시터에 충전이나 방전을 할 때, 그 안
의 도체 판에 전기가 모이거나 흩어지는 동안 절연체 안에 흐르는 전류를 말한다. 도체
전류(J_c)와 변위전류(J_d)를 수식으로 표현하면 다음과 같다.

$$J_c = \sigma E \tag{1.7a}$$

$$J_d = \frac{\partial D}{\partial t} \tag{1.7b}$$

여기서, σ는 전기 전도도(conductivity)이다.

위의 수식에서 양방향 화살표의 좌측은 Ampere 법칙의 미분형이고 우측은 적분형이
다. Ampere 법칙의 미분형이 의미하는 것은 도체전류나 변위전류가 흐르면 그 전류 방
향과 수직한 방향의 회전하는 자계(H)가 발생한다는 것이다. 이를 적분형 수식으로 보
면 의미하는 바를 보다 구체적으로 이해할 수 있다. 즉, 임의의 폐곡선(C)의 내부면(S)을
관통하는 전류의 합은 폐곡선(C)을 따라 한 바퀴 돌면서 자계(H)를 적분한 값과 같다는
것이다. 편의상 오른나사 방향을 오른나사를 전류방향으로 진행(삽입)시키기 위해 돌
려줘야 하는 방향이라고 정의하면, Ampere 법칙은 '전류(I)가 흐르면 오른나사 방향으로
회전하는 자계(H)가 생긴다'로 간략히 표현할 수 있다.

(4) Faraday 법칙

$$\text{curl} E \equiv \nabla \times E = -\frac{\partial B}{\partial t} \Leftrightarrow \oint_c E \cdot dl = -\frac{d}{dt} \int_s B \cdot ds \quad \left[\begin{smallmatrix} \text{Faraday의} \\ \text{전자기유도법칙} \end{smallmatrix} \right]$$

임의의 폐곡선(C)의 내부면(S)을 관통하는 자속(Φ)의 크기가 시간에 따라
변화하면 그 폐곡선(C)에 자속의 변화율과 크기가 같고 자속의 변화를 방
해하는 방향의 유도 기전력이 발생한다. (우변의 '－' 부호는 유도 기전력
이 자속의 변화를 방해하는 방향으로 발생함을 표현한다.)

Faraday 법칙

위의 Maxwell 방정식 중 식(1.2d)를 **Faraday의 전자기유도법칙(Faraday's law of electro-magnetic induction)**이라고 부르고, 줄여서 **Faraday 법칙**이라고 부르기도 한다. 위의 수식에서 양방향 화살표의 좌측은 Faraday 법칙의 미분형이고 우측은 적분형이다. Faraday 법칙의 미분형이 의미하는 것은 **자속밀도(B)가 시간에 따라 변화하면** 자속밀도(B)와 수직한 방향을 가지면서 **회전하는(rotational) 전계(E)가 발생한다**는 것이다. 굽어서 회전하는 전계(E)가 있다는 것은 전하가 폐곡선을 따라 돌도록 하는 힘이 있다는 것이 되고 지속적으로 전류가 흐르도록 하는 힘, 즉 기전력이 존재한다는 것이다.

이를 적분형 수식으로 보면 의미하는 바를 보다 구체적으로 이해할 수 있다. 즉, 임의의 폐곡선(C)의 내부면(S)을 관통하는 자속(Φ)의 시간에 따른 변화량은 폐곡선(C)을 따라 한 바퀴 돌면서 적분한 전계의 합이 된다는 것이다. 전계를 거리에 따라 적분한 것은 곧 전압이다. 즉, 폐곡선(C)에 야기된 기전력인 것이다.

따라서 Faraday 법칙을 요약하면 다음과 같다. 임의의 폐곡선(C)의 내부면(S)을 관통하는 자속(Φ)의 크기가 시간에 따라 변화하면 그 폐곡선(C)에 자속의 변화율과 크기가 같고 자속의 변화를 방해하는 방향의 유도 기전력이 발생한다. 여기서, 폐곡선(C)에 발생한 기전력은 폐곡선을 따라 전류(I)가 흐르게 하는데 폐곡선이 도체로 이루어져 있으면 도체전류로 흐르고, 부도체로 이루어져 있으면 변위전류로 흐른다. 또한, 우변의 '−' 부호는 유도 기전력이 자속의 변화를 방해하는 방향으로 발생함을 표현한다.

Faraday 법칙을 기억하기 쉽게 단순화하여 표현하면 다음과 같다. **자속(Φ)이 시간에 따라 변화하면 자속의 변화를 방해하는 방향의 전류가 흐르도록 기전력이 발생한다.**

(5) 전자기파의 전파 원리

Maxwell 방정식 중 Ampere 법칙에 의하면 시변(time-varying) 전류(도체전류 혹은 변위전류)가 흐르면 그 전류와 수직한 방향의 회전하는 시변 자계(H)가 발생한다. H=B/μ이므로 이 시변 자계(H)는 Maxwell 방정식 중 Faraday 법칙에 의해 자계(H)와 수직한 방향의 회전하는 전계(E)를 발생시킨다. 회전하는 전계(E)는 기전력으로서 전류(자유 공간의 경우 변위 전류)를 발생시키고 이 전류는 또 다시 자계를 발생시킨다.

이상을 요약하면 시변 전류(도체전류 혹은 변위전류)가 흐르면 그 전류와 수직한 방향의 회전하는 시변 자계(H)가 발생한다. 회전하는 시변 자계(H)는 수직한 방향의 회전하는 시변 전계(E)를 발생시키고, 회전하는 시변 전계(E)는 전계방향으로 전류(도체전류 혹은 변위전류)가 흐르게 하고, 그 전류에 의해 전계(E)에 수직한 방향의 회전하는 시변 자계(H)를 발생시킨다. 이 원리에 의해 전자기파는 공간에서 전파된다. [그림 1.5]는 도선에 시변 전류(i)가 흐를 때 전자기파가 발생하고 전파하는 원리를 보여주고 있다.

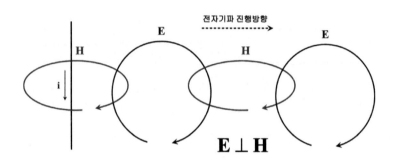

[그림 1.5] 전자기파의 전파

1.6 전자기파의 전파

앞에서는 전자기파가 발생하고 전파되는 과정을 물성적 개념으로 간략히 설명하였다. 이제는 자유공간에서 전자기파의 전파를 Maxwell 방정식을 이용하여 수학적으로 해석하기로 한다.

〈표 1.3〉 여러 조건에서의 Maxwell 방정식 형태

일반식	정현파적 변화 $D = D_o e^{j\omega t}, B = B_o e^{j\omega t}$	자유공간 $(J_c = 0, \rho = 0)$	정전계, 정자계
$\nabla \times E = -\dfrac{\partial B}{\partial t}$	$\nabla \times E = -j\omega\mu H$	$\nabla \times E = -\dfrac{\partial B}{\partial t}$	$\nabla \times E = 0$
$\nabla \times H = J_c + \dfrac{\partial D}{\partial t}$	$\nabla \times H = (\sigma + j\omega\varepsilon)E$	$\nabla \times H = \dfrac{\partial D}{\partial t}$	$\nabla \times H = J_c$
$\nabla \cdot D = \rho$	$\nabla \cdot D = \rho$	$\nabla \cdot D = 0$	$\nabla \cdot D = \rho$
$\nabla \cdot B = 0$	$\nabla \cdot B = 0$	$\nabla \cdot B = 0$	$\nabla \cdot B = 0$

(1) 자유공간에서의 전자기파의 전파

자유공간이란 도체전류(J_c)가 없고, 전하(ρ)가 없는 진공의 공간을 말한다. 자유공간($J_c =$ 0, $\rho = 0$)에서 Maxwell 방정식을 이용하여 평면 전자기파 수식을 유도하기로 한다. 우선, Maxwell 방정식을 전계(E)와 자계(H)로 표현하면 다음과 같다.

$$\nabla \times E = -\mu \frac{\partial H}{\partial t} \tag{1.8a}$$

$$\nabla \times H = \varepsilon \frac{\partial E}{\partial t} \tag{1.8b}$$

식(1.8a)에 $\nabla \times$을 취하고 식(1.8b)를 대입하면 다음의 전계에 대한 방정식을 얻는다.

$$\nabla \times (\nabla \times E) = -\mu \frac{\partial(\nabla \times H)}{\partial t} = -\mu\varepsilon \frac{\partial^2 E}{\partial t^2} \tag{1.9a}$$

같은 방법으로 식(1.8b)에 $\nabla \times$을 취하고 식(1.8a)를 대입하면 다음의 자계에 대한 방정식을 얻는다.

$$\nabla \times (\nabla \times H) = \varepsilon \frac{\partial(\nabla \times E)}{\partial t} = -\mu\varepsilon \frac{\partial^2 H}{\partial t^2} \tag{1.9b}$$

한편, 자유공간은 전하가 없는($\rho = 0$) 공간이므로 다음의 관계식이 성립한다.

$$\nabla \times (\nabla \times E) = \nabla(\nabla \cdot E) - \nabla^2 E \overset{\nabla \cdot E = \frac{\rho}{\varepsilon} = 0}{=} -\nabla^2 E \tag{1.10a}$$

$$\nabla \times (\nabla \times H) = \nabla(\nabla \cdot H) - \nabla^2 H \overset{\nabla \cdot H = 0}{=} -\nabla^2 H \tag{1.10b}$$

따라서 식(1.9)는 다음과 같이 표현된다.

$$\nabla^2 E - \mu\varepsilon \frac{\partial^2 E}{\partial t^2} = 0 \tag{1.11a}$$

$$\nabla^2 H - \mu\varepsilon\frac{\partial^2 H}{\partial t^2} = 0 \tag{1.11b}$$

식(1.11a)를 전계에 대한 파동방정식(wave equation), 식(1.11b)를 자계에 대한 파동방정식이라고 한다.

한편, 전계와 자계가 정현파라고 가정하면 시간적 변화가 $e^{j\omega t}$가 되므로 $\partial/\partial t \equiv j\omega$, $\partial^2/\partial^2 t \equiv -\omega^2$이 되어 식(1.11)의 파동방정식은 다음의 페이저 형태의 방정식이 된다.

$$\nabla^2 E - \kappa^2 E = 0 \tag{1.12a}$$

$$\nabla^2 H - \kappa^2 H = 0 \tag{1.12b}$$

여기서, $\kappa^2 = \omega^2\mu\varepsilon$ 이다. $\kappa(=\omega\sqrt{\mu\varepsilon})$ 는 매질의 전파상수(propagation constant)라고 한다. z방향으로 진행하는 전자기파를 구하기 위해 식(1.12)의 파동방정식을 이용하여 x방향의 전계와 y방향의 자계를 구하면 다음과 같다.

$$E(z,t) = \hat{x}E_{x0}\cos(\omega t - \kappa_z z) \tag{1.13a}$$

$$H(z,t) = \hat{y}\frac{E_{x0}}{\eta}\cos(\omega t - \kappa_z z) \tag{1.13b}$$

여기서, $\eta = \sqrt{\dfrac{\mu}{\varepsilon}}$ 이다.

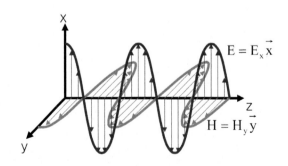

[그림 1.6] 자유공간에서 z방향으로 진행하는 전자기파의 구조

자유공간에서의 전자기파는 [그림 1.6]에서 보였듯이 진행방향에 수식한 전계와 자계로 이루어졌으며 빛의 속도로 이동한다. 또한, 자계성분에 대한 전계성분의 비를 **고유 임피던스(η, intrinsic impedance)**라고 부르며 다음 수식으로 표현된다.

$$\eta \equiv \frac{E_x}{H_y} = \sqrt{\frac{\mu}{\varepsilon}} = \sqrt{\frac{\mu_o \mu_r}{\varepsilon_o \varepsilon_r}} = \sqrt{\frac{\mu_o}{\varepsilon_o}} \sqrt{\frac{\mu_r}{\varepsilon_r}} = 377 \sqrt{\frac{\mu_r}{\varepsilon_r}} \ \ \Omega \tag{1.14}$$

예제 1.4 **고유 임피던스**

자유공간에서 전자파에 대하여 고유 임피던스를 계산하라.

풀이

자유공간에서의 비유전율과 비투자율은 1이므로 식(1.13)에 의하여 고유 임피던스는 다음과 같이 계산된다.

$$\eta = \sqrt{\frac{\mu}{\varepsilon}} = \sqrt{\frac{\mu_o \mu_r}{\varepsilon_o \varepsilon_r}} \overset{\mu_r = \varepsilon_r = 1}{=} \sqrt{\frac{\mu_o}{\varepsilon_o}} = \sqrt{\frac{4\pi \times 10^{-7}}{8.85 \times 10^{-12}}} = 377 \ \ \Omega$$

(2) 도파관 내에서의 전자기파의 전파

전자기파의 전계와 자계의 형태는 주변의 경계조건에 따라 달라진다. [그림 1.7]에 보인 구형 도파관의 경우 자유공간에서와 달리 도파관 내에서의 전자기파는 도체로 이루어진 도파관 벽이 경계조건으로 작용한다. 즉, 도파관 벽에 접선인 전계성분은 크기가 0이 되므로 다음의 경계조건을 적용한다.

$$E_x(x, y) = 0 \ \ ; \ y = 0, b \tag{1.15a}$$

$$E_y(x, y) = 0 \ \ ; \ x = 0, a \tag{1.15b}$$

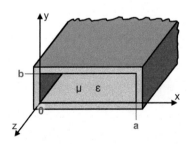

[그림 1.7] 구형 도파관의 구조

이 경우 전계와 자계의 형태는 자유공간의 경우와는 다르게 변화하게 된다. 즉, 주변의 경계조건에 따라 전자기파의 전계와 자계의 형태 및 주파수별 에너지 분포가 달라지는데 이들 형태를 모드로 구분한다.

1.7 전자기파의 모드

1.7.1 모드란

■ 모드

모드(mode)란 어떤 구조물에 의해 형성된 경계조건에 의해 특정 주파수의 전자기파가 집중되는 형태를 의미한다. 공진기에서의 모드라면 공진 주파수와 그 공진형태를 의미하고, 도파관이나 전송선의 경우 특정 주파수대역의 전자기파가 진행하는 형태를 의미한다.

이것은 구조물의 형태에 의해 설정된 경계조건에 따라 에너지가 특정 주파수에 집중되는 현상에 기인하는 것이다. 모드는 결국 구조물의 형태에 의해 결정되며, 특정 모드를 이용하려면 설계자가 그 모드가 형성될 수 있는 구조를 설계해야 함을 의미한다. 특히, 3차원 공간에서 전자가파를 다루려고 할 경우에는 반드시 전자기파의 모드에 대해 올바르게 이해하고 있어야만 한다.

1.7.2 모드의 종류

전자기파가 진행하는 형태의 모드는 TEM(Transverse ElectroMagnetic) 모드, TE(Transverse Electric) 모드, TM(Transverse Magnetic) 모드의 세 가지로 분류된다. 이때 모드는 전자기파의 진행 방향과 전계(E) 및 자계(H)가 수직을 이루는지의 여부에 따라 결정된다. [그림 1.8]은 전자기파의 각 모드를 그림으로 보여주고 있다.

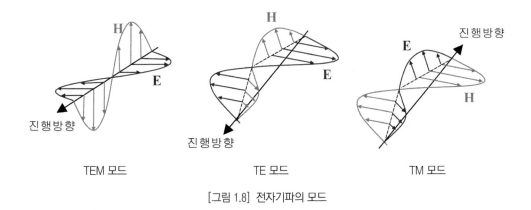

[그림 1.8] 전자기파의 모드

(1) TEM 모드

TEM 모드는 전자기파의 진행방향과 전계(E) 및 자계(H)가 모두 수직을 이루는 경우로 서 전송 시 신호의 손실을 최소화할 수 있어 특별히 전송선에서 가장 선호되는 모드이다. 실제로 Microstrip, Stripline, Coaxial line, Coplanar Waveguide, Parrarel Plate 등에서 TEM 모드가 이용된다. 이들은 두 개의 금속이 일정한 방향으로 평행하게 진행하기 때문에 진행방향에 전계(E)와 자계(H)가 동시에 수직으로 존재할 수 있다.

(2) TE 모드와 TM 모드

TE 모드는 전자기파의 진행방향과 전계(E)만 수직을 이루는 경우이고, **TM 모드**는 전 자기파의 진행방향과 자계(H)가 수직을 이루는 경우를 말한다.

　일반적인 금속 도파관(waveguide)의 경우 형성되는 모드이며, 전송선과 달리 하나의 금속관 내에서 평면파의 특정 성분의 가둠(bounce) 효과가 일어나기 때문에, 전계(E)나 자계(H) 중 어느 한쪽은 진행방향에 수직일 수가 없다. 이러한 도파관의 TE 혹은 TM 모 드는 구조와 크기에 따라 자동적으로 결정되는 것으로서, 특정한 모드를 사용하려면 도파관의 크기를 그에 맞게 설정하면 된다.

1.7.3 모드 계수

모드에는 TE_{mn}, TM_{mn}과 같이 각각 차수(order)를 의미하는 계수 m, n이 아래첨자로 붙어 있다. **모드 계수** m, n은 경계 조건에 의해 정해지는 전자파의 고윳값이다. 전자파는 전압이 +와 −로 교차되는 반파장 단위로 공진특성이 가장 강한데, 모드 계수는 횡단면의 각 방향당 몇 개의 반파장이 있는가에 대한 수치로 이해할 수 있다.

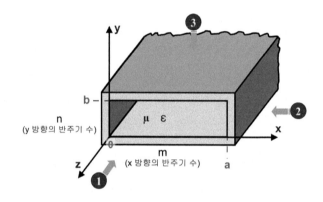

(a) 구형 도파관의 구조

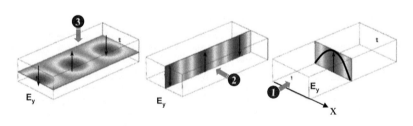

(b) TE_{10} 모드의 전계 형태

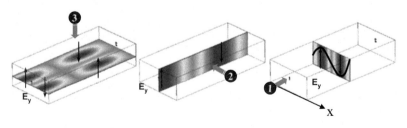

(c) TE_{20} 모드의 전계 형태

[그림 1.9] 전자기파의 모드 계수 (계속)

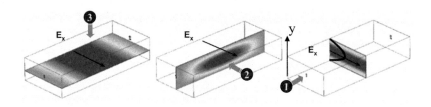

(d) TE$_{01}$ 모드의 전계 형태

[그림 1.9] 전자기파의 모드 계수

예를 들어, [그림 1.9(a)]에 보인 것과 같은 사각형 도파관(rectangluar waveguide)에서 m, n은 횡단면 좌표 x, y에 따른 전계 또는 자계 변화의 반주기의 수를 가리킨다. [그림 1.9(b)]는 TE$_{10}$ 모드의 전계 형태를 보여주고 있으며, x축 방향으로 전계 변화의 반주기 수가 1임을 볼 수 있다. [그림 1.9(c)]는 TE$_{20}$ 모드의 전계 형태를 보여주고 있으며, x축 방향으로 전계 변화의 반주기 수가 2임을 알 수 있다. 한편, [그림 1.9(d)]는 TE$_{01}$모드의 전계 형태를 보여주고 있으며, y축 방향으로 전계 변화의 반주기가 1임을 볼 수 있다.

일반적인 사각형 도파관을 제작하면 TE$_{10}$, TE$_{20}$, TE$_{01}$, TE$_{11}$, TM$_{11}$ 등의 순서로 모드가 생성되며 가장 에너지가 집중되는 맨 처음 모드를 **우성 모드(dominant mode)**라고 부른다. 이와 같이 모드는 파장과 밀접한 관계가 있으며 구조에 따라 진행하기 어려운 주파수가 존재하며 따라서 도파관에서도 차단 주파수(cut-off frequency)가 존재한다.

1.8 표피 효과

(1) 표피 효과

도체에 교류 전류가 흐를 때 도체의 중심부에는 전류밀도가 낮아지고, 대부분의 전류가 도체의 표면에 집중해서 흐르게 되는 현상을 **표피 효과(skin effect)**라 한다. [그림 1.10(a)]는 표피 효과가 발생하는 원리를 Maxwell 방정식으로 설명하고 있다. Ampere 법칙에 의해 도체에 전류(I)가 흐르면 오른나사 방향으로 자계(H)가 발생한다. 시간에 따라 자계가 증가하면 Faraday 법칙에 의해 자계의 증가를 억제하는 방향으로 전류(I$_w$)가 생성된다. 전류(I$_w$)의 성분 중 도체 중심부 쪽에서 흐르는 성분은 인가된 전류(I)와 반대

방향으로 흐르므로 전류(I)의 흐름을 방해한다. 이런 현상은 도체 중심부로 갈수록 심화되어 도체의 중심부에는 전류밀도가 낮아지고, 대부분의 전류가 도체의 표면에 집중해서 흐르게 되는 표피현상을 야기한다.

전류(I)의 주파수가 높을수록 시간에 따라 자계가 증감이 커지므로 Faraday 법칙에 의해 생성되는 전류(I_w)도 커지게 되어 표피효과가 크게 나타난다. 또한, 도체의 단면적이 클수록, 도체의 전도도가 클수록 표피효과는 크게 나타난다.

한편, 직류전류가 전선을 통과할 때는 표피효과가 발생하지 않으므로 도체 단면 전체에 같은 전류밀도로 흐른다. 따라서 전선에 직류가 흐를 때보다 직류와 같은 크기의 실효치를 갖는 교류가 흘렀을 때 전력손실이 많아진다.

(2) 표피 깊이

표피 효과에서 전류가 흐르는 표면의 깊이는 [그림 1.10(b)]에 보인 바와 같이 표면에서의 전류를 I_s라고 할 때 표면전류의 36.8%($0.368I_s$)가 흐르는 깊이로 정의한다. 표피 효과로부터 이 깊이를 구하면 **표피 깊이(skin depth, δ_s)**는 다음 수식으로 표현된다.

$$\delta_s = \sqrt{\frac{2}{\omega\mu_r\sigma}} = \sqrt{\frac{2\rho}{\omega\mu_r}} = 503.3\sqrt{\frac{\rho}{\mu_r f}} \tag{1.16}$$

여기서, σ는 전도도(conductivity), ρ는 저항률(resistivity), μ_r은 비투자율(relative permeability)이다.

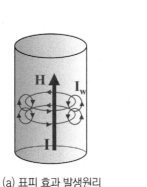

(a) 표피 효과 발생원리   (b) 표피 깊이

[그림 1.10] 표피 효과

1.9 근접 효과

(1) 근접 효과

두 개 이상의 도체가 근접해 배치되어 있는 경우, 각 도체에 흐르는 전류의 크기, 방향 및 주파수에 따라 각 도체의 단면에 흐르는 전류의 밀도분포가 변화하는 현상을 **근접 효과(proximity effect)**라 한다. [그림 1.11(a)]와 같이 인접한 두 도체(편의상 도체 a, 도체 b로 표기)에 같은 방향의 교류 전류가 흐를 경우를 살펴보자. 우선 도체 a에 전류를 인가해주면 Ampere 법칙에 의해 오른나사 방향의 자계를 생성하고 이 자계가 도체 b를 쇄교하게 된다. 도체 b에는 Faraday 법칙에 의해 인가해준 전류방향과 반대방향의 전류가 생성되어 인가해준 전류의 흐름을 방해하게 된다. 이런 현상은 도체 a에서 가까운 위치일수록 강하게 나타나므로 도체 b에 흐르는 전류는 [그림 1.11(a)]와 같이 도체 a에서 먼 쪽으로 편중되어 흐르게 된다. 동일한 원리로 도체 b에 인가해준 전류는 도체 a에 전류를 방해하고 도체 b에서 가까울수록 방해가 심해지므로 도체 a에 흐르는 전류는 [그림 1.11(a)]와 같이 도체 b에서 먼 쪽으로 편중되어 흐르게 된다. 결과적으로 두 도체에서 흐르는 전류는 [그림 1.11(a)]에서 보는 바와 같이 두 도체 사이에서 가장 멀리 떨어진 위치로 편중되어 전류가 흐르게 된다.

반면에, 두 도체에 서로 반대 방향의 교류 전류가 흐를 경우 각 도체에 흐르는 전류는 Faraday 법칙에 의해 상대편 도체에 자신의 전류방향과 반대되는 방향의 전류를 생성시켜준다. 그렇지만 이 경우에는 인가해준 전류방향이 서로 반대이므로 상대편 도체에서는 자신의 전류방향과 같은 방향의 전류가 추가되는 꼴이 되어 오히려 전류가 잘 흐르도록 도와주게 된다. 따라서, 두 도체 사이에서 근접한 위치일수록 서로 전류 흐름의 도

(a) 전류가 같은 방향일 경우   (b) 전류가 반대 방향일 경우

[그림 1.11] 근접 효과

움을 강하게 받게 된다. 결과적으로 [그림 1.11(b)]에 보인 바와 같이 두 도체 사이에서 가장 가까운 쪽으로 편중되어 전류가 흐르게 된다.

1.10 키르히호프의 법칙

전자회로에서 사용하는 회로이론의 법칙들은 근본적으로 전자기파의 이론에서 비롯된다. 따라서 회로이론의 법칙들은 전자기파의 이론으로부터 유도될 수 있다. 그 예로서 키르히호프의 법칙을 Maxwell 방정식을 이용하여 유도해 보기로 한다.

(1) 키르히호프의 전류법칙

키르히호프의 전류법칙(KCL)을 Maxwell 방정식으로부터 유도해 보기로 한다. Maxwell 방정식 중 Gauss 법칙의 적분형은 다음과 같다.

$$\oint_S D \cdot dS = \oint_V \rho \cdot dv = Q \tag{1.17}$$

식(1.17)에 Gauss 법칙의 미분형인 $\text{div}(D) = \rho$를 적용하면 다음의 관계식을 얻는다.

$$\oint_S D \cdot dS = \oint_V \text{div}(D) \cdot dv \tag{1.18}$$

식(1.18)을 가우스의 발산정리(Gauss's divergence theorem)라고 부르며 3중적분을 2중적분으로 혹은 역으로 변환하는 방법으로 쓰인다.

한편, 어떤 입체(V)의 폐곡면(S) 안에 들어 있는 전하량을 Q라고 하고 폐곡면의 안에서 밖으로 흐르는 전류의 합을 I라고 하면 전류와 전하의 관계는 다음의 수식으로 표현된다.

$$I = -\frac{\partial Q}{\partial t} \tag{1.19}$$

한편 전류(I)를 전류밀도(J)의 폐곡면(S)에 대한 적분으로 표현하고 전하량(Q)을 전하
밀도(ρ)의 입체(V)에 대한 적분으로 표현하면 다음의 수식으로 표현된다.

$$\oint_S J \cdot dS = -\frac{\partial}{\partial t}\oint_V \rho \cdot dv \tag{1.20}$$

식(1.20)에 식(1.18)의 가우스의 발산정리를 적용하면 다음의 관계식을 얻는다.

$$\oint_V \text{div}(J) \cdot dv = -\oint_V \frac{\partial \rho}{\partial t} \cdot dv \tag{1.21}$$

식(1.21)로부터 다음의 수식을 얻는다.

$$\text{div}(J) = -\frac{\partial \rho}{\partial t} \tag{1.22}$$

식(1.22)는 전류 연속방정식이라 불리는 수식으로 전하밀도(ρ)가 시간에 따라 변하지
않고 일정한 정상상태의 경우 $\partial \rho/\partial t = 0$이 되므로 $\text{div}(J) = 0$이 되어 다음의 관계식
을 얻는다.

$$\oint_V \text{div}(J) \cdot dv = \oint_S J \cdot dS = 0 \tag{1.23}$$

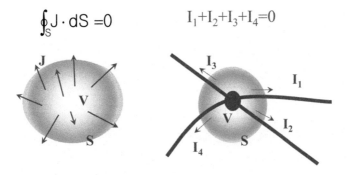

[그림 1.12] 키르히호프의 전류법칙

식(1.23)은 [그림 1.12]에 보였듯이 어떤 폐곡면을 통과해 나가는(혹은 들어오는) 전류의 합은 0이라는 의미로서 키르히호프의 전류법칙을 나타낸다.

키르히호프의 전류법칙이 성립되기 위해선 $\partial Q/\partial t=0$의 조건을 만족해야 한다. 그러기 위해서는 폐곡선 내부에서 전하가 생성되거나 소멸하지 말아야 한다. 이는 전하보존법칙이므로 성립한다. 나머지 하나는 한쪽에서 폐곡면 안으로 전류가 들어가면 즉시 다른 쪽에서 폐곡면 밖으로 모두 빠져 나와야 하며 전하가 폐곡면 안에 축적되어서는 안 된다. 그러나 도선의 기생용량 등에 의해 폐곡면 내부에 용량성분이 존재하면 전하가 일시적으로 축적되어 폐곡면 내부의 총 전하량이 시간에 따라 변화하는 성분이 생길 수 있으므로 키르히호프의 전류법칙에 오차가 발생할 수 있다. 시간에 따른 폐곡면 내부의 전하량 변화는 신호의 주파수가 낮아질수록 적어지므로 저주파로 갈수록 키르히호프의 전류법칙은 정확해진다.

(2) 키르히호프의 전압법칙

키르히호프의 전압법칙(KVL)을 Maxwell 방정식을 이용하여 유도하기 위해 [그림 1.13]에 보인 것처럼 전자소자들이 연결되어 있는 폐루프(C)의 내부면(S)을 자속이 관통해 나가는 경우를 생각하자. 관통해 나간 자속의 합을 Φ라고 하면 Maxwell 방정식 중 Faraday 법칙의 적분형은 다음과 같이 표현될 수 있다.

$$\oint_C E \cdot dl = V_1 + V_2 + V_3 + V_4 = -\frac{d\Phi}{dt} \tag{1.24}$$

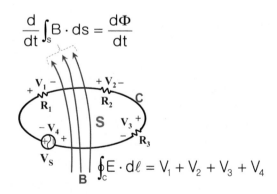

[그림 1.13] 키르히호프의 전압법칙(KVL)

dΦ/dt=0이되면 V_1+V_2+V_3+V_4=0이 되어 키르히호프의 전압법칙이 성립한다. 즉, 회로를 구성하는 폐루프 내부를 관통하는 자속의 시간에 따른 변화량이 없다는 가정하에 키르히호프의 전압법칙이 성립한다. 그러나 회로 내에 기생적으로라도 인덕터 성분이 있으면 자속이 발생하고 이 자속에 의해 dΦ/dt≠0이 될 수 있으며 이는 곧바로 키르히호프의 전압법칙의 오차로 귀결된다. dΦ/dt는 신호의 주파수가 낮아질수록 작아지므로 저주파로 갈수록 키르히호프의 전류법칙은 정확해진다.

1.11 유전율의 이해

(1) 유전율

유전율(permittivity, ε)이란 물질 내에 분극에 의해 생성된 전기 쌍극자(electric dipole)가 전계에 얼마나 민감하게 반응하는지를 나타내는 물리적 단위이다. 물체 내부에 분극에 의해 발생된 전기 쌍극자는 [그림 1.14]와 같이 외부에서 전계가 인가되지 않으면 제 멋대로의 랜덤(random)한 상태로 있다가 외부에서 전계가 인가되면 일정한 방향으로 정렬을 하게 된다. 이렇듯 외부의 전계의 변화에 대해 물질 내 전기 쌍극자가 얼마나 민감하게 정렬하는가의 반응 정도를 유전율이라고 말할 수 있다.

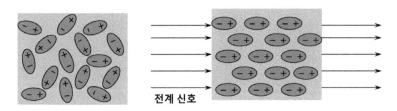

(a) 전계가 없는 경우의 분극 모양   (b) 전계에 의해 분극이 정렬되는 모양

[그림 1.14] 전계가 분극에 미치는 영향

(2) 진공의 유전율

진공의 **유전율**(ε_0)은 진공 상태에서 D/E 값으로, 다음과 같이 정의되는 상수이다.

$$\varepsilon_0 = \frac{D}{E} = \frac{1}{c^2 \mu_0} = 8.854 \times 10^{-12} [F/m] \tag{1.24}$$

여기서, c는 빛의 속도이고, μ_0는 진공의 투자율(permeability)이다.

(3) 비유전율

물질의 유전율은 보통 상대 유전율, 즉 유전율을 진공의 유전율(ε_0)로 나누어 준 값 ε_r로 나타낸다. 이 값을 **비유전율(relative permittivity)** 혹은 **유전상수(dielectric constant)**라고도 한다. 실제 유전율은 비유전율(ε_r)과 진공 유전율(ε_0)의 곱으로 표시된다.

$$\varepsilon = \varepsilon_r \varepsilon_0 \tag{1.25}$$

(4) 매질의 유전율

매질에 전계가 가해지면 전류가 흐른다. 실제 매질을 통해 흐르는 전체 전류는 전도전류와 변위전류로 구성된다. 전도전류는 전하입자가 도체를 통해 이동함으로써 생기는 전류이고, 변위전류는 전하입자가 제자리에서 전후로 왕복운동을 하여 생기는 교류전류이다. 전속밀도는 다음 식처럼 진공에 의한 항과 물질에 의한 항으로 나눌 수 있다.

$$D = \varepsilon_0 E + P = \varepsilon_0 E + \varepsilon_0 \chi E = \varepsilon_0 (1 + \chi) E = \varepsilon_0 \varepsilon_r E \tag{1.26}$$

여기서, P는 매질의 분극(polarization)이고, χ는 전기적 감수율(electric susceptibility)이다. 따라서 물질의 비유전율과 감수율은 다음과 같은 관계를 갖게 된다.

$$\varepsilon_r = \chi + 1 \tag{1.27}$$

(5) 복소수 유전율

진공과는 달리 실제 물질이 외부 장에 반응할 때는 그 장의 주파수도 중요하게 작용한다. 이 현상은 물질이 가해진 장 자체에 반응하는 것이 아니라, 장이 가해진 이후 그에 따라 발생하는 일련의 변화에 반응함을 의미한다. 따라서 유전율은 단순한 상수가 아니라 외부 장의 주파수 ω에 대한 복소함수 $\varepsilon(\omega)$로 나타나게 된다.

$$D_o e^{j\omega t} = \varepsilon(\omega) E_o e^{j\omega t} \tag{1.28}$$

여기서, D_o는 전속밀도의 크기이고 E_o는 전계의 크기이다. 정적인 전기장에 대한 매질의 반응은 위의 유전율에서 주파수를 0으로 극한을 취해서 표현할 수 있으며, 이 유전율을 '정적 유전율' 혹은 유전 상수 ε_s (또는 ε_{DC})라고 한다.

$$\varepsilon_s = \lim_{\omega \to 0} \varepsilon(\omega) \tag{1.29}$$

한편 주파수가 매우 큰 경우의 복소 유전율은 보통 ε_∞라고 쓴다. 낮은 주파수에서 장이 충분히 느리게 변한다면 쌍극자들은 장이 변하기 전에 평형에 도달할 수 있다. 쌍극자가 장의 변화를 따라가지 못할 만큼 매질의 점성이 크다면, 장의 에너지는 흡수되어 손실되며 이 경우 D와 E 사이의 위상차(δ)가 발생한다. 따라서 낮은 주파수로 진동하는 장에서의 유전율은 정적 유전율(ε_s)과 비슷한 값이고, 주파수가 점점 높아지면서 D와 E 사이의 위상차가 커지기 시작한다. 위상차가 0이 아닌 것은 유전율의 허수성분이 발생함을 의미하며, 이 허수성분은 매질에 의한 에너지 흡수와 연관되어 있다. 위상차가 눈에 띄게 나타나는 주파수는 온도와 물성에 따라 달라지나 평균적인 장의 세기에서 D와 E는 비례하고 다음의 관계식이 성립한다.

$$\varepsilon = \frac{D_o}{E_o} e^{j\delta} = |\varepsilon| e^{j\delta} \tag{1.30}$$

이렇게 장의 세기가 계속 변하는 경우 유전율은 복소 유전율이 되므로 다음과 같이 실수부와 허수부로 나눌 수 있다.

$$\varepsilon = \varepsilon'(\omega) - j\varepsilon''(\omega) = \frac{E_o}{D_o}(\cos\delta - j\sin\delta) \qquad (1.31)$$

위 식에서 ε'은 유전율의 실수부, ε''은 유전율의 허수부이다. 이 허수부는 매질에 의한 에너지 흡수와 연관되어 있다. 주파수에 따라 유전체가 다양하게 장을 흡수하기 때문에 보통 복소 유전율은 주파수 ω에 관한 복잡한 함수로 나타난다. 하지만 실제로 주파수 영역이 좁다면, 유전율은 주파수에 무관하거나 간단한 모델 함수로 근사할 수 있다.

유전율의 실수부(ε')는 전자파의 파장과 전파(propagation)에 관련된 항목이고, 허수부(ε'')는 손실과 관련된 항목이다. ε의 허수부가 양수인 경우($\varepsilon'' > 0$)에는 에너지가 흡수되어 손실이 생기고, 음수인 경우($\varepsilon'' < 0$)에는 이득이 생긴다.

(6) 손실 탄젠트

실제로는 유전율 전체 값을 사용하기보다는 비유전율 ε_r을 특성 지표로 사용한다. 비유전율이란 말 그대로 공기를 1로 놓고 이를 기준으로 각 유전체의 유전율을 상대적인 값으로 표시한 것이다. 비유전율의 실수부와 허수부 역시 유전율과 마찬가지로 실수부는 전파(propagation)와 관련된 항이고 허수부는 손실(loss)과 관련된 항이다. 비유전율을 실수부와 허수부로 표현하면 다음과 같다.

$$\varepsilon_r = \varepsilon_r' - j\varepsilon_r'' \qquad (1.32)$$

앞에서 비유전율(ε_r)을 유전상수(dielectric constant)라고 부른다고 했는데, 실수부(ε_r') 값으로 지칭하는 경우가 종종 있다. 또한, 비유전율을 줄여서 그냥 유전율이라고 쓰는 경우도 있으므로 이런 경우 유전율은 비유전율의 실수부인 ε_r'을 지칭한다.

한편, 손실을 나타내는 비유전율의 허수부(ε_r'')는 다음과 같이 **손실 탄젠트(loss tangent)**를 정의하여 표현함으로써 유전체의 손실 특성를 알려준다.

$$\textbf{Loss Tangent; } \tan\delta = \frac{\varepsilon_r''}{\varepsilon_r'} \qquad (1.33)$$

(7) 유전율 값의 의미

유전율이 무엇인가를 이해하는 것도 중요하지만 그에 못지않게 유전율 값의 크고 작음이 어떤 의미인지를 이해하는 것도 중요하다.

우선, 주파수가 아주 낮은 DC 관점에서 본다면, 유전율은 외부에서 인가해준 전계에 의해 물질 내 전기 쌍극자의 정렬이 얼마나 용이하게 이루어지는가 나타낸다고 볼 수 있으므로 매질이 저장할 수 있는 전하량으로 볼 수도 있다. 따라서 같은 양의 물질이라도 유전율이 더 높으면 더 많은 전하를 저장할 수 있다. 이는 높은 유전율을 가진 물질을 축전기의 유전체로 사용하면, 그만큼 축전기의 전기용량을 크게 할 수 있음을 의미한다.

이번에는 주파수가 매우 높은 AC 관점에서 살펴보자. 매질 속에서 전자기파의 위상속도 υ는 물질의 유전율 ε와 자기 투과율 μ에 의해 다음과 같이 결정된다.

$$\upsilon = \frac{1}{\sqrt{\varepsilon\mu}} = \lambda f \tag{1.34}$$

식(1.34)로부터 같은 주파수(f)에서 유전율(ε)이 커지면 파장(λ)은 작아짐을 알 수 있다. 이와 같이 유전율 값이 RF 회로설계에 영향을 미치는 가장 중요한 요소는 파장이라고 할 수 있다. 일반적으로 동일한 주파수에서 회로의 크기를 줄이는 간단한 방법은 기판이나 공진기로 사용되는 유전체를 유전율이 더 큰 재질로 교체하는 것이다. 유전율 값은 내부 전자기파의 파장과 직접적인 관련을 갖게 된다는 점에서 설계단계에서부터 신중히 고려해야 할 요소 중의 하나이다.

한편, 양자역학적으로 볼 때, 원자 혹은 분자간 미시적 상호작용은 여러 범위에 걸쳐 존재하며, 이 상호작용들은 우리가 유전율이라 부르는 거시적 거동으로 나타나게 된다. 극성 유전체 매질 속에 있는 분자들에 저주파 전자기파를 가하면 분자들은 장의 움직임에 따라 주기적으로 회전하게 된다.

예를 들어 마이크로파 영역에서는 물 분자가 주기적으로 회전하게 되는데, 이로 인해 물 분자간 수소결합이 깨지게 된다. 결국 전자기장은 수소결합에 대해 일을 해준 셈이고 이 에너지는 열의 형태로 물질 속에 흡수된다. 이것이 전자레인지가 물을 포함하고 있는 물질을 가열하는 원리다. 물의 경우 마이크로파 영역과 자외선 영역에서 전자기파를 강하게 흡수한다.

자외선 이상의 고주파 영역에서는 주파수가 너무 커서 분자들이 흡수하지 못하고 대신 원자들이 흡수하게 된다. 이렇게 흡수된 에너지는 원자 내 전자를 여기시켜 원자를 이온화시키고, 원자로부터 떨어져 나온 전자가 기체처럼 운동하면서 유전체의 성질을 이상적인 금속과 같게 만들어 높은 전도성을 보이게 된다.

위의 두 주파수 대역의 중간인 가시광선 영역의 에너지는 전자에 이용되기에는 너무 작고 회전운동에 이용되기에는 너무 크다. 이 대역의 에너지는 분자의 진동운동 형태로 흡수된다. 물의 경우 이 영역이 파란색 영역에 해당하는데 여기서 흡수율이 급격히 떨어지게 된다. 즉 파란 빛은 물에 잘 흡수되지 않고 반사되는 것이다. 바로 이 이유 때문에 바다가 파랗게 보이는 것이며, 눈과 같이 신체 내에서 물을 포함하고 있는 기관들이 직사광선에 의해 손상 받지 않게 된다.

1.12 사물인터넷에 활용되는 RF 기술

RF의 응용분야를 사물인터넷과 연관된 분야를 위주로 살펴보면 크게 무선통신분야와 센서분야로 분류할 수 있다.

1.12.1 근거리 무선통신

(1) 무선통신 방식

무선통신의 기본원리는 [그림 1.15]에 보인 바와 같이 자유공간에서 잘 전파되는 RF에 정보를 주고받는 것이다.

여기서 RF인 $A\cos(\omega t + \Phi)$를 반송파(carrier)라고 하고 반송파에 정보를 싣는 것을 변조(modulation)라고 한다. 정보를 내포한 신호를 변조신호(modulating signal)라고 하고, 변조되어 정보가 실린 반송파를 변조된 신호(modulated signal)라고 한다. 정보는 반송파($A\cos(\omega t + \Phi)$)의 진폭(A), 주파수(ω) 및 위상(Φ)에 실을 수 있다. 반송파의 진폭(A)에 정보를 싣는 것을 AM(Amplitude Modulation), 주파수(ω)에 정보를 싣는 것을 FM(Frequency

Modulation), 위상(Φ)에 정보를 싣는 것을 PM(Phase Modulation)이라고 한다. [그림 1.16]
은 AM, FM 및 PM으로 변조된 신호 등을 보여주고 있다.

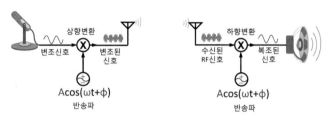

[그림 1.15] 무선통신 방식

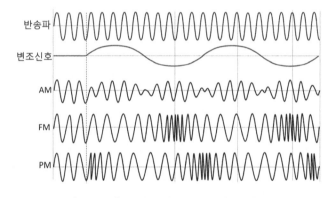

[그림 1.16] AM, FM 및 PM으로 변조된 신호

(2) 무선네트워크

무선통신은 사물인터넷 네트워크를 구현하는 핵심 기술이 된다. 네트워크를 사용 영역
에 따라 분류하면 [그림 1.17]에 보인 바와 같이 WAN(Wide Area Network), MAN(Metro-
politan Area Network), LAN(Local Area Network), PAN(Personal Area Network), BAN(Body
Area Network)으로 구분할 수 있다.

　WAN는 통신 사용 영역이 지리적으로 매우 넓은 네트워크로서 사업, 교육, 공공기관
등에 종사자 간에 다양한 자료를 주고받는 데 이용된다. 인터넷(internet)도 WAN 중의 하
나이다. MAN은 WAN보다는 좁은 한 도시 정도를 통신 사용 영역으로 하는 네트워크이
다. LAN은 통신 사용 영역이 집이나 사무실 같이 좁은 영역인 네트워크이다. 그러나 일
반적으로 이더넷(Ethernet)이나 WiFi를 통해 인터넷에 연결되어 사용된다. PAN은 컴퓨

터, 전화기, 테블릿 등의 개인적인 장치들 간에 통신을 위해 사용되며 보통 인터넷에 연
결되어 사용된다. BAN은 웨어러블 컴퓨팅 장치들(wearable computing devices)의 무선 네
트워크로서 WBAN(wireless body area network) 혹은 BSN(body sensor network)으로도 불린
다. BAN의 장치는 몸의 표면에 부착될 수도 있고 몸 안에 이식될 수도 있다. 사물인터넷
을 위한 무선 네트워크는 BAN, PAN, LAN 정도의 근거리 무선통신이 주가 된다.

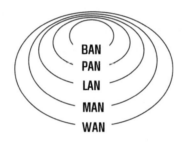

[그림 1.17] 네트워크의 사용영역에 따른 분류

(3) 무선통신의 응용

무선통신 분야를 분류해보면 크게 사물인터넷용 통신, 이동 통신, 위성 통신 등으로 분
류할 수 있다. 사물인터넷용 통신은 사물인터넷에 활용되는 무선통신 기술로 WiFi,
BT(BlueTooth), Zigbee, NFC(Nera Field Communication), RFID(Radio Frequency IDentifi-
cation) 등이 있다. 이동 통신은 현제 우리가 흔히 사용하는 휴대전화를 말하며 아날로
그 방식인 1세대부터 2세대, 3세대, LTE(Long-Term Evolution)를 거쳐 5세대를 향해 발
전하고 있다. 위성통신(satellite communication)은 우주에 떠 있는 위성이 마이크로 웨이
브 중계기 역할을 함으로써 이루어지는 통신으로서 지역에 관계없이 위성의 가시영역
이내에만 있으면 통신이 가능한 장점이 있다.

1.12.2 RF 기술을 이용한 센서

센서는 사물이 주변 상황을 파악하기 위해 필요한 장치로 사물인터넷에서 매우 중요한
장치 중 하나이다. 그러나 센서는 분야가 대단히 광범위하며 종류와 동작원리 등도 매
우 다양하다. 사물인터넷에 사용되는 센서 중 RF 기술을 바탕으로 하는 센서를 크게 분

류해 보면 안테나, 레이더, GPS, 물질센서, 바이오센서 등이 있다.

안테나는 전자기파를 감지하는 소자로서 휴대전화뿐만 아니라 광범위한 분야에서 다양한 목적으로 전자기파를 감지하는 데 이용된다. 레이더는 마이크로파를 이용하여 물체와의 거리, 물체의 움직임, 속도 등을 감지하는 센서 장치로서 최근에는 차량 충돌 방지로도 사용된다. GPS(Global Positioning System)는 자신의 위치를 절대적 좌표로 감지하는 센서 장치로 위치 외에도 시간과 기상도 감지한다. 또한, 최근에 활발히 연구되고 있는 테라헤르츠 주파수 대역은 물질의 분자 공진 주파수 대역에 있어 각종 물질을 감별해내는 물질 센서와 세포 내 이상 유무를 감지하여 병을 진단할 수 있는 바이오 센서에 대한 기대로 활발한 연구가 진행되고 있다.

1.12.3 RF 기술을 이용한 배터리 대체 기술

사물인터넷이 극복해야 할 과제 중 하나가 바로 배터리 문제이다. 인터넷에 연결되는 수많은 사물인터넷 장치들의 배터리를 일일이 충전해 주어야만 사물인터넷이 작동할 수 있기 때문이다. 사물인터넷 장치 모두가 배터리에 의존하는 모바일 기기는 아닐지라도 대부분의 장치가 이동이 가능한 형태로 진화하고 있는 만큼 배터리 문제의 해결은 필연적이라 할 수 있다.

최근 RF 기술자들이 배터리와는 전혀 다른 방식으로 전력을 얻는 방법을 연구하고 있는데 이를 에너지 하베스트(energy havest)라고 부른다. 에너지 하베스트는 통신 중인 전파로부터 미세한 전력을 얻어 배터리 대신 전원으로 사용하는 방법이다. 현재는 매우 작은 양의 에너지만을 얻을 수 있지만 초저전력으로 작동하는 기기에는 충분히 활용될 수 있어 최근 TV나 휴대전화, 그리고 무선 Wi-Fi에서 나오는 무선주파수 신호를 통해 전력을 얻어 동작하는 신형 통신 시스템이 개발되었다.

또 다른 방법으로 무선전력전송(wireless power transmission 또는 wireless energy transfer)이 있다. 무선전력전송은 전선을 사용하지 않고 전력을 보내는 기술이다. 사물인터넷 장치들의 배터리를 사람이 일일이 충전해주는 대신 무선전력전송을 통해 자동으로 충전해 줌으로써 배터리 문제를 해결할 수도 있다.

연습문제

1. 전자기파는 어떻게 생성되고, 그 실체는 무엇인가?

2. RF(radio frequency) 대역 주파수 내의 주파수 대역들을 열거하고 그 대역을 설명하라.

3. Microwave 대역 주파수 내의 주파수 대역들을 열거하고 그 대역을 설명하라.

4. 집중정수와 분포정수의 개념을 설명하고 적용 기준을 밝혀라.

5. 전자기파를 파장에 따라 세 그룹으로 분류하고 각각의 해석이론을 비교하여 설명하라.

6. Maxwell 방정식의 물리적 의미를 간략히 요약하여 설명하라.

7. 전자기파의 모드(mode)에 대해서 개념적으로 요약하여 설명하라.

8. 표피 효과에 대해서 설명하고 실제 활용 예를 들어 보라.

9. 유전율이 무엇인지 설명하고, 손실 탄젠트(loss tangent)의 의미를 설명하라.

10. 사물인터넷에 활용되는 RF 기술을 열거하고 각각을 간략히 설명하라.

사물인터넷 개요

2.1 사물인터넷이란?

사람들은 **사물인터넷(IoT, Internet of Things)**에 대하여 조금씩 다른 시각을 갖고 있는 듯하다. '그것의 주된 기능이 무엇인가?'나 '그것으로부터 무엇을 얻을 수 있을까?' 등의 생각에서 조금씩 다른 견해를 보이고 있고 그에 따라 사물인터넷에 대해서 조금씩 다른 정의를 내리고 있다. 글로벌 표준기구(ITU, 3GPP, IEEE, ETSI)들도 사물인터넷에 대하여 다양하게 정의하고 있다.

여기에서는 ITU(International Telecommunication Union)의 정의를 따르고자 한다. 그러나 사물인터넷에 대해 어떤 한 가지 정의로 자신의 개념을 한정시키지 말고 사물인터넷을 공부하면서 더 깊은 의미를 스스로 찾아가는 자세가 바람직할 것이다.

2.2 사물인터넷의 정의

사물인터넷이란 용어는 1999년 RFID(Radio Frequency IDentification) 관련 업무를 하던 MIT의 케빈 애시턴(Kevin Ashton)이 '향후 일상에 사용되는 사물이 RFID와 기타 센서를 장착하고 인터넷에 연결되는 사물인터넷이 구축될 것'이라고 언급하면서 처음 사용되었다. 이후 사물인터넷이란 용어가 관련 시장 자료 등에서 사용되면서 대중화 되었고, 2005년 ITU 보고서에서 사용되면서 공식 용어로 자리잡게 되었다. 사물인터넷에 대한 관심과 사용이 확대되면서 사물인터넷이란 용어의 명확한 정의에 대한 필요성이 대두되었으며 2012년 ITU-T 표준문서에서 사물인터넷에 대해 다음과 같이 정의하였다.

사물인터넷은 현존하며 발전하고 있는 상호 정보 교환이 가능한 정보통신 기술로 물리적이거나 가상적인 사물을 연결함으로써 진보된 서비스를 가능하게 해주는 정보사회를 위한 글로벌 인프라이다.

여기서, 정보통신 기술은 현존하는 기술뿐만 아니라 미래의 기술까지 포함하고 있다. **사물이란 고유 식별자(IDentity)를 갖고 통신망에 연결될 수 있는 물리적이거나 가상적인 사물을 의미한다.** 따라서 가전제품, 모바일 장비, 웨어러블 컴퓨터 등 무엇이든지 사물이 될 수 있다. 또한, 통신망이란 현실적으로 글로벌 통신망인 인터넷을 의미하는 것으로 간주할 수 있다. 따라서, 고유 식별자도 IP(Internet Protocol)라고 간주할 수 있다. 사물인터넷은 사물들이 신원확인, 데이터 획득, 처리 및 통신 기능을 통하여 프라이버시와 보안을 지키면서 모든 종류의 응용에서의 서비스를 제공하도록 해준다.

사물인터넷의 의의는 인간에게 유용하고 지능적으로 진보된 서비스를 제공하는 것이다. 그 방법으로써 사물을 인터넷으로 연결하여 사물이 능동적으로 데이터를 획득, 처리 및 통신을 할 수 있게 하여 사람과 사물, 사물과 사물, 사물과 시스템 간의 상호 정보 교환을 통해 상황인식 기반의 지식을 얻게 함으로써 지능적인 서비스가 가능하도록 하는 것이다.

사물이란 고유 IP를 갖고 인터넷에 연결되는 것이라 정의되므로 인터넷 연결은 사물이 갖추어야 할 필수 요건이다. 인터넷 연결은 일반적으로 고정된 상태가 아니라 자유롭게 이동하면서 인터넷에 연결될 수 있어야 하므로 RF 통신 기능을 갖추어야 한다. 또한, 능동적으로 데이터를 획득, 처리 및 통신을 할 수 있으려면 단순히 인터넷에 연결되는 것 이상의 기능이 필요하게 된다. 따라서 선택적으로 필요한 기능이 추가될 필요가 있다. 외부 환경으로부터의 데이터 취득을 위한 센서기능과 능동적인 일 처리를 위한 최소한의 지능이 이에 해당된다. 따라서, 사물은 일반적으로 RF 통신 기능, 센서/액추애이터 기능 및 최소한의 지능을 갖추고 인터넷에 연결되어 데이터를 수집하고 교환하며 능동적으로 인간을 지원할 수도 있는 장치를 의미하며 이를 사물인터넷 장치(IoT device) 혹은 3세대 스마트 디바이스(smart device)라고 한다.

2.3 사물인터넷의 네트워크로서의 인터넷

사물인터넷 중 사물(things)에 대해서는 사물인터넷 정의에서 설명을 하였다. 이제는 사물인터넷에서 사물을 연결하는 네트워크인 인터넷(Internet)에 대해 알아본다.

(1) 역사와 정의

네트워크(network)와 네트워크를 연결하여 두 개 이상의 네트워크를 집합시킨 광역 네트워크를 뜻하는 일반명사를 '인터네트워크(internetwork)'라고 한다. 1960~1970년대 미국 국방부 산하의 고등 연구국(Advanced Research Projects Agency, ARPA)에서 연구용 네트워크인 알파넷(ARPANET)을 구축하였는데 이것이 인터네트워크를 본격적으로 구축한 최초의 사례이다. 알파넷은 초기에는 연구목적으로 쓰였으나 참여 기관이 늘어나면서 다양한 목적으로 알파넷을 쓰고자 하는 요구가 생겨났다. 한편, 컴퓨터의 종류가 다양해지면서 통신 프로토콜을 다시 정비할 필요성도 발생하게 되었다. 결국 1983년, 미국 국방성은 군사용 네트워크 기능을 밀넷(MILNET, Military Network)으로 분리시켰고, 알파넷은 민간용 네트워크가 되었다. 또한, 초창기에 사용하던 NCP(Network Control Program)보다 데이터 전송 속도 및 안정성이 향상된 TCP/IP를 공식 프로토콜로 도입했다. 이로써 인터넷 컴퓨터 네트워크의 기본 구조가 갖춰지게 되었으며, 이때를 즈음하여 '인터넷'은 단순히 일반명사 '인터네트워크'의 약어가 아닌 고유명사 취급을 받기 시작했다. 따라서 인터넷은 'internetwork'의 약어인 'internet'과 구별하기 위해 고유명사 'Internet' 또는 'INTERNET' 등으로 표기한다.

결국 인터넷은 인터넷 프로토콜(TCP/IP)을 사용해 세계 각지의 컴퓨터(국부 네트워크)들을 하나로 연결하여 형성된 지구전체를 아우르는 컴퓨터 네트워크라 할 수 있다.

(2) 특징

인터넷은 LAN 등 소규모 네트워크를 상호 접속하는 형태에서 점차 발전하여 전 세계를 망라하는 거대한 네트워크의 집합체가 되었다. 인터넷은 데이터 교환이 매우 견고하게 이루어 질 수 있을 뿐 아니라 전쟁 등의 극한 상황에서도 네트워크가 살아남을 수 있는 구조를 갖고 있다. IP(Internet Protocol)는 인터넷에 연결된 모든 컴퓨터에 고유주소(IP address)를 부여하여 패킷(packet)을 교환하는 방식으로 데이터를 송수신하는데 이는 기존의 회선 교환(circuit switching) 방식보다는 매우 견고한 데이터 교환을 가능하게 한다. 또한, 인터넷에는 PC 통신처럼 모든 서비스를 제공하는 중심이 되는 호스트 컴퓨터(서버컴퓨터)가 없고 이를 관리하는 조직도 없다. 인터넷을 대표하는 조직으로 ISOC(Internet SOCiety)가 있지만 인터넷을 총괄 관리하는 기구는 아니다. 이와 같이 인터넷은 네트워크를 총괄적으로 관리하는 주체가 없이 분산 시스템 형태를 이루고 있으므로 인터넷상의 어떤 컴퓨터 또는 국부 네트워크에 이상이 발생하더라도 전체 네트워크에는 크게 영향을 주지 않는다. 이와 같은 국부 네트워크의 실제 관리와 접속은 각지에서 분산적으로 이루어진다.

2.4 사물인터넷의 진화과정

인터넷은 기본적으로 컴퓨터(국부 네트워크)를 연결해주는 망이었다. 인터넷에 연결된 사물에 해당하는 것이 컴퓨터였고 정보를 컴퓨터를 통해서 보내고 컴퓨터를 통해서 받았다. 그러나 사실은 컴퓨터가 정보를 받고 스스로 판단하여 정보를 보내는 것이 아니라 컴퓨터를 사용하는 사람이 컴퓨터를 통해 정보를 받고 판단한 후 컴퓨터를 통해 다시 정보를 보낸 것이므로 실제로 사물에 해당하는 것은 사람인 것이었다. 사물인터넷과 같은 형식으로 표현한다면 사람인터넷(Internet of People)라 할 수 있었을 것이다. 정보량이 증가함에 따라 사람이 처리해야 할 일들도 과중해지게 되었다. 그러나 많은 정보 중에는 굳이 사람이 판단하지 않고 처리해도 될 일들이 있을 수 있다. 예를 들어 [그림 2.1]에 보인 고속도로 톨게이트의 하이패스 시스템 같은 경우 사람이 톨게이트를 진입하면서 통과하겠다고 통신한 후 도착지에서 은행계좌에 연결하여 결제하라고 명령을 주지 않아도 RFID가 사람을 거치지 않고 장치끼리 통신하여 처리하고 있다. 이와 같이 인간의 개입을 최소화하기 위해 네트워크에 연결된 장치(사물)들이 사람의 개입 없이 능동적으로 정보를 주고 받을 수 있도록 한 것을 사물통신(M2M, machine to machine)이라고 한다. 즉, 사물통신은 사람의 개입이 필요하지 않은 통신 혹은 정보교환을 의미한다.

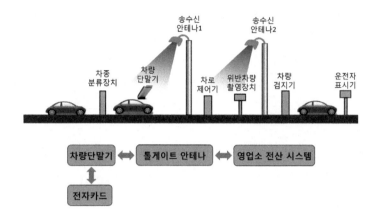

[그림 2.1] 고속도로 하이패스 시스템

    사물인터넷은 사물통신 개념이 확장된 것으로서 글로벌 테트워크에 접속하여 많은 사물들과의 정보교환을 통해 상황인식에 근거한 판단을 함으로써 지능적으로 진보된 서비스가 가능하다. 사물통신이 장치와 장치 간 1대1 통신에 초점을 맞추었었다면 사물인터넷은 다(多) 대 다(多) 통신을 기본으로 하며 장치(machine)를 포함한 모든 것이 사물이 될 수 있다. 사물통신에서 사물이 컴퓨터, 휴대전화, TV나 전자제품 등으로 한정되었다면 사물인터넷에서의 사물은 책, 컵, 의자 등 주변 모든 것들을 포함한다. 즉, 사물인터넷은 사람의 개입을 최소화하기 위해 주로 이동통신망을 이용하여 사물과 사물 간 통신을 하는 사물통신 개념을 인터넷으로 확장하여, 사람과 사물, 사물과 사물 간의 상호 정보 교환을 통해 상황인식 기반의 지식을 얻고 이를 이용하여 지능적인 서비스가 가능하도록 진화한 것이다.

    한편, 만물인터넷(IoE, Internet of Everything)은 빅데이터(big data)와 같이 프로세스된 데이터 등도 사물에 포함되어 정보교환이 이루어지도록 함으로써 사물인터넷에서 보다 더욱 지능적인 서비스가 가능하도록 진화한 것이다. 예를 들어, 매장에 들어서면 자동으로 스마트폰에 그 매장의 행사를 알려주거나 쿠폰을 보내주는 서비스의 경우를 생각해보자. 사물인터넷 상에서는 고객이 매장에 들어서면 매장의 모든 행사 광고와 쿠폰을 보내주는데 비해, 만물인터넷의 경우 빅데이터로부터 그 손님의 관심사를 알아내어 손님의 관심을 끌만한 행사광고와 쿠폰만을 보내주게 되어 보다 지능적이고 효율적인 광고 서비스를 할 수 있다.

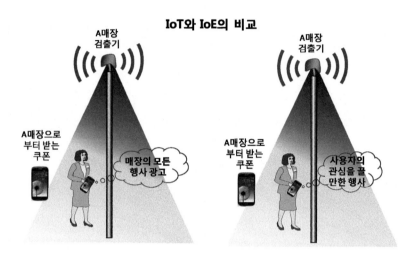

[그림 2.2] 사물인터넷과 만물인터넷의 차이

사물통신, 사물인터넷, 만물인터넷 개념의 범위를 그림으로 그려보면 [그림 2.3]에서 보인 것과 같이 사물인터넷이 사물통신을 포함하고, 만물인터넷이 사물인터넷을 포함한다. 그러나 이것을 사물통신에서 사물인터넷으로 진화하고 또, 사물인터넷에서 만물인터넷으로 진화하는 사물인터넷의 진화과정으로 보아 사물통신, 사물인터넷, 만물인터넷을 통칭해서 일반적으로 사물인터넷이라고 부른다.

[그림 2.3] 사물통신, 사물인터넷, 만물인터넷의 범위

2.5 사물인터넷의 주요기술

사물인터넷을 구현하기 위한 기술로는 유무선 통신 및 네트워크 인프라 기술, 센싱 기술, IoT 서비스 인터페이스 기술(서비스 제공 기술), 보안기술, 배터리 기술 등이 있다.

(1) 유무선 통신 및 네트워크 인프라 기술

사물인터넷의 유무선 통신 및 네트워크 인프라라고 하면 기존의 인터넷, 광대역통합망(BcN, Broadband convergence Network), 위성통신, 이동통신(3G/4G/LTE), 이더넷(Ethernet), WiFi, BT(Bluetooth), WPAN(Wireless Personal Area Network), 시리얼 통신, PLC(Power Line Communication) 등, 인간과 사물, 서비스를 연결시킬 수 있는 모든 유·무선 네트워크를 의미한다.

통신속도, 호환성, 연결 복잡도 및 높은 통신비용이 상업화를 어렵게 하고 있었으나 최근 들어 대역폭 확대, 네트워크 기술표준 정착, 통신비용 하락 등으로 홈네트워킹, 스마트 유통 등에서 사물인터넷의 본격적인 상업화가 진행되고 있다.

사물인터넷은 이동성을 갖는 환경을 주된 기반으로 하고 있으므로 무선 네트워크가 사람과 사물, 사물과 사물 간의 소통의 주된 수단이 된다. 특히, 사물인터넷 시대로 접어 들면서 RFID와 USN(Ubiquitous Sensor Network)에 대한 관심이 높아지고 있다. RFID는 사물 즉, 제품에 부착된 태그(tag)로부터 제품의 고유정보를 RF로 확인하고 주변 상황 정보를 수집, 저장, 가공, 추적함으로써 위치정보, 원격처리, 정보교환 및 관리를 가능하게 해주는 기술이다. RFID 시스템은 고유정보를 보관하고 있는 태그와 태그의 암호화된 정보를 RF로 읽고 해독해내는 리더기 및 호스트 컴퓨터로 이루어져 있다.

USN은 제품의 고유정보만을 제공하는 태그에 감지(sensing) 기능을 추가하고 이들 간에 실시간 통신이 가능하도록 네트워크를 형성한 것을 말한다. 이는 세상의 모든 사물에 태그를 부착하여 사물의 고유정보와 주변의 환경정보(온도, 습도, 오염, 균열 등)를 탐지하고, 네트워크를 통해 실시간으로 통신하고 관리하는 것으로 언제(anytime), 어디서(anywhere), 무엇(anything)이든지 통신이 가능한 유비쿼터스(ubiquitous) 환경을 구현하기 위한 것이다.

사물인터넷은 궁극적으로 유비쿼터스 환경에서 사물 간에 자유로운 통신이 이루어지는 것으로서 RFID가 가장 중요한 수단이 될 것이다.

(2) 센싱 기술

센싱(sensing)은 외부 변화를 감지하는 것으로서 사물인터넷이 주변 상황 변화에 근거한 판단을 할 수 있도록 기본 정보를 제공하는 것이다. 센서는 시각, 청각은 물론 빛, 온도, 냄새 등의 물리적, 화학적 신호를 전기적 신호로 바꾸어 주는 역할을 하는 소자로서 트랜스듀서(transducer)라고도 부른다. 센서의 대상 신호는 자연계의 모든 신호가 되므로 매우 광범위하고 대상 신호에 따라 전기적 신호로 변환하는 원리가 다르다. 따라서 센서는 다양한 변환 원리에 기초한 다양한 종류가 존재하고, 구현 원리나 방식에 따라 단순한 소자가 되기도 하고 복잡한 시스템이 되기도 한다.

특별히, RF 기술을 이용한 센서 종류를 살펴보면 전파를 감지하는 안테나, 거리나 움직임 속도 등을 감지하는 레이더, 절대 위치를 감지하는 GPS, 전파로 영상을 감지하는 SAR, 물질센서, 바이오센서 등이 있다. 센싱 기술에는 무형의 사물, 즉 이미 센싱한 데이터에서 특정 정보를 추출하는 가상 센싱 기능도 포함된다. 이 같은 가상 센싱 기능은 사물인터넷 서비스 인터페이스에서 구현된다. 가상 센싱 기술의 기술의 예로서 사물에서 발생하는 가공되지 않은 방대한 양의 데이터를 저장, 처리, 분석하는 빅데이터 기술 및 데이터 군집화와 분류를 통해 정보를 학습하면서 판단할 수 있도록 해주는 머신러닝(machine learning) 기술 등이 있다.

(3) 사물인터넷 서비스 인터페이스 기술

사물인터넷에는 센싱과 네트워크 기술이 반드시 뒷받침 되어야 하지만 서비스 인터페이스(service interface)가 갖춰지지 않으면 정상적인 서비스가 이루어질 수 없다. **IoT 서비스 인터페이스는 IoT의 3대 구성요소인 인간, 사물, 서비스를 특정 응용서비스와 연동하는 기술**이다.

사물인터넷의 다양한 서비스 기능을 구현하기 위해서는 다음의 서비스 인터페이스 기술들이 필요하게 된다. 첫째, 정보의 검출, 가공, 정형화, 추출, 처리 및 저장기능 등을 하는 검출정보 기반기술, 둘째, 위치판단 및 위치확인 기능, 상황인식 및 인지기능 등 위치정보 기반기술, 셋째, 정보보안 및 프라이버시 보호기능, 인증 및 인가기능 등의 보안기능, 넷째, 온톨로지(Ontology: 인간이 보고 듣고 느끼고 생각하는 것에 대해 컴퓨터에서 처리할 수 있는 형태로 표현한 모델) 기술을 통해 다양한 서비스를 제공할 수 있는 기능 등이 있다.

(4) 보안 기술

사물인터넷의 장치는 일반적으로 최소한의 컴퓨팅 기능만을 갖추므로 보안성에 매우 취약하다. 그 밖에도 서비스의 다양성 문제로 수준 높은 보안 솔루션의 도입이 어렵고, 네트워크 구조의 복잡성으로 인해 침입 경로가 매우 다양하며 데이터 통신상의 외부공격에 대한 확인이 어려운 점 등 보안을 어렵게 하는 여러 요소를 갖고 있다. 사물인터넷의 보안문제는 사물인터넷의 응용범위를 확장하기 위해 반드시 넘어야 할 장벽이고 많은 연구가 이루어져야 할 분야이다.

(5) 배터리 기술

사물인터넷에서 배터리 문제는 넘어야 할 또 다른 장벽이라 할 수 있다. 인터넷에 연결되는 엄청난 수의 사물인터넷 장치들의 배터리를 일일이 충전해 주어야만 한다면 앞으로 사물인터넷이 광범위하게 활용되는 것을 기대하기 어려울 것이다.

따라서 사물인터넷에 적합한 전원에 대한 연구가 진행되고 있으며 그중의 하나가 에너지 하베스트 기술이다. 에너지 하베스트는 통신 중인 전파로부터 미세한 전력을 얻어 배터리 대신 전원으로 사용하는 방법으로 배터리와는 전혀 다른 방식의 전원이 된다. 또 다른 방법으로 무선전력전송(wireless power transmission 또는 wireless energy transfer)이 있다. 무선전력전송은 전선을 사용하지 않고 전력을 보내는 기술이다. 사물인터넷 장치들의 배터리를 사람이 일일이 충전해 주는 대신 무선전력전송을 통해 자동으로 충전해 줌으로써 배터리 문제를 해결할 수도 있다.

이상으로 사물인터넷의 주요 기술들을 소개하였다. 위의 기술들 중 **유무선 통신 및 네트워크 인프라 기술, 센싱 기술, IoT 서비스 인터페이스 기술을 특별히 사물인터넷의 3대 주요기술이라고 부른다.**

2.6 사물인터넷의 연관 기술

(1) 클라우드 컴퓨팅

클라우드 컴퓨팅(cloud computing)은 인터넷 기반(cloud)의 컴퓨팅(computing) 기술로서 여러 대의 물리 서버를 하나의 가상 서버(클라우드)로 통합하고 만들어진 클라우드에 필요한 만큼의 성능을 갖도록 하여 사용하는 방식이다. 즉, 이용자는 모든 정보 및 프로그램을 인터넷 상의 서버에 두고 그때그때 컴퓨터나 휴대전화 등에 불러와서 사용하는 웹에 기반한 소프트웨어 서비스이다. 이 경우 이용자의 단말기는 단순히 입/출력 작업만하고 모든 정보분석 및 처리, 저장, 관리, 유통 등의 작업은 클라우드에서 이루어진다. [그림 2.4]는 클라우드 컴퓨팅의 구성을 보여주고 있다. 컴퓨터 네트워크 구성도에서 구름은 인터넷을 표현하고, 구름 안에 숨겨진 복잡한 인프라 구조가 가상 서버인 클라우드를 의미한다. 클라우드 컴퓨팅은 비용, 속도, 확장성, 생산성, 성능, 안정성 등에서 장점이 있어 많이 사용되고 있다.

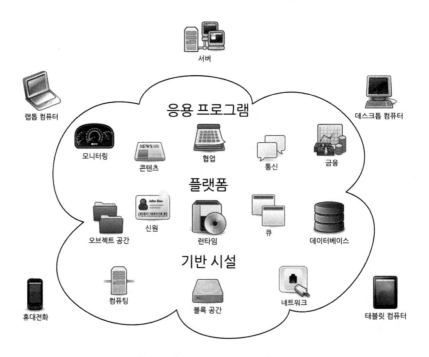

[그림 2.4] 클라우드 컴퓨팅의 구성

한편, 클라우드 컴퓨팅과 사물인터넷의 만남으로 대단한 시너지 효과가 나타나게 된다. 사물인터넷에서 사물을 연결하는 이유는 여기서 발생한 데이터를 수집하고 분석 프로세스를 거쳐 가치 있는 정보를 추출하기 위해서인데, 이렇게 발생한 데이터를 빠르게 저장, 분석하기 위한 인프라를 새로 구축하는 일은 대단히 부담스러운 일이 아닐 수 없다. 그런데 이 부분을 클라우드 컴퓨팅이 매우 효율적으로 감당할 수 있는 것이다. 따라서 클라우드 컴퓨팅에 기반한 사물인터넷 비즈니스 모델이 쏟아지고 있으며, 이는 두 기술이 서로 윈윈(win-win)하는 좋은 예가 된다.

(2) 빅데이터

빅데이터(big data)란 기존 데이터베이스 관리 도구로 데이터를 수집, 저장, 관리, 분석할 수 있는 역량을 넘어서는 대량의 정형 또는 비정형 데이터 집합으로부터 가치를 추출하고 결과를 분석하는 기술을 말한다. 빅데이터 기술은 다양한 종류의 대규모 데이터에 대한 생성, 수집, 분석, 표현하는 것이 특징으로, 다변화된 현대 사회를 보다 정확히 예측하여 효율적으로 작동하게 할 수도 있고, 개인화된 현대 사회에서 각 구성원에게 맞춤형 정보를 제공, 관리, 분석할 수 있게 하는 등 과거에는 불가능했던 기술을 실현시키기도 한다.

그런데, 빅데이터 기술의 특징은 다양한 종류의 대규모 데이터를 필요로 하며 그 기술의 효용성은 데이터의 규모와 다양성에 의해서 좌우된다는 사실이다. 사물이 스스로 데이터를 생성하지 않고 인간만이 데이터를 생성한다면 결코 빅데이터 기술이 필요로 하는 만큼의 데이터를 생성하지 못할 것이다. 사물인터넷에서 생성하는 엄청난 양의 데이터가 빅 데이터 기술이 꽃 필 수 있게 하는 가장 중요한 밑거름이 되어주고 있는 것이다. 물론 사물인터넷도 빅데이터 기술로 얻어진 유용한 정보를 활용할 수 있으므로 이것도 또 다른 윈윈(win-win)의 좋은 예가 될 것이다.

2.7 사물인터넷의 응용 분야

사물인터넷이 응용되는 분야는 가정, 도시, 환경, 에너지 시스템, 소매, 물류, 산업, 농업, 건강 등 광범위하며 거의 모든 분야라고 말할 수 있다. 이 절에서는 다양한 사물인터넷의 응용 형태를 분야별로 분류하여 조망해 본다.

2.7.1 홈오토메이션(home automation)

(1) 스마트 조명

가정에서의 스마트 조명(smart lighting)은 주변환경 조건에 따라 조명의 밝기를 조정하거나 끄고 켬으로써 에너지를 절약하고자 하는 기술이다. 스마트 조명의 핵심 기술은 LED와 같은 반도체 광원을 사용하고 센서를 부착하여 주변환경을 감지하며 각 조명에 IP를 부여하여 개별 통신 및 제어가 가능하도록 하는 것이다. 스마트 조명은 이동통신이나 웹 등을 통해 원격 조정될 수 있어 다양한 응용이 가능하다.

(2) 스마트 가전

현대 가정에는 TV, 냉장고, 세탁기, 오디오시스템 등 수많은 가전제품이 있다. 이것들을 개별적으로 제어하고 관리하는 것은 매우 성가신 일이다. 스마트 가전은 이러한 관리를 쉽게 해주며, 각 가전 제품의 동작 상태 정보를 원격으로 받을 수도 있다. 예를 들어 스마트 냉장고는 RFID를 이용하여 냉장고 내에 저장 중인 물품의 목록과 수량을 항상 감지하고 있다가 재고가 떨어지면 사용자에게 알려 줄 수 있다.

(3) 불법침입 감지

불법침입 감지 시스템은 방범 카메라와 센서 등을 사용하여 불법침입자를 감지하여 경고를 발생시킨다. 경고는 SMS나 이메일 등을 통해 사용자에게 보내지며 조금 더 진보된 시스템은 이미지 사진이나 간략한 동영상을 함께 보낼 수도 있다.

(4) 연기/가스 감지

집이나 빌딩에 연기 감지기를 설치하는 것은 화재를 조기에 경보하기 위해서이다. 연기는 광학적으로 감지하거나 이온화나 공기 샘플 채취 방법으로 감지한다. 가스 감지는 이산화 탄소나 LPG 등 유해 가스를 감지한다. 연기나 가스가 감지되면 경보를 울리거나 사용자 혹은 소방서에 알려 준다.

2.7.2 도시

(1) 스마트 주차

스마트 주차는 혼잡한 도시에서 빈 주차장을 찾아주는 것이다. 각 주차장에 센서를 설치하여 인터넷을 통해 어느 주차장에 빈자리가 몇 개나 있는지를 알려 준다.

(2) 스마트 조명

스마트 조명은 길이나 공원 빌딩 등에서 상황에 맞춰 전등을 켜거나 꺼 줌으로써 에너지를 절약할 수 있도록 해준다. 스마트 조명은 주변 조건에 따라 제어될 뿐 아니라 인터넷에 연결되어 사용자에 의해 원격으로 제어 될 수도 있다.

(3) 스마트 도로

스마트 도로(smart roads) 는 도로에 센서가 장착되어 도로의 운전 조건, 예측 소요시간, 교통사고 발생, 도로 수리 등의 상황 등을 알려 줌으로써 교통 체증을 완화시키고 보다 더 안전한 도로가 될 수 있도록 한다. 도로에서 수집된 정보는 인터넷 등을 통해 운전자에게 알려진다.

(4) 구조물 안전성 감시

구조물 안전성 감시는 센서 네트워크를 이용하여 다리나 빌딩 등의 진동 정도를 감지하여 구조물의 안정 상태를 판단한다. 센서로부터 수집된 데이터를 분석함으로써 구조물의 크랙이나 손상을 입은 위치 구조물의 남은 수명 등을 예측할 수 있다.

(5) 감시

감시(surveillance)는 도시의 인프라 구조, 대중교통, 행사 등을 도시 전체에 구축되어 있는 감지 카메라 등으로 감지하고 인터넷을 통해 정보를 수집 분석함으로써 도시의 안정과 보안을 지킬 수 있도록 해준다.

(6) 응급 대처

도시의 중요한 인프라 구조물들, 예를 들어 빌딩, 가스관, 수도관, 대중교통 등을 IoT 시스템으로 감지하고 클라우딩 컴퓨터 등을 활용하여 분석함으로써 심한 교통 체증 구간을 우회하게 하거나 위험 지역으로부터 사람들을 피신하게 하는 등의 공공적인 응급상황에 대한 경보를 제공하여 시민들이 미리 대처할 수 있게 해준다.

2.7.3 환경

(1) 날씨 감시

온도, 습도, 기압 등의 데이터를 수집할 수 있는 IoT 시스템을 구축하여 기상 관련 자료를 광범위하게 수집하여 클라우딩 컴퓨팅 등으로 분석하여 기상 예보 등을 한다.

(2) 공기 오염 감시

이산화탄소, 일산화탄소, 이산화질소, 산화질소 등 유해가스의 데이터를 수집할 수 있는 IoT 시스템을 구축하여 유해가스 관련 자료를 광범위하게 수집하고, 클라우딩 컴퓨팅 등으로 분석하여 유해가스 농도와 분포 등을 실시간으로 통보한다.

(3) 소음 공해 감시

도시 내의 소음 데이터를 수집할 수 있는 IoT 시스템을 구축하여 소음 관련 자료를 광범위하게 수집하여 도시의 소음 지도를 만들어서 학교, 공원 등의 도시정책에 반영한다.

(4) 산불 감지

산불 발생 및 주변 온도 습도 등의 데이터를 수집할 수 있는 IoT 시스템을 구축하여 자료를 항시 수집하여 산불 발생 시 조기 경보는 물론 산불의 규모 등을 예측하여 효율적인 진화가 이루어질 수 있도록 한다.

(5) 홍수 감지

강의 수위와 유속 등의 데이터를 수집할 수 있는 IoT 시스템을 구축하여 홍수 감지 관련 자료를 항상 수집하여 클라우딩 컴퓨팅 등으로 분석하여 홍수에 대한 조기 경보 및 수위 조절을 하여 홍수를 예방할 수 있도록 한다.

2.7.4 에너지

(1) 스마트 그리드

스마트 그리드(smart grids)는 전송 그리드와 함께 설치된 데이터 통신 네트워크이다. 전력의 전송, 소모, 저장, 분포 등의 데이터를 수집할 수 있는 IoT 시스템을 구축하여 자료를 거의 실시간으로 수집하여 분석함으로써 송전 시스템의 동작과 관리와 계획을 최적화하여 효율적인 전력 전송이 이루어지도록 한다.

(2) 재생에너지 시스템

산재한 재생에너지 시스템(renewable energy systems)을 스마트 그리드에 포함시키면 스마트 그리드에서는 없던 개념인 전력의 양방향 전송, 즉 쓰고 남은 재생에너지를 그리드로 전송하는 상황이 생겨난다. 접속 부분에 있는 트랜스포머에 센서를 정착한 IoT 시스템을 구축하여 그리드로 얼마만큼의 전력이 전송되었는지 측정할 수 있다.

(3) 예후 진단

에너지 시스템은 다양한 전기적 부품으로 이루어져 있으며 그중에는 고장 났을 경우 시스템 전체에 큰 영향을 주는 주요 부품들이 있다. 이러한 부품에 마모 정도를 측정할 수 있는 센서를 달아 IoT 시스템을 구축함으로써 부품의 수명을 예측하여 고장 전에 부품을 교체함으로써 전체 시스템에 blgo를 주는 일을 방지한다.

2.7.5 유통

(1) 재고 관리

유통에서 경쟁이 심화됨에 따라 재고 관리는 점점 더 중요해지고 있다. RFID를 이용한 IoT 시스템은 재고 관리를 효율적으로 할 수 있도록 해준다. 각 상품에 RFID 태그를 달고 IoT 시스템으로 그 상품의 수량 및 이동을 추적함으로써 실시간으로 정확한 재고 관리를 할 수 있도록 해준다.

(2) 스마트 결제

블루투스나 NFC(Near Field Communication) 기술을 이용한 IoT 시스템을 구축함으로써 무접촉 결제와 같은 스마트 결제가 가능하다. 신용카드 정보를 NFC 기능이 있는 스마트 폰에 저장하고 스마트 폰을 판매 단말기에 가까이 가져가면 결제가 된다. NFC 기술 대신 블루투스 기술을 쓸 수도 있다.

(3) 스마트 자판기

스마트 자판기는 인터넷에 연결되어 원격으로 재고 레벨을 확인할 수 있고 변동된 가격, 홍보, 무접촉 결제 등이 가능하도록 된 자판기이다. 스마트 자판기 간에는 서로 정보를 교환할 수 있도록 되어 있어 어느 한 자판기에서 축적한 어떤 사용자의 선호도를 인근의 다른 자판기에 제공함으로써 그 사용자가 다른 자판기로 가더라도 그 사용자의 기호에 맞는 상품을 제시할 수 있다.

2.7.6 물류

(1) 경로 및 일정 관리

물류 배달에 있어 고객의 픽업(pickup) 요구와 배달 문제는 운송망이 커지고 복잡해짐에 따라 가능한 경로의 수가 기하급수적으로 증가한다. 여기에 IoT 시스템을 이용하여 관련 데이터를 수집하고 클라우딩 컴퓨팅으로 처리함으로써 빠르고 효율적인 물류 배달 경로와 일정을 생성해 낼 수 있다.

(2) 차량 추적

차량 추적 시스템은 GPS를 이용하여 차량의 위치를 실시간으로 추적하는 데 사용된다. 이를 이용하여 많은 수의 차량의 경로를 관리하고 경로를 이탈할 경우 경고를 보낸다.

(3) 적재함 상태 감시

적재함 상태 감시 시스템은 컨테이너 내부의 상태를 감지한다. 온도, 습도, 기압 등을 감지할 수 있는 IoT 시스템을 갖춘 적재함 상태 감시 시스템은 내부 상태 데이터를 실시간으로 수집하여 클라우딩 컴퓨팅으로 분석함으로써 적재함 내의 온도 등이 허용 범위를 벗어 났을 경우 운전자에게 경고로 알려주며, 적재된 음식물 등의 부패 가능성을 고려하여 필요할 경우 보다 가까운 목적지로 경로를 재탐색하여 주기도 한다.

(4) 원격 차량 진단

차량의 속도, rpm, 냉각기 온도 등을 감지하는 IoT 시스템을 구축하여 차량 상태 데이터를 실시간으로 수집하여 클라우딩 컴퓨팅으로 분석함으로써 차량 고장에 대한 경고나 수리 방법을 알려 줄 수 있다.

2.7.7 농업

(1) 스마트 용수

스마트 용수(smart irrigation)는 토양의 습도 등을 감지하는 IoT 시스템을 통해 적정한 양의 물을 공급함으로써 수확을 증대시키고 물 소모를 줄일 수 있다.

(2) 비닐하우스 제어

비닐하우스 내부의 온도, 습도 등을 감지하는 IoT 시스템을 통해 식물 성장에 가장 적합한 환경 조건을 만들어줌으로써 수확을 늘릴 수 있다.

2.7.8 산업

(1) 기계 진단 및 예단
수많은 산업용 기계의 현재 동작 상태가 정상 동작 상태에 비해 얼마나 벗어나 있는지를 감지하는 IoT 시스템을 구축하여 관련 데이터를 실시간으로 수집하여 클라우딩 컴퓨팅으로 분석함으로써 수많은 산업용 기계의 상태를 감시하고 오작동하는 기계를 찾아내거나 고장을 미리 예견하여 대처할 수 있다.

(2) 실내 공기 질 감시
공장 내 공기의 질은 작업자의 건강과 안전에 매우 중요하다. 유해한 가스를 IoT 시스템을 구축하여 관련 데이터를 실시간으로 수집하여 분석함으로써 위험 구역 등을 알아내어 환기 시키는 등의 조치를 취할 수 있다.

2.7.9 건강과 라이프스타일

(1) 건강 & 몸매 감시
웨어러블 IoT 디바이스는 허리나 손목 등에 착용함으로써 건강이나 몸매를 지속적으로 감시할 수 있다. 체온, 혈압, 심전도 등의 센서에 의해 측정된 데이터는 스마트폰과 같은 마스터 노드(master node)로 무선으로 전달된다. 이와 같이 신체 주변에 무선으로 구성된 네트워크를 BAN(Body Area Network)라고 한다. 마스터 노드로 수집된 데이터는 클라우딩 컴퓨팅으로 분석함으로써 건강 상태를 진단한다. 몸매 관리의 경우 웨어러블 IoT 디바이스는 하루 동안 걸은 걸음 수나 걸은 거리 혹은 소모한 칼로리, 수면의 질 등을 측정하여 몸매 관리를 돕는다.

(2) 웨어러블 전자
스마트 시계, 스마트 안경, 스마트 팔찌, 패션전자 등의 웨어러블 전자는 사람들의 일상에서 다양한 기능을 제공해주고 있으며 사람들의 라이프스타일에 큰 영향을 미치고 있다.

연 습 문 제

1. 사물인터넷이란 무엇인지 다섯 줄 이내로 설명하라.

2. 사물인터넷이 인간에게 유용한 서비스를 제공하는 예를 주변에서 한 가지만 찾아서 그 원리를 가능한 한 자세히 설명하라.

3. 사물인터넷의 네트워크로서의 인터넷의 특징을 아는 데로 설명하라.

4. 사물통신(M2M)에 대해서 다섯 줄 이내로 설명하라.

5. 만물인터넷(IoE)에 대해서 다섯 줄 이내로 설명하라.

6. 사물인터넷의 주요기술 5개를 열거하라.

7. 사물인터넷의 3대 주요기술을 열거하라.

8. 클라우드 컴퓨팅(cloud computing)이란 무엇인지 다섯 줄 이내로 설명하라.

9. 빅데이터(big data)란 무엇인지 다섯 줄 이내로 설명하라.

CHAPTER 3

IoT 디바이스

사물인터넷에서 사물을 흔히 사물인터넷 디바이스(IoT Device)라고 부른다. 우리는 사물인터넷을 공부하면서 사물인 사물인터넷 디바이스에 대해 이미 그 특징을 대강 인지하고 있다. 인터넷에 연결되어 다른 사물과 통신하며 상황을 인지하여 판단하는 지능적인 장치 정도가 될 것이다.

한편, 사물인터넷 디바이스와 곧 잘 혼용되어 쓰이는 용어로 스마트 디바이스(smart device)가 있다. 스마트 디바이스는 PC, 유선전화기 등 단순 연결 위주의 1세대 스마트 디바이스로부터 스마트폰 등, 서비스에 대한 위치 제약을 극복한 2세대 스마트 디바이스를 거쳐 현재는 사물인터넷 환경에서 디바이스와 디바이스 또는 디바이스와 주변 환경이 상호 연동하여 지능형 서비스를 제공하는 3세대 스마트 디바이스로 발전하고 있다.

결국 3세대 스마트 디바이스는 사물인터넷 디바이스를 지향하고 있으며, 사물인터넷 환경의 3세대 스마트 디바이스는 사물인터넷 디바이스와 같다고 말할 수 있다. 따라서 사물인터넷 디바이스란 용어 대신 기존에 많이 사용하여 익숙해져 있는 스마트 디바이스란 용어로도 자주 사용된다. 그렇지만 여기서 말하는 스마트 디바이스란 3세대 스마트 디바이스임을 명심하도록 하자.

한편, 사물인터넷은 범세계적으로 IoT라는 용어로 통용되므로 이후로는 사물인터넷 대신 IoT란 용어로 통일하여 쓰기로 한다.

3.1 IoT 디바이스의 개요

3.1.1 IoT 디바이스의 특징

IoT 디바이스의 주된 역할은 센서 등을 통하여 주변의 데이터를 수집하여 처리한 후 액추에이터 등을 통해 데이터를 보냄으로써 주변에 반응하는 것이다. IoT 디바이스가 IoT에서 역할을 제대로 수행하기 위해서 다음의 몇 가지 특별한 특성을 갖출 필요가 있다. 첫째, IoT 디바이스는 고유식별자(unique identity)를 갖고 있어 네트워크 내의 다른 디바이스와 구별될 수 있어야 한다. 고유식별자가 없어 유일하게 지정될 수 없는 디바이스로 어떤 작업을 하는 것은 곤란하기 때문이다. 둘째, IoT 디바이스는 다른 IoT 디바이스의 존재를 자율적으로 감지할 수 있어야 할 뿐만 아니라 자율적으로 데이터를 잡아낼 수 있어야 한다. 그럼으로써 IoT 디바이스들끼리 서로 교감하며 일을 할 수 있게 된다. 셋째, IoT에서는 다양한 통신 프로토콜(protocol)과 기술이 존재하므로 IoT 디바이스는 다양한 통신 기술과 호환될 수 있어야 한다. 넷째, IoT 디바이스는 상황을 인식하기 위해 감지나 모니터링 할 수 있어야 하고 필요한 경우 판단 결과로 구동 할 수 있어야 하며 이것은 일반적으로 원격으로 이루어진다. 상황 인식은 IoT에서 매우 중요한 기능으로 이를 통해 진보된 서비스가 가능해진다. 다섯째, IoT 디바이스는 자신을 구동시키거나 수집한 정보나 데이터를 처리하기 위한 최소한의 지능을 갖추고 있어야 한다. 이와 같은 최소한의 지능을 구현하기 위해 흔히 MCU(Micro Control Unit)를 사용하며 MCU로서 부족한 지능은 중앙 처리 서버나 클라우드 컴퓨팅을 이용함으로써 해결하고 있다. 그밖에도 IoT 디바이스는 일반적으로 배터리로 동작하므로 전력소모가 적어야 하고 고장 없이 안전하게 동작해야 하며 보안(secure)도 확보되어야 한다.

 이상의 IoT 디바이스의 특성으로부터 IoT 디바이스를 정의해 본다면 다음과 같이 말할 수 있을 것이다. IoT 디바이스는 유선 혹은, 원격으로 감지나 모니터링 및 구동 할 수 있으며, 고유식별자(unique identity; 즉, IP)를 갖고 네트워크(즉, Internet)에 연결되어 사용자나 다른 IoT 디바이스들과 데이터를 교환 및 공유할 수 있고 그 데이터를 국부적으로 처리하거나 중앙 처리 서버나 클라우드 컴퓨팅을 이용하여 처리함으로써 어느 정도 자율적으로 상호작용하며 작동할 수 있는 장치라고 말 할 수 있을 것이다.

IoT 디바이스는 이동성이나 설치의 간편성이 매우 중요하므로 감지 및 구동이 원격으로 이루어지고 인터넷과의 연결도 무선으로 이루어져야 할 필요가 있다. 따라서 IoT에서 RF 통신은 매우 중요한 기반 기술이 된다.

IoT 디바이스는 센서로부터 원격으로 다양한 형태의 데이터를 받을 수 있고 그 데이터를 다른 IoT 디바이스나 인터넷 상의 서버나 저장소에 전달할 수 있다. 또한, 원격으로 액추에이터를 작동시켜 주변의 시스템과 상호 작용 할 수 있다. 예를 들어 인터넷 상에서 명령하여 IoT에서 원격으로 가전제품에 연결된 릴레이 스위치를 작동시킴으로써 가전제품을 켜거나 끌 수 있다.

3.1.2 IoT 디바이스의 구조

[그림 3.1]은 앞에서 설명한 IoT 디바이스의 구조를 보여주고 있다. IoT 디바이스는 기본적으로 센서 및 액추에이터 연결을 위한 인터페이스와 인터넷 연결을 위한 인터페이스의 두 가지 인터페이스를 갖고 있다. 이들은 유선으로 연결될 수도 있으나 이동성이나 설치의 간편성을 위해 RF 통신으로 연결되는 것이 일반적이다. 예를 들어 센서 및 액추에이터와의 연결을 위해서는 BT(BlueTooth)를 이용하고 인터넷과의 연결을 위해서는 WiFi를 이용할 수 있다. IoT 디바이스는 자체 시스템을 작동시키는 것과 감지된 주변 환경과 연동하여 지능형 서비스를 제공하기 위해서 필요한 지능을 갖추고 있어야 한다. 이를 위한 최소한의 지능으로 MCU(Micro Control Unit)를 사용할 수 있다. MCU는 자체 시스템을 작동시키는 것과 단순한 서비스 정도는 감당할 수 있으나 그 이상의 지능형 서비스를 제공하기에는 부족함이 있다. 따라서 IoT 디바이스는 인터넷에 연결된 중앙 처리 서버나 클라우드 컴퓨팅을 이용함으로써 부족한 지능 문제를 해결하고 있다. 또한, IoT 디바이스는 다른 IoT 디바이스와 직접 또는 간접적으로 연결될 수 있어야 한다.

IoT 디바이스는 센서, 통신모듈, MCU, 배터리의 네 가지 부분으로 이루어져 있다.

여기서 말하는 센서는 센서, 태그(tag), 액추에이터를 대표로 표현한 것이다.

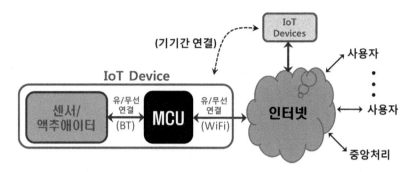

[그림 3.1] IoT 디바이스의 구조

3.1.3 IoT의 계층 구조

이제는 IoT의 전체 구조에서 IoT 디바이스의 위치를 살펴봄으로써 IoT 디바이스를 보다
더 입체적으로 살펴 보도록 하자. 먼저 IoT의 전체 구조를 이야기하기에 앞서 IoT이 어떻
게 동작하는지를 간략히 살펴보도록 하자. IoT은 센서, RFID 태그 등 고유식별자를 갖고
있는 사물로부터 정보를 취득한 후 다양한 통신 기술을 통해 정보통신 네트워크로 보내
서 정리하고 집적한다. 집적된 정보를 중앙처리서버나 클라우드 컴퓨팅 등의 지능을 이
용하여 정보를 분석하고 처리함으로써 지능적인 판단을 하여 실제 세상을 제어한다.

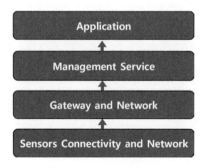

[그림 3.2] IoT의 계층 구조

[그림 3.2]는 IoT의 계층 구조를 보여준다. 4개의 계층 중 제일 아래 계층이 'Sensors and
Connectivity network' 계층으로 센서, RFID 태그 등 고유식별자를 갖고 있는 사물로부터
정보를 취득하고 취합하여 'Gateway and Network' 계층으로 보낸다. 이 계층에서는 아래 계

층에서 받은 데이터를 정보통신 네트워크로 보내서 정리하고 집적한다.

각 계층에 대해 좀 더 상세히 살펴보면 다음과 같다. 4개의 계층 중 제일 아래 계층인 'Sensors and Connectivity Network'는 센서, RFID 태그 등으로 이루어져 있고 무선으로 연결되어 WSN(Wireless Sensor Network)을 형성하고 실시간으로 센서, RFID 태그 등으로부터 원 데이터(raw data)를 수집한다. 이 계층에서는 LAN, PAN 등의 연결 네트워크를 통해 위 계층인 'Gateway and Network' 계층으로 수집된 원 데이터를 보내준다. 이 층의 디바이스들은 매우 한정된 저장 용량, 통신 속도 및 지능을 갖고 있고 응용에 따라 다른 센서가 사용된다. [그림 3.3]은 'Sensors and Connectivity Network' 계층 구조를 보여주고 있다. 이 계층에는 센서, RFID 태그 등의 디바이스가 존재하여 이들로부터 원 데이터를 수집한다. 이들 디바이스들은 LAN, PAN 등의 'Sensor Network' 를 통해 연결되고 수집된 데이터를 상위 계층으로 보낸다. 여기서, 태그의 경우 엄밀히 말하면 데이터를 받는 장치가 태그 리더(tag reader)이므로 개념상 태그 리더가 센서와 같은 레벨이고 태그는 리더가 감지하는 대상이므로 한 단계 아래 레벨로 볼 수 있다.

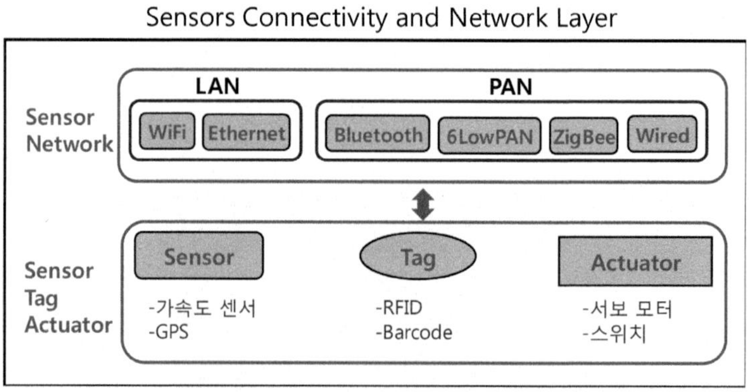

[그림 3.3] 'Sensors and Connectivity Network' 계층 구조

'Gateway and Network' 계층은 'Sensors and Connectivity Network' 계층에서 받은 데이터를 'Management Service' 계층으로 보내기 위한 라우팅(routing)하는 역할을 한다. 이 계층은 센서, RFID 태그 등으로부터 수집된 엄청난 양의 데이터(raw data)를 저장하기 위한 큰 저장 공간과 항상 신뢰할 만한 네트워크를 필요로 한다. 또한 IoT 디바이스의 종류에 따라 다른 네트워크 프로토콜을 사용하므로 이 모든 프로토콜들을 이 계층에서 동

화시켜야 할 필요가 있다. 따라서 이 계층은 다양한 네트워크 프로토콜을 통합하는 역할을 한다. [그림 3.4]는 'Gateway and Network' 계층 구조를 보여주고 있다. 제일 아래에 있는 게이트웨이(gateway)는 RF 통신 모듈(RF communication module), NIC(Network Interface Card), MCU 및 S/W (software) 등으로 구성되어 있다. RF 통신 모듈은 무선 통신을 위한 모듈이고, NIC는 흔히 말하는 랜카드(LAN card)로서 유선 통신을 위한 모듈이다. 또한, 신호처리 및 변조, 암호화(encryption) 등을 수행하기 위한 MCU 및 관련 S/W가 필요하게 된다. 그 위의 게이트웨이 네트워크는 WAN, LAN 등으로 구성되어 있다. WAN은 GSM, 3G, LTE 등의 이동통신 네트워크로 단순화하여 이해할 수 있다. LAN은 WiFi, 이더넷(Ethernet) 등으로 구성되어 있다. WiFi는 무선랜(wireless LAN)이고 이더넷은 유선랜(wired LAN)이다. 게이트웨이 네트워크는 인터넷으로 통하는 관문으로 단순화하여 이해할 수 있다.

'Management Service' 계층은 IoT 서비스를 관리하는 계층으로 IoT 디바이스의 보안 분석, 정보 분석, 디바이스 관리 등의 역할을 담당한다. 또한, 이 계층에서는 센서, RFID 태그 등으로부터 받은 방대한 양의 원 데이터로부터 가치 있는 결과를 도출하기 위해 필요한 정보를 추출하는 역할을 한다.

'Application' 계층은 IoT 구조에서 최상위 계층으로 취합된 데이터를 효율적으로 사용하는 역할을 담당하며 IoT은 세상의 거의 모든 분야에 걸쳐 응용된다고 할 수 있을 정도로 다양하게 응용되고 있다.

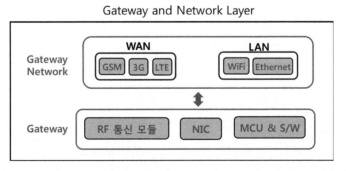

[그림 3.4] 'Gateway and Network' 계층 구조

3.2 센서/액추에이터

인간의 감각기관에 해당하는 센서는 사물과 주변환경의 정보를 실시간으로 수집하여 줌으로써 통신을 통해 주변 정보의 사물 간 교환 및 공유가 가능하도록 해주는 IoT의 주요 요소 중 하나이다. 센서란 측정 대상에서 물리적, 화학적 정보를 측정하여 관측자나 시스템이 읽을 수 있는 신호로 변환하는 정보 소자이다. 센서는 분야가 대단히 광범위하며 종류와 동작원리 등도 매우 다양하다.

 IoT에서 사용되는 센서 중 RF 기술을 바탕으로 하는 센서를 크게 분류해 보면 안테나, 레이더, GPS, 물질센서, 바이오센서 등이 있다.

 IoT에서 사용되는 센서는 기능이 단순하고 정밀도가 낮은 기존의 센서 형태보다는 센싱소자와 지능형 신호처리가 결합되어 데이터처리, 자동보정, 자가진단, 의사결정 기능을 수행하는 고기능, 고정밀, 고편의성, 고부가가치 센서 형태를 지향하며 일반적으로 이들 센서들도 펌웨어에 의해서 구동된다.

3.3 마이크로프로세서

3.3.1 마이크로프로세서

컴퓨터의 **중앙처리장치(CPU, Central Processor Unit)**는 기계어를 해석하여 단계적으로 연산을 수행하는 논리회로를 말한다. **마이크로프로세서(Microprocessor)**란 컴퓨터의 CPU를 단일 IC칩에 집적시켜 만든 반도체 소자로서 **MPU(MicroProcessor Unit)**라고도 부른다. MPU는 [그림 3.5(a)]에서 보였듯이 컴퓨터의 핵심 기능인 연산과 제어 기능에 중점을 두고 있어 연산장치, 제어장치 및 각종 레지스터로 구성되어 있다. 따라서 기억장치(RAM, ROM 등)와 입출력 인터페이스회로(I/O interface) 등 주변 장치들을 추가해 주어야 작동할 수 있다. 반면에 **마이크로콘트롤러(MCU, MicroControl Unit)**는 한 개의 칩 내에 CPU 기능은 물론이고 메모리(ROM, RAM 등)와 입출력 제어 인터페이스 회로 등 주변 장치들까지 통합한 칩으로서 추가적인 주변 장치 없이도 작동할 수 있다. 다시 말해, **MCU**가 하나의 컴퓨터를 소형화시켜 놓은 칩이라면, **MPU**는 컴퓨터 내에 있는 CPU만을 소형화시켜 놓은 칩이라 생각할 수 있다. 이와 같이 **MCU**와 **MPU**는 그 의미 차이가 명확하기 때문에 분명하게 구분하여 사용된다. **MCU**는 범용의 목적보다는 기기 제어용에 주로 사용되므로 **MCU(MicroControl Unit)** 외에도 **MCU(MicroComputer Unit)** 혹은 **원칩 마이크로 컴퓨터(Single-chip Microcomputer)**라고도 부른다. [그림 3.5(b)]는 일반적으로 MCU에 포함되는 구성 요소들을 보여주고 있다. MCU는 MPU(CPU 코어)

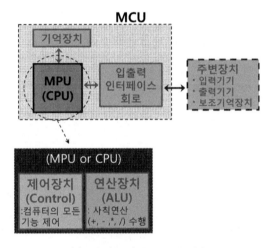

(a) MPU(CPU)와 MCU의 구분

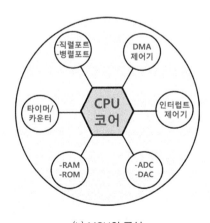

(b) MCU의 구성

[그림 3.5] MPU(CPU)와 MCU의 구분

에 인터럽트 제어기, DMA(Direct Memory Access) 제어기, 직렬 입출력포트, 병렬 입출력
포트, RAM, ROM, ADC(Analog to Digital Converter), DAC(Digital to Analog Converter), 타이
머(timer) 카운터(counter) 등이 추가로 원칩(one-chip)화 된 것이다.

　그러나 넓은 의미에서 마이크로프로세서는 MPU와 MCU 모두를 포함할 뿐만 아니
라, DSP(Digital Signal Processor), GPU(Graphic Processor Unit) 등 CPU의 기능을 포함하는
단일 반도체 소자를 모두 지칭하는 포괄적인 개념으로 사용된다.

　한편, CPU가 컴퓨터 시스템의 입장에서 비롯된 용어라면, 마이크로프로세서는 전자
및 산업용 기기 제어의 입장에서 비롯된 용어라고 볼 수 있으며 그 기능은 같다고 할 수
있다. 또한, 점차 CPU에 다른 하드웨어 요소들이 통합되면서 CPU란 용어는 사실상
MPU나 MCU를 포괄하는 의미로 쓰이며, 특히 CPU와 MPU는 거의 같은 의미로 사용된
다. CPU에서 특별히 MPU 부분만을 지칭하고 싶을 때는 CPU-코어(CPU-core)라고 부
르기도 한다.

3.3.2 마이크로프로세서의 구조

[그림 3.6]은 마이크로프로세서의 구조를 보여준다. 제어, 연산, 기억, 입력, 출력을 컴퓨
터의 5대 기능이라고 부르는데 마이크로프로세서의 구조도 제어장치, 연산장치, 기억
장치, 입력장치, 출력장치로 이루어져 있다.

(1) MPU(CPU)

[그림 3.6(a)]에서 볼 수 있듯이 MCU는 MPU에 기억장치와 입출력 인터페이스 회로 등
MPU 사용에 필요한 회로들을 추가하여 원칩화 함으로써 보다 편리하게 사용할 수 있
도록 한 것이다. 그러나 마이크로프로세서의 핵심동작은 MPU(CPU)에서 이루어지며
[그림 3.6(b)]에 MPU의 세부구조를 보였다. MPU는 제어장치, 연산장치 및 레지스터들
로 이루어져 있다. 연산장치는 연산을 담당하는 장치로서 산술연산, 논리연산 등을 제
어장치의 명령을 받아서 수행한다. 제어장치는 컴퓨터 내에서의 데이터의 흐름을 제어
하거나 프로그램 수행 시 데이터의 이동을 제어하는 역할을 한다. 레지스터에는 다음
수행될 명령어가 들어 있는 메모리의 주소를 저장하는 프로그램 카운터(PC, Program

Counter), 메모리 주소를 저장하는 어드레스 레지스터(AR, Address Register), 스택 구조를 위한 포인터 역할을 하는 스택 포인터(SP, Stack Pointer) 레지스터 등이 있다.

마이크로프로세서의 성능은 마이크로프로세서가 처리하는 워드(word) 길이, 접근할 수 있는 메모리 크기 및 명령어 처리 속도로써 평가한다. 마이크로프로세서가 처리하는 워드 길이는 [그림 3.6]에서 보였듯이 연산 장치의 입력과 출력에서 처리되는 비트(bit) 수로서 4비트, 8비트, 16비트, 32비트, 64비트 등이 있다. 접근할 수 있는 메모리 크

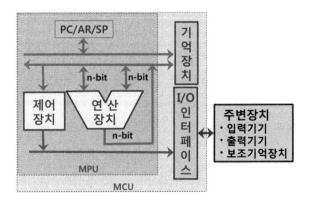

(a) MPU와 MCU의 구분

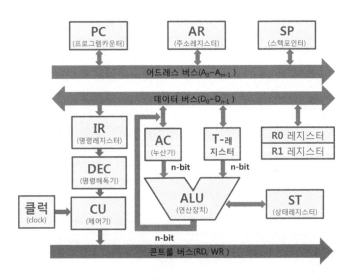

(b) MPU의 세부구조

[그림 3.6] MPU(CPU)의 구조

기는 어드레스 버스(address bus)의 크기로 결정된다. 명령어 처리 속도는 클럭 주파수(clock frequency)에 의해 결정되나 클럭 주파수는 무한정 늘릴 수 없고 트랜지스터 소자의 성능에 의해 한정된다.

(2) 입출력 인터페이스

MPU와 기억장치 등이 추가되어 원칩화 된 것을 MCU라고 부른다. 입출력 인터페이스는 MCU 내부의 주기억장치나 MPU의 레지스터와 외부 입출력장치(주변장치) 간의 이진정보를 전달하는 수단을 제공하는 것을 말한다. 소형 컴퓨터의 경우 일반적으로 인터페이스 카드를 사용하거나 입출력 인터페이스 기능을 가진 별도의 입출력 프로세서(IOP, I/O Processor)를 사용한다.

CPU(MPU)와 주변장치(입출력장치) 간의 통신에 입출력 인터페이스가 필요한 이유는 CPU와 주변장치의 기본적인 특성이 다르기 때문이다. 첫째, 주변장치는 전자기계장치 장치이고 CPU 및 메모리는 전자장치이다. 둘째, 주변장치의 데이터 전송은 CPU보다 느리다. 따라서 동기 메커니즘이 필요하다. 셋째, 주변장치와 CPU는 데이터 코드와 형식이 다르다. 넷째, 주변장치에 따라 그 동작모드가 다르다. 따라서 CPU에 연결된 각 장치에 대한 제어가 필요하다. 이와 같은 이유로 CPU는 모든 입출력 장치들을 직접 관리하는 대신에 입출력 장치의 속도 및 동작 특성에 따라 이들을 제어 관리하는 별도의 장치인 입출력 제어기를 사용하게 된다. 입출력제어기는 프로세서의 시스템 버스와 주변장치 사이를 연결해주기 때문에 흔히 입출력 인터페이스(I/O Interface)라고 부른다.

입출력 인터페이스는 연결된 입출력 장치의 상태를 항상 저장하고 있으며, CPU로부터의 입출력 명령을 받아 주변장치(입출력장치)와 CPU(또는 메인메모리) 사이에 정보를 전달하기 위한 방법을 제공한다. 하나의 입출력 인터페이스가 모든 주변장치들을 제어 감독할 수는 없고, 주변장치의 특성에 따라 별도의 입출력 인터페이스가 사용된다.

다양한 특성을 가진 많은 수의 입출력 장치들을 제어 관리하는 입출력 인터페이스를 직접 시스템 버스에 연결하면 시스템 버스의 과부하로 인한 문제가 발생하므로 입출력 인터페이스는 입출력 버스에 연결된다. 입출력 버스는 버스 어댑터를 통해 시스템 버스에 연결된다. [그림 3.7]은 시스템 버스와 I/O버스에 의한 컴퓨터 시스템의 구성도를 보인 것이다.

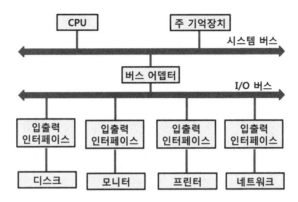

[그림 3.7] 시스템 버스와 I/O버스에 의한 컴퓨터 시스템의 구성

(3) 기억장치

프로세서에서의 기억장치(memory unit)라 함은 주기억장치(main memory)를 말하는 것으로 사용자가 입력한 프로그램과 데이터가 저장되는 곳이며 흔히 메모리라고 부른다. 메모리는 전원을 껐을 때 데이터가 보존되는 비휘발성(non-volatile) 메모리와 휘발성(volatile) 메모리로 분류된다.

〈표 3.1〉 메모리의 분류

대분류	중분류	세분류	특징
비휘발성 (non-volatile)	ROM	Mask ROM	칩을 제작할 때 회로 연결선을 결정하여 자료를 저장한 ROM으로 저장된 자료는 영구적으로 지울 수 없음.
		EEPROM	전기적으로 반복 삭제 가능한 ROM
	Flash memory		비휘발성이면서도 읽고 쓰기가 가능한 RAM 타입의 메모리로서 읽기는 빠른 (0.1ms 이하) 반면 쓰기는 느린(수 ms) 특성이 있음.
휘발성 (volatile)	SRAM		6개의 트랜지스터로 구성된 한 셀당 1비트를 저장할 수 있도록 만든 메모리로서 빠른 속도로 읽고 쓰기가 가능함. 단위 셀당 소요되는 트랜지스터 수가 많아 소모전력과 고집적면에서 DRAM에 비해 불리함.
	DRAM		1개의 트랜지스터와 1개의 커패시터로 구성된 한 셀당 1비트를 저장할 수 있도록 만든 메모리로서 읽고 쓰기가 가능하지만 속도면에서 SRAM보다 느림. 단위 셀당 소요되는 소자 수가 적어 소모전력과 고집적면에서 SRAM에 비해 유리하여 컴퓨터의 주 메모리로 사용됨.

(4) 주변장치(입출력 장치)

입출력 인터페이스(I/O Interface)를 통해 외부에 연결되는 입출력 장치를 흔히 주변장치라고 부른다. 주변장치(입출력 장치)로는 입력장치(Input Unit), 출력장치(Output Unit), 보조기억장치 등이 있다. 입력장치는 컴퓨터의 외부로부터 데이터를 받아들이는 장치로서 키보드, 카드리더 등이 있다. 출력장치는 컴퓨터 내에서 처리된 결과를 외부로 출력시켜주는 장치로서 프린터, 모니터 등이 있다. 보조기억장치는 주기억장치 외에 추가적으로 데이터 저장공간을 더 확보하기 위해 컴퓨터 밖에서 연결하여 주는 비휘발성 메모리로서 하드디스크, 플래시메모리 등이 있다.

3.3.3 마이크로프로세서의 동작

(1) 명령어 집합

명령어 집합(instruction set) 또는 명령어 집합 구조(ISA, Instruction set architecture)는 마이크로프로세서가 인식해서 기능을 이해하고 실행할 수 있는 2진 코드인 기계어 명령어의 집합을 말한다. 마이크로프로세서마다 명령어 코드(instruction word)의 길이와 코드 구조 및 명령어 총 개수가 다르다. 명령어의 각 비트는 기능적으로 분할하여 의미를 부여하고 숫자화한다. 명령어 코드는 연산코드(opcode)와 피연산자(operand)로 분할되는데 연산코드 부분은 동작(operation)을 정의한 비트들의 집합으로 n개의 비트로 구성되면 최대한 2^n개의 서로 다른 동작을 실행할 수 있다. 피연산자는 처리할 데이터가 저장되어 있는 레지스터나 메모리 주소, 혹은 연산결과가 저장될 장소의 주소를 나타낸다. 메모리는 주소에 의해서 위치를 지정하고, 레지스터는 2^k개의 레지스터 중에 하나를 나타내기 위한 k비트의 2진 코드를 사용하여 지정한다. 그리고 제어신호는 각 명령어 코드를 메모리로부터 읽어서 그것을 제어 레지스터에 갖다 놓고 제어신호는 명령어 코드의 2진 코드를 해석하여 제어함수를 발생시킴으로써 명령어를 실행한다.

[그림 3.8]은 16비트로 이루어진 명령어 코드의 예를 보여준다. 16비트 중 4비트를 연산코드로 할당하였으므로 최대 16(2^4)가지의 명령어 지정이 가능하다. 이렇게 지정하여 설정된 명령어로 이루어진 명령어 집합을 갖게 된다. 나머지 12비트는 피연산자로 할당되며 피연산자의 내용은 일반적으로 메모리 주소이므로 4킬로워드(4 kiloword=2^{12})

의 어드레스 공간(address space)를 갖게 된다.

명령어 코드의 피연산자 부분이 직접 피연산자의 내용을 나타내는 경우는 immediate라 하고, 피연산자의 내용이 담겨 있는 메모리 주소를 저장하고 있는 경우는 직접주소(direct address)라 하며, 피연산자의 내용이 담겨 있는 장소의 주소의 주소를 저장하고 있는 경우는 간접주소(in-direct address)라 한다. 보통 [그림 3.8]에 보인 바와 같이 연산코드의 한 비트를 사용해서 명령어 코드의 주소부분이 직접주소인지 간접주소인지 구별한다.

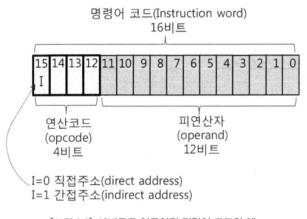

[그림 3.8] 16비트로 이루어진 명령어 코드의 예

이와 같이 연산코드의 한 비트를 직접주소와 간접주소를 구별하는 용도로 쓴다면 나머지 3비트로 $8(2^3)$가지의 명령어 지정이 가능해진다. 표 3.2는 나머지 3비트로 명령어 집합을 구성한 한 예를 보여준다. 연산코드 000은 연산동작을 멈추는 것으로 약호이름(mnemonic)을 NOP(No OPration)로 쓴다. 연산코드 001은 현재의 누산기(AC)에 들어 있는 내용이 얼마이든지 그 누산기에 피연산자에서 지정한 주소의 내용을 더해주는 것으로 약호이름을 ADD로 쓴다. 연산코드 010은 누산기 내용을 청소, 다시 말해 모두 0으로 세트하라는 것으로 약호이름을 CLR로 쓴다. 연산코드 011은 피연산자에서 지정한 주소의 내용으로 누산기(AC) 내용을 교체하라는 것으로 약호이름을 LDA로 쓴다. 100은 피연산자에서 지정한 주소의 내용을 프린트하라는 것으로 약호이름을 PRT로 쓴다. 연산코드 101은 누산기 내용을 피연산자에서 지정한 주소의 메모리에 저장하라는 것으로 약호이름을 STA로 쓴다.

〈표 3.2〉 명령어 집합의 예

연산코드	동작	약호이름(mnemonic)
000	프로세싱을 멈춤. (no operation)	NOP
001	(현재의 누산기 내용이 얼마이든) 누산기에 피연산자에서 지정한 주소의 내용을 더해줌.	ADD
010	누산기 내용을 청소(모두 0으로 세트) 함.	CLR
011	피연산자에서 지정한 주소의 내용으로 누산기 내용을 교체해줌.	LDA
100	피연산자에서 지정한 주소의 내용을 프린트함.	PRT
101	누산기 내용을 피연산자에서 지정한 주소의 메모리에 저장함.	STA
110	누산기에서 피연산자에서 지정한 주소의 내용을 빼줌.	SUB
111	피연산자 값의 (에서 지정한) 주소로 점프해서 거기서부터 프로그램을 수행함.	JMP

　　연산코드 110은 누산기에서 피연산자에서 지정한 주소의 내용을 빼라는 것으로 약호이름을 SUB로 쓴다. 마이크로프로세서는 메모리에서 명령어 코드를 하나씩 읽어 순차적으로 수행함으로써 프로그램의 내용을 수행한다. 제어장치는 읽어 들인 명령어 코드를 해독하고 그 명령이 수행될 수 있도록 제어신호를 발생시킨다. 제어장치는 PC(Program Counter)라는 특수레지스터를 갖고 있는데 이 레지스터에는 항상 다음에 수행할 명령어 코드가 들어있는 메모리상의 주소가 들어있다. 한 명령어 코드의 수행이 완료될 때마다 PC가 1씩 증가함으로써 제어장치가 순차적으로 다음 명령어 코드를 읽어 들일 수 있게 해준다. 경우에 따라서는 순차적으로 수행하던 위치에서 어떤 특정 위치로 건너뛰어서 그 위치에서부터 프로그램을 수행해야 할 필요가 있는데 연산코드 111은 이런 명령을 수행하도록 설정된 명령어이다. 즉, 연산코드 111은 피연산자에서 지정한 주소로 점프해서 거기서부터 프로그램을 수행하라는 것으로 약호이름을 JMP로 쓴다.

(2) 프로그램 수행의 예

설정된 명령어 집합을 바탕으로 짜여진 프로그램이 수행되는 과정을 [그림 3.9]에 한 예로서 보였다. 메모리 내용을 보면 0번지부터 4번지까지에는 명령어 코드가 저장되어 있고 나머지에는 데이터가 저장되어 있다. 또한, 프로그램에서 모두 직접주소를 사용하여 연산코드의 첫 비트는 0으로 되었다. 프로그램카운터(PC)를 0으로 설정하여 0번

번지	메모리 내용															어셈블리
	2^{15}	2^{14}	2^{13}	2^{12}	2^{10}	2^9	2^8	2^7	2^6	2^5	2^4	2^3	2^2	2^1	2^0	
0	0	0	1	1	0	0	0	0	0	0	1	0	0	0	0	LDA =13
1	0	0	0	1	0	0	0	0	0	0	1	0	0	0	1	ADD =9
2	0	1	0	1	0	0	0	0	0	0	1	0	0	1	0	STA Z
3	0	1	0	0	0	0	0	0	0	0	1	0	0	1	0	PRT Z
4	0	0	0	0	0	0	0	0	0	0	0	0	0	0	0	NOP
								·								
								·								
								·								
16	0	0	0	0	0	0	0	0	0	0	0	1	1	0	1	
17	0	0	0	0	0	0	0	0	0	0	0	1	0	0	1	
18	0	0	0	0	0	0	0	0	0	0	1	0	1	1	0	
								·								
								·								
								·								
30	0	0	0	0	0	0	0	0	0	0	0	0	0	0	0	

[그림 3.9] 프로그램 실행 예

지부터 프로그램이 시작된다. 0번지의 내용은 명령어 코드로서 연산코드가 011이므로 피연산자 주소의 내용을 누산기(AC)에 로드(load)하라는 것이다. 그러므로 피연산자가 지적하는 16번지의 값인 13을 누산기에 로드한다. 이후 프로그램카운터가 1 증가하므로 제어장치는 1번지 내용을 읽어 들여 해독한다. 1번지의 연산코드는 001이므로 누산기에 피연산자에서 지정한 17번지 내용인 9를 더해주면 누산기의 내용은 22(=13+9)가 된다. 2번지의 연산코드는 101이므로 누산기 내용을 피연산자에서 지정한 18번지 메모리에 저장한다. 따라서 18번지 메모리에 22가 저장된다. 3번지의 연산코드는 100이므로 피연산자에서 지정한 18번지 내용인 22를 프린트한다. 4번지의 연산코드는 000이므로 프로세싱을 멈추게 된다. 이로써 13과 9를 더해 그 결과를 프린트하는 작업이 완료되었다.

(3) 어셈블리

앞서 언급한 명령어 코드는 2진 코드로 이루어져 있고 이를 기계어(machine language 혹은 machine code)라고 부른다. 프로그램 개발자가 이진 숫자로 프로그램하기가 불편하므로 기계어와 일대일로 맵핑(mapping)하여 문자화한 것이 어셈블리(assembly)이다. [그림 3.9]의 맨 우측 열에 각 기계어를 어셈블리로 표현하여 보여주고 있다. 마이크로프로세서는 오직 기계어만을 이해할 수 있으므로 어셈블리로 프로그램된 것도 결국 기계어로 변환되어야 한다. 이와 같이 어셈블리를 기계어로 변환해주는 프로그램을 어셈블러(assembler)라고 한다. C 와 같은 고급언어도 마이크로프로세서에서 수행되기 위해서는 결국 기계어로 변환되어야 하는데 이와 같은 역할을 하는 프로그램을 컴파일러(compiler)라고 한다.

3.4 소프트웨어

3.4.1 소프트웨어

앞에서의 마이크로프로세서에 대한 설명에서 알 수 있듯이 마이크로프로세서는 명령어 집합에 설정되어 있는 명령어만을 이해하고 실행할 수 있는 전자 장치이다. 마이크로프로세서에게 원하는 일을 수행시키려면 명령어 집합에서 설정된 명령어들을 조합하여 그 일을 설명해 주어야 한다. 이 역할을 하는 것이 소프트웨어이다.

소프트웨어는 크게 시스템소프트웨어(system software)와 응용소프트웨어(application software)로 분류할 수 있다. [그림 3.10]은 하드웨어, 시스템소프트웨어, 응용소프트웨어 및 사용자와의 관계를 도식적으로 설명하고 있다.

대표적인 시스템소프트웨어인 운용체제(operating system)는 하드웨어가 응용프로그램을 잘 수행할 수 있도록 관리해주는 역할을 한다. 응용소프트웨어는 일정 관리, 게임, 전화번호부, 휴대전화의 벨소리 등과 같이 특정 응용을 위한 소프트웨어이다. 사용자는 응용소프트웨어와의 인터페이스를 통해 원하는 작업을 수행시킨다.

[그림 3.10] 소프트웨어 분류와 역할

3.4.2 시스템소프트웨어

시스템의 하드웨어를 관리하고 응용소프트웨어에게 시스템을 사용할 수 있는 효율적
이고 안전한 인터페이스를 제공하는 소프트웨어를 **시스템소프트웨어**라고 부르며 시스
템소프트웨어로는 운영체제, 장치드라이버(device drivers), 부트로더(boot loader), 미들
웨어(middleware), 라이브러리, 컴파일러 등이 있다.

(1) 운영 체제

운영 체제는 프로세스, 인터럽트, 입출력, 장치 드라이버, 미들웨어, 메모리, 파일 시스
템, 네트워킹, 보안 등을 관리하는 기능을 담당한다. 운영 체제로는 Linux, Windows,
Window CE 등이 있다. 프로세스 관리는 운영 체제의 역할 중 중요한 부분이다. 운영 체
제는 자원을 프로세스에 할당하고, 프로세스가 정보를 공유하고 교환할 수 있게 하며,
각 프로세스 자원을 다른 프로세스로부터 보호하며, 프로세스 간 동기화를 가능하게
한다. 이를 위해 운영 체제는 각 프로세스를 위한 자료 구조를 관리함으로써 프로세스
의 상태와 자원 소유권을 알고 각 프로세스를 제어하게 된다.

(2) 장치 드라이버

장치 드라이버는 컴퓨터 하드웨어 장치를 제어하기 위한 인터페이스를 제공하기 위해
만들어진 프로그램으로서 장치와 응용 프로그램 또는 운영 체제 사이의 해석기 역할을
한다. 전자 제품에서 각각의 주변 기기들을 제어하기 위해 설계된 펌웨어(firmware) 또
한 장치 드라이버로 분류된다.

(3) 미들웨어

미들웨어는 각기 분리된 두 개의 프로그램 사이에서, 매개 역할을 하거나 연합시켜주
는 프로그램을 지칭하는 용어로 마치 "접착제"와 같은 역할을 한다. 미들웨어의 대표
적인 기능은 특정 데이터베이스에 접근하기 위해 작성된 프로그램이 다른 데이터베이
스에도 접근할 수 있도록 하는 것이다.

3.4.3 응용소프트웨어

응용소프트웨어(application software)는 넓은 의미에서는 운영 체제에서 실행되는 모든 소프트웨어를 뜻한다. 따라서 워드프로세서, 웹브라우저 뿐만 아니라 컴파일러나 링커 (linker) 등도 응용소프트웨어가 된다. 그러나 좁은 의미로는 운영 체제 상에서 사용자가 직접 사용하게 되는 소프트웨어를 뜻한다. 이런 경우 컴파일러나 링커 등 시스템소프트웨어를 제외한 워드프로세서 등의 소프트웨어들만을 주로 뜻한다. 이렇게 뜻을 한정할 경우 응용소프트웨어는 시스템소프트웨어의 여집합이라고도 생각할 수 있다. 응용소프트웨어는 줄여서 애플리케이션이라고 하며 더 줄여서 앱(app)이라고 부르기도 한다.

3.4.4 부팅과정의 이해

(1) BIOS

마이크로프로세서의 부팅과정을 이해하기 위해 일반적인 개인용 컴퓨터의 부팅과정을 예로 들어 설명하기로 한다. 개인용 컴퓨터에서 전원이 켜진 후 프로세서가 가장 먼저 실행하는 코드가 **BIOS(Basic Input/Output System)**이다. BIOS는 이름에서 알 수 있듯이 기본 입출력을 담당하는 작은 프로그램으로서 보통 개인용 컴퓨터 메인 보드에 탑재된 ROM이나 플래시 메모리에 존재하는 일종의 펌웨어이다. BIOS는 하드웨어에 대한 각종 테스트나 초기화를 담당하는데 이를 **POST(Power On Self Test)**라 부른다. 또한 BIOS는 부팅 옵션 설정이나 시스템 전반적인 설정 값을 관리하는 역할도 겸하고 있으며, 설정 값으로 시스템을 초기화하여 OS를 실행할 수 있는 환경을 만든다. BIOS에서 제공하는 기능은 인터럽트를 통해 사용할 수 있다. BIOS는 부팅 과정에서 시스템 초기화 외에도 많은 작업을 하는데, 그중 가장 중요한 것은 **부트로더(boot loader)** 이미지를 메모리로 복사하여 실행시키는 것이다.

(2) 부트로더

부트로더는 부트스트랩(bootstrap) 코드라고도 불리며, 플로피 디스크나 하드 디스크 등 저장 매체의 첫 번째 섹터 MBR(Master Boot Record)에 존재하는 512바이트 크기의 작은 프로그램이다. 개인용 컴퓨터는 다양한 장치로 부팅할 수 있으므로 BIOS는 POST가 완료된 후 여러 장치를 검사하여 앞부분에 부트로더가 있는지 확인한다. 부트로더가 존재한다면 코드를 0x7C00 어드레스에 복사하여 프로세서가 0x7C00 어드레스부터 코드를 수행하도록 한다.

부트로더는 작동을 시작하면서 BIOS로부터 제어를 넘겨받는다. 부트로더가 하는 역할은 메모리 초기화를 하여 메모리 주소체계를 잡고, 하드웨어(직렬포트, 네트워크, 프로세서 속도, 인터럽트)를 초기화하는 것 등이 있으나 가장 중요한 역할은 운영체제 실행에 필요한 환경을 설정하고, 운영체제 이미지를 메모리에 복사하여 실행시키는 것이다.

한편, 부팅 가능한 모든 장치를 검사했는데도 부트로더를 찾을 수 없다면 BIOS는 'Operating System Not Found'와 같은 메세지를 출력하고 작업을 중단한다. 한편, BIOS가 첫 번째 섹터가 부트로더인지 여부를 확인하는 방법은 다음과 같다. BIOS는 읽어 들인 512바이트 중에 가장 마지막 2바이트 값이 0x55,0xAA이면 부트로더로 인식하여 부트로더를 작동시키면서 제어 권한을 부트로더에게 넘겨준다. 마지막 2바이트 값이 0x55, 0xAA가 아니면 데이터로 인식하여 부팅 과정을 더 이상 진행하지 않는다.

디스크를 부팅할 용도로 사용하지 않았다면, 첫 번째 섹터는 부트로더가 아닌 '일반 데이터'가 저장되어 있게 되고, 마지막 2바이트 값이 0x55, 0xAA가 아닐 것이므로 부트로더가 없음을 확인할 수 있다. 부트로더는 운영체제가 올려지기 전에 작동하므로 하드웨어 의존성이 강하여 초기화코드는 대부분 어셈블리언어로 작성된다. 따라서, 부트로더를 프로그램하려면 프로세서 구조, 특징, 사용법을 잘 알고 있어야 한다. 또한, 크기가 512바이트로 정해져 있기 때문에 처리할 수 있는 기능은 한정되어 있다.

한편, 부트로더가 디스크에서 메모리로 복사되어 실행되었다는 것은 BIOS에 의해 PC가 정상적으로 구동되었다는 것을 의미한다. 따라서 운영체제를 메모리에 올려서 실행할 준비가 되었다는 것을 의미한다. 부트로더는 운영체제를 메모리에 올려 실행시킴으로써 운영체제가 프로세스, 인터럽트, 입출력, 장치 드라이버, 미들웨어, 메모리, 파일 시스템, 네트워킹, 보안 등을 관리하도록 하여 컴퓨터가 원활하게 작동할 수 있도록 해준다.

그러나 운영체제는 MCU가 동작하기 위해 반드시 필요한 것은 아니다. 실제로 운영체제를 올리기에 MCU의 규모가 너무 작을 경우 운영체제를 두지 않기도 한다. 이 경우 BIOS, 부트로더, 운영체제가 할 일을 사용할 응용프로그램에 맞춰 최소한의 기능만을 프로그램하면 된다. 하지만 응용프로그램이 바뀌면 그에 맞춰 또 다시 프로그램하여야 한다. 따라서 소규모 MCU에서도 모든 응용프램에 공통으로 작동할 수 있는 운영체제를 둘 필요성이 생기게 된다. 따라서 소규모 MCU에서 무리 없이 작동할 수 있는 Tiny OS, Window CE 등의 미니 운영체제가 개발되었다.

연습문제

1. IoT 디바이스에 대해 다섯 줄 이내로 설명하라.

2. IoT 디바이스의 구조에 대해 설명하라.

3. 디지털 무선통신방식에 대해 간략히 설명하라.

4. ASK, FSK 및 PSK 변조 방식에 대해 설명하라.

5. MCU와 MPU가 무엇인지와 그 차이를 설명하라.

6. 메모리를 종류별로 분류하고 그 특징을 간략히 설명하라.

7. 명령어 집합(instruction set)이 무엇인지 설명하라.

8. 〈표 3.2〉의 명령어 집합을 이용하여 15와 12를 더해 그 결과를 프린트하는 작업을 메모리 내용과 함께 설명하라.

9. 시스템소프트웨어에 대해 간략히 설명하라.

PART 2

RF 회로의
기본 이론

전송선과 분포정수 회로

4.1 서론

저주파 회로해석에서 전자소자는 한 점에 뭉쳐진 덩어리로 간주하여 해석하므로 회로 내의 위치에 따른 전압(혹은, 전류)의 변화를 고려할 필요가 없다. 그러나 초고주파처럼 주파수가 높아지거나 혹은 송배전 선로와 같이 회로의 길이가 대단히 길어질 경우 회로 내의 소자는 한 지점에 덩어리로 뭉쳐진 것으로 간주할 수 없고 회로의 길이를 따라 분포하는 분포소자로 보아야 한다. 이 경우 회로 내의 위치에 따른 전압(혹은 전류)의 변화를 고려하여 회로를 해석하여야 한다. 이 장에서는 이 같은 회로의 특성과 해석 방법에 대해 공부하기로 한다.

4.2 집중정수와 분포정수

(1) 집중정수

회로에서 저항(R), 인덕턴스(L), 커패시턴스(C) 등의 전기적 특성치를 **회로정수(circuit constant)**라고 한다. 저주파 회로의 경우 [그림 4.1]에서 볼 수 있듯이 회로 길이가 그 회로 속을 흐르는 신호의 파장에 비해 매우 짧으므로 회로 내의 위치에 따른 전압(혹은 전류)의 변화량을 무시할 수 있다. 따라서 회로 속을 흐르는 신호는 오직 시간에 따라 변화할 뿐 회로 내의 위치에 따른 변화는 없다고 가정함으로써 회로해석을 단순화 할 수 있다. 이 경우 각 회로정수는 한 점에 뭉쳐져 집중된 것으로 간주할 수 있으며 R, L, C 등의 회로정수를 한 점에 집중된 소자(lumped element)로 취급할 수 있다. 이러한 회로를 **집중정수 회로(lumped constant circuit)**라고 부른다.

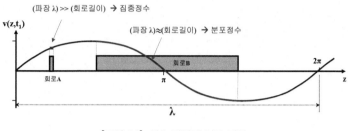

[그림 4.1] 신호 파장과 회로 길이

(2) 분포정수

반면에 RF 회로의 경우 신호 주파수가 매우 높으므로 파장이 짧아져서 회로 길이가 회로 속을 흐르는 신호의 파장에 비해 충분히 짧다고 볼 수 없다. 따라서 회로 내의 위치에 따른 전압(혹은 전류)의 변화량을 무시할 수 없으며 회로를 통해 흐르는 신호는 시간과 위치에 따라 변화는 함수로 취급하여야 한다. 이 경우 각 회로정수도 한 점에 뭉쳐져 있다고 볼 수 없고 회로 내의 길이에 따라 분포되어 있다고 보게 된다. 따라서 R, L, C 등의 회로정수도 회로 길이를 따라 분포된 소자(distributed element)로 취급한다. 이러한 회로를 **분포정수 회로**(distributed constant circuit)라고 부른다.

일반적으로 RF 회로는 분포정수 회로로 취급해야 한다. 따라서 RF 회로를 설계하기 위해서는 저주파 회로 지식 외에 분포정수 회로에 대한 지식이 추가적으로 더 필요하게 된다.

주변에서 흔히 접할 수 있으면서 단순한 분포정수 회로로서 전송선이 있다. 전송선은 신호 주파수가 높지 않아도 전송선의 길이가 상대적으로 매우 길어 분포정수 회로로 취급해야 한다. 또한, 전송선은 신호를 전달하는 가장 기본적인 회로 구조가 되므로 이를 대상으로 분포정수 회로의 해석 방법을 공부하기로 한다.

4.3 전송선의 개념과 종류

(1) 전송선의 개념

두 개(혹은 그 이상)의 도체로 구성되어 전력을 전달하는 선로로서 길이 방향으로 일정한 특성을 갖는 것을 **전송선(transmission line)**이라 한다.

(2) 전송선의 종류

전송선은 그 구조에 따라 여러 종류로 분류되며 [그림 4.2]는 대표적인 전송선 종류를 보여주고 있다.

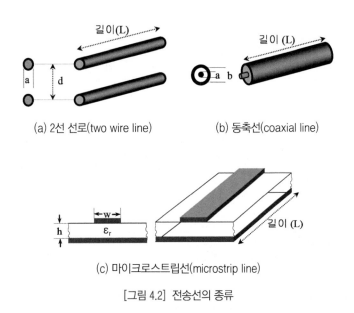

(a) 2선 선로(two wire line)　　　(b) 동축선(coaxial line)

(c) 마이크로스트립선(microstrip line)

[그림 4.2] 전송선의 종류

　　[그림 4.2(a)]는 2개의 도선으로 이루어진 가장 단순한 구조의 전송선으로서 **2선 선로(two wire line)**라고 부른다. 2선 선로는 잡음 방지를 위해 꼬아서 사용하기도 하는데, 이 경우 **TP(Twisted-Pair)**라고 한다. [그림 4.2(b)]는 한 도선을 다른 도선으로써 실린더 형으로 감싸주는 구조의 전송선으로서 **동축선(coaxial line)**이라고 부른다. 동축선의 감싸주는 구조는 내부의 전자기파가 이상적인 TEM 모드를 형성하도록 하므로 전송 손실이 적고 잡음 특성이 매우 양호한 장점을 갖는다. 동축선의 외부에 감싸는 도체는 일반적

으로 접지선으로 사용한다. [그림 4.2(c)]는 도체로된 접지면 위에 절연층을 두고 그 위에 띠 모양의 도체로써 신호를 전송하는 구조의 전송선으로서 **마이크로스트립선(microstrip line)**이라고 부른다. 마이크로스트립선은 내부의 전자기파가 TEM 모드와 비슷한 유사 TEM 모드를 형성하므로 비교적 전송 손실이 적고 PCB 기판이나 집적회로에서 구현하기 가장 적합한 전송선 구조가 되므로 매우 중요하게 사용된다.

4.4 무손실 전송선의 해석

4.4.1 전송선의 분포정수 모델과 해석

전송선의 분포정수 모델을 구하기 위해 [그림 4.3(a)]의 전송선을 Δz의 길이로 균등 분할하여 생각하기로 하자. 단위 길이 전송선의 인덕턴스를 L, 직렬저항을 R, 두 선 간의 커패시턴스를 C, 두 선 간의 누설에 의한 컨덕턴스를 G라고 할 때, 길이 Δz인 전송선의 인덕턴스는 LΔz, 직렬저항은 RΔz, 두 선 간의 커패시턴스는 CΔz, 두 선 간의 누설 컨덕턴스는 GΔz가 되며 이를 등가회로로 표현하면 [그림 4.3(b)]와 같다. 이 등가회로를 해석한 후 Δz → 0으로 수렴시킴으로써 분포정수 해석을 할 수 있다.

> 🔍 **개념잡이** **전송선의 등가회로**
>
> 여기서 유의할 점은 비록 [그림 4.3(a)]의 2선 선로로부터 [그림 4.3(b)]의 전송선 등가회로를 얻었지만 [그림 4.3(b)]의 등가회로는 다른 어떤 형태의 전송선에도 그대로 적용되는 전송선에 대한 일반적인 등가모델이 된다. 따라서 [그림 4.3(b)]의 등가회로로부터 유도된 수식은 2선 선로에 국한되지 않고 모든 전송선에 적용되는 일반적인 수식이 된다는 것이다.

※ 앞으로 유손실이라고 언급하지 않는 한 무손실 전송선으로 간주하기로 한다.

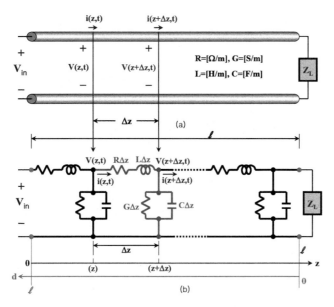

[그림 4.3] 전송선의 분포정수 모델
(a) 전송선 (b) 분포정수 모델

[그림 4.3(b)]의 분포정수 모델의 z와 z+Δz 사이 구간에서 키르히호프의 전압법칙을
적용하면 다음의 관계식을 얻는다.

$$v(z,t) - v(z+\Delta z,t) = R\Delta z i(z,t) + L\Delta z \frac{\partial i(z,t)}{\partial t}$$

양변을 Δz로 나누어 주고 Δz → 0으로 수렴시키면 다음의 수식을 얻는다.

$$\lim_{\Delta z \to 0} \{ \frac{v(z+\Delta z,t) - v(z,t)}{\Delta z} = -Ri(z,t) - L\frac{\partial i(z,t)}{\partial t} \}$$

위 식의 좌측 항은 미분 정의식에 의해 v(z,t)의 편미분이 되므로 다음의 편미분 방정
식을 얻는다.

$$\frac{\partial v(z,t)}{\partial z} = -Ri(z,t) - L\frac{\partial i(z,t)}{\partial t} \tag{4.1}$$

같은 방법으로, [그림 4.3(b)]의 분포정수 모델의 $z+\Delta z$ 점에서 키르히호프의 전류법칙을 적용하면 다음의 관계식을 얻는다.

$$i(z,t) - i(z+\Delta z,t) = G\Delta z v(z+\Delta z,t) + C\Delta z \frac{\partial v(z+\Delta z,t)}{\partial t}$$

양변을 Δz로 나누어 주고 $\Delta z \to 0$으로 수렴시키면 다음의 편미분 방정식을 얻는다.

$$\frac{\partial i(z,t)}{\partial z} = -Gv(z,t) - C\frac{\partial v(z,t)}{\partial t} \tag{4.2}$$

식(4.1)과 식(4.2)는 전송선의 길이 방향으로 따라가면서 발생하는 전압과 전류를 표현한다.

(1) 무손실 선로

R=0이고 G=0이면 전송선은 손실이 없는 **무손실 선로(lossless line)**가 된다. 이와 같이 무손실 선로라고 가정하면 식(4.1)과 식(4.2)는 다음과 같이 단순화 된다.

$$\frac{\partial v(z,t)}{\partial z} = -L\frac{\partial i(z,t)}{\partial t} \tag{4.3}$$

$$\frac{\partial i(z,t)}{\partial z} = -C\frac{\partial v(z,t)}{\partial t} \tag{4.4}$$

앞으로 특별히 '유손실'이란 언급이 없는 한 '무손실' 전송선로로 간주하기로 한다.

(2) 사인파인 경우

우리는 사인파형의 신호가 인가되었을 때 v(z,t)와 i(z,t)를 구하는 데 관심이 있으며 이는 위의 편미분 방정식 해를 구함으로서 얻는다. 이 경우 페이저를 이용하면 v(z,t)와 i(z,t)에 대한 정상상태 해를 쉽게 구할 수 있다. 즉, 인가된 신호가 사인파라고 가정하면 v(z,t)는 다음 수식으로 표현된다.

$$v(z,t) = f(z)\cos[\omega t + \phi(z)] \tag{4.5}$$

여기서, f(z)는 실수함수로서 위치에 따른 신호의 크기를 표시하고 $\phi(z)$는 위치에 따른 신호의 위상을 표시한다. 위 식을 오일러 공식(Euler's formula)을 써서 표현하면 다음과 같다.

$$v(z,t) = f(z)\,\text{Re}\{e^{j[\omega t + \phi(z)]}\} = \text{Re}\{\underbrace{f(z)e^{j\phi(z)}}_{=V(z)}e^{j\omega t}\} = \text{Re}\{V(z)e^{j\omega t}\} \tag{4.6}$$

여기서, $V(z) = f(z)e^{j\phi(z)}$ 이다.

한편, i(z,t)의 경우 인가된 신호가 사인파라고 가정하면 다음 수식으로 표현된다.

$$i(z,t) = g(z)\cos[\omega t + \eta(z)] \tag{4.7}$$

여기서, g(z)는 신호의 크기를 표시하고 $\eta(z)$는 위치에 따른 신호의 위상을 표시한다. v(z,t) 때와 같은 방법으로 i(z,t)를 오일러 공식을 써서 표현하면 다음과 같다.

$$i(z,t) = \text{Re}\{I(z)e^{j\omega t}\} \tag{4.8}$$

여기서, $I(z)=g(z)e^{j\eta(z)}$ 이다.

식(4.6)과 식(4.8)을 식(4.3)에 대입하면 다음의 관계식을 얻는다.

$$\frac{\partial}{\partial z}\text{Re}[V(z)e^{j\omega t}] = -L\frac{\partial}{\partial t}\text{Re}[I(z)e^{j\omega t}] \tag{4.9}$$

Re연산자는 $\partial/\partial z$ 및 $\partial/\partial t$ 연산자와 교환이 되므로 식(4.9)는 다음과 같이 표현된다.

$$\text{Re}[\frac{\partial V(z)}{\partial z}e^{j\omega t}] = -L\,\text{Re}[I(z)\frac{\partial e^{j\omega t}}{\partial t}] = -L\,\text{Re}[I(z)j\omega e^{j\omega t}] \tag{4.10}$$

V(z)는 거리 z만의 함수이므로 $\partial V(z)/\partial z = dV(x)/dz$가 되고 식(4.10)은 다음과 같이 정

리된다.

$$\text{Re}[\{\frac{dV(z)}{dz} + j\omega LI(z)\}e^{j\omega t}] = 0 \tag{4.11}$$

식(4.11)에서 모든 t 값에 대해 '='이 성립하려면 $e^{j\omega t}$의 계수가 0이 되어야 하므로 다음의 수식을 얻을 수 있다.

$$\frac{dV(z)}{dz} + j\omega LI(z) = 0 \tag{4.12}$$

식(4.3)과 식(4.12)를 비교해 보면 식(4.12)는 식(4.3)에서 단순히 $\partial/\partial t$를 $j\omega$로 바꾸고 v(z,t)와 i(z,t)를 페이저 V(z)와 I(z)로 바꿈으로써 얻어짐을 알 수 있다. 이와 같이 페이저를 사용하면 식(4.3)의 편미분 방정식을 식(4.12)의 상미분 방정식으로 바꿀 수 있다.

마찬가지 방법으로, 식(4.6)과 식(4.8)을 식(4.4)에 대입하면 다음의 관계식을 얻는다.

$$\frac{dI(z)}{dz} + j\omega CV(z) = 0 \tag{4.13}$$

결과적으로, 식(4.12)와 식(4.13)은 무손실 전송선을 따라 발생하는 V(z)와 I(z)를 설명하는 미분방정식이 된다. 따라서 V(z)와 I(z)를 구하기 위해 미분방정식의 해를 구해야 한다.

개념잡이   페이저 표현

$$v(z,t) = f(z)\cos[\omega t + \phi(z)] = f(z)\,\text{Re}\{e^{j[\omega t + \phi(z)]}\} = \text{Re}\{\underbrace{f(z)e^{j\phi(z)}}_{=V(z)}e^{j\omega t}\}$$

$$= \text{Re}\{V(z)e^{j\omega t}\} \overset{\text{페이저 표현}}{\rightarrow} V(z) = f(z)\angle\phi(z)$$

위에서 보였듯이 $v(z,t)[= \text{Re}\{V(z)e^{j\omega t}\}]$를 페이저(phasor)로 표현하면 $V(z)[= f(z)\angle\phi(z)]$가 된다. 즉, 시변함수 v(z,t)에서 시간변수 $e^{j\omega t}$를 제거하고 'Re'을 없애면 페이저 V(z)로 변환된다. 따라서 페이저 V(z)는 위치만의 함수가 된다.

만약, 페이저 V(z)로부터 시변함수 v(z,t)를 복원하려면 V(z)에 시간변수 $e^{j\omega t}$를 곱해주고 'Re'을 취하면 된다. 즉, $v(z,t) = \text{Re}\{V(z)e^{j\omega t}\}$

우선, 식(4.12)의 양변을 미분한 후 식(4.13)을 대입하면 다음과 같다.

$$\frac{d^2V(z)}{dz^2} = -j\omega L \frac{dI(z)}{dz} = -j\omega L\{-j\omega CV(z)\} = -\omega^2 LCV(z)$$

위 식을 간략히 정리하면 다음과 같다.

$$\frac{d^2V(z)}{dz^2} + \beta^2 V(z) = 0 \tag{4.14}$$

여기서, β는 **전파상수(propagation constant)**라고 부르며 다음 수식으로 표현된다.

$$\beta = \omega\sqrt{LC} \quad [\text{rad/m}] \tag{4.15}$$

식(4.14)의 2차 미분방정식의 일반해를 구하면 다음과 같다.

$$V(z) = Ae^{-j\beta z} + Be^{j\beta z} \tag{4.16}$$

여기서, A, B는 일반적으로 복소 상수(complex constant)이다. A, B 값은 전송선 입력 및 출력 포트(port)의 경계조건(boundary condition)으로부터 구해진다.

같은 방법으로, 식(4.13)의 양변을 미분한 후 식(4.12)를 대입하여 I(z)에 대한 2차 미분 방정식을 구하고 이를 풀어 일반해를 구하면 다음의 전류수식이 구해진다.

$$I(z) = \frac{\beta}{\omega L}[Ae^{-j\beta z} - Be^{j\beta z}] \tag{4.17}$$

여기서, A, B는 일반적으로 복소 상수이다. A, B 값은 전송선 입력 및 출력 포트의 경계조건으로부터 구해진다.

(3) 특성 임피던스

전송선의 특성 임피던스(Z_O: characteristic impedance)를 다음과 같이 정의한다.

$$Z_O \equiv \frac{\omega L}{\beta} = \frac{\omega L}{\omega\sqrt{LC}} = \sqrt{\frac{L}{C}} \tag{4.18}$$

식(4.18)로부터 무손실 전송선의 특성 임피던스는 실수값(저항성)이 됨을 알 수 있다. 또한, 특성 임피던스가 큰 선로는 L(인덕턴스 성분)이 지배적이고 특성 임피던스가 작은 선로는 C(커패시턴스 성분)이 지배적으로 됨을 알 수 있다.

한편, 식(4.17)의 $I(z)$를 특성 임피던스 Z_O를 사용하여 다시 표현하면 다음과 같다.

$$I(z) = \frac{A}{Z_O} e^{-j\beta z} - \frac{B}{Z_O} e^{j\beta z} \tag{4.19}$$

(4) 시간 변수의 복원

위에서 구한 페이저 전압 $V(z)$와 페이저 전류 $I(z)$에 대해 시간 변수를 복원하면 위치와 시간의 함수인 $v(z,t)$와 $i(z,t)$를 구할 수 있다. 즉, 페이저를 취할 때 $e^{j\omega t}$를 떼어냈었으므로 이번에는 그 역으로 $e^{j\omega t}$를 곱해주고 'Re'을 취함으로써 본래대로 위치와 시간의 함수인 $v(z,t)$와 $i(z,t)$를 구할 수 있다.

$$v(z, t) = \mathrm{Re}[V(z)e^{j\omega t}] = \mathrm{Re}[Ae^{j(\omega t-\beta z)} + Be^{j(\omega t+\beta z)}] \tag{4.20}$$

$$i(z, t) = \mathrm{Re}[I(z)e^{j\omega t}] = \mathrm{Re}[\frac{A}{Z_O} e^{j(\omega t-\beta z)} - \frac{B}{Z_O} e^{j(\omega t+\beta z)}] \tag{4.21}$$

만약, A와 B가 실수인 경우 위의 식은 다음과 같이 간단히 표현될 수 있다.

$$v(z,t) = A\cos(\omega t - \beta z) + B\cos(\omega t + \beta z) \tag{4.22}$$

$$i(z,t) = \frac{A}{Z_O}\cos(\omega t - \beta z) - \frac{B}{Z_O}\cos(\omega t + \beta z) \tag{4.23}$$

(5) 입사파와 반사파

식(4.22)의 전압파 v(z,t)의 첫째 항 $A\cos(\omega t-\beta z)$에 대해 위상이 $0°$인 점의 이동속도를 구함으로써 파의 속도를 구하기로 하자. 위상이 $0°$인 점에서 $\omega t-\beta z=0$이므로 양변을 미분하면 $\omega dt-\beta dz=0$가 된다. 따라서 파의 속도 v_p는 다음과 같이 표현된다.

$$v_p = \frac{dz}{dt} = \frac{\omega}{\beta} > 0 \tag{4.24}$$

여기서, ω와 β는 양의 값을 가지므로 파의 속도 v_p는 양의 값이 된다. 따라서 $A\cos(\omega t-\beta z)$는 +z방향으로 이동하고 있음을 알 수 있다. +z방향으로 신호를 인가했으므로 이를 **입사파(incident wave)**라고 부른다.

같은 방법으로 식(4.22)의 둘째 항 $B\cos(\omega t+\beta z)$에 대해 위상이 $0°$인 점을 기준으로 파의 속도를 구하면 $0°$인 점에서 $\omega t+\beta z=0$이고 양변을 미분하면 $\omega dt+\beta dz=0$가 된다. 따라서 파의 속도 v_p는 다음의 수식으로 표현된다.

$$v_p = \frac{dz}{dt} = -\frac{\omega}{\beta} < 0 \tag{4.25}$$

여기서, 파의 속도 v_p는 음의 값을 가지므로 $A\cos(\omega t+\beta z)$는 -z방향으로 이동하고 있음을 알 수 있다. 신호를 +z방향으로 인가했으므로 이와 같이 -z방향으로 되돌아 나오는 파를 **반사파(reflected wave)**라고 부른다.

입사파를 V^+라고 표기하고 반사파를 V^-라고 표기하면 v(z,t)는 다음 식에서와 같이 입사파와 반사파의 합으로 표현된다.

$$v(z, t) = A\cos(\omega t - \beta z) + B\cos(\omega t + \beta z) = V^+ + V^- \tag{4.26}$$

마찬가지 방법으로 식(4.23)의 전류파 i(z,t)에 대해 해석하면 i(z,t)도 다음 식에서와 같이 입사파와 반사파의 합성으로 표현된다.

$$i(z, t) = \frac{A}{Z_0} \cos(\omega t - \beta z) - \frac{B}{Z_0} \cos(\omega t + \beta z) = I^+ - I^- \tag{4.27}$$

여기서, I^+는 전류 입사파를 나타내고 I^-는 전류 반사파를 나타낸다.

결국, 전송선에 인가한 신호는 일부가 입사되어 부하로 전달되고 그 나머지는 반사되어 되돌아온다는 것을 알 수 있다.

4.5 파형 해석과 특성의 이해

무손실 전송선에 사인 파형을 인가했을 때 전송선을 통해 흐르는 전압과 전류를 분포정수 해석으로 구한 결과 식(4.22)와 식(4.23)의 v(z,t)와 i(z,t)에 대한 수식을 얻었다. 이제는 이렇게 구해진 파형을 분석하여 기본 특성을 이해하기로 한다.

4.5.1 파의 기본 특성

(1) 각주파수의 의미

v(z,t)와 i(z,t)의 표현식인 식(4.22)와 식(4.23)에서 주기를 T라 할 때 $t=T$에서 **각주파수(ω : angular frequency)**에 대해 다음의 관계식이 성립한다.

$$\omega t|_{t=T} = 2\pi \rightarrow \omega = \frac{2\pi}{T} = 2\pi f \tag{4.28}$$

여기서, 각주파수 $\omega = 2p/T$로서 단위 시간당 변화한 위상의 크기를 나타낸다. 따라서, ω가 크다는 것은 주기가 짧다는 것을 의미하며 ω는 주기에 반비례한다. 또한, 주파수 $f=1/T$로서 단위 시간당의 **회전수(cycle)**를 나타낸다. 따라서, 주파수도 주기에 반비례하며 **진동수**라고도 부른다.

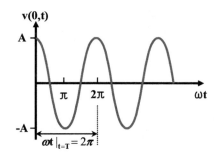

[그림 4.4] z=0에서의 시간에 따른 파형

(2) 전파상수의 의미

한편, 파장을 1이라 할 때 z=1에서 전파상수 b에 대해 다음의 관계식이 성립한다.

$$\beta z\big|_{z=\lambda} = 2\pi \rightarrow \beta = \frac{2\pi}{\lambda} \;\; \left(= \frac{2\pi f}{\lambda f} = \frac{\omega}{\upsilon_p}\right) \tag{4.29}$$

여기서, 전파상수 $\beta = 2\pi/\lambda$로서 단위 길이당 변화한 위상의 크기를 나타낸다. 따라서, β가 크다는 것은 파장이 짧다는 것을 의미하며 β는 파장에 반비례한다. 전파상수 β는 **각파수[$k(=2\pi/\lambda)$: angular wave number]**라고도 부른다. 또한, 단위 길이당 존재하는 파의 수를 **파수($=1/\lambda$: wave number)**라고 한다. 그러나 주파수($=1/T$)와 달리 파수($=1/\lambda$)라는 물리량은 특별히 이용되는 경우가 거의 없기 때문에 각파수를 그냥 파수라고 부르기도 한다. 즉, **파수[$k(=2\pi/\lambda)$: wave number]**로 흔히 사용한다.

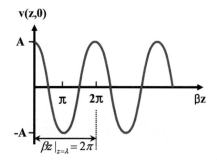

[그림 4.5] t=0에서의 위치에 따른 파형

한편, $\gamma = jk$로 정의하여 γ를 전파상수라고 부르기도 하는데 이 경우 κ는 파수라고 구분하여 부른다.

(3) 위상속도

[그림 4.6]은 시간이 t_1에서 t_2로 경과함에 따른 파형의 이동 형태를 보여준다. 시간 t_1에서 한 점 a를 $v_1(z_1, t_1)$이라고 하고 시간이 경과하여 $t = t_2$일 때 이동한 a점을 $v_2(z_2, t_2)$라고 하여 수식으로 표현하면 다음과 같다.

$$v_1(z_1, t_1) = A\cos(\omega t_1 - \beta z_1) \tag{4.30}$$

$$v_2(z_2, t_2) = A\cos(\omega t_2 - \beta z_2) \tag{4.31}$$

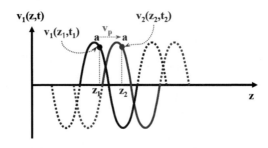

[그림 4.6] 시간에 따른 파의 진행 형태

여기서, a점은 고정된 위상점이므로 파가 이동해도 이 점에서의 크기와 위상은 같다. 따라서 $v_1(z_1,t_1) = v_2(z_2,t_2)$가 되므로 다음의 관계식을 얻는다.

$$\cos(\omega t_1 - \beta z_1) = \cos(\omega t_2 - \beta z_2) \tag{4.32}$$

식(4.32)의 등호관계가 성립하기 위해서는 다음의 조건을 만족하여야 한다.

$$\omega t_1 - \beta z_1 = \omega t_2 - \beta z_2 \tag{4.33}$$

고정된 위상점 a가 단위시간 동안에 이동한 거리가 **위상속도**(v_p: phase velocity)가 되므로 식(4.33)으로부터 다음의 위상속도 관계식을 얻을 수 있다.

$$v_P = \frac{z_2 - z_1}{t_2 - t_1} = \frac{\omega}{\beta} = \frac{\omega}{\omega\sqrt{LC}} = \frac{1}{\sqrt{LC}} \tag{4.34}$$

한편, 식(4.34)의 위상속도는 다음과 같이 표현할 수도 있다.

$$v_P = \frac{\omega}{\beta} = \frac{2\pi/T}{2\pi/\lambda} = \lambda f \tag{4.35}$$

(4) 특성 임피던스 Z_o의 개념

식(4.26)과 식(4.27)로부터 $V^+/I^+ = V^-/I^- = Z_o$가 됨을 알 수 있다. 다시 말해, 식(4.18)으로 표현된 **특성 임피던스 Z_o**는 식(4.36)과 같이 같은 방향으로 진행하는 전류에 대한 전압의 비로 정의되었음을 알 수 있다.

$$Z_o = \frac{V^+}{I^+} = \frac{V^-}{I^-} \tag{4.36}$$

임피던스 $Z = V/I = (V^+ + V^-)/(I^+ - I^-)$로 정의된 데 비해 특성 임피던스는 같은 방향으로 진행하는 전압과 전류의 비로써 정의되었다는 점이 다르다.

4.6 z축 대신에 d축으로 표현하기

위치를 표시하는 z축은 [그림 4.7(a)]에서 보였듯이 신호가 인가되는 구동점을 원점으로 하여 부하 방향으로 진행하도록 설정되어 있다. 그러나 많은 전송선 문제 해석의 경우에 [그림 4.7(b)]와 같이 부하점을 원점으로 하여 구동점 방향으로 진행하도록 설정하는 것이 편리할 때가 많다. 이와 같이 부하점을 원점으로 하여 z축과 반대방향으로 잡은

축을 d축이라고 부르기로 하자.

z축 상의 수식인 식(4.16)과 식(4.17)에서 z= l −d로 치환함으로써 다음과 같이 d축 상의 수식인 v(d)와 i(d)로 변환할 수 있다.

$$V(d) = \{Ae^{-j\beta z} + Be^{j\beta z}\}\Big|_{z=\ell-d} = Ae^{-j\beta(\ell-d)} + Be^{j\beta(\ell-d)} = Ae^{-j\beta\ell}e^{j\beta d} + Be^{j\beta\ell}e^{-j\beta d}$$

$$= A_1 e^{j\beta d} + B_1\, e^{-j\beta d} \tag{4.37}$$

여기서, $A_1 = Ae^{-j\beta\ell}$, $B_1 = Be^{-j\beta\ell}$이다.

같은 방법으로 I(d)의 표현 식을 구하면 다음과 같다.

$$I(d) = \frac{\beta}{\omega L}\{Ae^{-j\beta z} - Be^{j\beta z}\}\Big|_{z=\ell-d} = \frac{A_1}{Z_O}e^{j\beta d} - \frac{B_1}{Z_O}e^{-j\beta d} \tag{4.38}$$

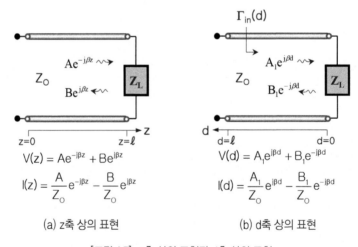

(a) z축 상의 표현　　　　　(b) d축 상의 표현

[그림 4.7] z축 상의 표현과 d축 상의 표현

4.7 반사계수

입사파에 대한 반사파의 비를 **반사계수(reflection coefficient)**라고 한다. [그림 4.7(b)]에 보인 바와 같이 임의의 위치 d에서의 반사계수를 $\Gamma_{in}(d)$라고 표시하면 다음 수식으로 표현된다.

$$\Gamma_{in}(d) \equiv \frac{반사파(V^-)}{입사파(V^+)} = \frac{B_1 e^{-j\beta d}}{A_1 e^{+j\beta d}} = \frac{B_1}{A_1} e^{-j2\beta d} \tag{4.39}$$

부하점(d=0)에서의 반사계수를 **부하반사계수(Γ_O: load reflection coefficient)**라고 하면 Γ_O는 식(4.39)로부터 다음과 같이 구해진다.

$$\Gamma_O \equiv \Gamma_{in}(d)\big|_{d=0} = \frac{B_1}{A_1} \tag{4.40}$$

Γ_O를 이용하여 식(4.39)의 반사계수를 표현하면 다음과 같이 간략히 표현된다.

$$\Gamma_{in}(d) = \Gamma_O e^{-j2\beta d} \tag{4.41}$$

$$\left|\Gamma_{in}(d)\right| = \left|\Gamma_O e^{-j2\beta d}\right| = \left|\Gamma_O\right| \tag{4.42}$$

또한, 식(4.37)과 식(4.38)의 전압 및 전류도 반사계수로 표현하면 다음과 같다.

$$V(d) = A_1(e^{j\beta d} + \Gamma_O e^{-j\beta d}) = A_1 e^{j\beta d}(1 + \Gamma_O e^{-j2\beta d}) = V^+\{1 + \Gamma_{in}(d)\} \tag{4.43}$$

$$I(d) = \frac{A_1}{Z_O}(e^{j\beta d} - \Gamma_O e^{-j\beta d}) = \frac{A_1}{Z_O} e^{j\beta d}(1 - \Gamma_O e^{-j2\beta d}) = I^+\{1 - \Gamma_{in}(d)\} \tag{4.44}$$

여기서, 복소상수(complex constant) A_1은 측정을 통해 구한 V(d) 값을 경계조건으로 사용하여 구할 수 있다.

4.8 입력 임피던스

4.8.1 입력 임피던스 수식

[그림 4.8]에 보인 바와 같이 부하로부터 거리 d만큼 떨어진 위치에서 본 전송선의 입력 임피던스 $Z_{in}(d)$는 임피던스 정의식에 식(4.43)과 식(4.44)의 전압과 전류를 대입함으로써 다음과 같이 구해진다.

$$Z_{in}(d) \equiv \frac{V(d)}{I(d)} = Z_O \frac{e^{j\beta d} + \Gamma_O e^{-j\beta d}}{e^{j\beta d} - \Gamma_O e^{-j\beta d}} = Z_O \frac{1 + \Gamma_{in}(d)}{1 - \Gamma_{in}(d)} \tag{4.45}$$

한편, $Z_{in}(d)|_{d=0} = Z_L$으로서 d=0에서의 입력 임피던스는 부하 Z_L이 된다. 즉,

$$Z_{in}(0) = Z_L = Z_O \frac{1 + \Gamma_O}{1 - \Gamma_O} \tag{4.46}$$

식(4.46)에서 부하반사계수 G_O를 구하면 다음과 같다.

$$\Gamma_O = \frac{Z_L - Z_O}{Z_L + Z_O} \tag{4.47}$$

반사계수를 구하기 위해 식(4.40)을 사용할 경우 입사 및 반사 전압의 크기를 알아야 한다. 그러나 위의 식(4.47)을 이용하면 이미 알고 있는 회로의 임피던스로부터 반사계수를 구할 수 있으므로 매우 유용한 수식이 된다.

개방회로($Z_L = \infty$)의 경우, 식(4.47)로부터 $G_O = 1$이 되며 반사된 파는 입사된 파와 동일한 극성으로 반사된다는 것을 알 수 있다. 반면에 단락회로($Z_L = 0$)의 경우, $G_O = -1$이 되므로 반사된 파는 입사된 파가 반전되어 반사된다는 것을 알 수 있다. 한편, $Z_L = Z_O$로 임피던스가 정합된 경우, 반사계수 $G_O = 0$이 되어 반사가 일어나지 않음을 알 수 있다. 반사가 없다는 것은 입사된 파가 모두 부하로 전달되는 것을 의미하며 이 경우 입사된

신호는 전송선이 무한히 긴 것으로 인식하게 된다.

한편, 식(4.47)을 식(4.45)에 대입하여 수식을 정리하면 식(4.48)의 입력 임피던스 수식을 얻을 수 있다. 식(4.48)의 입력 임피던스 식은 부하로부터의 거리 d에 따라 부하 Z_L이 어떻게 변환되어 입력 임피던스로 나타나는지를 보여주는 중요한 수식이다.

$$Z_{in}(d) = Z_O \frac{e^{j\beta d} + \frac{(Z_L - Z_O)}{(Z_L + Z_O)}e^{-j\beta d}}{e^{j\beta d} - \frac{(Z_L - Z_O)}{(Z_L + Z_O)}e^{-j\beta d}} = Z_O \frac{(Z_L + Z_O)e^{j\beta d} + (Z_L - Z_O)e^{-j\beta d}}{(Z_L + Z_O)e^{j\beta d} - (Z_L - Z_O)e^{-j\beta d}}$$

$$= Z_O \frac{Z_L(e^{j\beta d} + e^{-j\beta d}) + Z_O(e^{j\beta d} - e^{-j\beta d})}{Z_O(e^{j\beta d} + e^{-j\beta d}) + Z_L(e^{j\beta d} - e^{-j\beta d})} = Z_O \frac{Z_L \cos\beta d + jZ_O \sin\beta d}{Z_O \cos\beta d + jZ_L \sin\beta d}$$

$$Z_{in}(d) = Z_O \frac{Z_L + jZ_O \tan\beta d}{Z_O + jZ_L \tan\beta d} \tag{4.48}$$

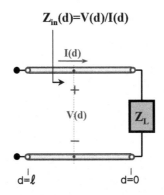

[그림 4.8] 전송선의 입력 임피던스

4.8.2 종단 조건에 따른 입력 임피던스 특성

식(4.48)의 입력 임피던스 Z_{in}은 종단 임피던스 Z_L에 따라 그 특성이 다르게 나타난다. 따라서 종단 조건, 즉 Z_L 크기에 따른 특성을 알아보기로 한다.

(1) 정합($Z_L=Z_O$) 전송선

종단 임피던스 $Z_L=Z_O$로서 정합된 경우 식(4.47)로부터 반사계수는 0이 된다.

$$\Gamma_O = 0 \qquad\qquad (4.49)$$

또한, 입력 임피던스 Z_{in}은 식(4.48)로부터 다음과 같이 구해진다.

$$Z_{in} = Z_L = Z_O \qquad\qquad (4.50)$$

$Z_L=Z_O$로서 정합된 경우 반사계수가 0이 되어 반사신호가 없으므로 신호는 전송선이 무한히 긴 것으로 인식하게 된다. 또한, 반사계수가 0이므로 신호가 반사 없이 부하에 가장 잘 전달된다.

(2) 단락($Z_L=0$) 전송선

종단 임피던스 $Z_L=0$로서 단락된 경우 식(4.47)로부터 반사계수는 -1이 된다.

$$\Gamma_O=-1 \qquad\qquad (4.51)$$

여기서, $|\Gamma_O| = 1$이 되므로 입사파와 반사파의 크기가 같은 전반사가 발생함을 알 수 있다. 또한, 식(4.48)로부터 입력 임피던스 Z_{in}은 다음과 같이 구해진다.

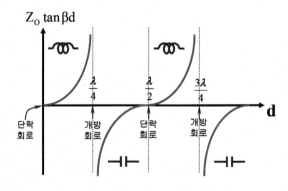

[그림 4.9] 단락 전송선(short-stub)의 입력 임피던스 특성

$$Z_{in}=jZ_0 \tan \beta d \tag{4.52}$$

식(4.52)로부터 단락 전송선의 입력 임피던스는 순수 리액턴스가 됨을 알 수 있다. [그림 4.9]는 거리 d에 따른 입력 임피던스 특성을 보여주고 있다. d=0에서 입력 임피던스는 부하 임피던스(Z_L=0)와 같으므로 0이 된다. 부하로부터의 거리 d가 증가함에 따라 입력 임피던스가 증가하며 이 경우 양의 리액턴스이므로 인덕턴스 특성을 나타낸다. d=λ/4가 되면 입력 임피던스는 무한대로 되어 개방회로로 보인다. d가 λ/4를 넘어서면 음의 리액턴스로 바뀌어 커패시턴스 특성을 나타낸다. 여기서부터는 d가 증가함에 따라 입력 임피던스가 감소하며 d=λ/2가 되면 입력 임피던스는 0이 된다. 이후 같은 방법으로 반복하여 주기적인 특성을 보인다.

이와 같이 단락 전송선은 그 길이에 따라 단락회로로 보이기도 하고 개방회로로 보이기도 하며 인덕턴스가 되기도 하고 커패시터가 되기도 한다. 따라서, 단락 전송선의 길이를 조절하여 원하는 인덕턴스나 커패시터 값을 구현할 수 있음을 알 수 있다.

(3) 개방(Z_L=∞) 전송선

종단 임피던스 Z_L=∞로서 개방된 경우 식(4.47)로부터 반사계수는 1이 된다.

$$\Gamma_0=1 \tag{4.53}$$

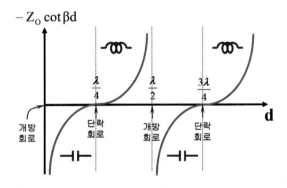

[그림 4.10] 개방 전송선(open-stub)의 입력 임피던스 특성

여기서, $|\Gamma_0| = 1$이 되므로 입사파와 반사파의 크기가 같은 전반사가 발생함을 알 수 있다. 또한, 식(4.48)로부터 입력 임피던스 Z_{in}은 다음과 같이 구해진다.

$$Z_{in} = -jZ_0 \cot \beta d \qquad\qquad (4.54)$$

식(4.54)로부터 개방 전송선의 입력 임피던스도 순수 리액턴스가 됨을 알 수 있다. [그림 4.10]은 거리 d에 따른 입력 임피던스 특성을 보여주고 있다. d=0에서 입력 임피던스는 부하 임피던스($Z_L=\infty$)와 같으므로 ∞가 된다. 부하로부터의 거리 d가 증가함에 따라 입력 임피던스가 감소하며 이 경우 음의 리액턴스이므로 커패시턴스 특성을 나타낸다. d=λ/4가 되면 입력 임피던스는 0이 되어 단락회로로 보인다. d가 λ/4를 넘어서면 양의 리액턴스로 바뀌어 인덕턴스 특성을 나타낸다. 여기서부터는 d가 증가함에 따라 입력 임피던스가 증가하며 d=λ/2가 되면 입력 임피던스는 ∞가 된다. 이후 같은 방법으로 반복하여 주기적인 특성을 보인다.

이와 같이 개방 전송선도 그 길이에 따라 개방회로로 보이기도 하고 단락회로로 보이기도 하며 커패시터가 되기도 하고 인덕턴스가 되기도 한다. 따라서, 개방 전송선의 길이를 조절하여 원하는 커패시터나 인덕턴스 값을 구현할 수 있음을 알 수 있다.

(4) λ/4 전송선

전송선의 또 다른 중요한 특성을 살펴보기 위해 [그림 4.11]과 같이 길이가 λ/4인 전송선을 생각하자. 길이가 λ/4인 전송선을 **λ/4 전송선(quarter wave transmission line)**이라고 부른다. λ/4 전송선의 입력 임피던스 Z_{in}은 식(4.48)에 d=λ/4를 대입함으로써 다음과 같이 구해진다.

$$Z_{IN}(\frac{\lambda}{4}) = Z_0 \frac{Z_L + jZ_0 \tan \beta(\frac{\lambda}{4})}{Z_0 + jZ_L \tan \beta(\frac{\lambda}{4})} = \frac{Z_0^2}{Z_L} \qquad\qquad (4.55)$$

λ/4 길이 전송선의 특성 임피던스를 Z_{Oq}라고 표기하면 식(4.55)로부터 Z_{Oq}는 다음과 같이 표현된다.

$$Z_{Oq} = \sqrt{Z_{in} \cdot Z_L} \tag{4.56}$$

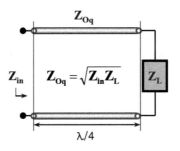

[그림 4.11] $\lambda/4$ 길이 전송선을 이용한 입력 임피던스 변환

식(4.56)으로부터 $\lambda/4$ 길이 전송선은 저항성(실수) 임피던스 Z_L을 다른 저항성(실수) 임피던스 Z_{in}으로 변환시키고 있음을 알 수 있다. 따라서 $\lambda/4$ 길이 전송선은 **$\lambda/4$ 임피던스 변환기($\lambda/4$ impedance transformer)**라고도 부른다.

예제 4.1 **단락 스터브의 입력 임피던스**

ℓ =9.6cm인 단락 전송선에 주파수 1GHz에서 3GHz까지 가변 시켰을 때 입력 임피던스의 크기를 계산하라. 단, 전송선의 L=180nH/m, C=150pF/m이다.

풀이

선로 파라미터 L과 C에 의하여 특성 임피던스는

$$Z_O = \sqrt{\frac{L}{C}} = \sqrt{\frac{180 \times 10^{-9}}{150 \times 10^{-12}}} = = 34.6\Omega$$

임을 알 수 있다. 또한, 위상속도는

$$v_p = \frac{1}{\sqrt{LC}} = \frac{1}{\sqrt{180 \times 10^{-9} \times 150 \times 10^{-12}}} = 1.92 \times 10^8 \, [\text{m/s}]$$

이다. 결과적으로 전송선의 입력 임피던스 $Z_{in}(d=\ell)$는 다음과 같이 구해진다.

$$Z_{in}(d = \ell) = jZ_O \tan(\beta\ell) = jZ_O \tan\left(\frac{2\pi f}{v_p} \ell\right)$$

$$= j34.6 \tan\left(\frac{2\pi f}{1.92 \times 10^8} 0.096\right)$$

예를 들어, 1GHz에서 입력 임피던스의 크기는 다음과 같이 계산된다.

$$\left|Z_{in}\right|_{f=1GHz} = \left|Z_0 \tan(\beta\ell) = jZ_0 \tan\left(\frac{2\pi f}{v_p}\ell\right)\right|$$

$$= \left|34.6 \tan\left(\frac{2\pi \times 1 \times 10^9}{1.92 \times 10^8}0.096\right)\right| = \left|34.6\tan(\pi)\right| = 0 \ [\Omega]$$

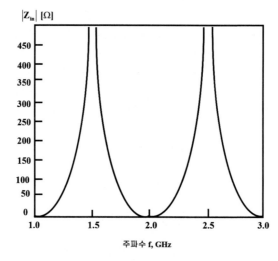

[그림 4E1.1]

같은 방법으로 주파수 1GHz에서 3GHz의 범위에서 임피던스의 크기를 계산하여 그래프로 그리면 [그림 4E1.1]과 같다. [그림 4E1.1]에서 볼 수 있듯이 전송선는 주파수가 증가함에 따라 단락회로와 개방회로 특성을 반복적으로 나타냄을 알 수 있다. 다시 말해, 주파수가 증가함에 따라 전송선은 1.5GHz에서 개방회로 동작 특성을 보이고 2.0GHz에서 단락회로 동작 특성을 보이며 이런 식을 계속 반복하고 있다.

예제 4.2 개방 스터브의 입력 임피던스

예제 4.1에서의 길이가 9.6cm인 단락 전송선을 같은 길이의 개방 전송선으로 대체하여 예제 4.1을 다시 풀어라.

풀이
모든 계산은 동일하나 입력 임피던스는 다음 식과 같이 변경된다.

$$Z_{in}(d=\ell) = -jZ_0 \cot(\beta\ell) = -jZ_0 \cot\left(\frac{2\pi f}{v_p}\ell\right)$$

$$= -j34.6\cot\left(\frac{2\pi f}{1.92 \times 10^8}0.096\right)$$

예를 들어, 1GHz에서 입력 임피던스의 크기는 다음과 같이 계산된다.

$$\left| Z_{in} \right|_{f=1GHz} = \left| Z_0 \cot(\beta\ell) = jZ_0 \cot\left(\frac{2\pi f}{v_p} \ell \right) \right|$$

$$= \left| 34.6 \cot\left(\frac{2\pi \times 1 \times 10^9}{1.92 \times 10^8} 0.096 \right) \right| = \left| 34.6 \cot(\pi) \right| = \infty \ [\Omega]$$

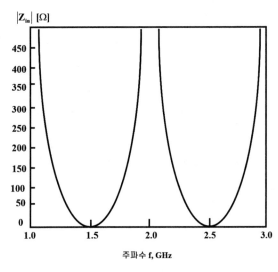

[그림 4E2.1]

같은 방법으로 주파수 1GHz에서 3GHz의 범위에서 임피던스의 크기를 계산하여 그래프로 그리면 [그림 4E2.1]과 같다. 이 경우에도 [그림 4E2.1]에서 볼 수 있듯이 전송선은 주파수가 증가함에 따라 개방회로와 단락회로 특성을 반복적으로 나타낸다. R과 G 값이 0이 아닌 경우, 개방회로특성인 유한 최대점은 R과 G를 통한 손실로 인해 유한 최대점으로 제한된다. 임피던스의 크기의 최대점은 전압파와 전류파 사이의 위상 천이(phase shift)로 나타나는 것으로 전류가 0으로 접근할 때 전압이 유한한 값으로 있으면 선로의 임피던스는 최대가 된다.

예제 4.3 λ/4 변환기를 이용한 정합

Z_L=100Ω의 부하를 특성 임피던스 Z_0=50Ω인 전송선과 정합되도록 하기 위해 λ/4 변환기를 이용하여 입력 임피던스 Z_{in}=50Ω이 되도록 하고자 한다. 동작 주파수 f=1GHz일 때 λ/4 전송선의 특성 임피던스 Z_{oq}는 얼마가 되도록 설계해야 하는가?

풀이

식(4.56)으로부터 λ/4 길이 전송선의 특성 임피던스 Z_{oq}는 다음과 같이 구할 수 있다.

$$Z_{Oq} = \sqrt{Z_{in}(\frac{\lambda}{4}) \cdot Z_L} = \sqrt{50 \times 100} = 70.7\,[\Omega]$$

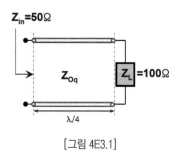

[그림 4E3.1]

4.9 정재파와 반사 파라미터

4.9.1 정재파

(1) 정재파

[그림 4.12]의 단락 전송선 상의 임의의 위치 d에서 전압신호 V(d)는 식(4.43)의 전압식에
단락선로의 반사계수(G_o=-1)를 대입함으로써 다음의 단락선로 전압식을 얻는다.

$$V(d) = A_1(e^{j\beta d} - e^{-j\beta d}) = j2A_1\sin\beta d \qquad (4.57)$$

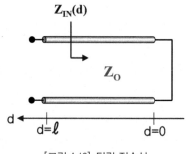

[그림 4.12] 단락 전송선

여기서, A_1이 실수라고 가정하고, 식(4.57)의 페이저 전압 V(d)를 시간과 거리 함수 v(d,t)로 환원시켜주면 다음과 같이 구해진다.

$$v(d,t) = Re[v(d)e^{j\omega t}] = Re[j2A_1 \sin\beta d\, e^{j\omega t}] = -2A_1 \sin\beta d \sin\omega t$$

$$= 2A_1\sin\beta d \cos(\omega t + \frac{\pi}{2}) \tag{4.58}$$

식(4.58)은 시간함수와 거리함수가 분리되어 곱해진 형태를 하고 있다. 이 경우 거리 함수 $2A_1\sin\beta d$는 시간함수 $\cos(\omega t + \frac{\pi}{2})$의 크기로 볼 수 있다. 따라서 크기가 위치 d에 따라 고정된 값으로 된다. [그림 4.13]은 파가 시간에 따라 변화하는 모습을 그려서 보여 주고 있다. 파형 상의 임의의 한 점 p를 살펴보면 시간에 따라 상하로 진동할 뿐 전혀 진행하지 않는 것을 알 수 있다. 즉, 식(4.58)의 파는 시간에 따라 전압의 크기만 증감하여 진동할 뿐 거리상으로는 꼼짝도 하지 않고 정지해 있는 **정재파(standing wave)**가 된다. 이때 진동하는 전압의 크기는 위치에 따라 정해진다. **수학적으로 정재파는 시간함수와 거리함수가 분리되어 곱해진 형태로 표시되는 것으로 구별할 수 있다.**

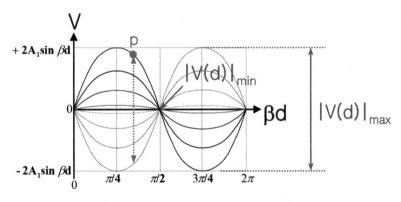

[그림 4.13] 단락 전송선에서 정재파가 시간에 따라 변화하는 모습

(2) SWR (정재파비)

서로 반대 방향으로 진행하는 두 파가 더해지면 정재파가 생성된다. 앞에서는 정재파를 쉽게 설명하기 위해 단락되어 전반사되는 경우를 예로 들었으나 전반사가 아닌 경우에도 반사파가 있는 한 정재파의 성분은 생성된다. 그러나 전반사가 아닌 경우 정재파와 진행파가 함께 존재하며 식(4.43)으로부터 위치에 따른 크기를 구하면 다음과 같다.

$$|V(d)| = \left|A_1 e^{j\beta d}(1 + \Gamma_O e^{-j2\beta d})\right| = |A_1|\left|1 + \Gamma_O e^{-j2\beta d}\right| \tag{4.59}$$

식(4.59)로부터 V(d) 크기의 최댓값과 최솟값을 구하면 다음과 같이 구해진다.

$$|V(d)|_{max} = |A_1|(1 + |\Gamma_O|) \tag{4.60}$$

$$|V(d)|_{min} = |A_1|(1 - |\Gamma_O|) \tag{4.61}$$

[그림 4.13]에서 $|V(d)|_{max}$와 $|V(d)|_{min}$은 V(d) 크기의 최댓값과 최솟값을 보여주고 있다. 전반사가 아닐 경우 진행파 성분이 있으므로 [그림 4.14(b)]에 보였듯이 $|V(d)|_{min}$이 0이 아닌 값을 보이게 된다. 부정합에 의한 반사 정도를 정성적으로 나타내기 위하여, **SWR(정재파비: Standing Wave Ratio)**를 도입하며 다음과 같이 $|V(d)|_{min}$(혹은 $|I(d)|_{min}$)에 대한 $|V(d)|_{max}$(혹은 $|I(d)|_{max}$)의 비로 정의한다.

$$SWR \equiv \frac{|V(d)|_{max}}{|V(d)|_{min}} = \frac{|I(d)|_{max}}{|I(d)|_{min}} = \frac{1 + |\Gamma_O|}{1 - |\Gamma_O|} \tag{4.62}$$

SWR은 완전정합되어 반사가 없는 경우 1이 되고 전반사가 될 경우 무한대가 된다. VSWR은 근본적으로 전송선이 무손실이란 가정하에서 정의되었으나 실제 대부분의 RF 시스템에서도 손실이 매우 적으므로 식(4.62)를 그대로 적용한다.

SWR는 주로 $|V(d)|_{max}$ / $|V(d)|_{min}$로 정의하여 쓰므로 VSWR(Voltage Standing Wave Ratio)로 부르기도 한다.

4.9.2 반사 파라미터

[그림 4.14(a)] 회로에서 반사파에 의해 형성된 정재파를 포함한 파형이 [그림 4.14(b)]와 같을 경우 입력반사계수(Γ_{in})는 다음과 같이 정의된다.

$$\Gamma_{in}(d) \equiv \frac{V^-(d)}{V^+(d)} = \frac{B_1}{A_1} e^{-j2\beta d} = \Gamma_O e^{-j2\beta d} \tag{4.63}$$

여기서, $\Gamma_{in} = B_1/A_1$이다. 또한, $|\Gamma_{in}(d)| = |\Gamma_{in}|$이고 이를 흔히 ρ로 표기하기도 한다.

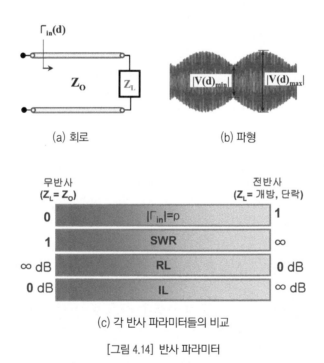

(a) 회로   (b) 파형

[그림 4.14] 반사 파라미터

(c) 각 반사 파라미터들의 비교

[그림 4.14(c)]의 맨 위에서 보였듯이 반사가 없을 경우 $\rho=0$이고 전반사가 일어날 때 $\rho=1$이 된다.

한편, 정재파비(SWR)는 식(4.62)에서 볼 수 있듯이 반사계수에 의해 결정되므로 반사 정도를 표시하는 한 방법임을 알 수 있다. 이 경우 SWR는 [그림 4.14(c)]에서 보였듯이 반사가 없을 경우 SWR=1이고 전반사가 일어날 때 SWR=∞가 된다.

4.9.3 반사손실과 삽입손실

(1) 반사손실

반사손실(RL: Return Loss)은 전력의 반사 정도를 표현한 것으로 다음과 같이 입사전력(P_i)에 대한 반사전력(P_r)의 비로 정의된다.

$$RL = -10\log(\frac{P_r}{P_i}) = -10\log|\Gamma_{in}|^2 = -20\log|\Gamma_{in}| \quad [dB] \tag{4.64}$$

반사계수의 범위가 $0 \le |\Gamma_{in}| \le 1$이므로 반사손실 RL의 범위는 [그림 4.14(c)]에서 보였듯이 0dB ≤ RL ≤ ∞dB가 된다. 전반사($|\Gamma_{in}|=1$)일 경우 0dB가 되고 반사계수가 1보다 작아짐에 따라 RL 값은 증가하여 반사계수가 0일 때 ∞가 된다. 즉, 반사손실은 입사된 전력이 반사되어 되돌라 오기까지 손실된 비율을 의미한다.

(2) 삽입손실

삽입손실(IL: Insertion Loss)은 입사전력(P_i)에 대한 전달전력(P_t)의 비를 표현한 것으로 다음과 같이 정의한다.

$$IL = -10\log\frac{P_t}{P_i} = -10\log\frac{P_i-P_r}{P_i} = -10\log(1-|\Gamma_{in}|^2) \quad [dB] \tag{4.65}$$

반사손실이 반사전력 변화에 주목했다면 삽입손실은 전달전력의 변화에 주목한 파라미터로 볼 수 있다. 신호원과 부하 사이에 회로가 삽입되면 반사가 발생하며, 삽입손실은 입사된 전력이 부하로 전달되기까지 손실된 비율을 의미한다. 개방이나 단락 회로와 같이 전반사가 될 경우 반사계수가 1이 되어 [그림 4.14(c)]에서 보였듯이 IL는 ∞dB가 되고, 정합회로의 경우 반사계수가 0이 되어 IL는 0dB가 된다.

예제 4.4 반사손실

특성 임피던스 Z_o=50Ω인 무손실 전송선에 부하 Z_L=90Ω을 연결하였다.

(a) 부하에서의 반사손실을 구하라.

(b) 전송선의 길이를 λ/4라고 할 때 전송선의 시작점에서의 반사손실을 구하고 (a)의 결과와 비교하라.

풀이

부하에서의 반사계수 $\Gamma_{in}(0)$는 다음과 같이 구해진다.

$$\Gamma_{in}(o) = \Gamma_O = \Gamma_L = \frac{Z_L - Z_O}{Z_L + Z_O} = \frac{90-50}{90+50} = 0.286$$

따라서, 식(4.64)로부터 반사손실은 다음과 같이 구해진다.

$$RL = -20\log\left|\Gamma_{in}(o)\right| = -20\log\left|\Gamma_O\right| = 10.87 \quad [dB]$$

전송선의 시작점에서의 반사계수 $\Gamma_{in}(\frac{\lambda}{4})$는 식(4.63)으로부터 다음과 같이 구해진다.

$$\Gamma_{in}(\frac{\lambda}{4}) = \Gamma_O e^{-j2\beta\frac{\lambda}{4}} = \Gamma_O e^{-j\pi}$$

따라서, 식(4.64)로부터 반사손실은 다음과 같이 구해진다.

$$RL = -20\log\left|\Gamma_{in}(\frac{\lambda}{4})\right| = -20\log\left|\Gamma_O e^{-j\pi}\right| = -20\log\left|\Gamma_O\right| = 10.87 \quad [dB]$$

이상의 결과로부터 알 수 있듯이 무손실 전송선에서 반사계수는 위치에 따라 위상만 변할 뿐 그 크기는 일정하므로 반사손실(RL)도 전송선 상의 위치에 관계없이 일정하다.

4.10 마이크로스트립선

지금까지 전송선에 대해 언급하면서 가장 단순한 구조인 2선 선로를 기준으로 설명하였다. 여타 다른 종류의 전송선의 경우 전송선의 기본 특성은 유사할지라도 그 구조가 달라짐에 따라 특성 임피던스 등 세부적 특성이 달라질 수 있다. 여기서는 그중 마이크로스트립선(microstrip line)에 대해 설명한다. 마이크로스트립선은 RFIC나 기판상의 회로에서 사용되는 전송선 형태이므로 현실적으로 가장 활용도가 높고 중요한 구조라 할 수 있다. 여기서는 복잡한 수식의 유도는 생략하고, 마아크로스트립선 설계에 초점을 맞추어 그 결과 식을 활용하여 설명한다.

(1) 특성 임피던스 수식

[그림 4.15]는 마이크로스트립선의 구조를 보여준다. 마이크로스트립선을 형성하는 도체의 두께 t는 기판의 두께인 높이 h에 비하여 매우 작아(t/h<0.005) 무시할 수 있을 정도라 가정하고 특성 임피던스 수식을 유도하면 선로의 치수(w/h)와 비유전율(ε_1)로 표현되는 경험적인 수식을 얻을 수 있다. 이 수식은 w/h가 1보다 큰 경우와 1보다 작은 경우로 나누어 구분하여 적용한다.

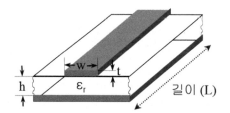

[그림 4.15] 마이크로스트립선의 구조

우선, w/h<1인 협폭 선로의 경우 특성 임피던스는 다음 수식으로 표현된다.

$$Z_O = \frac{Z_f}{2\pi\sqrt{\varepsilon_{eff}}} \ln\left(8\frac{h}{w} + \frac{w}{4h}\right) \tag{4.66}$$

여기서, $Z_f = \sqrt{\mu_0/\varepsilon_0} = 376.8\Omega$인 자유공간에서 전자기파의 고유 임피던스이고, ε_{eff}는 실효 유전상수로서 다음 수식으로 표현된다.

$$\varepsilon_{eff} = \frac{\varepsilon_r+1}{2} + \frac{\varepsilon_r-1}{2}\left[\left(1+12\frac{h}{w}\right)^{-1/2} + 0.04\left(1-\frac{w}{h}\right)^2\right] \tag{4.67}$$

w/h<1인 광폭 선로의 경우 특성 임피던스는 다음 수식으로 표현된다.

$$Z_O = \frac{Z_f}{\sqrt{\varepsilon_{eff}}\left(1.393 + \frac{w}{h} + \frac{2}{3}\ln\left(\frac{w}{h} + 1.44\right)\right)}$$
(4.68)

여기서, ε_{eff} 는 실효 유전상수로서 다음 수식으로 표현된다.

$$\varepsilon_{eff} = \frac{\varepsilon_r + 1}{2} + \frac{\varepsilon_r - 1}{2}\left(1 + 12\frac{h}{w}\right)^{-1/2}$$
(4.69)

식(4.66)~식(4.69)의 수식은 근사식으로서 오차가 있으므로 w/h=1인 점에서 약간의 불연속적인 특성을 보이지만 0.5% 이하의 오차이므로 무시할 수 있다. [그림 4.16]과 [그림 4.17]은 w/h와 ε_r 에 따른 특성 임피던스(Z_o)와 실효 유전상수(ε_{eff})를 그래프로 보여주고 있다. 그림에서 Z_0와 ε_{eff} 의 크기는 w/h와 ε_r 의 함수로 표현되며 w/h와 ε_r 의 파라미터 범위는 실제적으로 자주 접하게 되는 회로 값의 영역에서 선택한다.

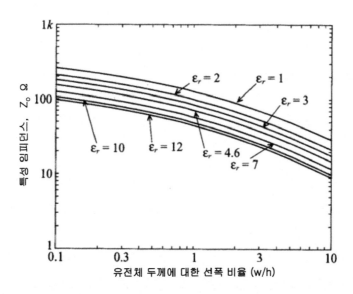

[그림 4.16] w/h에 따른 선로의 특성 임피던스

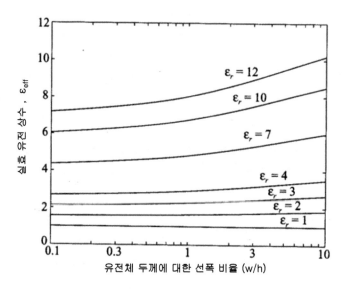

[그림 4.17] 각각의 유전율에서 w/h에 따른 실효 유전상수

앞에서의 공식에서 실효 유전상수는 선로 주위 전체를 등방성 물질로 채웠을 때의 유전상수이다. 실효 유전상수를 이용하여 마이크로스트립 선로 상에서의 위상속도를 표현하면 $v_p = c\sqrt{\varepsilon_{eff}}$ 로 계산된다. 이 식으로 파장을 표현하면 다음과 같다.

$$\lambda = \frac{v_p}{f}\bigg|_{v_p = \frac{c}{\sqrt{\varepsilon_{eff}}}} = \frac{c}{f\sqrt{\varepsilon_{eff}}} = \frac{\lambda_0}{\sqrt{\varepsilon_{eff}}} \tag{4.70}$$

여기서, c는 광속도이고 f는 동작 주파수이다.

한편, 주어진 특성 임피던스 Z_0와 기판의 비유전율 ε_r 에 의하여 w/h를 설계할 수 있다. 도체의 두께가 무한히 얇다는 가정하에 w/h는 다음과 같이 표현된다.

우선, w/h≤2의 경우 w/h는 다음과 같이 표현된다.

$$\frac{w}{h} = \frac{8e^A}{e^{2A} - 2} \tag{4.71}$$

여기서, A는 다음 수식으로 표현된다.

$$A = 2\pi \frac{Z_0}{Z_f} \sqrt{\frac{\varepsilon_r + 1}{2} + \frac{\varepsilon_r - 1}{\varepsilon_r + 1}\left(0.23 + \frac{0.11}{\varepsilon_r}\right)} \tag{4.72}$$

반면에, w/h≥2의 경우 w/h는 다음 수식으로 표현된다.

$$\frac{w}{h} = \frac{2}{\pi}\left\{B - 1 - \ln(2B-1) + \frac{\varepsilon_r - 1}{2\varepsilon_r}\left[\ln(B-1) + 0.39 - \frac{0.61}{\varepsilon_r}\right]\right\} \tag{4.73}$$

여기서, B는 다음과 같다.

$$B = \frac{Z_f \pi}{2Z_0 \sqrt{\varepsilon_r}} \tag{4.74}$$

예제 4.5   마이크로스트립선 설계

특정한 RF 회로에서 50Ω의 특성 임피던스를 갖는 전송선을 설계하고자 한다. 선정한 PCB 기판의 비유전율은 12이고 두께는 2mm일 때 다음에 답하라.
(a) 선로의 폭은 얼마로 설계해야 하는가?
(b) 주파수 2GHz에서 위상속도와 파장을 구하라.

풀이

(a) 우선 [그림 4.16]을 이용하여 w/h 비율을 개략적으로 결정한다. $\varepsilon_r = 12$에 해당하는 곡선을 선택하고 $Z_0 = 50$에 대한 w/h 값을 구하면 약 0.7이다. 이것은 w/h ≤ 2의 경우이므로 식(4.72)로부터 다음과 같이 A값을 구한다.

$$\begin{aligned}A &= 2\pi \frac{Z_0}{Z_f} \sqrt{\frac{\varepsilon_r + 1}{2} + \frac{\varepsilon_r - 1}{\varepsilon_r + 1}\left(0.23 + \frac{0.11}{\varepsilon_r}\right)} \\ &= 2\pi \frac{50}{377} \sqrt{\frac{12+1}{2} + \frac{12-1}{12+1}\left(0.23 + \frac{0.11}{12}\right)} = 2.327\end{aligned}$$

이 식의 결과를 식(4.71)에 대입하면

$$\frac{w}{h} = \frac{8e^A}{e^{2A} - 2} = \frac{8e^{2.327}}{e^{2 \times 2.327A} - 2} = 0.796$$

이며 식(4.67)을 이용하면 실효 유전상수를 다음과 같이 구한다.

$$\varepsilon_{\text{eff}} = \frac{\varepsilon_r + 1}{2} + \frac{\varepsilon_r - 1}{2}\left[\left(1 + 12\frac{h}{w}\right)^{-1/2} + 0.04\left(1 - \frac{w}{h}\right)^2\right]$$

$$= \frac{12 + 1}{2} + \frac{12 - 1}{2}\left[\left(1 + \frac{12}{0.796}\right)^{-1/2} + 0.04(1 - 0.796)^2\right] = 7.881$$

위의 의 결과들을 식(4.66)의 선로의 특성 임피던스 수식에 대입하여 특성 임피던스를 계산해 봄으로써 위에서 구한 결과를 검증할 수 있다.

$$Z_O = \frac{Z_f}{2\pi\sqrt{\varepsilon_{\text{eff}}}} \ln\left(8\frac{h}{w} + \frac{w}{4h}\right)$$

$$= \frac{377}{2\pi\sqrt{7.881}} \ln\left(\frac{8}{0.796} + \frac{0.796}{4}\right) = 49.7\Omega$$

위 식은 목표로 설정한 50Ω의 임피던스에 매우 근접하므로 계산식이 올바름을 알 수 있다.

이 식에서 구한 w/h를 이용하여 선로의 폭을 구하면

w = 0.7959h = 0.796 × 0.002 = 1.59 [mm]

이다.

(b) 마이크로스트립 선로의 위상속도는 다음과 같이 위에서 구한 실효 유전상수를 이용하여 구할 수 있다.

$$v_p = \frac{c}{\sqrt{\varepsilon_{\text{eff}}}} = \frac{3 \times 10^8}{\sqrt{7.881}} = 1.07 \times 10^8 \text{m/s}$$

또한, 2GHz에서 파장은 다음과 같이 구해진다.

$$\lambda = \frac{v_p}{f} = \frac{1.07 \times 10^8}{2 \times 10^9} = 53.6\text{mm}$$

4.11 유손실 전송선

전송선에 손실이 있는 경우, R≠0, G≠0으로서 식(4.12)와 식(4.13)은 다음의 식(4.75)와 식(4.76)으로 된다.

$$\frac{dV(z)}{dz} = -(R + j\omega L)I(z) \tag{4.75}$$

$$\frac{dI(z)}{dz} = -(G + j\omega C)V(z) \tag{4.76}$$

식(4.75)와 식(4.76)을 연립하여 풀면 다음의 2계미분방정식을 얻는다.

$$\frac{d^2V(z)}{dz^2} - \gamma^2 V(z) = 0 \tag{4.77}$$

여기서, $\gamma = \alpha + j\beta = \sqrt{(R + j\omega L)(G + j\omega C)}$ 로서 전파상수(propagation constant)이고, α는 감쇄상수(attenuation constant)이다. 유손실 선로의 경우 전파상수에 무손실 선로에서는 0으로서 없던 α라는 감쇄상수가 0이 아닌 값으로 존재한다는 것이 달라진 점이다. 식(4.77)의 2계미분방정식에 대한 일반해를 구하면 다음의 전압 V(z)를 얻는다.

$$V(z) = Ae^{-\gamma z} + Be^{\gamma z} \tag{4.78}$$

식(4.75)로부터

$$\begin{aligned}
I(z) &= \frac{-1}{R + j\omega L} \frac{dV(z)}{dz} = \frac{-1}{R + j\omega L}(-\gamma)(Ae^{-\gamma z} - Be^{\gamma z}) \\
&= \sqrt{\frac{G + j\omega C}{R + j\omega L}}(Ae^{-\gamma z} - Be^{\gamma z}) \\
&= \frac{A}{Z_o}e^{-\gamma z} - \frac{B}{Z_o}e^{\gamma z}
\end{aligned} \tag{4.79}$$

여기서, $Z_o = \sqrt{\frac{R + j\omega L}{G + j\omega C}}$ 이다. 이와 같이 유손실 선로의 경우 특성 임피던스 수식에 R과 G가 0이 아닌 값으로 존재한다.

식(4.78)과 식(4.79)에 시간 함수를 복원하여 v(z,t)와 i(z,t)를 구하면 다음과 같다.

$$v(z,t) = \text{Re}\{v(z)e^{\omega t}\} = \text{Re}\{Ae^{-\alpha z}e^{-j(\beta z - \omega t)} + Be^{\alpha z}e^{j(\beta z + \omega t)}\} \tag{4.80}$$

$$i(z,t) = \text{Re}\{i(z)e^{\omega t}\} = \text{Re}\{\frac{A}{Z_o}e^{-\alpha z}e^{-j(\beta z - \omega t)} - \frac{B}{Z_o}e^{\alpha z}e^{j(\beta z + \omega t)}\} \tag{4.81}$$

A, B가 실수인 경우, $Z_o = |Z_o|\angle\theta$로 표현하여 위 식을 다시 정리하면 다음과 같다.

$$v(z,t) = Ae^{-\alpha z}\cos(\omega t - \beta z) + Be^{\alpha z}\cos(\omega t + \beta z) \tag{4.82}$$

$$i(z,t) = \frac{A}{|Z_O|}e^{-\alpha z}\cos(\omega t - \beta z - \theta) - \frac{B}{|Z_O|}e^{\alpha z}\}\cos(\omega t + \beta z - \theta) \tag{4.83}$$

식(4.78)과 식(4.79)의 V(z)와 I(z)를 z= $z = \ell - d$로 치환하여 d축 상에 표현하면 다음의 수식을 얻는다.

$$V(d) = A_1 e^{\gamma d} + B_1 e^{-\gamma d} \tag{4.84}$$

$$I(d) = \frac{A_1}{Z_O}e^{\gamma d} - \frac{B_1}{Z_O}e^{-\gamma d} \tag{4.85}$$

여기서, $A_1 = Ae^{-\gamma \ell}$, $B_1 = Be^{\gamma \ell}$ 이다.

또한, 반사계수는 다음과 같이 표현된다.

$$\Gamma_{IN}(d) = \frac{B_1 e^{-\gamma d}}{A_1 e^{\gamma d}} = \Gamma_O e^{-2\gamma d} \tag{4.86}$$

여기서, $\Gamma_O = \dfrac{B_1}{A_1} = \dfrac{Z_L - Z_O}{Z_L + Z_O}$ 이다.

입력 임피던스는 다음의 수식으로 표현된다.

$$Z_{IN}(d) = Z_0 \frac{Z_L + Z_0 \tanh \gamma d}{Z_0 + Z_L \tanh \gamma d} \tag{4.87}$$

4.12 신호원과 부하가 연결된 전송선

지금까지는 전송선에 부하가 연결된 구조를 가지고 설명했다. 이제는 입력단자에 신호원을 추가하여 [그림 4.18]과 같은 전송선 회로를 생각해보자. 이 경우 부하와 전송선과의 부정합 문제와 더불어 신호원과 전송선과의 부정합 문제도 고려하여야 한다. 또한, 부하(Z_L)를 다음 단 입력포트의 입력 임피던스라고 생각하거나 신호원을 이전 단 출력 포트의 테브냉 등가회로로 생각한다면 [그림 4.18]의 회로는 일반적인 포트를 표현한다고 볼 수도 있다.

4.12.1 신호의 전달과 반사

[그림 4.18]에서 입사된 전압파는 부하(Z_L)를 향하여 이동하므로 전송선과 부하 사이의 부정합을 고려해야 한다. 전송선 상의 임의의 점 d에서 부하를 보았을 때의 반사계수를 $\Gamma_{in}(d)$라고 하면 다음과 같이 정의된다.

$$\Gamma_{in}(d) = \frac{Z_{in}(d) - Z_O}{Z_{in}(d) + Z_O} = \Gamma_O e^{-j2\beta d} \tag{4.88}$$

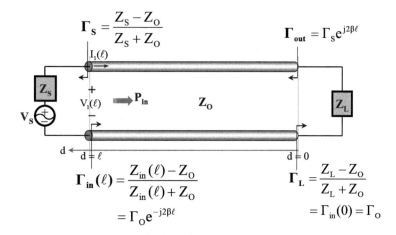

[그림 4.18] 신호원과 부하가 연결된 전송선 회로

따라서 $d = \ell$ 에서 입력반사계수 $\Gamma_{in}(\ell)$은 다음과 같이 구해진다.

$$\Gamma_{in}(\ell) = \frac{Z_{in}(\ell) - Z_O}{Z_{in}(\ell) + Z_O} = \Gamma_O e^{-j2\beta\ell} \tag{4.89}$$

전송선에서 부하를 보았을 때의 반사계수를 Γ_L이라고 하면 Γ_L은 Z_L과 Z_O 사이의 반사계수이지만 동시에 d=0일 때의 입력 반사계수가 되므로 다음 수식으로 표현된다.

$$\Gamma_L = \frac{Z_L - Z_O}{Z_L + Z_O} = \Gamma_{in}(0) = \Gamma_O \tag{4.90}$$

한편, 부하에서 반사된 전압파는 신호원을 향하여 이동하므로 전송선과 신호원 임피던스 사이의 부정합을 고려해야 한다. 전송선에서 신호원을 보았을 때의 반사계수를 Γ_S라고 하면 다음과 같이 정의된다.

$$\Gamma_S = \frac{Z_S - Z_O}{Z_S + Z_O} \tag{4.91}$$

출력단에서 신호원을 보았을 때의 반사계수를 Γ_{out}이라고 하면 Γ_{out}은 Γ_S가 d축 상에서 $-\ell$만큼 이동한 것이므로 다음 수식으로 표현된다.

$$\Gamma_{out} = \Gamma_S e^{j2\beta\ell} \tag{4.92}$$

4.12.2 입력전력

[그림 4.18]에서 부하(Z_L)가 다음 단 입력포트의 입력 임피던스를 표현한다고 가정하면 신호원으로부터 입력단(Z_L)으로 전달되는 전력인 입력전력(input power, P_{in})은 다음과 같이 구할 수 있다.

(1) 입력전력 P_{in}
사인파형인 경우 평균전력은 다음 수식으로 표현된다.

$$P_{average} = Re\{V_{rms}I_{rms}^*\} = \frac{1}{2}Re\{VI^*\} \tag{4.93}$$

따라서 [그림 4.18]에서 신호원으로부터 입력단으로 전달되는 입력전력 $P_{in}(=P_{in}^+ - P_{in}^-)$ 은 다음과 같이 표현된다.

$$P_{in} = \frac{1}{2} \text{Re}\{V_1 I_1^*\} = \frac{1}{2} \text{Re}[\{V_1^+(1+\Gamma_{in})\}\{\frac{V_1^+}{Z_O}(1-\Gamma_{in})\}^*]$$
$$= \frac{1}{2}\frac{|V_1^+|^2}{Z_O}(1-|\Gamma_{in}|^2) \tag{4.94}$$

식(4.94)는 전송선 상의 어느 위치에서나 적용될 수 있는 수식이며 무손실 전송선일 경우 어느 위치에서나 같은 값이 될 것이다. 편의상 $d = \ell$의 위치에서 입력전력을 구하기 위해 [그림 4.18]에서 입력전압 $V_1(\ell)$을 구하면 다음과 같이 표현된다.

$$V_1(\ell) = V_1^+(\ell) + V_1^-(\ell) = V_1^+(\ell)\{1+\Gamma_{in}(\ell)\} = V_S\{\frac{Z_{in}(\ell)}{Z_{in}(\ell)+Z_S}\} \tag{4.95}$$

여기서, 마지막 항은 전압분배 법칙으로 구해진 것이다. 식(4.95)를 $V_1^+(\ell)$에 대해 다시 정리하면 식(4.96)을 얻는다.

$$V_1^+(\ell) = \frac{V_1(\ell)}{1+\Gamma_{in}(\ell)} = \frac{V_S}{1+\Gamma_{in}(\ell)}\{\frac{Z_{in}(\ell)}{Z_{in}(\ell)+Z_S}\} \tag{4.96}$$

식(4.89)로부터 $Z_{in}(\ell)$은 식(4.97)과 같이 구해진다.

$$Z_{in}(\ell) = Z_O\frac{1+\Gamma_{in}(\ell)}{1-\Gamma_{in}(\ell)} \tag{4.97}$$

마찬가지 방법으로 식(4.91)로부터 Z_S는 식(4.98)로 구해진다.

$$Z_S = Z_O\frac{1+\Gamma_S}{1-\Gamma_S} \tag{4.98}$$

식(4.97)과 식(4.98)을 식(4.96)에 대입하면 다음의 입사전압 $V_1^+(\ell)$수식을 얻는다.

$$V_1^+(\ell) = \frac{V_S}{1+\Gamma_{in}(\ell)}\left(\frac{Z_O\frac{1+\Gamma_{in}(\ell)}{1-\Gamma_{in}(\ell)}}{Z_O\frac{1+\Gamma_{in}(\ell)}{1-\Gamma_{in}(\ell)}+Z_O\frac{1+\Gamma_S}{1-\Gamma_S}}\right) = \frac{V_S}{1+\Gamma_{in}(\ell)}\left(\frac{(1+\Gamma_{in}(\ell))}{(1+\Gamma_{in}(\ell))+\frac{(1+\Gamma_S)(1-\Gamma_{in}(\ell))}{1-\Gamma_S}}\right)$$

$$= V_S\left(\frac{1-\Gamma_S}{(1+\Gamma_{in}(\ell))(1-\Gamma_S)+(1+\Gamma_S)(1-\Gamma_{in}(\ell))}\right) = \frac{V_S}{2}\frac{1-\Gamma_S}{(1-\Gamma_{in}(\ell)\Gamma_S)} \qquad (4.99)$$

식(4.99)를 식(4.94)에 대입하면 다음의 입력전력 P_{in} 수식을 얻는다.

$$P_{in} = \frac{1}{2}\frac{1}{Z_O}\left|\frac{V_S}{2}\frac{1-\Gamma_S}{(1-\Gamma_{in}(\ell)\Gamma_S)}\right|^2(1-|\Gamma_{in}|^2)$$

위 식을 정리하면 다음의 무손실 전송선에 대한 입력전력 수식을 얻는다.

$$P_{in} = P_{in}^+ - P_{in}^- = \frac{1}{8}\frac{|V_S|^2}{Z_O}\frac{|1-\Gamma_S|^2(1-|\Gamma_{in}|^2)}{(1-\Gamma_S\Gamma_{in})^2} \qquad (4.100)$$

여기서, $\Gamma_{in} = \Gamma_{in}(\ell) = \Gamma_O e^{-j2\beta\ell}$ 이다. 입력전력(P_{in})은 입사전력(P_{in}^+)에서 반사전력(P_{in}-)

을 빼준 것으로 전송성에서의 손실이 없다고 가정하면 부하에 전달된 전력(P_L)과 같다.

예제 4.6 입력전력

[그림 4.18]의 회로에서 v_s=5V, Z_S=25Ω이고 Z_L=45Ω이다. 전송선은 Z_O=75Ω인 무손실 선로로서 길이는 $\lambda/2$이다. 입력전력(P_{in})과 부하에 전달된 전력(P_L)을 계산하여 답을 W와 dBm으로 각각 표현하라.

풀이

무손실 전송선이므로 부하에 전달된 전력은 입력전력과 완전히 동일하다. 입력전력은 식(4.100)으로부터 다음과 같이 표현된다.

$$P_{in} = \frac{1}{8}\frac{|V_S|^2}{Z_O}\frac{|1-\Gamma_S|^2(1-|\Gamma_{in}|^2)}{(1-\Gamma_S\Gamma_{in})^2}$$

여기서, 전송선로의 길이가 $\lambda/2$이므로 $\Gamma_{in} = \Gamma_{in}(\ell) = \Gamma_O e^{-j2\beta\frac{\lambda}{2}} = \Gamma_O$ 가 되고, 신호원에서 반사계수 $\Gamma_S = (Z_S - Z_O)/($

$(Z_S + Z_O) = -0.5$ 이고, 부하에서 반사계수 $\Gamma_O = (Z_L - Z_O)/(Z_L + Z_O) = -0.25$ 이다. 따라서 이 값들을 위 식에

대입하여 정리하면 다음과 같이 입력전력(P_{in})과 부하에 전달된 전력(P_L)을 구할 수 있다.

$$P_{in} = \frac{1}{8} \times \frac{25}{75} \times \frac{|1+0.5|^2 (1-0.25^2)}{(1-0.5 \times 0.25)^2} = 114.8 [mW] = P_L$$

이를 dBm으로 표시하면 다음과 같다.

$$P_{in} = P_L = 10\log\frac{114.8\,[mW]}{1\,[mW]} = 20.6\,[dBm]$$

4.12.3 임피던스 정합

(1) 공액 정합

[그림 4.18]에서 입력 임피던스를 집중정수 임피던스 Z_{in}으로 등가화하면 [그림 4.19]의 집중정수 등가회로를 얻는다. 집중정수 등가회로에서 P_{in}을 구하면 식(4.101)로 표현된다.

$$P_{in} = Re\{V_{in,rms}I^*_{in,rms}\} = \frac{1}{2}Re\{V_{in}(\frac{V^*_{in}}{Z^*_{in}})\} = \frac{1}{2}\frac{|V_S|^2}{Re\{Z^*_{in}\}}\left|\frac{Z_{in}}{Z_S + Z_{in}}\right|^2 \tag{4.101}$$

식(4.101)은 식(4.100)과 동일하다. $Z_s = R_S + jX_S$, $Z_{in} = R_{in} + jX_{in}$로 표기하면 식(4.101)은 다음과 같이 표현된다.

$$P_{in} = \frac{1}{2}\frac{|V_S|^2}{R_{in}}\left|\frac{R_{in}+jX_{in}}{R_S + R_{in} + j(X_S + X_{in})}\right|^2 \tag{4.102}$$

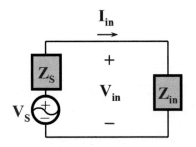

[그림 4.19] 전송선 회로에 대한 집중정수 등가회로

신호원으로부터 전송선, 즉 Z_{in}으로 전달되는 최대 전력을 구하기 위해 식(4.103)에 보인 것처럼 P_{in}을 두 독립변수 R_{in}과 X_{in}으로 미분하여 그 값을 0으로 둠으로써 최대 전달 전력 조건을 구할 수 있다. 즉,

$$\frac{\partial P_{in}}{\partial R_{in}} = \frac{\partial P_{in}}{\partial X_{in}} = 0 \tag{4.103}$$

식(4.103)으로부터 다음의 두 조건식을 얻는다.

$$R_{in}^2 - R_S^2 + (X_S^2 + 2X_S X_{in} + X_{in}^2) = 0 \tag{4.104}$$

$$X_{in}(X_S + X_{in}) = 0 \tag{4.105}$$

식(4.104)와 식(4.105)로부터 $X_{in} = -X_S$ 및 $R_{in} = R_S$의 해를 얻는다. 즉, 최대 전력 전달 조건은 입력 임피던스가 신호원 임피던스와 공액을 이루는 것이다.

$$Z_{in} = Z_S^* \tag{4.106}$$

식(4.106)은 최대 전력을 전달하기 위한 임피던스 정합 조건이다. 이를 공액 정합(conjugate matching)이라고 부른다.

신호원과 입력 임피던스와의 정합해석 방법과 같은 방법으로 출력 임피던스와 부하 임피던스와의 공액 정합 조건을 구하면 다음과 같다.

$$Z_{out} = Z_L^* \tag{4.107}$$

여기서, Z_{out}은 부하측에서 전송선을 본 임피던스이다.

4.12.4 가용 전력

(1) 가용전력 P_A

[그림 4.18]의 신호원(V_S)에서 전송선으로 전달되는 전력 P_{in}은 정합상태에 따라 달라지며 신호원 임피던스와 입력 임피던스가 공액 정합($Z_{in} = Z_S^*$ 혹은 $\Gamma_{in} = \Gamma_S^*$)되었을 때 최대가 된다. 이와 같이 신호원(V_S)으로부터 얻을 수 있는 최대전력을 가용전력(available power; P_A)이라 하며 식(4.100)으로부터 다음과 같이 구할 수 있다.

$$P_A = P_{in}\Big|_{\Gamma_{in} = \Gamma_S^*} = \frac{1}{8}\frac{|V_S|^2}{Z_O}\frac{|1 - \Gamma_S|^2}{1 - |\Gamma_S|^2} \tag{4.108}$$

한편, 부하 임피던스와 신호원 임피던스를 동시에 전송선의 특성 임피던스와 정합하는 완전정합($\Gamma_{in}(0) = 0$, $\Gamma_S = 0$)의 경우 최대가용전력(maximum available power)을 이루고 식(4.100)으로부터 입력전력은 다음과 같이 구해진다.

$$P_{in} = P_{in}\Big|_{\substack{\Gamma_{in} = 0 \\ \Gamma_S = 0}} = \frac{1}{8}\frac{|V_S|^2}{Z_O} = \frac{1}{8}\frac{|V_S|^2}{Z_S} \quad \leftarrow \text{최대가용전력} \tag{4.109}$$

부하 임피던스는 전송선의 특성 임피던스와 정합되나 신호원 임피던스는 정합되지 않는($\Gamma_{in} = 0$, $\Gamma_S \neq 0$) 경우 입력전력은 다음과 같다.

$$P_{in} = \frac{1}{8}\frac{|V_S|^2}{Z_O}|1 - \Gamma_S|^2 \tag{4.110}$$

이 경우 정합되지 않은 신호원 임피던스에서 일부 반사됨으로써 최대가용전력보다 적은 전력이 전달된다. 신호원과 부하가 모두 부정합된($\Gamma_{in} \neq 0$, $\Gamma_S \neq 0$) 경우 식(4.100)에서 보였듯이 전송선 양쪽 끝에서 반사가 발생한다.

📁 SUMMARY   전송선과 분포정수 회로의 요약 및 단축

▨ RF 회로 해석법은 전자회로 해석법과 왜 다른가?

4.2 집중정수와 분포정수

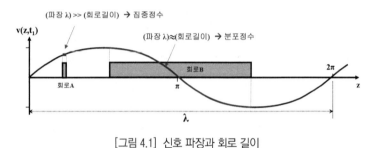

[그림 4.1] 신호 파장과 회로 길이

- 집중정수(lumped constant) : 회로정수를 한 점에 집중된 소자로 간주.

  v(t), i(t)

- 분포정수(distributed constant) : 회로정수를 회로 길이를 따라 분포된 소자로 간주.

  v(z,t), i(z,t)

▨ 전송선이란?

4.3 전송선의 개념과 종류

- 전송선: 두 개(혹은 그 이상)의 도체로 구성되어 전력을 전달하는 선로로서 길이 방향
  으로 일정한 특성을 갖는 것을 전송선(transmission line)이라 한다.
- 전송선의 종류: 2선 선로, 동축선, 마이크로스트립선

(a) 2선 선로(two wire line)　　(b) 동축선(coaxial line)

(c) 마이크로스트립선(microstrip line)

[그림 4.2] 전송선의 종류

분포정수 회로 해석 방법

4.4 무손실 전송선의 해석

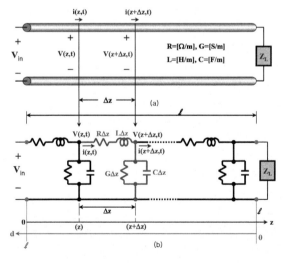

(a) 전송선 (b) 분포정수 모델

[그림 4.3] 전송선의 분포정수 모델

📁 SUMMARY   전송선과 분포정수 회로의 요약 및 단축

z와 z+Δz 사이 구간에서 키르히호프의 전압법칙을

$$v(z,t) - v(z + \Delta z,t) = R\Delta zi(z,t) + L\Delta z\frac{\partial i(z,t)}{\partial t}$$

양변을 Δz로 나누어 주고 Δz →0으로

$$\lim_{\Delta z \to 0} \{ \frac{v(z + \Delta z,t) - v(z,t)}{\Delta z} = -Ri(z,t) - L\frac{\partial i(z,t)}{\partial t} \}$$

$$\frac{\partial v(z,t)}{\partial z} = -Ri(z,t) - L\frac{\partial i(z,t)}{\partial t} \tag{4.1}$$

같은 방법으로, 그림 4.3(b)의 분포정수 모델의 z+Δz 점에서 키르히호프의 전류법칙을 적용

$$i(z,t) - i(z + \Delta z ,t) = G\Delta zv(z+\Delta z, t) + C\Delta z\frac{\partial v(z + \Delta z, t)}{\partial t}$$

양변을 Δz로 나누어 주고 Δz →0으로 수렴시키면 다음의 편미분 방정식을 얻는다.

$$\frac{\partial i(z,t)}{\partial z} = -Gv(z,t) - C\frac{\partial v(z,t)}{\partial t} \tag{4.2}$$

무손실선로 및 사인파 파형을 가정하고 식(4.1)과 식(4.2)를 풀면 다음의 전압과 전류에 대한 수식을 얻는다.

$$v(z,\ t)\ =\ \underbrace{A\cos(\omega t - \beta z)}_{\text{입사파}} + \underbrace{B\cos(\omega t + \beta z)}_{\text{반사파}} = V^+ + V^- \tag{4.26}$$

$$i(z,\ t) = \underbrace{\frac{A}{Z_0}\cos(\omega t - \beta z)}_{\text{입사파}} - \underbrace{\frac{B}{Z_0}\cos(\omega t + \beta z)}_{\text{반사파}} = I^+ - I^-$$

(4.27)

여기서, β는 **전파상수(propagation constant)**라고 부르며 다음 수식으로 표현된다.

$$\beta = \omega\sqrt{LC} \quad [rad/m]$$

(4.15)

전송선의 **특성 임피던스**(Z_o: characteristic impedance)를 다음과 같이 정의한다.

$$Z_O \equiv \frac{\omega L}{\beta} = \frac{\omega L}{\omega\sqrt{LC}} = \sqrt{\frac{L}{C}}$$

(4.18)

■ 특성 임피던스 Z_0의 개념

식(4.26)과 식(4.27)로부터 $V^+/I^+ = V^-/I^- = Z_o$가 됨을 알 수 있다. 다시 말해, 식(4.18)으로 표현된 특성임피던스 Z_o는 식(4.36)과 같이 같은 방향으로 진행하는 전류에 대한 전압의 비로 정의 되었음을 알 수 있다.

$$v(z,t) = \underbrace{A\cos(\omega t - \beta z)}_{V^+} + \underbrace{B\cos(\omega t + \beta z)}_{V^-}$$

(4.22)

$$i(z,t) = \underbrace{\frac{A}{Z_0}\cos(\omega t - \beta z)}_{I^+} - \underbrace{\frac{B}{Z_0}\cos(\omega t + \beta z)}_{I^-}$$

(4.23)

$$Z_o = \frac{V^+}{I^+} = \frac{V^-}{I^-}$$

(4.36)

$$Z = \frac{V}{I} = \frac{V^+ + V^-}{I^+ - I^-}$$

> 📂 **SUMMARY** 전송선과 분포정수 회로의 요약 및 단축

▨ 부하점을 원점으로 한 축 표현

4.6 z축 대신에 d축으로 표현하기

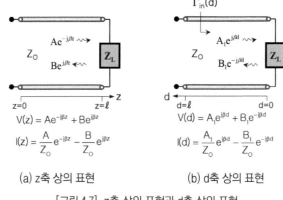

(a) z축 상의 표현   (b) d축 상의 표현

[그림 4.7] z축 상의 표현과 d축 상의 표현

z축 상의 수식인 식(4.16)과 식(4.17)에서 $z = l - d$로 치환함으로써 다음과 같이 d축 상의 수식인 $v(d)$와 $i(d)$로 변환할 수 있다.

$$V(d) = \{Ae^{-j\beta z} + Be^{j\beta z}\}\big|_{z=\ell-d} = Ae^{-j\beta(\ell-d)} + Be^{j\beta(\ell-d)} = Ae^{-j\beta\ell}e^{j\beta d} + Be^{j\beta\ell}e^{-j\beta d}$$

$$= A_1 e^{j\beta d} + B_1 e^{-j\beta d} \tag{4.37}$$

여기서, $A_1 = Ae^{-j\beta\ell}$, $B_1 = Be^{j\beta\ell}$ 이다.

같은 방법으로 $I(d)$의 표현 식을 구하면 다음과 같다.

$$I(d) = \frac{\beta}{\omega L}\{Ae^{-j\beta z} - Be^{j\beta z}\}\big|_{z=\ell-d} = \frac{A_1}{Z_O}e^{j\beta d} - \frac{B_1}{Z_O}e^{-j\beta d} \tag{4.38}$$

반사계수의 이해

4.7 반사계수

입사파에 대한 반사파의 비를 **반사계수(reflection coefficient)**라고 한다.

$$\Gamma_{in}(d) \equiv \frac{\text{반사파}(V^-)}{\text{입사파}(V^+)} = \frac{B_1 e^{-j\beta d}}{A_1 e^{+j\beta d}} = \frac{B_1}{A_1} e^{-j2\beta d} \tag{4.39}$$

부하점(d=0)에서의 반사계수: **부하반사계수(Γ_O: load reflection coefficient)**

$$\Gamma_O \equiv \Gamma_{in}(d)\big|_{d=0} = \frac{B_1}{A_1} \tag{4.40}$$

Γ_O를 이용하여 식(4.39)의 반사계수를 표현하면

$$\Gamma_{in}(d) = \Gamma_O e^{-j2\beta d} \tag{4.41}$$

$$\left|\Gamma_{in}(d)\right| = \left|\Gamma_O e^{-j2\beta d}\right| = \left|\Gamma_O\right| \tag{4.42}$$

식(4.37)과 식(4.38)의 전압 및 전류도 반사계수로 표현하면

$$V(d) = A_1(e^{j\beta d} + \Gamma_O e^{-j\beta d}) = A_1 e^{j\beta d}(1 + \Gamma_O e^{-j2\beta d}) = V^+\{1 + \Gamma_{in}(d)\} \tag{4.43}$$

$$I(d) = \frac{A_1}{Z_O}(e^{j\beta d} - \Gamma_O e^{-j\beta d}) = \frac{A_1}{Z_O} e^{j\beta d}(1 - \Gamma_O e^{-j2\beta d}) = I^+\{1 - \Gamma_{in}(d)\} \tag{4.44}$$

$$\frac{V(d)}{I(d)} = Z_O \frac{e^{j\beta d} + \Gamma_O e^{-j\beta d}}{e^{j\beta d} - \Gamma_O e^{-j\beta d}} = Z_O \frac{1 + \Gamma_O e^{-j2\beta d}}{1 - \Gamma_O e^{-j2\beta d}}$$

SUMMARY 전송선과 분포정수 회로의 요약 및 단축

입력 임피던스의 이해

4.8 입력 임피던스

$$Z_{in}(d) \equiv \frac{V(d)}{I(d)} = Z_O \frac{e^{j\beta d} + \Gamma_O e^{-j\beta d}}{e^{j\beta d} - \Gamma_O e^{-j\beta d}} = Z_O \frac{1 + \Gamma_{in}(d)}{1 - \Gamma_{in}(d)} \tag{4.45}$$

$Z_{in}(d)|_{d=0} = Z_L$으로서 d=0에서의 입력 임피던스는 부하 Z_L이 된다.

$$Z_{in}(0) = Z_L = Z_O \frac{1 + \Gamma_O}{1 - \Gamma_O} \tag{4.46}$$

식(4.46)에서 부하반사계수 G_O를 구하면 다음과 같다.

$$\Gamma_O = \frac{Z_L - Z_O}{Z_L + Z_O} \tag{4.47}$$

식(4.47)을 식(4.45)에 대입하여 수식을 정리하면 식(4.48)의 입력 임피던스 수식을

$$Z_{in}(d) = Z_O \frac{e^{j\beta d} + \frac{(Z_L - Z_O)}{(Z_L + Z_O)} e^{-j\beta d}}{e^{j\beta d} - \frac{(Z_L - Z_O)}{(Z_L + Z_O)} e^{-j\beta d}} = Z_O \frac{(Z_L + Z_O)e^{j\beta d} + (Z_L - Z_O)e^{-j\beta d}}{(Z_L + Z_O)e^{j\beta d} - (Z_L - Z_O)e^{-j\beta d}}$$

$$= Z_O \frac{Z_L(e^{j\beta d} + e^{-j\beta d}) + Z_O(e^{j\beta d} - e^{-j\beta d})}{Z_O(e^{j\beta d} + e^{-j\beta d}) + Z_L(e^{j\beta d} - e^{-j\beta d})} = Z_O \frac{Z_L \cos\beta d + jZ_O \sin\beta d}{Z_O \cos\beta d + jZ_L \sin\beta d}$$

$$Z_{in}(d) = Z_O \frac{Z_L + jZ_O \tan\beta d}{Z_O + jZ_L \tan\beta d} \tag{4.48}$$

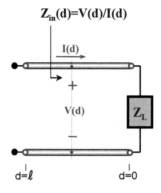

$$\mathbf{Z_{in}(d)=V(d)/I(d)}$$

[그림 4.8] 전송선의 입력 임피던스

■ 정합($Z_L = Z_O$) 전송선

$$\Gamma_O = \frac{Z_L - Z_O}{Z_L + Z_O}\bigg|_{Z_L = Z_O} = 0 \tag{4.49}$$

$$Z_{in}(d) = Z_O \frac{Z_L + jZ_O \tan\beta d}{Z_O + jZ_L \tan\beta d}\bigg|_{Z_L = Z_O} = Z_O \tag{4.50}$$

■ 단락($Z_L = 0$) 전송선

$$\Gamma_O = \frac{Z_L - Z_O}{Z_L + Z_O}\bigg|_{Z_L = 0} = -1 \tag{4.51}$$

$$Z_{in}(d) = Z_O \frac{Z_L + jZ_O \tan\beta d}{Z_O + jZ_L \tan\beta d}\bigg|_{Z_L = 0} = jZ_O \tan\beta d \tag{4.52}$$

📂 SUMMARY   전송선과 분포정수 회로의 요약 및 단축

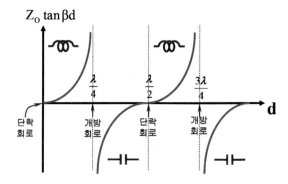

[그림 4.9] 단락 전송선(short-stub)의 입력 임피던스 특성

- 개방($Z_L = \infty$) 전송선

$$\Gamma_O = \frac{Z_L - Z_O}{Z_L + Z_O}\Big|_{Z_L = \infty} = 1 \tag{4.53}$$

$$Z_{in}(d) = Z_O \frac{Z_L + jZ_O \tan\beta d}{Z_O + jZ_L \tan\beta d}\Big|_{Z_L = \infty} = -jZ_O \cot\beta d \tag{4.54}$$

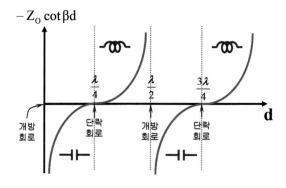

[그림 4.10] 개방 전송선(open-stub)의 입력 임피던스 특성

SUMMARY

- λ/4 전송선

$$Z_{IN}(\frac{\lambda}{4}) = Z_O \frac{Z_L + jZ_O \tan\beta(\frac{\lambda}{4})}{Z_O + jZ_L \tan\beta(\frac{\lambda}{4})} = \frac{Z_O^2}{Z_L} \tag{4.55}$$

$$Z_{Oq} = \sqrt{Z_{in} \cdot Z_L} \tag{4.56}$$

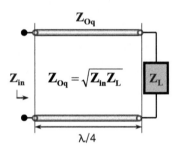

[그림 4.11] λ/4 길이 전송선을 이용한 입력 임피던스 변환

입력 임피던스의 이해정재파와 반사 파라미터의 이해

4.9 정재파와 반사 파라미터

- 정재파

$$V(d) = A_1(e^{j\beta d} + \Gamma_O e^{-j\beta d})\Big|_{\Gamma_O = -1} = A_1(e^{j\beta d} - e^{-j\beta d}) = j2A_1 \sin\beta d \tag{4.57}$$

SUMMARY 전송선과 분포정수 회로의 요약 및 단축

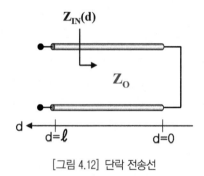

[그림 4.12] 단락 전송선

식(4.57)의 페이저 전압 V(d)를 시간과 거리 함수 v(d,t)로 환원시켜주면

$$v(d,t) = Re[v(d)e^{j\omega t}] = Re[j2A_1 \sin \beta d \, e^{j\omega t}] = -2A_1 \sin \beta d \sin \omega t$$

$$= \underbrace{2A_1 \sin \beta d}_{\text{거리함수}} \underbrace{\cos(\omega t + \frac{\pi}{2})}_{\text{시간함수}} \qquad (4.58)$$

※ 정재파는 수학적으로 시간함수와 거리함수가 분리되어 곱해진 형태로 표시되는 것으로 구별할 수 있다.

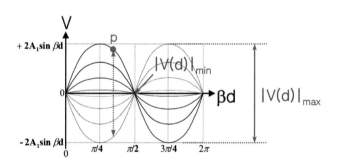

[그림 4.13] 단락 전송선에서 정재파가 시간에 따라 변화하는 모습

SUMMARY

- SWR (정재파비)

$$|V(d)| = |A_1 e^{j\beta d}(1 + \Gamma_O e^{-j2\beta d})| = |A_1||1 + \Gamma_O e^{-j2\beta d}| \tag{4.59}$$

$$|V(d)|_{max} = |A_1|(1 + |\Gamma_O|) \tag{4.60}$$

$$|V(d)|_{min} = |A_1|(1 - |\Gamma_O|) \tag{4.61}$$

SWR (정재파비: Standing Wave Ratio)

$$\text{SWR} \equiv \frac{|V(d)|_{max}}{|V(d)|_{min}} = \frac{|I(d)|_{max}}{|I(d)|_{min}} = \frac{1 + |\Gamma_O|}{1 - |\Gamma_O|} \tag{4.62}$$

- 반사 파라미터

$$\Gamma_{in}(d) \equiv \frac{V^-(d)}{V^+(d)} = \frac{B_1}{A_1} e^{-j2\beta d} = \Gamma_O e^{-j2\beta d} \tag{4.63}$$

$$\Gamma_O = \frac{B_1}{A_1}$$

$$|\Gamma_{in}(d)| = |\Gamma_O| = \rho$$

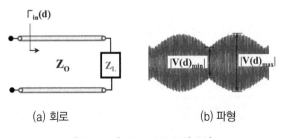

(a) 회로   (b) 파형

[그림 4.14] 반사 파라미터(계속)

📂 SUMMARY 전송선과 분포정수 회로의 요약 및 단축

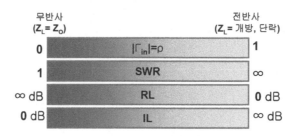

(c) 각 반사 파라미터들의 비교

[그림 4.14] 반사 파라미터

■ 반사손실과 삽입손실

반사손실(RL: Return Loss)은 입사전력(P_i)에 대한 반사전력(P_r)의 비로 정의된다.

$$RL = -10\log\left(\frac{P_r}{P_i}\right) = -10\log|\Gamma_{in}|^2 = -20\log|\Gamma_{in}| \quad [dB] \tag{4.64}$$

반사손실 (RL: Return Loss) $\infty \rightarrow 0dB$

※ (|Γ_{in}|은 일반적으로 1보다 작으므로 데시벨로 표현하면 음수가 된다. 따라서 -를 붙여 표현함.)

삽입손실(IL: Insertion Loss)은 입사전력(P_i)에 대한 전달전력(P_t)의 비로 정의한다.

$$IL = -10\log\frac{P_t}{P_i} = -10\log\frac{P_i - P_r}{P_i}$$

P_i : 입사전력

P_t : 전달전력

P_r : 반사전력

$$= -10\log(1-|\Gamma_{in}|^2) \quad [dB] \tag{4.65}$$

삽입손실(IL: Insertion Loss) $0dB \leq IL \leq \infty dB$

※ (1-|Γ_{in}|²)은 1보다 작으므로 데시벨로 표현하면 음수가 된다. 따라서 -를 붙여 표현함.)

입력 전력(P_{in}), 가용 전력(P_{in}), 임피던스 정합

4.12 신호원과 부하가 연결된 전송선

■ 신호의 전달과 반사

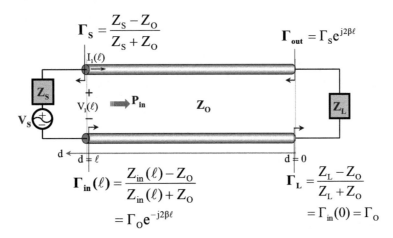

[그림 4.18] 신호원과 부하가 연결된 전송선 회로

$$\Gamma_{in}(d) = \frac{Z_{in}(d) - Z_O}{Z_{in}(d) + Z_O} = \Gamma_O e^{-j2\beta d} \tag{4.88}$$

$$\Gamma_{in}(d)\Big|_{d=\ell} = \Gamma_{in}(\ell) = \Gamma_O e^{-j2\beta\ell} = \frac{Z_{in}(\ell) - Z_O}{Z_{in}(\ell) + Z_O} \tag{4.89}$$

$$\Gamma_L = \frac{Z_L - Z_O}{Z_L + Z_O} = \Gamma_{in}(0) = \Gamma_O \tag{4.90}$$

$$\Gamma_S = \frac{Z_S - Z_O}{Z_S + Z_O} \tag{4.91}$$

$$\Gamma_{out} = \Gamma_S e^{j2\beta\ell} \tag{4.92}$$

SUMMARY 전송선과 분포정수 회로의 요약 및 단축

■ 입력 전력 ; P_{in}

(P_{in} : 신호원으로부터 입력단(Z_L)으로 전달되는 전력)

$$P_{average} = Re\{V_{rms}I_{rms}^*\} = \frac{1}{2}Re\{VI^*\} \tag{4.93}$$

$$P_{in} = \frac{1}{2}Re\{V_1I_1^*\} = \frac{1}{2}Re[\{V_1^+(1+\Gamma_{in})\}\{\frac{V_1^+}{Z_O}(1-\Gamma_{in})\}^*]$$
$$= \frac{1}{2}\frac{|V_1^+|^2}{Z_O}(1-|\Gamma_{in}|^2) \tag{4.94}$$

$$V_1(\ell) = V_1^+(\ell) + V_1^-(\ell) = V_1^+(\ell)\{1+\Gamma_{in}(\ell)\} = V_S\{\frac{Z_{in}(\ell)}{Z_{in}(\ell)+Z_S}\} \tag{4.95}$$

$$V_1^+(\ell) = \frac{V_1(\ell)}{1+\Gamma_{in}(\ell)} = \frac{V_S}{1+\Gamma_{in}(\ell)}\{\frac{Z_{in}(\ell)}{Z_{in}(\ell)+Z_S}\} \tag{4.96}$$

$$Z_{in}(\ell) = Z_O\frac{1+\Gamma_{in}(\ell)}{1-\Gamma_{in}(\ell)} \tag{4.97}$$

$$Z_S = Z_O\frac{1+\Gamma_S}{1-\Gamma_S} \tag{4.98}$$

식(4.97)과 식(4.98)을 식(4.96)에 대입하면 다음의 입사전압 $V_1^+(\ell)$수식을 얻는다.

$$V_1^+(\ell) = \frac{V_S}{1+\Gamma_{in}(\ell)}(\frac{Z_O\frac{1+\Gamma_{in}(\ell)}{1-\Gamma_{in}(\ell)}}{Z_O\frac{1+\Gamma_{in}(\ell)}{1-\Gamma_{in}(\ell)}+Z_O\frac{1+\Gamma_S}{1-\Gamma_S}}) = \frac{V_S}{1+\Gamma_{in}(\ell)}(\frac{(1+\Gamma_{in}(\ell))}{(1+\Gamma_{in}(\ell))+\frac{(1+\Gamma_S)(1-\Gamma_{in}(\ell))}{1-\Gamma_S}})$$
$$= V_S(\frac{1-\Gamma_S}{(1+\Gamma_{in}(\ell))(1-\Gamma_S)+(1+\Gamma_S)(1-\Gamma_{in}(\ell))}) = \frac{V_S}{2}\frac{1-\Gamma_S}{(1-\Gamma_{in}(\ell)\Gamma_S)} \tag{4.99}$$

식(4.99)를 식(4.94)에 대입하면 다음의 입력전력 P_{in}수식을 얻는다.

$$P_{in} = \frac{1}{2}\frac{1}{Z_O}\left|\frac{V_S}{2}\frac{1-\Gamma_S}{(1-\Gamma_{in}(\ell)\Gamma_S)}\right|^2(1-|\Gamma_{in}|^2)$$

위 식을 정리하면 다음의 무손실 전송선에 대한 입력전력 수식을 얻는다.

$$P_{in} = P_{in}^{+} - P_{in}^{-} = \frac{1}{8} \frac{|V_S|^2}{Z_O} \frac{|1 - \Gamma_S|^2 (1 - |\Gamma_{in}|^2)}{(1 - \Gamma_S \Gamma_{in})^2} \tag{4.100}$$

여기서, $\Gamma_{in} = \Gamma_{in}(\ell) = \Gamma_O e^{-j2\beta\ell}$

■ 임피던스 정합

[그림 4.18]에서 입력 임피던스를 집중정수 임피던스 Z_{in}으로 등가화하면 [그림 4.19]의 등가회로를 얻는다.

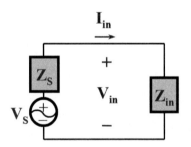

[그림 4.19] 전송선 회로에 대한 집중정수 등가회로

집중정수 등가회로에서 P_{in}을 구하면 식(4.101)로 표현된다.

$$P_{in} = \text{Re}\{V_{in,rms} I_{in,rms}^*\} = \frac{1}{2} \text{Re}\{V_{in}(\frac{V_{in}^*}{Z_{in}^*})\} = \frac{1}{2} \frac{|V_S|^2}{\text{Re}\{Z_{in}^*\}} \left| \frac{Z_{in}}{Z_S + Z_{in}} \right|^2 \tag{4.101}$$

$Z_s = R_S + jX_S$, $Z_{in} = R_{in} + jX_{in}$로 표기하면 식(4.101)은 다음과 같이 표현된다.

SUMMARY 전송선과 분포정수 회로의 요약 및 단축

$$P_{in} = \frac{1}{2} \frac{|V_S|^2}{R_{in}} \left| \frac{R_{in} + jX_{in}}{R_S + R_{in} + j(X_S + X_{in})} \right|^2 \tag{4.102}$$

P_{in}을 두 독립변수 R_{in}과 X_{in}으로 미분하여 그 값을 0으로 둠으로써 최대 전달 전력 조건을 구할 수 있다.

$$\frac{\partial P_{in}}{\partial R_{in}} = \frac{\partial P_{in}}{\partial X_{in}} = 0 \tag{4.103}$$

식(4.103)으로부터 다음의 두 조건식을 얻는다.

$$R_{in}^2 - R_S^2 + (X_S^2 + 2X_S X_{in} + X_{in}^2) = 0 \tag{4.104}$$

$$X_{in}(X_S + X_{in}) = 0 \tag{4.105}$$

식(4.104)와 식(4.105)로부터 $X_{in} = -X_S$ 및 $R_{in} = R_S$의 해를 얻는다. 즉, 최대 전력 전달 조건은 입력 임피던스가 신호원 임피던스와 공액을 이루는 것이다.

$$Z_{in} = Z_S^* \tag{4.106}$$

식(4.106)은 최대 전력을 전달하기 위한 임피던스 정합 조건이다. 이를 공액 정합 (conjugate matching)이라고 부른다.
같은 방법으로 출력 임피던스와 부하 임피던스와의 공액 정합 조건을 구하면 다음과 같다.

$$Z_{out} = Z_L^* \tag{4.107}$$

■ 가용 전력 ; P_A

(P_A : 신호원으로부터 얻을 수 있는 최대전력)

$$\left(P_{in} = P_{in}^+ - P_{in}^- = \frac{1}{8}\frac{|V_S|^2}{Z_O}\frac{|1 - \Gamma_S|^2(1 - |\Gamma_{in}|^2)}{(1 - \Gamma_S\Gamma_{in})^2} \quad (4.100) \right) \text{으로부터}$$

$$P_A = P_{in}\Big|_{\Gamma_{in}=\Gamma_S^*} = \frac{1}{8}\frac{|V_S|^2}{Z_O}\frac{|1 - \Gamma_S|^2}{1 - |\Gamma_S|^2} \tag{4.108}$$

동시에 $\Gamma_{in}(0) = 0$, $\Gamma_S = 0$인 완전정합의 경우 최대가용전력(maximum available power)을 이루고 식(4.100)으로부터 입력전력은 다음과 같이 구해진다.

$$P_{in} = P_{in}\Big|_{\substack{\Gamma_{in}=0 \\ \Gamma_S=0}} = \frac{1}{8}\frac{|V_S|^2}{Z_O} = \frac{1}{8}\frac{|V_S|^2}{Z_S} \quad \leftarrow \text{최대가용전력} \tag{4.109}$$

$\Gamma_{in} = 0$, $\Gamma_S \neq 0$의 경우 입력전력은 다음과 같다.

$$P_{in} = \frac{1}{8}\frac{|V_S|^2}{Z_O}|1 - \Gamma_S|^2 \tag{4.110}$$

이 경우 정합되지 않은 신호원 임피던스에서 일부 반사됨으로써 최대가용전력보다 적은 전력이 전달된다. 신호원과 부하가 모두 부정합된($\Gamma_{in} \neq 0$, $\Gamma_S \neq 0$) 경우 식(4.100)에서 보였듯이 전송선 양쪽 끝에서 반사가 발생한다.

연 습 문 제

1. 어떤 동축선의 특성 임피던스가 75Ω이고, 0.6m 길이의 커패시턴스를 측정하였더니 37pF이었다. 이 동축선을 무손실 선로라고 가정하면, 단위 길이당 인덕턴스는 얼마인가?

2. $L=150[nH/m]$, $C=80[pF/m]$이고, 길이가 1.5M인 전송선 끝에 부하 Z_L이 연결되어 있다. 입력단에서 볼 때 이 전송선의 길이가 무한하게 보이도록 하고 싶다. Z_L을 몇 Ω으로 설정하면 되는가?

3. 유전체의 두께가 1 mm인 PCB 기판 상에 특성 임피던스가 50Ω인 전송선을 설계하고자 한다. 유전체의 비유전율은 2.230이고, 구리동판의 두께는 무시하기로 한다. 1GHz로 동작한다고 가정할 때, 전송선의 폭을 구하라. 또한, 실효 유전상수, 위상속도 및 파장을 구하라.

4. 다음과 같은 정재파비(SWR)에 대한 정의식으로부터

$$SWR = \frac{|V_{max}|}{|V_{min}|} = \frac{|I_{max}|}{|I_{min}|}$$

   SWR이 다음과 같이 표현될 수 있음을 증명하라.

$$SWR = \frac{1+|\Gamma_o|}{1-|\Gamma_o|}$$

5. 특성 임피던스가 75Ω인 무손실인 동축케이블의 부하단을 단락시켰다. 케이블 길이가 0.1λ, 0.25λ, 0.5λ 및 0.75λ일 때의 입력 임피던스를 구하라.

6. 다음의 회로에서 입력 임피던스(Z_{in})를 구하라.

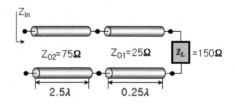

연습문제

7. 최대 5W의 출력을 낼 수 있는 무선 송신기가 입력 임피던스가 75Ω인 안테나에 연결되어 있
    다. 안테나와의 연결은 특성 임피던스 Z_0=50Ω인 무손실 전송선을 사용하였고 케이블의 길
    이가 17λ이다. 무선 송신기의 출력 임피던스(Z_S)가 40Ω이라고 할 때 안테나로 전달되는 전력
    (P_L)을 구하라.

8. 특성 임피던스가 75Ω인 마이크로스트립 선로가 특성 임피던스가 50Ω인 동축선과 연결되어
    있다. 두 전송선의 길이가 무한히 길다고 가정하고, Γ SWR, 반사된 전력의 백분율, 반사손
    실, 전달된 전력의 백분율, 삽입손실을 구하라.

9. 신호발생기가 [그림 P4.9]에서와 같이 두 개의 부하에 신호를 전달하기 위하여 사용된다. 신
    호원에 의하여 시스템에 전달된 전체 전력과 각각의 부하에 전달된 전력을 구하라. 단, 모든
    전송선은 무손실로 가정한다.

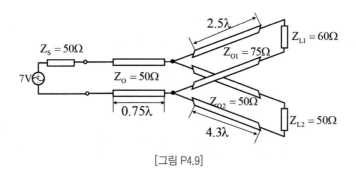

[그림 P4.9]

10. 반사손실과 삽입손실을 정재파비(SWR)로서 다음과 같이 나타낼 수 있음을 증명하라.

$$RL = 20\log\frac{SWR+1}{SWR-1}, \quad IL = 20\log\frac{SWR+1}{2\sqrt{SWR}}$$

CHAPTER 5

S-파라미터

5.1 서론

회로망 파라미터(network parameter)에는 Z-파라미터, Y-파라미터, H-파라미터, ABCD-파라미터 등 다양한 파라미터가 있다. 이러한 회로망 파라미터가 회로해석에서 즐겨 사용되는 이유가 무엇일까? 첫째, 회로망 파라미터는 포괄적이어서 회로망 내부의 세부적인 사항과는 무관하게 사용될 수 있기 때문이다. 예를 들어 회로망은 단일 트랜지스터일 수도 있고 여러 단으로 구성된 증폭기일 수도 있다. 하지만 이런 내부의 세부적인 사항과는 무관하게 단순히 4-단자망으로 표현되어 다루어질 수 있다. 또한, 귀환회로의 경우 4-단자 단방향 증폭기와 4-단자 귀환회로로 등가적으로 분리하여 해석할 수 있도록 함으로써 귀환회로 해석을 용이하게 해준다. 4-단자망으로부터 유도된 것은 매우 일반적인 결과가 되며, 행렬을 이용한 표현이 용이하다.

한편, 위에 언급한 파라미터들은 측정할 때 다른 쪽 포트를 단락 혹은 개방하여 측정함으로써 파라미터 값을 구한다. 그러나 단락이나 개방 상태에서 측정하는 것은 주파수가 높아질 경우 발진이 발생하여 측정이 어려워질 수 있으므로 저주파 대역에서 사용된다. 이러한 문제점을 해소하여 고주파 대역에서 사용할 수 있도록 마련된 파라미터가 S-파라미터이다. S-파라미터는 각 포트를 정합한 상태에서 측정하므로 주파수가 높아도 발진하는 일 없이 측정할 수 있어 RF와 같은 고주파 대역에서 사용된다. 이렇듯 다양한 파라미터들은 각기 장단점이 있어 특정 상황에서 선호되어 사용되며 이들 파라미터들은 변환 수식을 통해 상호 변환될 수도 있다.

5.2 회로망 파라미터

회로망은 일반적으로 [그림 5.1]에 보인 것처럼 2쌍의 포트로 이루어진다. 한 쌍은 입력단자쌍(pair input terminals)이고 나머지는 출력단자쌍(pair output terminals)이다. 이와 같이 2쌍의 단자, 즉 4개의 단자를 갖는 회로망을 4-단자망(4-terminal network)이라고 한다. 한편, 이와 같이 신호가 드나들 수 있는 한 쌍의 단자를 포트(port)라고 한다. 따라서 4-단자망은 2-포트망(2-port network)이라고 부르기로 한다. 이 경우 입력포트는 입력단자쌍이고 출력포트는 출력단자쌍이다. 입력단자쌍은 줄여서 입력단자로 부른다. 마찬가지로 출력단자쌍은 줄여서 출력단자로 부른다.

회로의 동작을 표현하려면 각 포트와 포트 상호간의 특성을 측정하여 회로망 파라미터로 표현하면 된다. 저주파 대역에서 사용되는 회로망 파라미터로는 Z-파라미터, Y-파라미터, H-파라미터, ABCD-파라미터 등이 있다. 이 절에서는 [그림 5.1]에 보인 2-포트망을 기준으로 저주파용 파라미터들을 설명하기로 한다.

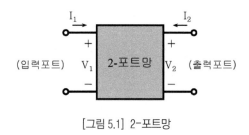

[그림 5.1] 2-포트망

(1) Z-파라미터

2-포트망에 대한 Z-파라미터는 다음과 같이 정의된다.

$$v_1 = Z_{11}I_1 + Z_{12}I_2 \tag{5.1a}$$

$$v_2 = Z_{21}I_1 + Z_{22}I_2 \tag{5.1b}$$

여기서, Z-파라미터는 다음과 같이 구해진다.

$$Z_{11} = \frac{V_1}{I_1}\Big|_{I_2=0} \tag{5.2a}$$

$$Z_{12} = \frac{V_1}{I_2}\Big|_{I_1=0} \tag{5.2b}$$

$$Z_{21} = \frac{V_2}{I_1}\Big|_{I_2=0} \tag{5.2c}$$

$$Z_{22} = \frac{V_{21}}{I_2}\Big|_{I_1=0} \tag{5.2d}$$

Z-파라미터는 직렬 연결된 회로에서 유용하게 사용된다. Z-파라미터를 행렬식으로 표현하면 다음과 같이 간단히 표현된다.

$$\begin{bmatrix} V_1 \\ V_2 \end{bmatrix} = \begin{bmatrix} Z_{11}Z_{12} \\ Z_{21}Z_{22} \end{bmatrix}\begin{bmatrix} i_1 \\ i_2 \end{bmatrix} \tag{5.3}$$

(2) Y - 파라미터

Y-파라미터를 행렬식으로 표현하면 다음과 같다.

$$\begin{bmatrix} i_1 \\ i_2 \end{bmatrix} = \begin{bmatrix} y_{11}y_{12} \\ y_{21}y_{22} \end{bmatrix}\begin{bmatrix} V_1 \\ V_2 \end{bmatrix} \tag{5.4}$$

Y-파라미터는 병렬 연결된 회로에서 유용하게 사용된다.

(3) H - 파라미터

H-파라미터를 행렬식으로 표현하면 다음과 같다.

$$\begin{bmatrix} V_1 \\ i_2 \end{bmatrix} = \begin{bmatrix} h_{11}h_{12} \\ h_{21}h_{22} \end{bmatrix}\begin{bmatrix} i_1 \\ V_2 \end{bmatrix} \tag{5.5}$$

H-파라미터는 트랜지스터 해석에서 유용하게 사용된다.

⑷ ABCD-파라미터

ABCD-파라미터를 행렬식으로 표현하면 다음과 같다.

$$\begin{bmatrix} V_1 \\ i_2 \end{bmatrix} = \begin{bmatrix} A & B \\ C & D \end{bmatrix} \begin{bmatrix} V_2 \\ -i_2 \end{bmatrix} \tag{5.6}$$

ABCD-파라미터는 캐스캐이드(cascade) 연결에서 유용하게 사용된다.

5.3 S-파라미터

■ S-파라미터를 쓰는 이유

앞 절에서 설명한 모든 파라미터는 전압이나 전류로 정의되어 있다. 그러나 초고주파 대역에서 전압이나 전류를 측정하는 것은 곤란하다. 파장과 회로의 크기가 엇비슷하여 측정 위치에 따라 그 위상 값이 달라지므로 일관성을 유지하기 어렵다. 더구나 동축케이블이나 마이크로스트립선과 같은 TEM형의 전송선은 포트를 명확히 정의할 수 있으나 도파관과 같이 TEM형이 아닌 전송선의 경우는 포트를 명확히 정의할 수조차 없다. 또한, 앞 절에서의 모든 파라미터는 포트를 개방이나 단락한 상태에서 측정하도록 정의되어 있다. 그러나 초고주파 대역에서는 포트를 개방이나 단락할 경우 과도한 반사파에 의해 회로가 발진하기 쉬우므로 초고주파와 같은 높은 주파수 대역에서의 측정이 곤란하다.

이러한 이유로 앞 절에서 설명한 모든 파라미터는 초고주파 대역에서 사용하기에 적합하지 못하다. 따라서 이러한 문제를 해결하기 위해 고안된 파라미터가 S-파라미터이다. S-파라미터는 전력에 근거를 둔 전압파를 도입함으로써 전압이나 전류 대신 전력을 측정하여 파라미터 값을 구하도록 하였다. 전력은 측정 위치나 포트 정의에 영향을 받지 않고 측정할 수 있으므로 초고주파 대역에서 다루기에 적합하다. 또한, S-파라미터는 포트를 정합한 상태에서 측정하도록 정의하여 높은 주파수에서 발생하기 쉬운 발진문제를 해소하였다.

따라서 실제 초고주파 대역 측정에서는 전적으로 S-파라미터를 사용하게 된다. 그러나 변환수식을 통해 측정된 S-파라미터는 여타 다른 파라미터로 변환될 수 있고 그 역도 가능하다.

5.3.1 전력파

2-포트망은 포트가 2개지만 그 이상의 포트를 갖는 회로도 있다. 따라서 여기서는 [그림 5.2]에 보인 것과 같이 여러 포트 중 한 포트 즉, i-번째 포트를 생각하기로 한다. i-번째 포트의 입사 전압파와 반사 전압파는 다음과 같이 간략히 표현된다.

- 입사 전압파 : $V_i^+(z) = Ae^{-j\beta z}$
- 반사 전압파 : $V_i^-(z) = Be^{j\beta z}$

이때 i-번째 포트의 전류와 전압 및 반사계수는 다음 수식으로 표현된다.

$$V_i(z) = V_i^+(z) + V_i^-(z) \tag{5.7}$$

$$I_i(z) = I_i^+(z) - I_i^-(z) = \frac{V_i^+(z)}{Z_o} - \frac{V_i^-(z)}{Z_o} \tag{5.8}$$

$$\Gamma_i(z) = \frac{V_i^-(z)}{V_i^+(z)} \tag{5.9}$$

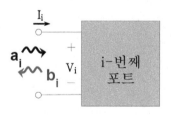

[그림 5.2] i-번째 포트

(1) 전력파 정의

여기서 다음과 같이 정규화(normalize)된 표기를 도입하기로 한다. 즉, 입사 전압파 V_i^+ 를 $\sqrt{Z_O}$ 로 정규화하여 입사 전력파(incident power wave)라고 정의하고 'a'라고 표기한다. 반사 전압파 V_i^- 를 $\sqrt{Z_O}$ 로 정규화하여 반사 전력파(reflected power wave)라고 정의하고 'b'라고 표기한다. 따라서 i번째 포트에서의 입사 전력파 a_i와 반사 전력파 b_i는 다음과 같이 정의된다.

$$a_i(z) \equiv \frac{V_i^+(z)}{\sqrt{Z_o}} \overset{V_i^+ = Z_o I_i^+}{=} \sqrt{Z_O} I_i^+(z) \tag{5.10}$$

$$b_i(z) \equiv \frac{V_i^-(z)}{\sqrt{Z_o}} \overset{V^- = Z_o I_i^-}{=} \sqrt{Z_O} I_i^-(z) \tag{5.11}$$

$$\Gamma_i(z) = \frac{b_i(z)}{a_i(z)} \tag{5.12}$$

(2) 전력파의 표현식

한편, **입사 전력파 a_i와 반사 전력파 b_i**를 V_i와 I_i로 표현하면 식(5.7) 및 (5.8)로부터 다음의 수식을 얻는다.

$$a_i = \frac{(V_i + Z_O I_i)}{2\sqrt{Z_O}} \tag{5.13}$$

$$b_i = \frac{(V_i - Z_O I_i)}{2\sqrt{Z_O}} \tag{5.14}$$

식(5.13)과 식(5.14)는 전력파와 전압 V_i 및 전류 I_i의 관계를 보여주는 매우 유용한 수식이다.

(3) 전력파의 물리적 의미

전력파 a_i, b_i의 물리적 의미를 이해하기 위해 [그림 5.3]과 같이 i-번째 포트에 신호원을 인가하고 신호원으로부터 i-번째 포트에 입력되는 전력 P_{in}을 구해보기로 하자.

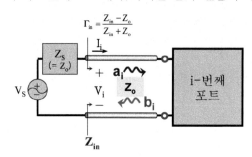

[그림 5.3] 신호원이 인가된 i-번째 포트

인가된 신호가 사인파라고 가정하면 i-번째 포트에 입력되는 전력 P_{in}은 다음과 같이 구해진다.

$$P_{in} = Re\{V_{i,rms}I_{i,rms}^*\} = \frac{1}{2}Re\{V_i\,I_i^*\}$$ (5.15)

식(5.11) 및 (5.12)로부터 식(5.15)는 다음과 같이 표현된다.

$$P_{in} = \frac{1}{2}Re\{(V_i^+ + V_i^-)(\frac{V_i^+}{Z_o} - \frac{V_i^-}{Z_o})^*\} = \frac{1}{2}(\frac{|V_i^+|^2}{Z_o} - \frac{|V_i^-|^2}{Z_o})$$

$$= \frac{1}{2}|a_i|^2 - \frac{1}{2}|b_i|^2 = P_i^+ - P_i^-$$ (5.16)

포트에 입력되는 전력은 입사전력에서 반사전력을 뺀 값이므로 식(5.16)으로부터 다음의 입사전력(P_i^+)과 반사전력(P_i^-)에 대한 수식을 얻을 수 있다.

$$P_i^+ = \frac{1}{2}\frac{|V_i^+|^2}{Z_o} = \frac{1}{2}|a_i|^2$$ (5.17a)

$$P_i^- = \frac{1}{2}\frac{|V_i^-|^2}{Z_o} = \frac{1}{2}|b_i|^2$$ (5.17b)

<표 5.1>은 전력파(a_i, b_i)의 의미를 간략히 요약하여 보여주고 있다. 입사전력은 $\left| a_i / \sqrt{2} \right|^2 = a_{rms}^2$으로서 실효 입사 전력파 $a_{i,rms}$를 제곱하면 구해진다. 이것은 입사 전력파의 크기 $|a_i|$가 입사전력에 제곱근을 취하여 얻어질 수 있음을 의미한다. 마찬가지로 반사 전력파의 크기 $|b_i|$는 반사전력에 제곱근을 취하여 얻어 질 수 있다. 요약하면, a_i는 포트 안쪽으로 입사되는 $\sqrt{P_i^+}$ 차원의 진행파이고, b_i는 포트 바깥쪽으로 반사되는 $\sqrt{P_i^-}$ 차원의 진행파이다. 즉, 전력파는 전력에 제곱근을 취하여 얻어진 파임을 알 수 있다.

〈표 5.1〉 전력파(a, b)의 의미

$P_i^+ = \dfrac{1}{2}\left\| \dfrac{V_i^+}{\sqrt{Z_o}} \right\|^2 = \dfrac{1}{2}\left\| a_i \right\|^2 = a_{i,rms}^2$	$\xrightarrow{\ \sqrt{\ }\ }$	$\sqrt{P_i^+} = \dfrac{1}{\sqrt{2}}\dfrac{V_i^+}{\sqrt{Z_o}} = \dfrac{1}{\sqrt{2}}a_i = a_{i,rms}$
$P_i^- = \dfrac{1}{2}\left\| \dfrac{V_i^-}{\sqrt{Z_o}} \right\|^2 = \dfrac{1}{2}\left\| b_i \right\|^2 = b_{i,rms}^2$	$\xrightarrow{\ \sqrt{\ }\ }$	$\sqrt{P_i^-} = \dfrac{1}{\sqrt{2}}\dfrac{V_i^-}{\sqrt{Z_o}} = \dfrac{1}{\sqrt{2}}b_i = b_{i,rms}$
P(전력) 차원 $\|a\|^2$ 혹은 $\|b\|^2$		$\sqrt{P}$ 차원 a 혹은 b

한편, 입사된 전력 P_i^+에서 반사된 전력 P_i^-를 뺀 나머지가 포트로 전달되어 전달전력 P_i가 된다. 식(5.16)의 전달전력 수식을 반사계수를 써서 표현하면 다음과 같다.

$$P_i = \frac{1}{2}\left(\left| a_i \right|^2 - \left| b_i \right|^2 \right) = \frac{1}{2}\left| a_i \right|^2 \left(1 - \left| \Gamma_{in} \right|^2 \right) \tag{5.18}$$

여기서, $\Gamma_{in} = b_i / a_i$이다.

5.3.2 2-포트망의 S-파라미터 표현

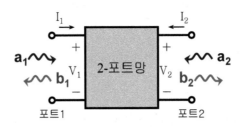

[그림 5.4] 2-포트망

　대부분의 증폭기는 [그림 5.4]에 보인 2-포트망으로 표현된다. 2-포트망에서 각 포트를 첨자 1, 2로 표기하여 구분하기로 하면, 포트1로 입사되는 파를 a_1, 포트1에서 반사되는 파를 b_1이라고 하고, 포트2로 입사되는 파를 a_2, 포트2에서 반사되는 파를 b_2이라고 하여 2-포트망을 다음 수식으로 표현할 수 있다.

$$b_1 = s_{11}a_1 + s_{12}a_2 \tag{5.19}$$

$$b_2 = s_{21}a_1 + s_{22}a_2 \tag{5.20}$$

혹은 행렬식을 써서 다음과 같이 간략히 표현할 수도 있다.

$$\begin{bmatrix} b_1 \\ b_2 \end{bmatrix} = \begin{bmatrix} s_{11} s_{12} \\ s_{21} s_{22} \end{bmatrix} \begin{bmatrix} a_1 \\ a_2 \end{bmatrix} \tag{5.21}$$

　여기서, S_{11}, S_{12}, S_{21}, S_{22}를 S-파라미터(Scattering parameter)라고 부르며 다음 수식으로 표현된다.

$$s_{11} = \frac{b_1}{a_1}\bigg|_{a_2=0} = \frac{V_1^-}{V_1^+}\bigg|_{V_2^+=0} = \Gamma_{in}\big|_{\text{포트2=정합}} \tag{5.22a}$$

$$s_{21} = \frac{b_2}{a_1}\bigg|_{a_2=0} = \frac{V_2^-}{V_1^+}\bigg|_{V_2^+=0} = \text{순방향 전달계수} \tag{5.22b}$$

$$s_{22} = \frac{b_2}{a_2}\bigg|_{a_1=0} = \frac{V_2^-}{V_2^+}\bigg|_{V_1^+=0} = \Gamma_{out}\big|_{\text{포트1=정합}} \tag{5.22c}$$

$$s_{12} = \frac{b_1}{a_2}\bigg|_{a_1=0} = \frac{V_1^-}{V_2^+}\bigg|_{V_1^+=0} = \text{역방향 전달계수} \tag{5.22d}$$

s_{11}은 포트1에서의 입사파에 대한 반사파의 비로서 포트2를 정합한 상태에서의 입력 반사계수가 된다. 여기서, $a_2=0$라는 측정조건은 포트2를 정합하여 부하에서의 반사파가 없도록 하고 측정함을 의미한다. 저주파에서 사용되는 파라미터들이 단락이나 개방 조건에서 측정하는 것에 비해 S-파라미터는 정합 조건에서 측정하므로 발진 없이 높은 주파수 대역에서의 측정이 가능하게 된다.

s_{21}은 포트1에서의 입사파에 대한 포트2에서의 반사파의 비로서 포트1을 입력포트(혹은 입력단자: 입력단자쌍의 줄임말), 포트2를 출력포트(혹은 출력단자: 출력단자쌍의 줄임말)라고 가정할 때 순방향 이득이 됨을 알 수 있다.

s_{22}는 포트2에서의 입사파에 대한 반사파의 비로서 포트1을 정합한 상태에서의 출력 반사계수가 된다. 여기서, $a_1=0$라는 측정조건은 포트1를 정합하여 신호원 임피던스에서의 반사파가 없도록 하고 측정함을 의미한다. s_{12}는 포트2에서의 입사파에 대한 포트1에서의 반사파의 비로서 역방향 이득이 됨을 알 수 있다.

5.4 2-포트망의 해석 예

이번에는 [그림 5.5]와 같이 2-포트망의 포트1에 신호원을 인가하여 입력포트로 사용하고 포트2에 부하를 달아 출력포트로 사용하기로 하자. 소스 임피던스 $Z_S=Z_O$이고 출력 임피던스 $Z_L=Z_O$로서 입·출력 포트가 정합되어 있다고 가정하고, Z_O가 실수(순수저항)라고 가정한다. 또한, Z_{in}은 $d_1=\ell_1$에서 본 임피던스이고, Z_{out}은 $d_2=\ell_2$에서 본 임피던스이다.

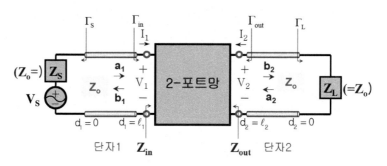

[그림 5.5] 신호원과 부하가 인가된 2-포트망

출력 포트의 $d_2=0$에서 $Z_L=Z_O$일 때 $V_2=-Z_OI_2$ 이므로 식(5.13)으로부터

$$a_2 = \frac{(V_2 + Z_OI_2)}{2\sqrt{Z_O}} = 0 \tag{5.23}$$

이것은 출력이 정합($Z_L=Z_O$)된 경우 출력포트에서 반사파가 0이 됨을 의미한다.

한편, 식(5.13)으로부터 입력 포트의 $d_1=0$에서 a_1에 대한 수식을 구한 후 $Z_S=Z_O$의 조건을 대입함으로써 다음의 결과를 얻는다.

$$a_1 = \frac{V_1 + Z_OI_1}{2\sqrt{z_O}}\bigg|_{V_1=V_S-Z_SI_1} = \frac{V_S + (Z_O - Z_S)I_1}{2\sqrt{z_O}}\bigg|_{z_S=Z_O} = \frac{V_S}{2\sqrt{Z_O}} \tag{5.24}$$

(1) 입사전력과 가용전력의 비교

식(5.17a)에 식(4.99)를 대입하면 다음과 같은 $z_1=0$에서의 입사전력 P_1^+ 이 구해진다.

$$P_1^+ = \frac{1}{2}|a_1|^2 = \frac{1}{2}\frac{|V_1^+|^2}{Z_O} = \frac{1}{8}\frac{|V_S|^2}{Z_O}\left|\frac{1-\Gamma_S}{(1-\Gamma_{in}\Gamma_S)}\right|^2 \tag{5.25}$$

식(4.108)의 가용전력 수식을 다시 쓰면 다음과 같다.

$$P_A = P_{in}\big|_{\Gamma_{in}=\Gamma_s^*} = \frac{1}{8}\frac{|V_S|^2}{Z_O}\frac{|1-\Gamma_S|^2}{1-|\Gamma_S|^2} \tag{4.108}$$

가용전력(P_A)은 식(4.108)에서 보였듯이 Γ_S의 함수이므로 Z_S 값에 따라 달라질 수 있다. 그러나 Γ_{in}과는 무관하다. 따라서 가용전력은 Z_{in}이나 Z_L 값의 변화와는 무관하다.

반면에 입사전력(P^+)은 식(5.25)에서 보였듯이 Γ_S 및 Γ_{in}의 함수이다. 따라서 입사전력은 Z_S 값뿐만 아니라 Z_{in}이나 Z_L 값의 변화에 따라 달라질 수 있다. 이는 입사파(V^+)가 식(4.99)에서 보였듯이 Γ_S 및 Γ_{in}의 함수이기 때문이다.

한편, 식(4.101)과 식(5.25)에 $Z_S = Z_O$(즉, $\Gamma_S = 0$)의 조건을 대입하면 두 수식은 같아짐을 알 수 있다. 결국, [그림 5.5]에서와 같이 $Z_S = Z_O$일 때 가용전력은 입사전력과 같다는 것을 알 수 있다.

(2) S-파라미터의 계산

이번에는 $d_1 = \ell_1$ 및 $d_2 = \ell_2$에서의 S-파라미터를 계산하기로 한다. 우선, S_{11}을 구하면 다음 수식으로 표현된다.

$$S_{11} = \frac{b_1(\ell_1)}{a_1(\ell_1)}\Big|_{a_2(\ell_2)=0} = \frac{V_1^-(\ell_1)}{V_1^+(\ell_1)}\Big|_{V_2^+(\ell_2)=0} = \Gamma_{in} = \frac{Z_{in} - Z_O}{Z_{in} + Z_O} \tag{5.26}$$

여기서, $a_2(\ell_2) = 0$로서 부하에서의 반사파를 제거하기 위해서 $Z_L = Z_O$로 출력포트를 정합해 주는 것을 의미한다. (이 경우 출력저항은 특성 임피던스에 정합($Z_{out} = Z_O$)되지 않아도 된다.) 식(5.26)에서 보였듯이 S_{11}은 입력포트에서의 반사계수가 되며, 출력포트가 정합된 경우 $S_1 = \Gamma_{in}$이 된다. 또한, $S_{11} > 1$일 경우 반사전력이 입사전력이 보다 크므로 회로의 입력포트가 증폭기처럼 작용하여 발진하게 된다.

한편, S_{21}을 구하면 다음 수식으로 표현된다.

$$S_{21} = \frac{b_2(\ell_2)}{a_1(\ell_1)}\Big|_{a_2(\ell_2)=0} = \frac{\dfrac{V_2^-(\ell_2)}{\sqrt{Z_O}}}{\dfrac{V_1(\ell_1) + Z_O I_1(\ell_1)}{2\sqrt{Z_O}}}\Bigg|_{I_2^+(\ell_2)=V_2^+(\ell_2)=0} \tag{5.27}$$

입력포트에 키르히호프 전압법칙을 적용하면, $Z_S = Z_O$로 정합되어 있으므로 $V_1 = V_S - Z_O I_1$이 된다. 따라서 식(5.27)은 다음 식으로 표현된다.

$$S_{21} = \frac{2V_2^-(\ell_2)}{V_S}\bigg|_{V_2^+(\ell_2)=0} = \frac{2V_2(\ell_2)}{V_S} \tag{5.28}$$

식(5.28)로부터 S_{21}은 회로의 순방향 전압이득이 됨을 알 수 있다.

한편, [그림 5.6]과 같이 측정방향을 반대로 하여 포트2를 입력포트로 하여 신호 V_{S2}를 인가하고 포트1을 출력포트로 하여 측정하면 S_{22}와 S_{12}를 구할 수 있다.

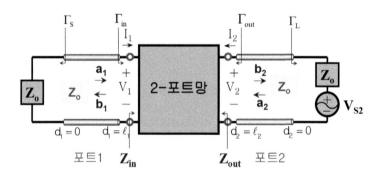

[그림 5.6] 역방향으로 신호원이 인가된 2-포트망

$$S_{22} = \frac{b_2(\ell_2)}{a_2(\ell_2)}\bigg|_{a_1(\ell_2)=0} = \Gamma_{out} = \frac{Z_{out} - Z_O}{Z_{out} + Z_O} \tag{5.29}$$

$$S_{12} = \frac{b_1(\ell_1)}{a_2(\ell_2)}\bigg|_{a_1(\ell_1)=0} = \frac{\dfrac{V_1^-(\ell_1)}{\sqrt{Z_O}}}{\dfrac{V_2(\ell_2) + Z_O I_2(\ell_2)}{2\sqrt{Z_O}}}\bigg|_{I_1^+(\ell_1)=V_1^+(\ell_1)=0} = \frac{2V_1(\ell_1)}{V_{S2}} \tag{5.30}$$

여기서, S_{22}은 출력포트(포트2)에서의 반사계수가 되고, S_{12}는 역방향 전압이득이 된다.

예제 5.1 3dB 감쇠기의 설계

[그림 5E1.1]과 같은 구조의 3dB 감쇠기를 설계하라. 단, 감쇠기는 특성 임피던스 $Z_0 = 50\,\Omega$인 전송선에 연결하여 사용될 것이고, 입출력을 뒤바꿔 사용하여도 같은 특성을 나타내도록 설계하여야 한다.

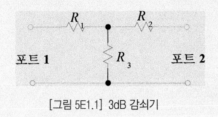

[그림 5E1.1] 3dB 감쇠기

풀이

3dB 감쇠기는 입력단과 출력단에서 반사가 없도록 전송선의 특성 임피던스에 정합시켜야 한다. 따라서 $S_{11} = S_{22} = 0$이 되도록 설계하여야 한다. $S_{11} = 0$이 되기 위해서는 포트1에서 본 입력 임피던스 $Z_{in,1}$이 $Z_0(=50\,\Omega)$가 되어야 한다. 포트2에 특성 임피던스 $Z_0 = 50\,\Omega$인 전송선에 연결하여 사용되므로 [그림 5E1.1]은 [그림 5E1.2]의 등가회로로 표현되고 이로부터 입력 임피던스를 계산하면 다음의 관계식을 얻을 수 있다.

$$Z_{in,1} = R_1 + R_3 /\!/ (R_2 + 50\,\Omega) = 50\,\Omega \tag{5E1.1}$$

또한, 감쇠기가 입출력을 뒤바꿔 사용하여도 같은 특성을 나타내도록 하려면 좌우 대칭성을 갖도록 설계되어야 하므로

$$R_1 = R_2 \tag{5E1.2}$$

가 되어야 한다.

한편, 3dB 감쇠기가 되기 위해서

$$\frac{V_2}{V_1} = \frac{1}{\sqrt{2}} = 0.707$$

가 되어야 한다. [그림 5E1.2]로부터 V_2/V_1를 구함으로써 다음의 관계식을 얻는다.

$$\frac{V_2}{V_1} = \left(\frac{\dfrac{R_3\left(R_2 + 50\,\Omega\right)}{R_3 + R_2 + 50\,\Omega}}{\dfrac{R_3\left(R_2 + 50\,\Omega\right)}{R_3 + R_2 + 50\,\Omega} + R_1} \right) \left(\frac{50\,\Omega}{50\,\Omega + R_2} \right) = \frac{1}{\sqrt{2}} \tag{5E1.3}$$

위의 식(5E1.1), 식(5E1.2) 및 식(5E1.3)을 연립하여 풀면 다음과 같이 R_1, R_2, R_3 값을 구할 수 있다.

$$R_1 = R_2 = 8.56\,\Omega, \quad R_3 = 141.8\,\Omega$$

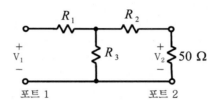

[그림 5E1.2] $Z_{in,1}$ 계산을 위한 등가회로

예제 5.2   **T-회로의 S-파라미터 구하기**

특성 임피던스 $Z_O = 50\,\Omega$인 전송선에 삽입된 [그림 5E2.1]의 회로에 대해 S-파라미터를 구하라.

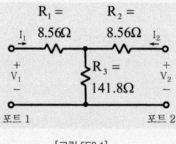

[그림 5E2.1]

풀이

포트1에서 본 입력 임피던스를 $Z_{in,\,1}$이라고 하면 S_{11}은 다음과 같이 표현된다.

$$S_{11} = \frac{b_1}{a_1}\bigg|_{a_2=0} = \frac{V_1^-}{V_1^+}\bigg|_{V_2^+=0} = \Gamma_{in} = \frac{Z_{in,1} - Z_O}{Z_{in,1} + Z_O}\bigg|_{\text{포트2를 }Z_O\text{로 종단}}$$

이 경우 $a_2 = 0$의 조건을 만족시키기 위해 [그림 5E2.2]에 보인 것처럼 포트2는 $50\,\Omega\,(= Z_O)$으로 종단시킨다.
[그림 5E2.2]에 보인 것처럼 $50\,\Omega$으로 종단된 전송선은 $50\,\Omega$으로 등가되므로 포트1에서본 입력 임피던스 $Z_{in,\,1}$는 다음과 같이 구해진다.

$$Z_{in,1}\bigg|_{\text{단자2를 }Z_O\text{로 종단}} = R_1 + R_3\,//\,(R_2 + Z_O) = 50\,\Omega$$

따라서, S_{11}은 다음과 같이 구해진다.

$$S_{11} = \frac{Z_{in,1} - Z_O}{Z_{in,1} + Z_O}\bigg|_{\text{단자2를 }Z_O\text{로 종단}} = \frac{50 - 50}{50 + 50} = 0$$

[그림 5E2.1]의 회로가 좌우 대칭이므로 $S_{22} = S_{11} = 0$가 된다.

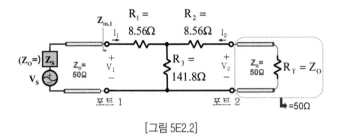

[그림 5E2.2]

한편, $S_{11} = 0$이면 $V_1^- = 0$이므로 $V_1^+ = 1$이 되고, $a_2 = 0$이면 $V_2^+ = 0$ 이므로 $V_2^- = V_2$가 된다. 따라서 S_{21}은 다음과 같이 구해진다.

$$S_{21} = \frac{b_2}{a_1}\bigg|_{a_2=0} = \frac{V_2^-}{V_1^+}\bigg|_{V_2^+=0} = \frac{V_2}{V_1} = \frac{R_3 /\!/ (R_2 + Z_O)}{R_1 + \{R_3 /\!/ (R_2 + Z_O)\}}\frac{Z_O}{R_2 + Z_O} = 0.707$$

[그림 5E2.1]의 회로가 좌우 대칭이므로 $S_{21} = S_{12} = 0.707$이 된다.

5.5 측정 위치의 이동

앞 절에서 $d_1 = \ell_1$, $d_2 = \ell_2$의 위치에서 2-포트망의 S-파라미터를 구하였으며 이를 행렬식으로 표시하면 다음과 같다.

$$\begin{bmatrix} b_1(\ell_1) \\ b_2(\ell_2) \end{bmatrix} = \begin{bmatrix} S_{11} & S_{12} \\ S_{21} & S_{22} \end{bmatrix}\begin{bmatrix} a_1(\ell_1) \\ a_2(\ell_2) \end{bmatrix} \qquad (5.31)$$

측정 위치를 $d_1 = 0$, $d_2 = 0$로 이동했을 경우는 S-파라미터에 프라임($'$)을 붙여 다음의 행렬식으로 표현하기로 하자.

$$\begin{bmatrix} b_1(0) \\ b_2(0) \end{bmatrix} = \begin{bmatrix} S_{11}' & S_{12}' \\ S_{21}' & S_{22}' \end{bmatrix}\begin{bmatrix} a_1(0) \\ a_2(0) \end{bmatrix} \qquad (5.32)$$

측정 위치를 $d_1 = 0$, $d_2 = 0$로 이동함에 따른 변화는 무손실 전송선이란 가정하에 신호의 크기는 변함없고 위상만 변화하게 될 것이다. 이 때 포트1 및 포트2에서 전송선에 의한 위상 변화량 관계를 [그림 5.7]에 보였다.

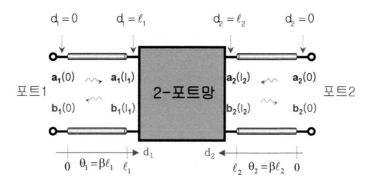

[그림 5.7] 기준면 이동을 설명하기 위한 2-포트망 모델

$a_1(\ell_1)$는 $a_1(0)$가 ℓ_1만큼 파의 진행방향으로 이동한 신호이므로 $-\beta_1\ell_1$만큼의 위상이 더해져서 $a_1(\ell_1) = a_1(0)e^{-j\beta_1\ell_1}$이 되므로 식(5.33a)이 구해진다. $b_1(0)$는 $b_1(\ell_1)$이 ℓ_1만큼 파의 진행방향으로 이동한 신호이므로 $-\beta_1\ell_1$만큼의 위상이 더해져서 $b_1(0) = b_1(\ell_1)e^{-j\beta_1\ell_1}$이 된다. 따라서 $b_1(\ell_1)$으로 표현하면 식(5.33b)와 같이 표현된다. 같은 방법으로 $a_2(\ell_2)$와 $b_2(\ell_2)$에 대해서 구하면 각각 식(5.33c)와 식(5.33d)가 구해진다.

$$a_1(\ell_1) = a_1(0)e^{-j\beta_1\ell_1} \tag{5.33a}$$

$$b_1(\ell_1) = b_1(0)e^{+j\beta_1\ell_1} \tag{5.33b}$$

$$a_2(\ell_2) = a_2(0)e^{-j\beta_2\ell_2} \tag{5.33c}$$

$$b_2(\ell_2) = b_2(0)e^{+j\beta_2\ell_2} \tag{5.33d}$$

따라서, 측정 위치를 $d_1 = 0$, $d_2 = 0$로 이동했을 경우는 S-파라미터는 다음과 같이 구해진다.

$$S'_{11} = \frac{b_1(0)}{a_1(0)}\Big|_{a_2(0)=0} = \frac{b_1(\ell_1)e^{-j\beta_1\ell_1}}{a_1(\ell_1)e^{+j\beta_1\ell_1}} = S_{11}e^{-j2\beta_1\ell_1} \tag{5.34a}$$

$$S'_{21} = \frac{b_2(0)}{a_1(0)}\Big|_{a_2(0)=0} = \frac{b_2(\ell_2)e^{-j\beta_2\ell_2}}{a_1(\ell_1)e^{+j\beta_1\ell_1}} = S_{21}e^{-j(\beta_2\ell_2+\beta_1\ell_1)} \tag{5.34b}$$

$$S_{22}^{'} = \frac{b_2(0)}{a_2(0)}\Big|_{a_1(0)=0} = \frac{b_2(\ell_2)e^{-j\beta_2\ell_2}}{a_2(\ell_2)e^{+j\beta_2\ell_2}} = S_{22}e^{-j2\beta_2\ell_2} \tag{5.34c}$$

$$S_{12}^{'} = \frac{b_1(0)}{a_2(0)}\Big|_{a_2(0)=0} = \frac{b_1(\ell_1)e^{-j\beta_1\ell_1}}{a_2(\ell_2)e^{+j\beta_2\ell_2}} = S_{12}e^{-j(\beta_1\ell_1+\beta_2\ell_2)} \tag{5.34d}$$

$$즉,\ \begin{bmatrix} S_{11}^{'} & S_{12}^{'} \\ S_{21}^{'} & S_{22}^{'} \end{bmatrix} = \begin{bmatrix} S_{11}e^{-j2\beta_1\ell_1} & S_{12}e^{-j(\beta_1\ell_1+\beta_2\ell_2)} \\ S_{21}e^{-j(\beta_2\ell_2+\beta_1\ell_1)} & S_{22}e^{-j2\beta_2\ell_2} \end{bmatrix} \tag{5.35}$$

5.6 S-파라미터와 Z-파라미터 사이의 변환

각 파라미터들은 수식적으로 변환이 가능하며 S-파라미터도 여타 다른 파라미터(S, Z, Y, ABCD, h, T)와 상호 변환이 가능하다. 이 절에서는 파라미터들 간의 상호 변환 공식을 구하는 과정을 설명하기 위해 Z-파라미터와 S-파라미터 사이의 상호 변환 공식을 한 예로 삼아 유도하기로 한다.

S-파라미터를 행렬 형태로 표현하면 다음과 같다.

$$\{b\} = [S]\{a\} \tag{5.36}$$

이 식에 $\sqrt{Z_0}$ 을 곱하면 $\sqrt{Z_0}\{b\} = \{V^-\}$ 이고 $\sqrt{Z_0}[S]\{a\}=[S]\{V^+\}$ 이므로

$$\{V^-\} = [S]\{V^+\} \tag{5.37}$$

이 되며 양변에 $\{V^+\} = \sqrt{Z_0}\{a\}$ 을 더하여 정리하면 다음과 같다.

$$\{V\} = [S]\{V^+\} + \{V^+\} = ([S]+[E])\{V^+\} \tag{5.38}$$

여기서, [E]는 identity 행렬이다. 이 형태를 임피던스 표현식 {V}=[Z]{I}와 비교하기 위하여 {V⁺}는 {I}로 표현되어야 한다. 이것은 다음과 같이 구할 수 있다. 우선, {V⁺}=

$\sqrt{Z_0}\{a\}$ 양단에 우선 $[S]\{V^+\}$를 빼주면 식(5.37)로부터 $[S]\{V^+\}=\{V^-\}=\sqrt{Z_0}\{b\}$ 이므로 다음의 수식을 얻는다.

$$\{V^+\}-[S]\{V^+\}=\sqrt{Z_0}\{a\}-[S]\{V^+\}\overset{[S]\{V^+\}=\sqrt{Z_0}\{b\}}{=}\sqrt{Z_0}\{a\}-\sqrt{Z_0}\{b\}$$
$$=\sqrt{Z_0}(\{a\}-\{b\})=\sqrt{Z_0}\left(\sqrt{Z_0}\{I^+\}-\sqrt{Z_0}\{I^-\}\right)=Z_0\{I\} \tag{5.39}$$

위의 식(5.39)로부터 $\{V^+\}$를 구하면 다음과 같다.

$$\{V^+\}=Z_0([E]-[S])^{-1}\{I\} \tag{5.40}$$

식 (5.40)을 식 (5.38)에 대입하면 원하는 결과를 구할 수 있다.

$$\{V\}=([S]+[E])\{V^+\}=Z_0([S]+[E])([E]-[S])^{-1}\{I\} \tag{5.41}$$

임피던스 파라미터 $[Z]=\{V\}/\{I\}$ 이므로 식(5.41)로부터 다음의 관계식을 얻는다.

$$[Z]=Z_0([S]+[E])([E]-[S])^{-1} \tag{5.42}$$

식(5.42)는 다음과 같다.

$$\begin{bmatrix} Z_{11} & Z_{12} \\ Z_{21} & Z_{22} \end{bmatrix} = Z_O \begin{bmatrix} 1+S_{11} & S_{12} \\ S_{21} & 1+S_{22} \end{bmatrix} \begin{bmatrix} 1-S_{11} & -S_{12} \\ -S_{21} & 1-S_{22} \end{bmatrix}^{-1}$$
$$= \frac{Z_O \begin{bmatrix} 1+S_{11} & S_{12} \\ S_{21} & 1+S_{22} \end{bmatrix}}{(1-S_{11})(1-S_{22})-S_{21}S_{12}} \begin{bmatrix} 1-S_{22} & S_{12} \\ S_{21} & 1-S_{11} \end{bmatrix} \tag{5.43}$$

여타 다른 파라미터와 S-파라미터와 상호 변환을 모두 유도하면 <표 5.2>에 보인 것과 같은 일련의 변환 공식이 얻어진다.

〈표 5.2〉 S파라미터와 여타 파라미터와의 상호 변환 공식

Z =	$$Z_{11} = Z_0 \frac{(1+S_{11})(1-S_{22})+S_{12}S_{21}}{\Psi_1}$$ $$Z_{12} = Z_0 \frac{2S_{12}}{\Psi_1} \qquad Z_{21} = Z_0 \frac{2S_{21}}{\Psi_1}$$ $$Z_{22} = Z_0 \frac{(1-S_{11})(1+S_{22})+S_{12}S_{21}}{\Psi_1}$$ 여기서, $\Psi_1 = (1-S_{11})(1-S_{22}) - S_{12}S_{21}$
Y =	$$Y_{11} = \frac{(1+S_{11})(1-S_{22})+S_{12}S_{21}}{Z_0\Psi_2}$$ $$Y_{12} = \frac{-2S_{12}}{Z_0\Psi_1} \qquad Y_{21} = \frac{-2S_{21}}{Z_0\Psi_1}$$ $$Y_{22} = \frac{(1+S_{11})(1-S_{22})+S_{12}S_{21}}{Z_0\Psi_2}$$ 여기서, $\Psi_2 = (1-S_{11})(1-S_{22}) - S_{12}S_{21}$
H =	$$h_{11} = Z_0 \frac{(1+S_{11})(1+S_{22})+S_{12}S_{21}}{\Psi_3}$$ $$h_{12} = \frac{2S_{12}}{\Psi_3} \qquad h_{21} = \frac{-2S_{12}}{\Psi_3}$$ $$h_{22} = \frac{(1-S_{11})(1-S_{22})-S_{12}S_{21}}{Z_0\Psi_3}$$ 여기서, $\Psi_3 = (1-S_{11})(1+S_{22})+S_{12}S_{21}$
ABCD =	$$A = \frac{(1+S_{11})(1-S_{22})+S_{12}S_{21}}{2SD_{21}}$$ $$B = Z_0 \frac{(1+S_{11})(1+S_{22})-S_{12}S_{21}}{2S_{21}}$$ $$C = \frac{(1-S_{11})(1-S_{22})-S_{12}S_{21}}{2S_{21}Z_0}$$ $$D = \frac{(1-S_{11})(1+S_{22})+S_{12}S_{21}}{2S_{21}}$$

5.7 신호 흐름도

신호 흐름도(signal flow graph)는 초고주파 증폭기내부에서 파의 전달과 반사를 표시하고 해석하는 편리한 기법이다. 신호 흐름도는 다음을 기본 규칙으로 하여 구해진다.

1. 각 변수는 마디로 표현한다.
2. S-파라마터와 반사계수는 가지로 표현된다.
3. 가지는 독립변수로부터 나와서 종속변수로 들어간다. 여기서, 입사파는 독립변수 이고 반사파는 종속변수이다.
4. 마디는 들어오는 가지의 합이다.

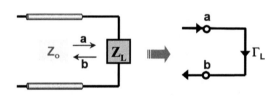

[그림 5.8] 신호 흐름도로의 표현 예

[그림 5.8]은 회로를 신호 흐름도로 표현하는 한 예를 보여주고 있다. 입사파 a와 반사 파 b는 변수로서 마디로 표현되었다. 전송선의 특성 임피던스 Z_O와 부하 Z_L과의 임피 던스 차로 발생하는 반사계수 G_L은 가지로 표현되었다. 화살표는 가지의 방향을 표시 하며 독립 변수 a로부터 나와서 종속변수 b로 들어감을 나타낸다.

5.7.1 RF 증폭기의 신호 흐름도 구하기

앞에서 설명한 신호 흐름도 규칙으로부터 RF 증폭기의 신호 흐름도를 구해보자.

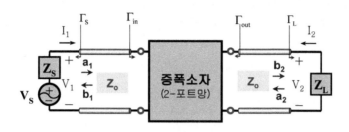

[그림 5.9] RF 증폭기

(1) RF 신호원의 신호 흐름도

[그림 5.9]의 RF 증폭기에서 RF 신호원을 신호 흐름도로 표현하기 위해 입력 루프에 키르히호프의 전압법칙을 적용하면 다음의 수식을 얻는다.

$$V_1 = V_s - Z_s I_1 = V_s - Z_s(I_1^+ - I_1^-) \tag{5.44}$$

$V_1 = V_1^+ + V_1^-$ 이므로 위 식은 다음과 같이 표현된다.

$$V_1^+ + V_1^- = V_s - Z_s(\frac{V_1^+}{Z_o} - \frac{V_1^-}{Z_o}) \tag{5.45}$$

위 식을 V_1^+ 와 V_1^- 로 정리하면 다음과 같다.

$$V_1^+(\frac{Z_s + Z_o}{Z_o}) = V_s + V_1^-(\frac{Z_s - Z_o}{Z_o}) \tag{5.46}$$

위 식을 V_1^+ 로 정리하여 다음의 수식을 얻는다.

$$V_1^+ = V_s\frac{Z_o}{Z_s + Z_o} + V_1^-\frac{Z_s - Z_o}{Z_s + Z_o} \tag{5.47}$$

양변을 $\sqrt{Z_o}$ 로 나누어 주면

$$\frac{V_1^+}{\sqrt{Z_o}} = \frac{V_s}{\sqrt{Z_o}} \cdot \frac{Z_o}{Z_s + Z_o} + \frac{V_1^-}{\sqrt{Z_o}} \cdot \frac{Z_s - Z_o}{Z_s + Z_o} \tag{5.48}$$

여기서, $V_1^+/\sqrt{Z_o}$는 입사성분이므로 a_1이라 놓고 $V_1^-/\sqrt{Z_o}$는 반사성분이므로 b_1이라 놓는다. $(Z_s - Z_o)/(Z_s + Z_o) = \Gamma_s$이므로 $V_s Z_o/(\sqrt{Z_o}(Z_s + Z_o))_o = b_s$라고 하면 다음과 같은 관계식을 얻을 수 있다.

$$a_1 = b_s + b_1 \Gamma_s \tag{5.49}$$

여기서, b_s는 V_s에 의해서 발생한 항으로 다음 수식으로 표현되고

$$b_s = V_s \cdot \frac{\sqrt{Z_o}}{Z_s + Z_o} \tag{5.50}$$

Γ_s는 다음과 같다.

$$\Gamma_s \equiv \frac{a_1}{b_1}\bigg|_{b_s=0} \equiv \frac{Z_s - Z_o}{Z_s + Z_o} \tag{5.51}$$

식(5.49)를 신호 흐름도로 그리면 [그림 5.10]과 같은 신호원에 대한 신호 흐름도가 구해진다.

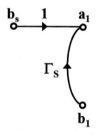

[그림 5.10] 신호원의 신호 흐름도

한편, $b_1 = \Gamma_{in}a_1$이므로 이를 식(5.49)에 대입하면 다음과 같은 a_1과 b_s의 관계식을 얻을 수 있다.

$$a_1 = \frac{b_s}{1 - \Gamma_{in}\Gamma_s} \tag{5.52}$$

(2) 증폭소자의 신호 흐름도

증폭소자는 아래의 2-포트망 S-파라미터 수식으로 표현되므로 각 수식을 그대로 신호 흐름도로 그려주면 된다. [그림 5.11(a)]는 식(5.53a)의 b_1 수식에 대한 신호 흐름도이고 [그림 5.11(b)]는 식(5.53b)의 b_2 수식에 대한 신호 흐름도이다.

$$b_1 = s_{11}a_1 + s_{12}a_2 \tag{5.53a}$$

$$b_2 = s_{21}a_1 + s_{22}a_2 \tag{5.53b}$$

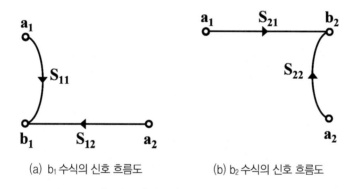

(a) b_1 수식의 신호 흐름도   (b) b_2 수식의 신호 흐름도

[그림 5.11] 증폭소자의 신호 흐름도

(3) 부하의 신호 흐름도

[그림 5.9]의 RF 증폭기에서 부하를 신호 흐름도로 표현하기 위해 출력 루프에 키르히호프의 전압법칙을 적용하여 다음의 수식을 얻는다.

$$V_2 = -Z_L I_2 = -Z_L (I_2^+ - I_2^-) \tag{5.54}$$

$V_2 = V_2^+ + V_2^-$ 이므로 위 식은 다음과 같이 표현된다.

$$V_2^+ + V_2^- = -Z_L(\frac{V_2^+}{Z_o} - \frac{V_2^-}{Z_o})$$ (5.55)

위 식을 V_1^+로 정리하고 양변을 $\sqrt{Z_0}$로 나누어 주면 다음의 수식을 얻는다.

$$\frac{V_2^+}{\sqrt{Z_o}} = \frac{V_2^-}{\sqrt{Z_o}} \cdot (\frac{Z_L - Z_o}{Z_L + Z_o})$$ (5.56)

여기서, $V_2^+/\sqrt{Z_0}$는 출력포트의 입사성분이므로 a_2이라 놓고 $V_2^-/\sqrt{Z_0}$는 반사성분이므로 b_2이라 놓는다. $(Z_L - Z_O)/(Z_L + Z_O) = \Gamma_L$이므로 다음과 같은 부하에 대한 관계식을 얻을 수 있다.

$$a_2 = \Gamma_L b_2$$ (5.57)

식(5.57)을 신호 흐름도로 그리면 [그림 5.12]와 같은 신호원에 대한 신호 흐름도가 구해진다.

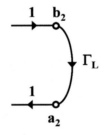

[그림 5.12] 부하의 신호 흐름도

이상의 결과부터 RF 증폭기 전체에 대한 신호 흐름도를 그리면 [그림 5.13]과 같다.

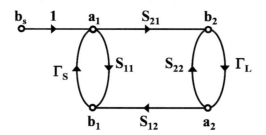

[그림 5.13] RF 증폭기의 신호 흐름도

(4) Γ_{in} , Γ_{out}

한편, [그림 5.8]의 Γ_{in}과 Γ_{out}은 [그림 5.13]의 RF 증폭기 신호 흐름도로부터 다음과 같이 구해진다.

$$\Gamma_{in} = \frac{b_1}{a_1} = s_{11} + \frac{s_{21}\Gamma_L s_{12}}{1 - s_{22}\Gamma_L} \overset{\substack{\text{unilateral} \\ (S_{12}=0)}}{\cong} s_{11} \tag{5.58}$$

$$\Gamma_{out} = \frac{b_2}{a_2}\bigg|_{b_s=0} = s_{22} + \frac{s_{12}\Gamma_s s_{21}}{1 - s_{11}\Gamma_s} \overset{\substack{\text{unilateral} \\ (S_{12}=0)}}{\cong} s_{22} \tag{5.59}$$

여기서, Γ_S와 Γ_L은 다음과 같다.

$$\Gamma_S = \frac{Z_S - Z_O}{Z_S + Z_O} \tag{5.60}$$

$$\Gamma_L = \frac{Z_L - Z_O}{Z_L + Z_O} \tag{5.61}$$

(5) 신호원; b_s

식(5.50)의 b_s는 [그림 5.13]의 RF 증폭기의 신호 흐름도로부터 다음과 같이 표현될 수 있다.

$$b_s = V_s \cdot \frac{\sqrt{Z_o}}{Z_S + Z_o} = a_1 - \Gamma_s b_1 \overset{b_1 = \Gamma_{in}a_1}{=} a_1(1 - \Gamma_S \Gamma_{in}) \tag{5.62}$$

5.8 신호 흐름도의 해석

신호 흐름도는 각 변수를 마디로 표현하고 반사계수를 가지로 표현하는 것을 기본원리로 하여 구해졌다. 신호 흐름도로 표현된 회로의 해석은 다음의 <표 5.3>에서 설명하는 4가지 변환 원리를 활용함으로써 수행할 수 있다.

〈표 5.3〉 신호 흐름도의 4가지 기본 변환

설명	그래프적 표현		
직렬 연결	S_1 S_2 a b c	➡	$S_1 S_2$ a c
병렬 연결	S_1 a S_2 b	➡	$S_1 + S_2$ a b

설명	그래프적 표현		
가지 분리	a S_1 S_2 S_3 c b	➡	a S_1 S_3 S_2 S_3 c b
자체 루프	a 1 b Γ	➡	$\dfrac{1}{1-\Gamma}$ a b

직렬 연결은 곱으로 병렬 연결은 합으로 대체될 수 있고 공통으로 사용된 가지는 분리할 수 있다. 자체 루프의 경우 b=a+Γb가 되므로 b는 다음 수식으로 표현된다.

$$b = \frac{1}{1-\Gamma}a \tag{5.63}$$

예제 5.3 2-포트망의 신호 흐름도 해석

[그림 5E3.1]의 회로에서 b_1/a_1 및 a_1/b_s의 비를 구하라. 전송선의 곱셈인수는 1로 가정한다.

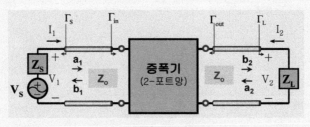

[그림 5E3.1] 2-포트 회로

풀이

[그림 5E3.2]는 [그림 5E3.1]의 2-포트 회로에 대한 신호 흐름도이다.

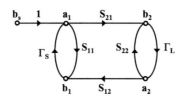

[그림 5E3.2] 2-포트 회로의 신호 흐름도

각각의 비를 설정하는 과정은 〈표 5.3〉에 요약된 규칙에 따라서 a_1/b_s에 대하여 단계별로 진행시키는 것이다. [그림 5E3.3]은 다섯 단계를 묘사하고 있다.

제1단계: b_2와 a_2 사이의 가지 Γ_L을 분리시켜 자체 루프 $S_{22}\Gamma_L$을 만든다.

제2단계: 자체 루프 $S_{22}\Gamma_L$을 직선 가지 $1/(1-S_{22}\Gamma_L)$로 변환한 후 직렬 연결된 가지 S_{21}과 결합하여 가지 $S_{21}/(1-S_{22}\Gamma_L)$로 만든다.

제3단계: 가지 $S_{21}/(1-S_{22}\Gamma_L)$을 직렬 연결된 가지 Γ_L 및 S_{12}와 결합하여 가지 $(S_{22}\Gamma_L S_{12})/(1-S_{22}\Gamma_L)$을 만든다.

제4단계: 가지 $(S_{21}\Gamma_L S_{12})/(1-S_{22}\Gamma_L)$을 병렬 연결된 가지 S_{11}과 결합하여 가지 $\{S_{11}+(S_{21}\Gamma_L S_{12})/(1-S_{22}\Gamma_L)\}$를 만든다.

〈Γ_{in}구하기〉

여기서, $b_1 = \{S_{11}+\dfrac{S_{12}S_{21}}{1-S_{22}\Gamma_L}\Gamma_L\}a_1$ 로 표현되므로 b_1/a_1는 다음과 같이 구해진다.

$$\frac{b_1}{a_1}(\equiv \Gamma_{in}) = S_{11}+\frac{S_{12}S_{21}}{1-S_{22}\Gamma_L}\Gamma_L$$

제5단계: 가지 Γ_S 와 $S_{11}+\dfrac{S_{12}S_{21}}{1-S_{22}\Gamma_L}\Gamma_L$ 를 직렬 합성하면 자체 루프 $\Gamma_S\{S_{11}+\dfrac{S_{12}S_{21}}{1-S_{22}\Gamma_L}\Gamma_L\}$ 가 만들어진다.

제6단계: 자체 루프 $\Gamma_S(S_{11}+\dfrac{S_{12}S_{21}}{1-S_{22}\Gamma_L}\Gamma_L)$ 을 직선 가지 $\dfrac{1}{1-\Gamma_S(S_{11}+\dfrac{S_{12}S_{21}}{1-S_{22}\Gamma_L}\Gamma_L)}$ 로 변환된다. 따라서,

a_1은 다음과 같이 구해진다.

$$a_1 = \frac{1}{1-\left(S_{11}+\dfrac{S_{12}S_{21}}{1-S_{22}\Gamma_L}\Gamma_L\right)\Gamma_S}b_S$$

따라서, 위 식을 정리함으로써 다음과 같은 a_1/b_S가 구해진다.

$$\frac{a_1}{b_S}=\frac{1-S_{22}\Gamma_L}{1-\left(S_{11}\Gamma_S+S_{22}\Gamma_L+S_{12}S_{21}\Gamma_S\Gamma_L\right)+S_{11}S_{22}\Gamma_S\Gamma_L}$$

이러한 과정의 유도는 제어시스템 또는 신호처리의 전달함수를 구하는 것과 유사하다. 복잡한 회로라 할지라도 노드 의존 관계를 정리함으로써 쉽게 해석할 수 있다.

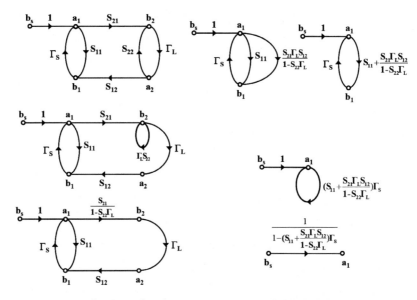

[그림 5E3.3] a_1/b_S 를 구하기 위한 단계별 단순화 과정

예제 5.4 **신호 흐름도를 이용한 전송선의 입력 임피던스 계산**

[그림 5E4.1]과 같이 특성 임피던스가 Z_0이고 길이가 ℓ인 무손실 전송선 시스템에 부하 임피던스 Z_L이 종단되어 있으며 신호원 V_S와 신호원 임피던스 Z_S가 부착되어 있다.

(a) 신호 흐름도를 구성하라.

(b) 신호 흐름도 표현으로부터 포트1에서 입력 임피던스를 유도하라.

풀이

(a) 앞에서 배운 신호 흐름도 표현식과 일치시켜 [그림 5E4.1]을 [그림 5E4.2]와 같이 쉽게 신호 흐름도로 변경 시킬 수 있다.

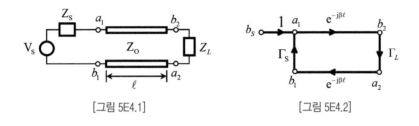

[그림 5E4.1]   [그림 5E4.2]

(b) 포트1에서의 입력 반사계수는 다음과 같이 주어진다.

$$b_1 = \Gamma_L e^{-j2\beta\ell} a_1$$

위 식은 $\Gamma_L = \Gamma_0$ 이고 $d = \ell$ 일 때 5.1절에 주어진 형태와 동일하다. 그러므로

$$\Gamma_{in}(\ell) = \Gamma_L e^{-j2\beta\ell} = \frac{Z_{in} - Z_0}{Z_{in} + Z_0}$$

이며 Z_{in} 에 대하여 풀면 다음과 같이 된다.

$$Z_{in} = Z_0 \frac{1 + \Gamma_L e^{-j2\beta\ell}}{1 - \Gamma_L e^{-j2\beta\ell}}$$

이 예제는 신호 흐름도 개념을 이용하여 전송선의 입력 임피던스를 어떻게 빠르게, 그리고 용이하게 구할 수 있음을 보여주는 예이다.

📁 SUMMARY   S-파라미터의 요약 및 단축

▨ 회로망 파라미터를 쓰는 이유?

5.1 서론

- ■ 회로망 파라미터
  - • Z-파라미터, Y-파라미터, H-파라미터, ABCD-파라미터 등

- ■ 회로 해석에 있어 회로망 파라미터가 즐겨 사용되는 이유
  - • 회로망 파라미터는 포괄적이어서 회로망 내부의 세부적인 사항과는 무관하게 사용될 수 있다.
  - • 귀환회로의 해석을 용이하게 해준다.
  - • 회로망 파라미터로 유도된 것은 일반적인 결과가 되며, 행렬 표현이 용이하다.

- ■ 개방 혹은 단락 상태에서 측정
  - • 발진으로 고주파에서 사용 곤란
  - • 고주파용 파라미터 → S-파라미터

▨ RF 회로에서 S-파라미터가 필요한 이유?

5.3 S-파라미터

- ■ S-파라미터를 쓰는 이유
- • 초고주파 대역에서 전압이나 전류를 측정하는 것은 곤란
- • 개방이나 단락 상태의 측정은 초고주파 대역에서 발진 유발

- S-파라미터 특징
- 전력을 측정하여 파라미터 값을 구함(측정위치, 포트 정의 문제 해결)
- 포트를 정합한 상태에서 측정

i-번째 포트에서 S-파라미터의 정의

- 전력파
- i-번째 포트의 입사 전압파와 반사 전압파

  입사 전압파 : $V_i^+(z) = Ae^{-j\beta z}$

  반사 전압파 : $V_i^-(z) = Be^{j\beta z}$

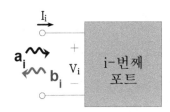

[그림 5.2] i-번째 포트

- i-번째 포트의 전류와 전압 및 반사계수

$$V_i(z) = V_i^+(z) + V_i^-(z) \tag{5.7}$$

$$I_i(z) = I_i^+(z) - I_i^-(z) = \frac{V_i^+(z)}{Z_o} - \frac{V_i^-(z)}{Z_o} \tag{5.8}$$

$$\Gamma_i(z) = \frac{V_i^-(z)}{V_i^+(z)} \tag{5.9}$$

📂 SUMMARY   S-파라미터의 요약 및 단축

- 전력파의 정의

$$a_i(z) \equiv \frac{V_i^+(z)}{\sqrt{Z_o}} \overset{V_i^+ = Z_o I_i^+}{=} \sqrt{Z_o} I_i^+(z) \tag{5.10}$$

$$b_i(z) \equiv \frac{V_i^-(z)}{\sqrt{Z_o}} \overset{V^- = Z_o I_i^-}{=} \sqrt{Z_o} I_i^-(z) \tag{5.11}$$

$$\Gamma_i(z) = \frac{b_i(z)}{a_i(z)} \tag{5.12}$$

- 식(5.7) 및 (5.8)로부터 다음의 수식을 얻는다.

$$a_i = \frac{(V_i + Z_o I_i)}{2\sqrt{Z_o}} \tag{5.13}$$

$$b_i = \frac{(V_i - Z_o I_i)}{2\sqrt{Z_o}} \tag{5.14}$$

- 식(5.13)과 식(5.14)는 전력파와 전압 V_i 및 전류 I_i의 관계를 보여주는 매우 유용한 수식이다.
- a_i와 b_i를 i-번째 포트에서의 입사 전력파(incident 'power wave') 및 반사 전력파(reflected 'power wave')라고 한다.

▨ 전력파의 물리적 의미

- 전력파의 물리적 의미

$$P_{in} = Re\{V_{i,rms} I_{i,rms}^*\} = \frac{1}{2} Re\{V_i I_i^*\} \tag{5.15}$$

$$P_{in} = \frac{1}{2}\,\mathrm{Re}\{(V_i^+ + V_i^-)(\frac{V_i^+}{Z_o} - \frac{V_i^-}{Z_o})^*\} = \frac{1}{2}(\frac{|V_i^+|^2}{Z_o} - \frac{|V_i^-|^2}{Z_o})$$

$$= \frac{1}{2}|a_i|^2 - \frac{1}{2}|b_i|^2 = P_i^+ - P_i^- \tag{5.16}$$

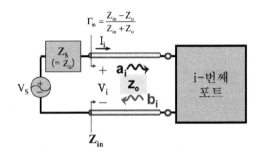

[그림 5.3] 신호원이 인가된 i-번째 포트

$$P_i^+ = \frac{1}{2}\frac{|V_i^+|^2}{Z_o} = \frac{1}{2}|a_i|^2 \tag{5.17a}$$

$$P_i^- = \frac{1}{2}\frac{|V_i^-|^2}{Z_o} = \frac{1}{2}|b_i|^2 \tag{5.17b}$$

- i-번째 포트로 전달된 전력; P_i

$$P_i = \frac{1}{2}(|a_i|^2 - |b_i|^2) = \frac{1}{2}|a_i|^2(1 - |\Gamma_{in}|^2) \tag{5.18}$$

〈표 5.1〉 전력파(a, b)의 의미

$P_i^+ = \frac{1}{2}\left\lvert\frac{V_i^+}{\sqrt{Z_o}}\right\rvert^2 = \frac{1}{2}\lvert a_i\rvert^2 = a_{i,rms}^2$	$\sqrt{}$ →	$\sqrt{P_i^+} = \frac{1}{\sqrt{2}}\frac{V_i^+}{\sqrt{Z_o}} = \frac{1}{\sqrt{2}}a_i = a_{i,rms}$
$P_i^- = \frac{1}{2}\left\lvert\frac{V_i^-}{\sqrt{Z_o}}\right\rvert^2 = \frac{1}{2}\lvert b_i\rvert^2 = b_{i,rms}^2$	$\sqrt{}$ →	$\sqrt{P_i^-} = \frac{1}{\sqrt{2}}\frac{V_i^-}{\sqrt{Z_o}} = \frac{1}{\sqrt{2}}b_i = b_{i,rms}$
P(전력) 차원 $|a|^2$ 혹은 $|b|^2$		$\sqrt{P}$ 차원 a 혹은 b

📁 SUMMARY   S-파라미터의 요약 및 단축

▨ 2-포트망의 S-파라미터

$$b_1 = s_{11}a_1 + s_{12}a_2 \tag{5.19}$$

$$b_2 = s_{21}a_1 + s_{22}a_2 \tag{5.20}$$

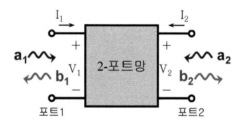

[그림 5.4] 2-포트망

$$s_{11} = \frac{b_1}{a_1}\bigg|_{a_2=0} = \frac{V_1^-}{V_1^+}\bigg|_{V_2^+=0} = \Gamma_{in}\big|_{\text{포트2}=\text{정합}} \tag{5.22a}$$

$$s_{21} = \frac{b_2}{a_1}\bigg|_{a_2=0} = \frac{V_2^-}{V_1^+}\bigg|_{V_2^+=0} = \text{순방향 전달계수} \tag{5.22b}$$

$$s_{22} = \frac{b_2}{a_2}\bigg|_{a_1=0} = \frac{V_2^-}{V_2^+}\bigg|_{V_1^+=0} = \Gamma_{out}\big|_{\text{포트1}=\text{정합}} \tag{5.22c}$$

$$s_{12} = \frac{b_1}{a_2}\bigg|_{a_1=0} = \frac{V_1^-}{V_2^+}\bigg|_{V_1^+=0} = \text{역방향 전달계수} \tag{5.22d}$$

연 습 문 제

1. 특성 임피던스 $Z_0 = 50\Omega$인 전송선에 연결된 [그림 P5.1] 회로에 대해 다음 각 경우에서 S-파라미터를 구하라.

    (a) $R = 50\Omega$ (b) $R = 0\Omega$

[그림 P5.1]

2. 특성 임피던스 $Z_0 = 50\Omega$인 전송선에 연결된 [그림 P5.2] 회로에 대해 다음 각 경우에서 S-파라미터를 구하라.

    (a) $R = 25\Omega$ (b) $R = 0\Omega$

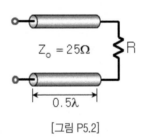

[그림 P5.2]

3. [그림 P5.3]과 같은 구조의 3dB 감쇠기를 설계하라. 단, 감쇠기는 특성 임피던스 $Z_0 = 75\Omega$인 전송선에 연결하여 사용될 것이고, 입출력을 뒤바꿔 사용하여도 같은 특성을 나타내도록 설계하여야 한다.

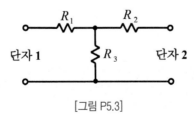

[그림 P5.3]

연 습 문 제

4. 증폭기의 입력단에서 SWR이 2이고 출력단은 SWR이 3이다. 입력 및 출력 반사계수의 크기를 구하라. 구한 결과의 의미를 S_{11} 및 S_{22}와 연관지어 설명하라.

5. 어떤 2-포트망의 S-파라미터를 측정했더니 다음과 같았다. 포트2를 단락시켰을 때 포트1에서 반사손실(return loss)은 얼마인가?

$$[S] = \begin{bmatrix} 0.1\angle 0^\circ & 0.7\angle 90^\circ \\ 0.7\angle 90^\circ & 0.3\angle 0^\circ \end{bmatrix}$$

6. 특성 임피던스 $Z_0 = 50\,\Omega$인 전송선에 연결된 [그림 P5.6] 회로의 S-파라미터를 구하라.

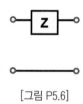

[그림 P5.6]

7. 특성 임피던스 $Z_0 = 50\,\Omega$인 전송선에 연결된 [그림 P5.7]의 회로의 S-파라미터를 구하라.

[그림 P5.7]

연 습 문 제

8. [그림 P5.8]의 T-회로가 특성 임피던스 $Z_0 = 50\Omega$인 전송선 사이에 삽입되어 있다. 세 저항은
   각각 $R_1 = R_2 = 8.56\Omega$이고, $R_3 = 141.8\Omega$이다.
   (a) L=0 nH일 때 회로의 S-파라미터를 구하라.
   (b) L=0 nH, f=1GHz일 때 회로의 S-파라미터를 구하라.

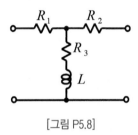

[그림 P5.8]

9. [그림 P5.9]에 보인 것과 같이 특성 임피던스 $Z_0 = 50\Omega$이고 길이 ℓ인 단락 스터브(short stub)
   를 특성 임피던스 $Z_0 = 50\Omega$인 전송선에 병렬 연결하여 사용하고자 한다. 이때 [그림 P5.9] 회
   로의 S-파라미터를 구하라.

[그림 P5.9]

10. [그림 5.13]의 신호 흐름도에서 신호 흐름도 해석 방법으로 입력 반사계수 $\Gamma_{in} \equiv \left.\dfrac{b_1}{a_{21}}\right|$ 와 출
    력 반사계수 $\Gamma_{out} \equiv \left.\dfrac{b_2}{a_2}\right|_{b_S = 0}$ 을 구하라.

CHAPTER

6

스미스차트

6.1 서론

초고주파 영역에서 회로 정합이나 전송선 문제를 해석적으로 구하는 것은 매우 성가시고 지루한 일이 된다. 스미스차트(Smith chart)는 이러한 문제를 복잡한 계산 없이 그래프로 쉽게 해결할 수 있게 해주는 매우 유용한 차트이다. 스미스차트는 정규화된 임피던스를 반사계수 평면에 표시한 것으로서 정규화된 임피던스와 반사계수 상호 간의 변환관계를 표현한 차트이다.

6.2 스미스차트

6.2.1 반사계수(G)-평면 상에서 임피던스의 표현

(1) Z-G의 대응 관계

임피던스를 반사계수(Γ)-평면 상에 표시하기 위해 [그림 6.1]에 보인 것처럼 특성 임피던스가 Z_0인 전송선에 임피던스 Z을 연결하기로 하자.

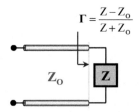

$$\Gamma = \frac{Z - Z_0}{Z + Z_0}$$

Z_0 Z

[그림 6.1] 반사계수(Γ)-평면 상에서 임피던스의 표현

이때 임피던스 Z가 연결된 지점(d=0)에서의 반사계수 Γ는 다음과 같이 구해진다.

$$\Gamma = \frac{Z - Z_o}{Z + Z_o} = \Gamma_r + j\Gamma_i = |\Gamma|e^{j\theta} \tag{6.1}$$

여기서, $\theta = \tan^{-1}(\Gamma_i/\Gamma_r)$이다.

식(6.1)로부터 어떤 Z 값이 주어지면 그에 대응하는 하나의 Γ 값이 구해짐을 알 수 있다. 즉, 임피던스 Z와 반사계수 Γ가 1 대 1로 대응하고 있음을 알 수 있다. 따라서 어떤 임피던스 Z에 대해 대응하는 반사계수 Γ를 구하여 Γ-평면에 표시함으로써 그 임피던스를 반사계수-평면 상에 표시할 수 있다.

반사계수는 크기와 위상이 있는 값으로서 식(6.1)에 보인 바와 같이 복소좌표로 표현할 수도 있고 극좌표로 표현할 수도 있다. [그림 6.2]는 복소좌표계와 극좌표계가 동시에 그려진 Γ-평면에 각 임피던스에 상응하는 반사계수를 표시한 예를 보여준다. 임피던스 Z가 단락회로(Z=0)거나 개방회로(Z=∞)일 때 반사계수는 -1과 +1로서 복소 Γ-평면의 실수축에 놓이게 된다.

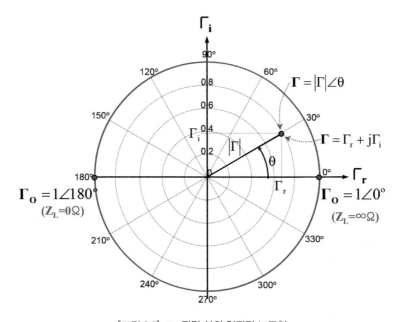

[그림 6.2] Γ-평면 상의 임피던스 표현

> **예제 6.1** **Γ-평면 상의 임피던스 표현**
>
> 특성 임피던스 $Z_0 = 50\,\Omega$인 전송선에 다음과 같은 값의 임피던스 Z를 연결했을 때 임피던스 Z가 연결된
> 지점(d = 0)에서의 반사계수를 Γ-평면 상에 표시하라.
> (a) Z = 0(단락회로)   (b) Z = ∞ (개방회로)
> (c) Z = 50 Ω(=Z_0)(정합의 경우)   (d) Z = (50 + j50) Ω
> (e) Z = (50 − j150) Ω

풀이

(a) $\Gamma = \dfrac{Z - Z_O}{Z + Z_O} = \dfrac{0 - 50}{0 + 50} = 1\angle 180°$

(b) $\Gamma = \dfrac{Z - Z_O}{Z + Z_O} = \dfrac{\infty - 50}{\infty + 50} = 1\angle 0°$

(c) $\Gamma = \dfrac{Z - Z_O}{Z + Z_O} = \dfrac{50 - 50}{50 + 50} = 0$

(d) $\Gamma = \dfrac{Z - Z_O}{Z + Z_O} = \dfrac{50 + j50 - 50}{50 + j50 + 50} = 0.45\angle 63.4°$

(e) $\Gamma = \dfrac{Z - Z_O}{Z + Z_O} = \dfrac{50 - j150 - 50}{50 - j150 + 50} = 0.83\angle -33.7°$

위에서 구한 반사계수를 Γ-평면상에 표시하면 다음 [그림 6E1.1]과 같다.

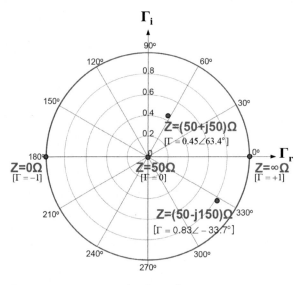

[그림 6E1.1]

6.2.2 정규화된 임피던스

식(6.1)은 주어진 임피던스(Z) 값에 대한 반사계수(Γ) 값을 구해주는 수식으로 Z를 Γ 평면 상에 표시할 수 있도록 해준다. 그러나 Z를 Γ평면에 표시할 경우 같은 Z값이 라도 Z_O의 값에 따라 Γ 값이 달라지게 되므로 각 Z_O 값에 따른 별도의 Γ 평면이 필요하게 되는 문제점이 발생한다.

(1) 정규화된 임피던스

이러한 문제점을 해결하기 위해, 식(6.1)의 분모 분자를 Z_O로 나누어 주면 Γ는 다음과 같이 표현된다.

$$\Gamma = \frac{Z - Z_O}{Z + Z_O} = \frac{\dfrac{Z}{Z_O} - 1}{\dfrac{Z}{Z_O} + 1} \tag{6.2}$$

여기서, 임피던스 Z를 특성 임피던스 Z_O로 나누어줌으로써 **정규화된 임피던스**를 소문자 **z**로 표기하기로 하면 **z**는 다음과 같이 정의된다.

$$z \equiv \frac{Z}{Z_O} = \frac{R + jX}{Z_O} = r + jx \tag{6.3}$$

앞으로 정규화된 임피던스는 특별히 소문자로 표기하여 일반 임피던스와 구분하기로 한다.

한편, 식(6.2)를 정규화된 임피던스로 표현하면 다음과 같다.

$$\Gamma = \frac{z - 1}{z + 1} = \Gamma_r + j\Gamma_i \tag{6.4}$$

식(6.4)는 정규화된 임피던스 z의 모든 값에 대한 반사계수 Γ값을 구해주는 수식으로 z를 Γ 평면에 표시할 수 있도록 해준다. 이와 같이 정규화된 임피던스로 표현함으로써 Z_O 값과는 무관하게 하나의 Γ 평면에 표현할 수 있게 된다.

6.2.3 스미스차트의 유도

(1) 스미스차트의 이해

식(6.4)로부터 알 수 있듯이 (정규화된) 임피던스와 반사계수는 1대1로 대응(mapping)하므로 상호 변환이 가능하다. 이를 그래프로 쉽게 변환할 수 있도록 만든 차트가 스미스차트다. 즉, 스미스차트는 $z(=r+jx)$-**평면**과 $\Gamma(=\Gamma_r+j\Gamma_i)$-**평면**과의 변환관계를 나타낸 차트이다.

(2) 스미스차트의 유도

식(6.4)를 $z=r+jx$를 써서 다시 표현하면 다음의 수식을 얻는다.

$$\Gamma = \frac{z-1}{z+1} = \frac{(r-1)+jx}{(r+1)+jx}$$

$$= \frac{r^2-1+x^2}{(r+1)^2+x^2} + j\frac{2x}{(r+1)^2+x^2} = \Gamma_r + j\Gamma_i \tag{6.5}$$

식(6.5)의 복소수 등호관계로부터 다음과 같이 두 개의 수식을 얻을 수 있다.

$$\Gamma_r = \frac{r^2-1+x^2}{(r+1)^2+x^2} \tag{6.6}$$

$$\Gamma_i = \frac{2x}{(r+1)^2+x^2} \tag{6.7}$$

(3) 일정 저항-원

식(6.6)과 식(6.7)의 연립방정식에서 x를 소거하면 다음의 방정식을 얻는다.

$$(\Gamma_r - \frac{r}{r+1})^2 + \Gamma_i^2 = (\frac{1}{r+1})^2 \tag{6.8}$$

식(6.8)은 원의 방정식으로서 중심이 $(\frac{r}{r+1}, 0)$이고, 반경이 $\frac{1}{r+1}$인 원을 나타낸다. 정규화된 저항 r이 하나의 값으로 정해지면 그에 상응하는 하나의 원이 구해진다. 이 원 상에서 저항 r의 값은 일정하므로 이 원을 **일정 저항-원**(constant r-circle) 혹은 **일정 r-원**
이라고 부른다.

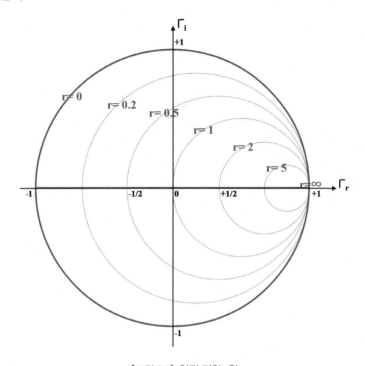

[그림 6.3] 일정 저항-원

[그림 6.3]은 식(6.8)을 이용하여 r 값에 따른 일정 저항-원을 그린 것이다. 일정 저항-
원의 중심은 Γ_r 축 상에 위치하고 있으며 r = 0이면 중심 = (0.0)이고 반경 = 1
인 단위 원($|\Gamma| = 1$)이 된다. r = ∞이면 중심 = (1.0)이고 반경 = 0(무한소)인 원($\Gamma = 1/\angle 0°$)
이 된다. r = 1이면 중심 = $(\frac{1}{2}, 0)$이고 반경 = $\frac{1}{2}$ 이며 점(0,0)과 점(1,0)에 접하는 원이 된다. r이
커질수록 일정 저항-원의 반경은 작아지고 중심은 Γ_r 축 상에서 0으로부터 1로 이동한다.

(4) 일정 리액턴스-원
같은 방법으로 식(6.6)과 식(6.7)의 연립방정식에서 r을 소거하면 다음의 방정식을 얻는다.

$$(\Gamma_r - 1)^2 + (\Gamma_i - \frac{1}{x})^2 = (\frac{1}{x})^2 \tag{6.9}$$

식(6.9)는 원의 방정식으로서 중심이 $(1, \frac{1}{x})$이고, 반경이 $\frac{1}{|x|}$인 원을 나타낸다. 정규화

된 리액턴스 x가 하나의 값으로 정해지면 그에 상응하는 하나의 원이 구해진다. 이 원

상에서 리액턴스 x의 값은 일정하므로 이 원을 **일정 리액턴스-원**(constant x-circle) 혹은

일정 x-원이라고 부른다.

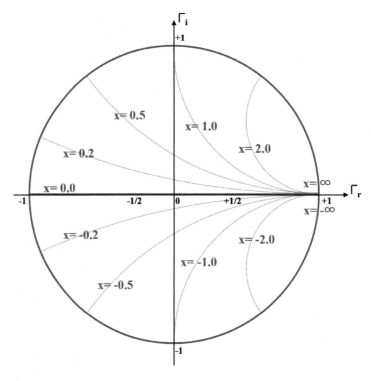

[그림 6.4] 일정 리액턴스-원

[그림 6.4]은 식(6.9)을 이용하여 x값에 따른 일정 리액턴스-원을 그린 것으로 $|\Gamma| \leq 1$

인 영역 밖의 것은 생략하였다. 일정 리액턴스-원의 중심은 $\Gamma_r = 1$인 선 상에 위치하고

있으며, x=0이면 중심=$(1, \infty)$, 반경=∞이고 Γ 축을 접하는 원이 된다. 이 경우 반경=∞

인 원의 원주는 직선이 되므로 이 원은 Γ 축이 된다. x=$\pm \infty$이면 중심=$(1,0)$, 반경=0(무

한소)인 원($\Gamma = 1 \angle 0°$)이 된다. x=+1이면 중심=$(1,1)$, 반경=1이고 점$(1,0)$과 점$(0,1)$을 접

하는 원이 되고, x=-1이면 중심=(1, -1), 반경=1이고 점(1,0)과 점(0, -1)을 접하는 원이 된다. |x|가 커질수록 반경은 작아지고 곡률(curvature)이 큰 곡선이 된다. Γ_r축을 경계로 위쪽은 리액턴스가 양수(x>0)로서 인덕터성 리액턴스이고, 아래쪽은 리액턴스가 음수 (x<0)로서 커패시터성 리액턴스이다.

⑸ 스미스차트

[그림 6.2]와 [그림 6.3]을 겹쳐서 그리면 [그림 6.5]의 스미스차트가 구해진다. 스미스차트 상에서 저항 r의 범위는 $0 \leq r < \infty$이고 리액턴스 x의 범위는 $-\infty \leq x < \infty$이다. 또한, x > 0인 상반원 영역은 인덕터성 리액턴스를 나타내고, x < 0인 하반원 영역은 커패시터성 리액턴스를 나타낸다.

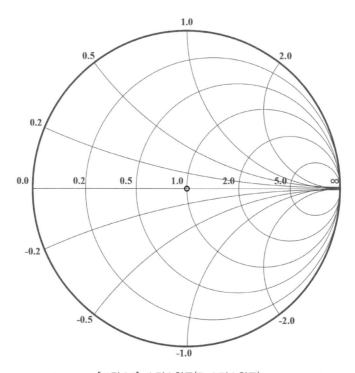

[그림 6.5] 스미스차트(Z-스미스차트)

스미스차트의 이해를 돕기 위해 스미스차트 특성을 좀 더 살펴보기로 하자. 우선, 정규화된 임피던스 z=1(즉, $Z=Z_0$)일 때 반사계수 $\Gamma=0$으로서 스미스차트 상의 원점에 위치한다. z=0이면 Γ=-1이 되어 스미스차트 상의 점(-1, 0)에 위치한다. z=∞ 이면 Γ= 1이 되어 스미스차트 상의 점(1, 0)에 위치한다. z=1+j1이면 Γ=0.447∠63.4° 가 되고, z= 1-j1이면 Γ=0.447∠-63.4° 가 된다.

r=0인 일정 저항-원은 중심이 (0,0)이고 반경이 1인 단위 원이다. x=0이면 이 원상의 점(-1,0)에 위치한다. 만약 x가 +∞로 증가하면 원 상에서 시계방향으로 회전하여 점(1,0) 으로 이동한다. 반면에 x가 -∞로 감소하면 원 상에서 반시계방향으로 회전하여 (1,0)점 으로 이동한다.

x=0인 일정 리액턴스-원은 원점을 통과하는 직선인 Γ_r축이 된다. r=0이면 이 직선 상의 점(-1,0)에 위치하고 r이 +∞로 증가함에 따라 우측으로 이동하여 직선 상의 점(1,0) 으로 이동한다.

수동회로에서 반사계수 $|\Gamma| \leq 1$ 이다. 그러나 음의 저항 성분이 있을 경우 $|\Gamma| > 1$ 가 되며 이 경우 회로는 발진을 하게 된다. $|\Gamma| > 1$ 일 경우 스미스차트 상의 단위 원 바깥 쪽에 표시된다. 이와 같이 반사계수가 1보다 큰 경우까지 그려준 스미스차트를 **압축 스 미스차트(compressed Smith chart)**라고 부른다. 그러나 이 차트는 RF 회로설계에서 매우 제한된 경우에만 사용되므로 더 이상 언급하지 않기로 한다.

6.2.4 전송선 길이에 따른 반사계수의 변화

스미스차트는 [그림 6.6(a)]에 보였듯이 임피던스 Z와 전송선이 연결된 지점(d=0)에서의 반사계수 수식인 식(6.1)로부터 구해졌다. 그렇다면 임피던스 Z로부터 전송선을 따라 거 리 d만큼 이동한 d지점에서 반사계수와 임피던스의 관계에는 어떤 변화가 발생할까?

d지점에서의 반사계수는 식(4.41)로부터 d=0에서의 반사계수인 Γ_0가 크기는 그대로 유지한 채 위상만 -2βd만큼 더해지고 있음을 알 수 있다. 식(6.1)의 반사계수 Γ는 d=0 에서 구한 값이므로 Γ_0에 해당한다. 따라서 식(6.1)의 Γ=Γ_0라고 놓고, d지점에서의 반 사계수를 Γ(d)라고 하면 Γ(d)는 식(6.10)으로 표현된다.

$$\Gamma(d) = \Gamma_0 e^{-j2\beta d} \tag{6.10}$$

식(6.10)은 Γ_o가 스미스차트 상에서 원점을 중심으로 시계방향으로 $2\beta d$ 만큼 회전함을 의미한다. 즉 측정위치가 부하점(d=0)으로부터 신호원 쪽으로 이동함에 따라 [그림 6.6(b)]에서 화살표로 보여주고 있는 것처럼 원점을 중심으로 시계방향으로 $2\beta d$만큼 회전하게 된다.

원 주위를 한 바퀴 완전히 돌았을 경우 회전한 각도가 2p가 되므로 다음의 관계식이 성립한다.

$$2\beta d = 2\frac{2\pi}{\lambda}d = 2\pi \tag{6.11}$$

여기서, d=1/2 또는 $\beta d = 180°$가 된다. $\beta d = 2\pi\dfrac{d}{\lambda}$로서 실제 길이 d를 파장 l로 나눈 형태로서 βd를 전송선의 **전기적 길이**(electrical length)라고 하고 °(각도단위)로 표시한다.

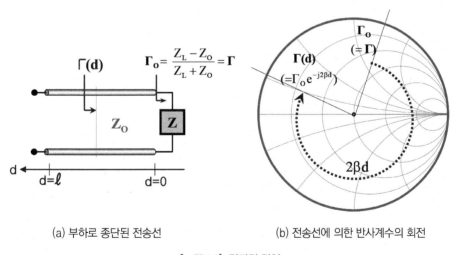

(a) 부하로 종단된 전송선   (b) 전송선에 의한 반사계수의 회전

[그림 6.6] 전기적 길이

전기적 길이는 사용하고자 하는 중심주파수의 파장에 대한 선로 혹은 소자의 상대적 길이를 표현한 것으로 RF/Microwave 대역의 높은 주파수에서는 파장이 짧고 그 파장에 근거한 길이를 기준으로 설계하는 경우가 많아 흔히 사용된다.

예제 6.2 선로의 전기적 길이

중심주파수가 3GHz인 시스템에서 길이가 2cm인 선로의 전기적 길이는 몇 도인가? 단, 위상속도는 광속의 60%로 가정한다.

풀이

전자기파의 파장은

$$\lambda = \frac{v_p}{f} = \frac{0.6c}{f} = \frac{0.6 \times 3 \times 10^8}{3 \times 10^9} = 0.06[m]$$

2cm인 선로의 전기적 길이는

$$\beta d = \frac{2\pi}{\lambda} d = 2\pi \frac{0.02}{0.06} = 0.67\pi = 120.6^\circ$$

예제 6.3 스미스차트를 이용한 종단된 전송선의 입력 임피던스 구하기

$Z_L = (40 + j60)\,\Omega$인 부하 임피던스가 4cm 길이의 50Ω 전송선로에 연결되어 있으며 동작 주파수는 1GHz 이다. 위상속도는 광속의 80%로 가정하고 반사계수의 개념을 이용하여 입력 임피던스 Z_{in}을 구하라.

풀이

부하반사계수를 구하면 다음과 같다.

$$\Gamma_O = \frac{Z_L - Z_O}{Z_L + Z_O} = \frac{40 + j60 - 50}{40 + j60 + 50} = \frac{-10 + j60}{90 + j60} = \frac{60.8\angle 99.5^\circ}{108.2\angle 33.7^\circ}$$
$$= 0.56\angle 65.8^\circ = 0.56e^{j65.8^\circ}$$

d = 4cm에서의 반사계수를 구하기 위해 먼저 β를 구하면 다음과 같다.

$$\beta = \frac{2\pi}{\lambda} = \frac{2\pi f}{v_p} = \frac{2\pi f}{0.8c} = \frac{2\pi \times 1 \times 10^9}{0.8 \times 3 \times 10^8} = 26.18 m^{-1}$$

따라서, $2\beta d = 2.09$[rad] 즉, 119.7°이므로 반사계수를 구하면 다음과 같다.

$$\Gamma = \Gamma_0 e^{-2\beta d} = 0.56 e^{j65.8^\circ} e^{-119.7^\circ} = 0.56 e^{-j53.9^\circ}$$
$$= \Gamma_r + j\Gamma_i = 0.33 - j0.45$$

반사계수를 구함으로써 이에 해당하는 입력 임피던스를 구할 수 있다.

$$Z_{in} = Z_O \frac{1 + \Gamma}{1 - \Gamma} = 50 \frac{1 + 0.33 - j0.45}{1 - 0.33 + j0.45} = 50 \frac{1.33 - j0.45}{0.67 + j0.45} = 50 \frac{1.4\angle -18.7^\circ}{0.81\angle 33.9^\circ} = 86.4\angle -52.6^\circ$$
$$= R + jX = (52.5 - j68.6)\Omega$$

6.3 전송선을 통한 임피던스의 변환

전송선에 종단 연결된 부하를 전송선을 통해 볼 때 전송선 길이에 따라 임피던스가 어떻게 변화할 것인가를 예측하는 것은 RF 회로 설계에서 흔히 접하는 중요한 문제이다. 스미스차트는 이러한 문제를 해결하는 데 있어 매우 유용한 도구가 된다.

전송선의 길이(d)는 스미스차트 상에서 임피던스 점의 회전 정도를 결정해준다. 임피던스 점의 회전 정도는 선로의 길이 외에도 동작 주파수와 종단조건에 의해 결정된다. 종단조건은 일반적인 부하 Z_L로 종단되는 것과 개방회로나 단락회로로 종단되는 것으로 구분할 수 있다. 특별히 개방종단이나 단락종단의 경우 전송선 임피던스는 집중소자처럼 작용할 수 있어 RF 회로 설계에서 매우 유용하게 활용될 수 있다.

6.3.1 일반적인 부하 종단의 경우

이 절에서는 [그림 6.6]에 보인 바와 같이 일반적인 부하 Z_L로 종단된 전송선의 입력 임피던스를 구하는 방법을 설명하고자 한다. 이 경우 식(4.48)의 입력 임피던스 수식을 이용하여 계산할 수 있으나 스미스차트를 이용하면 보다 쉽고 효율적으로 구할 수 있으며 RF 회로 설계에서 유용하게 활용될 수 있다.

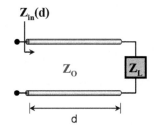

[그림 6.7] 종단된 전송선의 입력 임피던스

[그림 6.7]은 종단된 전송선 구조를 보여주고 있다. 특성 임피던스가 Z_O인 전송선에 부하 임피던스 Z_L이 연결되어있다. 부하로부터 거리가 d인 위치에서 입력 임피던스 $Z_{in}(d)$을 스미스차트를 이용하여 구하는 과정을 설명하면 다음과 같다.

① 정규화된 부하 임피던스(z_L)를 구한다.

$$z_L \equiv \frac{Z_L}{Z_O} = \frac{R_L + jX_L}{Z_O} = r_L + jx_L$$

② 스미스차트 상에 z_L의 위치를 점으로 표시한다.

③ 표시된 점에서의 반사계수가 z_L에 상응하는 반사계수 Γ_O이다. (이 값을 구하고 싶으면 그 점에서의 반사계수 값을 읽으면 된다.)

④ 위에서 구한 Γ_O는 d=0에서의 반사계수이므로 거리가 d인 위치에서 반사계수를 구하기 위해 $2\beta d$만큼 시계방향으로 회전시킨다.

⑤ 회전시킨 지점에서의 반사계수가 $\Gamma_{in}(d)$가 된다. 따라서 이점에서 임피던스 값을 읽으면 정규화된 입력 임피던스 $Z_{in}(d)$가 된다.

⑥ 정규화된 입력 임피던스 $Z_{in}(d)$로부터 실제 입력 임피던스 Z_{in}를 환산한다.

$$Z_{in}(d) = Z_O z_{in}(d)$$

예제 6.4 **스미스차트를 이용한 종단된 전송선의 입력 임피던스 구하기**

스미스차트를 이용하여 예제 6.3을 다시 풀고 스미스차트를 사용함에 따른 유용성과 문제점을 설명하라.

풀이

예제 6.3을 스미스차트를 이용하여 풀기 위해선 부하 임피던스 $Z_L = (40+j60)\ \Omega$을 스미스차트 상에 표시하고 전송성에 의한 임피던스 점의 이동을 추적해야 한다. 스미스차트를 이용하여 종단된 선로의 입력 임피던스를 구하는 전체적인 과정과 방법을 다음에 단계별로 설명해 놓았고 [그림 6E4.1]에서 한눈에 볼 수 있다.

1. 부하 임피던스의 정규화된 값은 다음과 같다.

   $z_L = (40 + j60) / 50 = 0.8 + j1.2$

2. r=0.8인 일정저항-원과 x=1.2인 리액턴스 곡선 사이의 교차점을 스미스차트에서 위치를 확인한다.

3. 원점과 점 Z_L을 잇는 직선거리로 부하 반사계수의 크기 $|\Gamma_o|$를 구하고, Γ_o각도를 스미스차트에서 읽어 기록한다.

4. 임피던스(Z_L)점을 원점을 중심으로 선로의 전기적 길이의 두 배(즉, $2\beta d = 119.7°$)만큼 시계방향으로 회전시켜 입력반사계수 Γ_{in}을 구한다.

5. 이 점은 정규화된 입력 임피던스 $z_{in} = 1.05 - j1.4$에 대응되는 점이 된다.

6. 앞에서의 정규화된 임피던스값을 실제 부하 임피던스값으로 변환하기 위하여 Z_0를 곱해 주면
   $Z_{in} = (52.5 - j70)\,\Omega$로 최종 해를 구할 수 있다.

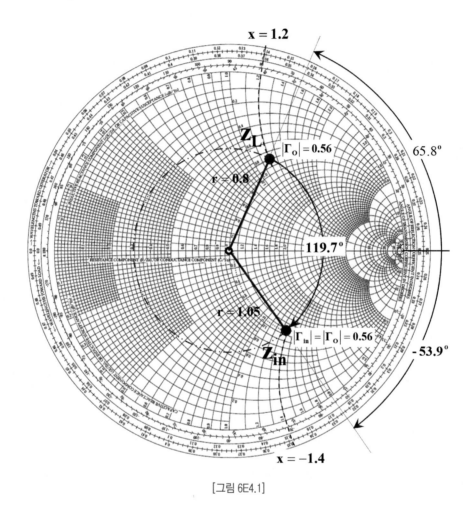

[그림 6E4.1]

스미스차트를 이용하여 구한 입력 임피던스 값을 예제 6.3에서 구한 정확한 값 $(52.5-j68.6)\Omega$과 비교하면
어느 정도의 오차가 발생됨을 알 수 있다. 그러나 해석적 방법에 비해 훨씬 용이하고 간단함을 알 수 있다.

6.3.2 개방회로 종단의 경우

(1) 개방회로 변환

선로 종단이 개방된 전송선을 **개방 스터브(open stub)**라고 부른다. 이 경우 부하 임피던스는 ∞가 되므로 스미스차트 상의 $\Gamma = 1$ 즉, 점(1,0)에서 시작되며 신호원 쪽으로 이동함에 따라 시계 방향으로 회전하게 된다. 이 경우 $r = 0$의 일정 저항-원을 따라 회전하게 되므로 전송선 임피던스는 순수 리액턴스 성분만이 존재하여 순수 커패시터나 인덕터 특성을 보인다.

개방 스터브로 커패시티브 임피던스 $-jX_c$를 얻고자 할 경우 식(4.54)으로부터 다음의 조건을 얻는다.

$$-jX_C = -j\frac{1}{\omega C} \equiv Z_{in} = -jZ_0 \cot(\beta d_1) \tag{6.12}$$

식(6.12)로부터 개방 스터브 길이 d_1은 다음과 같이 구해진다.

$$d_1 = \frac{1}{\beta}\left[\cot^{-1}\left(\frac{1}{\omega C Z_0}\right) + n\pi\right] \tag{6.13}$$

여기에서 $n\pi(n=1, 2, ...)$는 코탄젠트함수의 주기성을 의미한다. 한편 인덕티브 임피던스 jX_L을 얻고자 할 경우 다음 조건을 통하여 구할 수 있다.

$$j\omega L \equiv Z_{in} = -jZ_0 \cot(\beta d_2) \tag{6.14}$$

이 경우 선로길이 d_2는 다음과 같이 구해진다.

$$d_2 = \frac{1}{\beta}\left[\pi - \cot^{-1}\left(\frac{\omega L}{Z_0}\right) + n\pi\right] \tag{6.15}$$

[그림 6E5.1]은 식(6.13) 및 식(6.15) 두 가지 조건을 예를 들어 설명하고 있다.

예제 6.5 개방 스터브를 이용한 수동회로 소자의 구현

광속의 80%인 위상속도에서 2GHz로 동작하는 개방종단된 $Z_0 = 50\Omega$인 전송선으로 3pF의 커패시터와 4nH 인덕터를 만들고자 한다.

(a) 식(6.13)과 식(6.15)를 이용하여 각각에 필요한 전송선의 길이를 구하라.

(b) 스미스차트를 이용하여 각각에 필요한 전송선의 길이를 구하라.

풀이

(a) 주어진 위상속도와 주파수에서 전파상수는 다음과 같이 구해진다.

$$\beta = \frac{2\pi f}{v_p} = \frac{2\pi f}{0.8c} = \frac{2\pi \times 2 \times 10^9}{0.8 \times 3 \times 10^8} = 52.4[\text{m}^{-1}]$$

이 값을 식(6.13)과 식(6.15)를 에 대입하면 3pF 커패시터를 만들기 위한 개방 스터브 길이 d_1과 4nH 인덕터를 만들기 위한 개방 스터브 길이 d_2는 다음과 같이 구해진다.

$$d_1 = \frac{1}{\beta}\left[\cot^{-1}\left(\frac{1}{\omega C Z_0}\right) + n\pi\right] = \frac{1}{52.4}\left[\cot^{-1}\left(\frac{1}{2\pi \times 2 \times 10^9 \times 3 \times 10^{-12} \times 50}\right) + n\pi\right]$$

$$= \frac{1.08 + n\pi}{52.4} = 0.0206 + 0.060n[\text{m}]$$

즉, 필요로 하는 개방 스터브의 길이 $d_1 = 20.6 + 60n[\text{mm}]$가 된다. 같은 방법으로 4nH의 인덕터를 실현하기 위해 필요한 개방 스터브의 길이를 구하면

$$d_2 = \frac{1}{\beta}\left[\pi - \cot^{-1}\left(\frac{\omega L}{Z_O}\right) + n\pi\right] = \frac{1}{52.4}\left[\pi - \cot^{-1}\left(\frac{2\pi \times 2 \times 10^9 \times 4 \times 10^{-9}}{50}\right) + n\pi\right]$$

$$= \frac{2.356 + n\pi}{52.4} = 0.045 + 0.060n[\text{m}]$$

따라서, $d_2 = 45 + 60n$ [mm]가 된다.

(b) [그림 6E5.1]은 요구되는 커패시티브와 인덕티브 임피던스의 생성에 필요한 개방 스터브의 길이를 스미스차트를 이용하여 계산하는 방법을 보여주고 있다. 2GHz 주파수에서 3pF의 리액턴스 $X_C = 1/(\omega C) = 26.5\Omega$이다. 이에 상응하는 규정화된 임피던스는 $z_c = j\dfrac{X_C}{Z_O} = -j0.53$이다. [그림 6E5.1]로부터 필요로 하는 전송선의 길이는 대략 0.172λ이어야 한다. 주어진 위상속도로부터 파장을 구하면 $\lambda = \dfrac{v_p}{f} = \dfrac{0.8 \times 3 \times 10^8}{2 \times 10^9} = 0.12[\text{m}] = 120[m]$이므로 선로길이 $d_1 = 0/172\lambda = 0.172 \times 120 = 20.64[\text{mm}]$가 된다. 이는 앞에서 구한 길이 20.6[mm]에 매우 근접한 값임을 알 수 있다.

인덕턴스의 경우, 같은 방법으로

$$z_L = j\frac{X_L}{Z_O} = j\frac{2\pi \times 2 \times 10^9 \times 4 \times 10^{-9}}{50} = j1.0$$

$z_L = j1$이며, 선로길이는 0.375λ이며 45[mm]로서 앞에서 구한 길이와 같다.

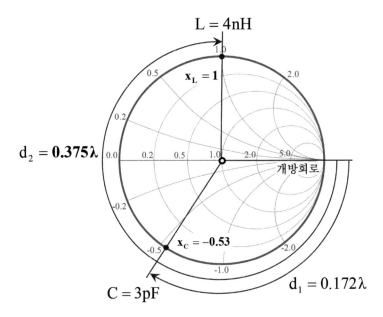

[그림 6E5.1] 개방 스터브에 의한 커패시티브와 인덕티브 임피던스의 생성

6.3.3 단락회로 종단의 경우

(1) 단락회로 변환

선로 종단이 단락된 전송선을 **단락 스터브(short stub)**라고 부른다. 이 경우 부하 임피던스는 0이 되므로 스미스차트 상의 $\Gamma = -1$ 즉, 점(-1,0)에서 시작되며 신호원 쪽으로 이동함에 따라 시계방향으로 회전하게 된다. 이 경우 r=0인 일정 저항-원을 따라 회전하게 되므로 전송선 임피던스는 순수 리액턴스 성분만이 존재하여 순수 인덕터나 커패시터 특성을 보인다.

단락 스터브로 커패시티브 임피던스 $Z_{in} = -jX_c$를 얻고자 할 경우 식(4.52)로부터 다음의 조건을 얻는다.

$$Z_{in} = -jX_C = -j\frac{1}{\omega C} = jZ_O \tan(\beta d_1) \qquad (6.16)$$

식(6.16)으로부터 스터브 길이 d_1은 다음과 같이 구해진다.

$$d_1 = \frac{1}{\beta}\left[\pi - \tan^{-1}\left(\frac{1}{\omega C Z_O}\right) + n\pi\right] \qquad (6.17)$$

여기서 $n\pi(n=1, 2, ...)$는 탄젠트함수의 주기성을 의미한다. 한편, 인덕티브 임피던스 $Z_{in}=jX_L$을 얻고자 할 경우 다음 조건을 통하여 구할 수 있다.

$$Z_{in} = jX_L = j\omega L = jZ_O \tan(\beta d_2) \qquad (6.18)$$

이 경우 선로길이 d_2는 다음과 같이 구해진다.

$$d_2 = \frac{1}{\beta}\left[\tan^{-1}\left(\frac{\omega L}{Z_0}\right) + n\pi\right] \qquad (6.19)$$

예제 6.5의 3pF의 커패시터와 4nH의 인덕터를 단락 스터브를 써서 설계할 경우를 [그림 6.8]에 보였다. 3pF의 커패시터를 위한 선로길이 $d_1=0.422\lambda=0.422\times120=50.64$[mm]가 되고 4nH의 인덕터를 위한 선로길이 $d_2=0.125\lambda=0.125\times120=15$[mm]가 된다.

고주파에서는 온도의 변화, 습도, 개방 스터브 주변 매질의 여타 변수 등에 의하여 완전한 개방회로 조건을 유지하기 어렵다. 이러한 이유로 실제 응용에서는 단락 스터브를 더 선호한다. 그러나 단락 스터브에서도 기판을 관통하는 연결(through-hole via)이 사용될 경우 이로 인한 기생 인덕턴스가 고주파에서 문제가 되기도 한다. RFIC의 경우 회로의 레이아웃 면적 최소화가 우선적 요구 조건이 될 수 있으며 설계자는 최단 길이의 스터브로 설계하는 것 외에는 선택의 여지가 없을 수도 있다. 예를 들면 커패시터는 일반적으로 가장 짧은 길이의 스터브를 이용하여 만든다.

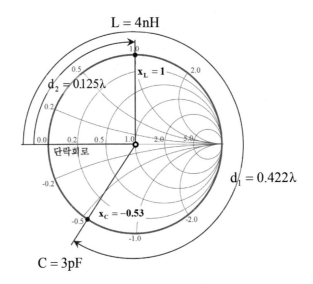

[그림 6.8] 단락 스터브에 의한 커패시티브와 인덕티브 임피던스의 생성

6.3.4 정재파비

식(4.62)의 SWR의 정의로부터, 정재파비는 다음 식과 같다.

$$SWR = \frac{1+|\Gamma(d)|}{1-|\Gamma(d)|} \tag{6.20}$$

여기서 $\Gamma(d) = \Gamma_0^{-j2\beta d}$이다. 식 (6.20)을 역으로 정리하면 다음과 같다.

$$|\Gamma(d)| = \frac{SWR - 1}{SWR + 1} \tag{6.21}$$

식(6.21)로부터 SWR가 어떤 한 값으로 정해지면 반사계수의 크기도 한 값으로 정해진다. 일정한 반사계수의 크기는 스미스차트 상에 원점을 중심으로 하는 원으로 표현된다. 이 원 상의 SWR은 일정하므로 이 원을 SWR-원이라 한다.

한편, 식(4.43)과 식(4.44)로부터 다음과 같은 반사계수와 정규화된 임피던스와의 관계식을 얻을 수 있다.

$$\frac{Z(d)}{Z_O} = z(d) = \frac{1 + \Gamma(d)}{1 - \Gamma(d)} \tag{6.22}$$

식(6.22)의 정규화된 임피던스 수식은 식(6.20)의 SWR 수식과 매우 유사하다. $\Gamma(d)$의 위상이 0°일 경우 $\Gamma(d) = \Gamma_0 = |\Gamma(d)|$가 되므로 두 식은 같아진다. $\Gamma(d)$의 위상이 0°라는 것은 스미스차트에서 실수축의 오른쪽을 의미하므로 SWR-원과 실수축의 오른쪽과의 교점에서의 정규화된 저항 값이 SWR 값이 된다.

예제 6.6 **스미스차트 상에서 정재파비 구하기**

다음의 부하 임피던스 (a) $Z_L = (50+j50)\,\Omega$, (b) $Z_L = (75-j80)\,\Omega$, (c) $Z_L = (10+j15)\,\Omega$, (d) $Z_L = 50\,\Omega$ 이 각각 50Ω 전송선에 연결되어 있다. 반사계수와 SWR를 계산으로 구하고 스미스차트를 이용하여 구한 값과 비교하라.

풀이

정규화 부하 임피던스, 반사계수, 반사손실 및 SRW 값의 계산은 다음과 같다.

(a) $Z_L = (50+j50)\,\Omega$

$$\Gamma = \frac{Z_L - Z_O}{Z_L + Z_O} = \frac{50 + j50 - 50}{50 + j50 + 50} = \frac{j50}{100 + j50} = \frac{50\angle 90^o}{111.8\angle 26.6^o} = 0.45\angle 63.5^o$$

$$SWR = \frac{1 + |\Gamma(d)|}{1 - |\Gamma(d)|} = \frac{1 + 0.45}{1 - 0.45} = 2.64$$

[그림 6E6.1]과 같이 $z_L = \dfrac{Z_L}{Z_O} = \dfrac{50 + j50}{50} = 1 + j1$의 점을 스미스차트 상에 그리고 반사계수를 읽으면 $\Gamma = 0.46\angle 63.6°$가 되어 계산값과 거의 일치한다. z_L점을 지나는 SWR-원을 그리고 실수축과의 교점에서의 r 값을 읽으면 SWR = 2.66으로 계산값과 거의 일치한다.

(b) $Z_L = (75-j80)\,\Omega$:

$$\Gamma = \frac{Z_L - Z_O}{Z_L + Z_O} = \frac{75 - j80 - 50}{75 - j80 + 50} = \frac{25 - j80}{125 - j80} = \frac{83.8\angle -72.6^o}{148.4\angle -32.6^o} = 0.565\angle -40.0^o$$

$$SWR = \frac{1 + |\Gamma(d)|}{1 - |\Gamma(d)|} = \frac{1 + 0.565}{1 - 0.565} = 3.6$$

[그림 6E6.1]과 같이 $z_L = \dfrac{Z_L}{Z_O} = \dfrac{75 - j80}{50} = 1.5 - j1.6$의 점을 스미스차트 상에 그리고 반사계수를 읽으면 $\Gamma = 0.562\angle -40.1°$가 되어 계산값과 거의 일치한다. z_L점을 지나는 SWR-원을 그리고 실수축과의 교점에서의 r값을 읽으면 SWR = 3.61로 계산값과 거의 일치한다.

(c) $Z_L = (10 + j15)\,\Omega$:

$$\Gamma = \frac{Z_L - Z_O}{Z_L + Z_O} = \frac{10 + j15 - 50}{10 + j15 + 50} = \frac{-40 + j15}{60 + j15} = \frac{42.7\angle 159.4^o}{61.85\angle 14^o} = 0.69\angle 145.4^o$$

$$\text{SWR} = \frac{1 + |\Gamma(d)|}{1 - |\Gamma(d)|} = \frac{1 + 0.69}{1 - 0.69} = 5.45$$

[그림 6E6.1]과 같이 $z_L = \dfrac{Z_L}{Z_O} = \dfrac{10 + j15}{50} = 0.2 + j0.3$의 점을 스미스차트 상에 그리고 반사계수를 읽으면 $\Gamma = 0.69\angle 145.3\,^\circ$ 가 되어 계산값과 거의 일치한다. z_L점을 지나는 SWR-원을 그리고 실수축과의 교점에서의 r 값을 읽으면 SWR = 5.5로 계산값과 거의 일치한다.

(d) $Z_L = 50\,\Omega$:

$$\Gamma = \frac{Z_L - Z_O}{Z_L + Z_O} = \frac{50 - 50}{50 + 50} = 0$$

$$\text{SWR} = \frac{1 + |\Gamma(d)|}{1 - |\Gamma(d)|} = \frac{1 + 0}{1 - 0} = 1$$

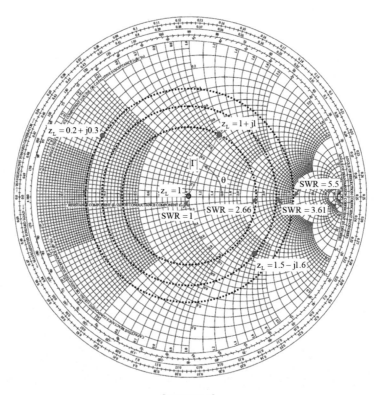

[그림 6E6.1]

[그림 6E6.1]과 같이 $z_L = \dfrac{Z_L}{Z_0} = \dfrac{50}{50} = 1 + j0$의 점을 스미스차트 상에 그리고 반사계수를 읽으면 $\Gamma = 0$가 되어 계산값과 일치한다. z_L점을 지나는 SWR-원을 그리면 원점이 되므로 실수축과의 교점도 원점이된다. 따라서, SWR = 1로 계산값과 일치한다.

6.4 어드미턴스 차트

앞에서의 스미스차트는 임피던스와 반사계수의 관계식으로부터 구해졌으므로 **임피던스 스미스차트** 혹은 **Z-스미스차트**라고 부른다. 한편, 임피던스 대신 어드미턴스와 반사계수의 관계식으로부터 스미스차트를 구할 수도 있으며 이를 **어드미턴스 스미스차트** 혹은 **Y-스미스차트**라고 부른다. 이 절에서는 어드미턴스 스미스차트를 구하고 그 특성을 살펴보기로 한다.

6.4.1 어드미턴스 스미스차트

(1) 정규화된 어드미턴스
식(6.3)의 정규화된 임피던스 표현과 같은 방법으로 정규화된 어드미턴스 y를 구하면 다음과 같이 표현된다.

$$y = \frac{Y}{Y_0} = \frac{G + jB}{Y_0} = g + jb \tag{6.23}$$

여기서, Y_0는 전송선의 특성 어드미턴스로서 $1/Z_0$이다. 정규화된 어드미턴스 y는 다음 수식으로부터 정규화된 임피던스 z의 역수가 됨을 알 수 있다.

$$y = \frac{Y}{Y_0} = \frac{1/Z}{1/Z_0} = \frac{Z_0}{Z} = \frac{1}{z} \tag{6.24}$$

(2) 어드미턴스 변환

스미스차트 상에서 정규화된 임피던스를 정규화된 어드미턴스로 변환하는 방법을 생
각해 보자.

식(6.4)로부터 정규화된 임피던스 z를 반사계수로 표현하면 다음과 같다.

$$z = \frac{1+\Gamma}{1-\Gamma} \tag{6.25}$$

또한, 정규화된 어드미턴스 y를 반사계수로 표현하면 다음과 같다.

$$y = \frac{1}{z} = \frac{1-\Gamma}{1+\Gamma} = \frac{1+(e^{j\pi}\Gamma)}{1-(e^{j\pi}\Gamma)} \tag{6.26}$$

식(6.26)으로부터 정규화된 어드미턴스는 정규화된 임피던스 식의 반사계수에
$e^{j\pi}(=-1)$를 곱해줌으로써 구해진다. 반사계수에 $e^{j\pi}(=-1)$를 곱해준다는 것은 Γ 평
면에서 원점을 중심으로 180°만큼 회전하는 것을 의미한다. 따라서, Z-스미스차트 상에
있는 임피던스 점을 원점을 중심으로 180° 회전한 후 그 점의 값을 읽으면 그 임피던스
에 대한 어드미턴스 값이 된다.

예제 6.7 **Z 차트를 이용한 임피던스의 어드미턴스에로의 변환**

정규화된 임피던스 $z_{in} = 1+j1 = \sqrt{2}e^{j(\pi/4)}$ 에 대한 정규화된 어드미턴스를 계산하고 스미스차트를 이용
하여 구한 값과 비교하라.

풀이

정규화된 어드미턴스는 다음과 같이 계산으로 구할 수 있다.

$$y_{in} = \frac{1}{z_{in}} = \frac{1}{\sqrt{2}}e^{-j(\pi/4)} = \frac{1}{2} - j\frac{1}{2}$$

한편, 스미스차트를 이용하여 구할 경우 스미스차트 상에서 z_{in}점을 원점을 중심으로 180°회전시킴으로써 정규화
된 어드미턴스 y_{in}을 구할 수 있다. [그림 6E7.1]에서 볼 수 있듯이 180°회전시킨 점에서 r = 0.5이므로 y_{in}의
g=0.5가 되고, x=-0.5이므로 y_{in}의 b=-0.5가 된다. 따라서, y_{in}=g+jb=0.5-j05가 되므로 계산으로 구한 값과
일치함을 알 수 있다.

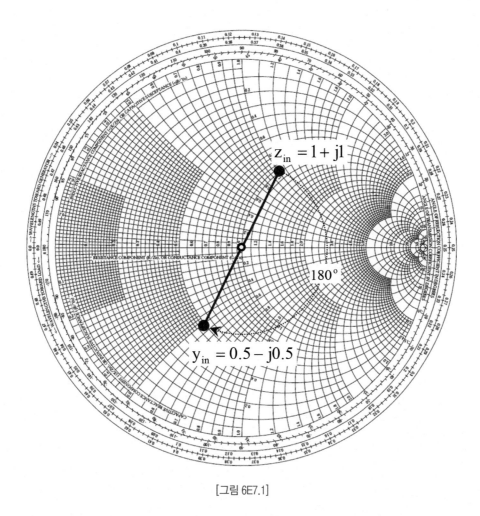

[그림 6E7.1]

여기서, 어드미턴스 Y_{in}을 구하려면 다음과 같이 y_{in}을 역정규화 함으로써 구할 수 있다.

$$Y_{in} = Y_O y_{in} = \frac{y_{in}}{Z_O}$$

6.4.2 어드미턴스 차트의 특성

(1) 어드미턴스 차트의 특성

앞에서와 같이 Z-스미스차트 상에 있는 임피던스 점을 원점을 중심으로 180°만큼 회전하는 대신 스미스차트를 회전시킬 수 있다. 이와 같이 Z-스미스차트를 원점을 중심으로 180°만큼 회전하여 얻어진 차트를 **어드미턴스 스미스차트** 혹은 **Y-스미스차트**라고 한다. 이 경우 **일정 r-원**은 **일정 g-원(일정 컨덕턴스-원)**이 되고 **일정 x-원**은 **일정 b-원(일정 서셉턴스-원)**이 된다.

[그림 6.9]는 예제 6.7의 문제를 임피던스 점을 원점을 중심으로 180°만큼 회전하는 대신 스미스차트를 회전시킨 Y-스미스차트를 이용하여 재해석하는 과정을 보여준다.

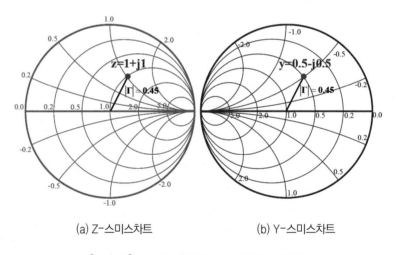

(a) Z-스미스차트   (b) Y-스미스차트

[그림 6.9] Z-스미스차트와 Y-스미스차트의 비교

Y-스미스차트가 있을 경우 Z-스미스차트 상에서 어드미턴스를 구하기 위해 임피던스 점을 180° 회전하는 대신 임피던스 점을 그대로 Y-스미스차트로 옮겨놓고 읽으면 된다. 이때 반사 계수의 크기와 위상은 [그림 6.9]에서 보듯이 그대로 유지한 채로 옮겨져야 한다.

Y-스미스차트를 올바르게 이해하기 위해서 다음 사항을 주의할 필요가 있다. 즉, Z-스미스차트에서 $z_L = 0$인 단락회로는 Y-스미스차트에서 $y_L = \infty$ 가 되고 역으로 Z-스미

스차트에서 $z_L=\infty$ 인 개방회로는 Y-스미스차트에서 $y_L=_L0$이 된다. 또한, 음(-)의 서셉 턴스는 차트의 상반부에 위치하고 인덕터적 특성을 가지며, 양(+) 서셉턴스는 차트의 하반부에 위치하고 커패시티브 특성을 갖는다. 어드미턴스의 실수값은 오른쪽에서 왼 쪽으로 갈수록 증가한다.

6.4.3 ZY-스미스차트

실제 RF 회로 설계과정에서 임피던스를 어드미턴스로 변환하거나 어드미턴스를 임피 던스로 변환해야 할 필요성이 자주 발생하게 된다. 따라서 이 두 스미스차트를 보다 효 율적으로 활용하기 위해 [그림 6.10]과 같이 Z-스미스차트와 Y-스미스차트를 겹쳐서 그린 ZY-스미스차트를 사용한다.

ZY-스미스차트 상의 한 점은 Z-스미스차트로 읽을 경우 정규화된 임피던스 z가 읽 혀지고 Y-스미스차트로 읽을 경우 정규화된 어드미턴스 y가 읽혀진다. 따라서 임피던

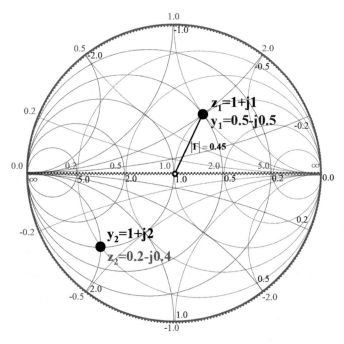

[그림 6.10] ZY-스미스차트

스를 어드미턴스로 변환할 경우 Z-스미스차트에 z를 표시한 후 그 점을 Y-스미스차트로 읽으면 어드미턴스 y값이 된다. 또한, 그 역의 경우도 같은 방법으로 구해지므로 임피던스와 어드미턴스 상호간의 변환이 ZY-스미스차트 상에서는 매우 쉽게 이루어진다. ZY-스미스차트를 이미턴스 차트(immittance chart)라고 부른다.

예제 6.8 ZY-스미스차트의 이용

정규화된 임피던스 $z_1=1+j1$와 정규화된 어드미턴스 $y_2=1+j2$를 ZY-스미스차트 상에 표시하고 ZY-스미스차트에서 정규화된 어드미턴스 y_1과 정규화된 임피던스 z_2를 구하라.

풀이

우선 정규화된 임피던스 $z_1=1+j1$를 ZY-스미스차트 상에 표시하기 위해 Z-스미스차트에서 읽어 저항 r=1인 일정 r-원과 x=1인 일정 x-원의 교점을 찾아서 [그림 6.10]과 같이 위치를 표시한다. 정규화된 어드미턴스 y_1을 구하기 위하여 Y-스미스차트에서 이 점을 지나는 일정 g-원을 찾음으로써 g=0.5를 구할 수 있고, 이 점을 지나는 일정 b-원을 찾음으로써 b=-0.5를 구할 수 있다. 따라서 $y_1=0.5-j0.5$가 됨을 알 수 있다.

같은 방법으로, $y_2=1+j2$를 ZY-스미스차트 상에 표시하기 위해 Y-스미스차트에서 저항 g=1인 일정 g-원과 b=2인 일정 b-원의 교점을 찾아 표시한다. 이 점에서의 r값과 x값을 Z-스미스차트에서 읽음으로써 다음의 z_2를 구할 수 있다.

$$z_2 = 0.2 - j0.4$$

6.5 직렬 및 병렬 연결

이 절에서는 직렬 및 병렬 연결된 기본회로 구조를 분석하고 주파수에 따른 임피던스 응답을 스미스차트 상에 보이고자 한다. 각 기본 회로에 대해 주파수를 0.5GHz에서 5GHz까지 변화시키면서 스미스차트 상에서 임피던스 점의 이동을 추적함으로써 주파수에 따른 임피던스 응답을 확인한다. 여기서, 각 회로는 50Ω 특성 임피던스를 갖는 전송선을 통해 신호원과 연결되었다고 가정한다.

6.5.1 R, L 병렬 연결

[그림 6.11]은 R, L 병렬 연결된 회로와 스미스차트 상의 특성을 보여준다. 병렬 연결 회로이므로 어드미턴스로 나타내기 위해 Y-스미스차트를 선택하였다. 회로의 정규화된 입력 어드미턴스 $y_{in}(\omega)$는 다음 수식으로 표현된다.

$$y_{in}(\omega) = g + jb = \frac{Y_{in}(\omega)}{Y_O} = Z_O Y_{in}(\omega) = \frac{Z_O}{R} - j\frac{Z_O}{\omega L} \tag{6.27}$$

여기서, $g = Z_o/R$이고, $b = -Z_o/\omega L$이다. g는 정규화된 컨덕턴스로서 주파수의 변화에 무관하고 b는 정규화된 서셉턴스로서 주파수에 따라 변화한다. $Z_O = 50\Omega$으로 가정했으므로, $R = 25\Omega$이고 $L = 10nH$일 경우 $g = 2$이고, $b = -5 \times 10^9/\omega$가 되어 입력 어드미턴스 $y_{in}(\omega)$는 다음과 같이 표현된다.

$$y_{in}(\omega_L) = g + jb = 2 - j\frac{5 \times 10^9}{2\pi f} \tag{6.28}$$

주파수(f)가 0.5GHz일 때 컨덕턴스(g)는 2이고 서셉턴스(b)는 -1.59가 되므로 $y_{in}(\omega)$는 [그림 6.11]의 스미스차트에 표시된 임피던스 점에 위치한다. 이 경우 서셉턴스가 -1.59

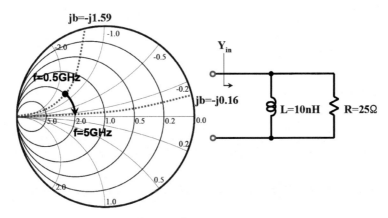

[그림 6.11] R, L 병렬 연결

로서 음수이므로 스미스차트의 상반부에 유치한다. 주파수가 증가하면 컨덕턴스는 일
정하므로 g=2인 일정 g-원 상에서 화살표로 표시된 궤적을 따라서 움직인다. 주파수가
5GHz가 되면 서셉턴스가 -0.16이 되는 위치까지 도달한다.

6.5.2 R, C 병렬 연결

[그림 6.12]는 R, C 병렬 연결된 회로와 스미스차트 상의 특성을 보여준다. 회로의 정규
화된 입력 어드미턴스 $y_{in}(\omega)$는 다음 수식으로 표현된다.

$$y_{in}(\omega) = g + jb = \frac{Z_O}{R} + jZ_O\omega C \tag{6.29}$$

여기서, $g = Z_O/R$이고, $b = \omega C Z_O$이다. g는 주파수의 변화에 무관하고 b만 주파수에 따
라 변화한다. R=25Ω이고 C=1pF일 경우 g=2이고, $b = 5 \times 10^{-11}\omega$가 되므로 입력 어드미
턴스 $y_{in}(\omega)$는 다음과 같이 표현된다.

$$y_{in}(\omega_L) = g + jb = 2 + j1 \times 10^{-10}\pi f \tag{6.30}$$

주파수(f)가 0.5GHz일 때 컨덕턴스(g)는 2이고 서셉턴스(b)는 0.16이 되므로 $y_{in}(\omega)$는
[그림 6.12]의 스미스차트에 표시된 임피던스 점에 위치한다. 이 경우 서셉턴스가 0.16으

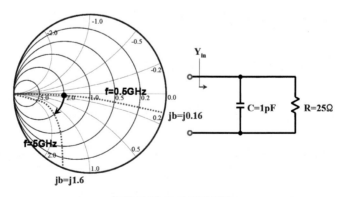

[그림 6.12] R, C 병렬 연결

로서 양수이므로 스미스차트의 하반부에 유치한다. 주파수가 증가하면 g=2인 일정 g-원 상에서 화살표로 표시된 궤적을 따라서 움직인다. 주파수가 5GHz가 되면 서셉턴스가 1.6이 되는 위치까지 도달한다.

6.5.3 R, L 직렬 연결

[그림 6.13]은 R, L 직렬 연결된 회로와 스미스차트 상의 특성을 보여준다. 직렬 연결된 회로이므로 임피던스로 나타내기 위해 Z-스미스차트를 선택하였다. 회로의 정규화된 입력 임피던스 $z_{in}(\omega)$는 다음 수식으로 표현된다.

$$z_{in}(\omega) = r + jx = \frac{R}{Z_O} + j\frac{X}{Z_O} = \frac{R}{Z_O} + j\frac{\omega L}{Z_O} \tag{6.31}$$

여기서 $r=R/Z_O$이고, $x=\omega L/Z_O$이다. 저항(r)은 주파수의 변화에 무관하고 리액턴스(x)만 주파수에 따라 변화한다. R=25Ω이고 L=10nH일 경우 r=0.5이고, $x=2\times10^{-10}\omega$가 되므로 입력 임피던스 $Z_{in}(\omega)$는 다음과 같이 표현된다.

$$z_{in}(\omega) = r + jx = 0.5 + j4\times10^{-10}\pi f \tag{6.32}$$

주파수(f)가 0.5GHz일 때 저항(r)은 0.5이고 리액턴스(x)는 0.63이 되므로 $Z_{in}(\omega)$는 [그림 6.13]의 스미스차트에 표시된 임피던스 점에 위치한다. 이 경우 리액턴스가 0.63으로서 양수이므로 스미스차트의 상반부에 유치한다. 주파수가 증가하면 r=0.5인 일정 r-원 상에서 화살표로 표시된 궤적을 따라서 움직인다. 주파수가 5GHz가 되면 리액턴스가 6.3이 되는 위치까지 도달한다.

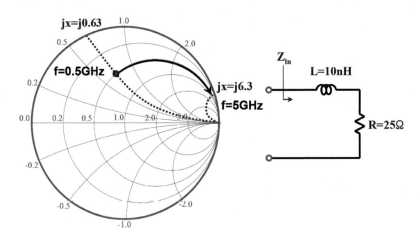

[그림 6.13] R, L 직렬 연결

6.5.4 R, C 직렬 연결

[그림 6.14]는 R, C 직렬 연결된 회로와 스미스차트 상의 특성을 보여준다. 회로의 정규화된 입력 임피던스 $Z_{in}(\omega)$는 다음 수식으로 표현된다.

$$z_{in}(\omega) = r + jx = \frac{R}{Z_O} + j\frac{X}{Z_O} = \frac{R}{Z_O} - j\frac{1}{\omega C Z_O} \tag{6.33}$$

여기서 $r = R/Z_O$이고, $x = -1/\omega C Z_O$이다. $R = 25\Omega$이고 $C = 1pF$일 경우 $r = 0.5$이고, $x = -1/(5 \times 10^{-11}\omega)$가 되므로 입력 임피던스 $Z_{in}(\omega)$는 다음과 같이 표현된다.

$$z_{in}(\omega) = r + jx = 0.5 - j\frac{1}{1 \times 10^{-10}\pi f} \tag{6.34}$$

주파수(f)가 0.5GHz일 때 저항(r)은 0.5이고 리액턴스(x)는 -6.37이 되므로 $Z_{in}(\omega)$는 [그림 6.14]의 스미스차트에 표시된 임피던스 점에 위치한다. 이 경우 리액턴스가 -6.37으로서 음수이므로 스미스차트의 하반부에 유치한다. 주파수가 증가하면 r=0.5인 일정 r-원 상에서 화살표로 표시된 궤적을 따라서 움직인다. 주파수가 5GHz가 되면 리액턴스가 -0.64가 되는 위치까지 도달한다.

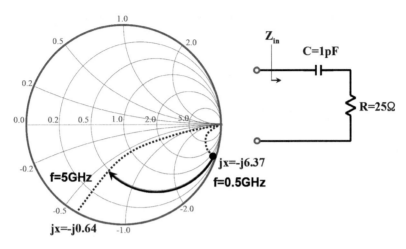

[그림 6.14] R, C 직렬 연결

6.5.5 T형-회로

앞에서는 순수 직렬 또는 순수 병렬 연결된 회로에 대해 스미스차트를 이용하여 해석하는 방법을 설명하였다. 그러나 실제 설계 시 RF 회로는 직렬 연결과 병렬 연결이 혼합되어 있는 것이 일반적이다. 이와 같이 직렬과 병렬 연결이 혼합되어 있는 경우 ZY 스미스차트를 이용하면 직렬과 병렬 연결 사이의 전환을 쉽게 할 수 있어 매우 효율적으로 설계작업을 할 수 있다.

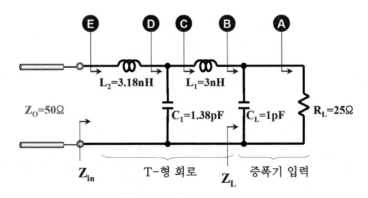

[그림 6.15] 직렬 연결과 병렬 연결이 혼합된 회로(T-형 회로)

[그림 6.15]는 직렬 연결과 병렬 연결이 혼합된 회로의 한 예로서 T-형 회로를 보여주고 있다. 우측에 R_L과 C_L이 병렬 연결된 회로는 증폭기의 입력단을 병렬 RC 회로로써 모델화 한 것이다. 즉, [그림 6.15]는 어떤 증폭기의 입력단에 T-형 정합회로가 연결되어 있는 형태이다.

이 회로가 3GHz에서 동작한다고 가정하고 T-형 회로를 통해 본 입력 임피던스(Z_{in})를 ZY 스미스차트를 이용하여 구해보자. 선로의 특성 임피던스는 50Ω으로 가정하여 A지점부터 E지점까지의 임피던스를 스미스차트 상에 표시함으로써 임피던스(Z_{in})를 구하기로 한다.

A지점에서의 정규화된 임피던스 z_A를 구하면 다음과 같다.

$$z_A = \frac{R_L}{Z_O} = 0.5 \tag{6.35}$$

이를 Z 스미스차트로 표시하면 점 A가 된다. B지점에서의 정규화된 어드미턴스 y_B는 A지점에서의 어드미턴스에 CL이 병렬 연결됨에 따른 서셉턴스가 더해지므로 다음 수식으로 구해진다.

$$\begin{aligned} y_B &= \frac{1}{z_A} + jZ_O\omega C_L = \frac{1}{z_A} + jZ_O 2\pi f C_L \\ &= \frac{1}{z_A} + j300\pi \times 10^{-3} = \frac{1}{z_A} + j0.94 \end{aligned} \tag{6.36}$$

이때 점 A는 g=2(r=0.5)인 일정 g-원 상에서 화살표 방향으로 b=0.94만큼 움직여서 점 B에 도달한다. 이때 점 B는 r=0.4인 일정 r-원 상에 있음을 확인한다. C지점에서의 정규화된 임피던스 z_C는 B지점에서의 임피던스에 L_1이 직렬 연결됨에 따른 리액턴스가 더해지므로 다음 수식으로 구해진다.

$$\begin{aligned} z_C &= \frac{1}{y_B} + j\frac{\omega L_1}{Z_O} = \frac{1}{y_B} + j\frac{2\pi f L_1}{Z_O} \\ &= \frac{1}{y_B} + j\frac{60\pi \times 1}{50} = \frac{1}{y_B} + j1.13 \end{aligned} \tag{6.37}$$

이때 점 B는 r=0.4인 일정 r-원 상에서 화살표 방향으로 x=1.13만큼 움직여서 점 C에 도달한다. 이때 점 C는 g=0.4인 일정 r-원 상에 있음을 확인한다. D지점에서의 정규화된 어드미턴스 y_D는 C지점에서의 어드미턴스에 C_1이 병렬 연결됨에 따른 서셉턴스가 더해지므로 다음 수식으로 구해진다.

$$
\begin{aligned}
y_D &= \frac{1}{z_C} + jZ_O \omega C_1 = \frac{1}{z_C} + jZ_O 2\pi f C_1 \\
&= \frac{1}{z_C} + j414\pi \times 10^{-3} = \frac{1}{z_C} + j1.3
\end{aligned}
\tag{6.38}
$$

이때 점 C는 g=0.4인 일정 g-원 상에서 화살표 방향으로 b=1.3만큼 움직여서 점 D에 도달한다. 이때 점 D는 r1인 일정 r-원 상에 있음을 확인한다. E지점에서의 정규화된 임피던스 z_E는 D지점에서의 임피던스에 L_2가 직렬 연결됨에 따른 리액턴스가 더해지므로 다음 수식으로 구해진다.

$$
\begin{aligned}
z_E &= \frac{1}{y_D} + j\frac{\omega L_2}{Z_O} = \frac{1}{y_D} + j\frac{2\pi f L_2}{Z_O} \\
&= \frac{1}{y_D} + j\frac{24.14\pi}{50} = \frac{1}{z_A} + j1.2
\end{aligned}
\tag{6.39}
$$

이때 점 D는 r=1인 일정 r-원 상에서 화살표 방향으로 x=1.2만큼 움직여서 점 E에 도달한다. 이때 점 E는 스미스차트의 원점에 위치하며 $z_E=z_{in}=1$이 된다. 이것은 입력 임피던스가 주어진 주파수 3GHz에서 선로의 특성 임피던스 50Ω과 정합되어 $Z_{in}=Z_O=$50Ω가 되었음을 의미한다. 즉, T-형 정합회로가 증폭기의 입력단을 선로의 특성 임피던스 50Ω에 정확히 정합시켜 주고 있음을 알 수 있다.

위의 과정에서 보았듯이 ZY-스미스차트 상에서 한 임피던스 점에서 Z-스미스차트로 읽으면 임피던스로 읽히고, Y-스미스차트로 읽으면 어드미턴스로 읽히므로 직렬 합성과 병렬 합성을 마음대로 할 수 있어 효율적으로 설계작업을 할 수 있다.

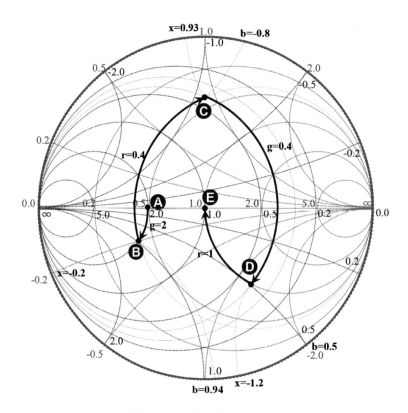

[그림 6.16] T-형 정합회로의 정규화된 입력 입피던스를 구하는 과정의 궤적

스미스차트의 의미

6.2 스미스차트

■ 반사계수(G)-평면 상에서 임피던스의 표현

• **Z-G**의 대응 관계

$$\Gamma = \frac{Z - Z_O}{Z + Z_O} = \Gamma_r + j\Gamma_i = |\Gamma|e^{j\theta} \tag{6.1}$$

여기서, $\theta = \tan^{-1}(\Gamma_i/\Gamma_r)$이다.

식(6.1)로부터 어떤 Z 값이 주어지면 그에 대응하는 하나의 Γ 값이 구해짐을 알 수 있다.
즉, 임피던스 Z와 반사계수 Γ 가 1 대 1로 대응하고 있음을 알 수 있다.

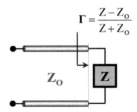

[그림 6.1] 반사계수(Γ)-평면 상에서 임피던스의 표현

반사계수는 크기와 위상이 있는 값으로서 식(6.1)에 보인 바와 같이 복소좌표로 표현할
수도 있고 극좌표로 표현할 수도 있다.

SUMMARY   스미스 차트의 요약 및 단축

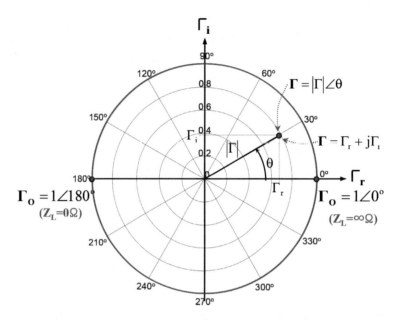

[그림 6.2] Γ-평면 상의 임피던스 표현

■ 정규화된 임피던스

Z_O의 값에 따라 Γ 값이 달라지게 되므로 각 Z_O 값에 따른 별도의 Γ 평면이 필요하게 된다. 이러한 문제를 해결하기 위해 식(6.1)의 분모 분자를 Z_O로 나누어 주면 Γ는 다음과 같이 표현된다.

$$\Gamma = \frac{Z - Z_O}{Z + Z_O} = \frac{\dfrac{Z}{Z_O} - 1}{\dfrac{Z}{Z_O} + 1} \tag{6.2}$$

$$z \equiv \frac{Z}{Z_O} = \frac{R + jX}{Z_O} = r + jx \tag{6.3}$$

$$\Gamma = \frac{z - 1}{z + 1} = \Gamma_r + j\Gamma_i \tag{6.4}$$

스미스차트의 유도

스미스차트는 z (=r+jx)-평면과 $\Gamma(=\Gamma_r + j\Gamma_i)$-평면과의 변환관계를 나타낸 차트이다.

$$\Gamma = \frac{z-1}{z+1} = \frac{(r-1)+jx}{(r+1)+jx} = \frac{r^2-1+x^2}{(r+1)^2+x^2} + j\frac{2x}{(r+1)^2+x^2} = \Gamma_r + j\Gamma_i \tag{6.5}$$

식(6.5)의 복소수 등호관계로부터 다음과 같이 두 개의 수식을 얻을 수 있다.

$$\Gamma_r = \frac{r^2-1+x^2}{(r+1)^2+x^2} \tag{6.6}$$

$$\Gamma_i = \frac{2x}{(r+1)^2+x^2} \tag{6.7}$$

식(6.6)과 식(6.7)로부터 z-평면과 Γ-평면의 변환 차트인 스미스차트(z-차트)를 얻을 수 있다.

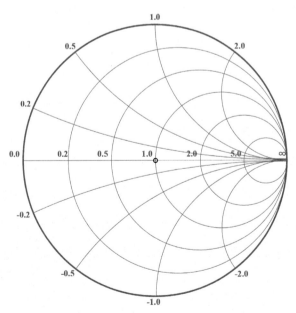

[그림 6.5] 스미스차트(Z-스미스차트)

> 📂 **SUMMARY** 　 **스미스 차트의 요약 및 단축**

■ 전송선 길이에 따른 반사계수의 변화

$$\Gamma(d) = \Gamma_o e^{-j2\beta d} \tag{6.10}$$

Γ_o가 스미스차트 상에서 원점을 중심으로 시계 방향으로 $e^{-j\beta d}$ 만큼 회전한다.
원 주위를 한 바퀴 완전히 돌았을 경우 회전한 각도가 2p가 되므로 전송선의 길이는 다음과 같이 구해진다.

$$2\beta d = 2\frac{2\pi}{\lambda}d = 2\pi \tag{6.11}$$

따라서 $d = \dfrac{\lambda}{2}$ 혹은, $\beta d = 180°$가 된다.

$\beta d = 2\pi \dfrac{d}{\lambda}$ 로서 실제 길이 d를 파장 1로 나눈 형태로서 βd를 **전기적 길이**(electrical length)
라고 하고 °(각도단위)로 표시한다.

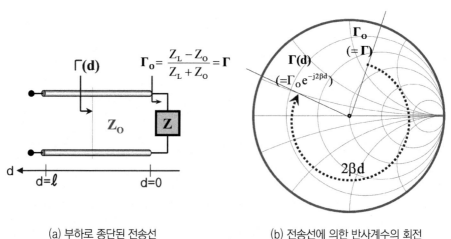

　(a) 부하로 종단된 전송선　　　　　(b) 전송선에 의한 반사계수의 회전

[그림 6.6] 전기적 길이

SUMMARY

정재파비

식(4.62)의 SWR의 정의로부터, 정재파비는 다음 식과 같다.

$$SWR = \frac{1+|\Gamma(d)|}{1-|\Gamma(d)|} \tag{6.20}$$

여기서 $\Gamma(d) = \Gamma_0^{-j2\beta d}$이다. 식 (6.20)를 역으로 정리하면 다음과 같다.

$$|\Gamma(d)| = \frac{SWR-1}{SWR+1} \tag{6.21}$$

식(6.21)로부터 SWR가 어떤 한 값으로 정해지면 반사계수의 크기도 한 값으로 정해진다. 일정한 반사계수의 크기는 스미스차트 상에 원점을 중심으로 하는 원으로 표현된다. 이 원 상의 SWR은 일정하므로 이 원을 SWR-원이라 한다.

한편, 식(4.43)과 식(4.44)로부터 다음과 같은 반사계수와 정규화된 임피던스와의 관계식을 얻을 수 있다.

$$\frac{Z(d)}{Z_O} = z(d) = \frac{1+\Gamma(d)}{1-\Gamma(d)} \tag{6.22}$$

$$Z_{in}(d) \equiv \frac{V(d)}{I(d)} = Z_O \frac{e^{j\beta d}+\Gamma_O e^{-j\beta d}}{e^{j\beta d}-\Gamma_O e^{-j\beta d}} = Z_O \frac{1+\Gamma_{in}(d)}{1-\Gamma_{in}(d)} \tag{4.45}$$

식(6.22)의 정규화된 임피던스 수식은 식(6.20)의 SWR 수식과 매우 유사하다. $\Gamma(d)$의 위상이 0°일 경우 $\Gamma(d) = \Gamma_0 = |\Gamma(d)|$가 되므로 두 식은 같아진다.

$$SWR = \frac{1+|\Gamma(d)|}{1-|\Gamma(d)|} \tag{6.20}$$

$\Gamma(d)$의 위상이 0°라는 것은 스미스차트에서 실수축의 오른쪽을 의미하므로 SWR-원과 실수축의 오른쪽과의 교점에서의 정규화된 저항 값이 SWR 값이 된다.

▨ 어드미턴스 차트

6.4 어드미턴스 차트

임피던스 대신 어드미턴스와 반사계수의 관계식으로부터 스미스차트를 구할 수도 있으며 이를 어드미턴스 스미스차트 혹은 Y-스미스차트라고 부른다.

■ 정규화된 어드미턴스

$$y = \frac{Y}{Y_o} = \frac{G + jB}{Y_o} = g + jb \tag{6.23}$$

$$y = \frac{Y}{Y_o} = \frac{1/Z}{1/Z_0} = \frac{Z_0}{Z} = \frac{1}{z} \tag{6.24}$$

$$z = \frac{1 + \Gamma}{1 - \Gamma} \tag{6.25}$$

$$y = \frac{1}{z} = \frac{1 - \Gamma}{1 + \Gamma} = \frac{1 + (e^{j\pi}\Gamma)}{1 - (e^{j\pi}\Gamma)} \tag{6.26}$$

어드미턴스는 정규화된 임피던스 식의 반사계수에 $e^{j\pi}$를 곱해줌으로써 구해진다. 반사계수에 $e^{j\pi}$를 곱해준다는 것은 Γ평면에서 원점을 중심으로 180°만큼 회전하는 것을 의미한다. 따라서, Z-스미스차트 상에 있는 임피던스 점을 원점을 중심으로 180° 회전한 후 그 점의 값을 읽으면 그 임피던스에 대한 어드미턴스 값이 된다.

■ 어드미턴스 차트의 특성

Z-스미스차트 상에 있는 임피던스 점을 원점을 중심으로 180°만큼 회전하는 대신 스미스차트를 회전시킬 수 있다. 이와 같이 Z-스미스차트를 원점을 중심으로 180°만큼 회전하여 얻어진 차트를 **어드미턴스 스미스차트** 혹은 **Y-스미스차트**라고 한다. 이 경우 **일정 r-원**은 **일정 g-원(일정 컨덕턴스-원)**이 되고 **일정 x-원**은 일정 b-원(일정 서셉턴스-원)이 된다.

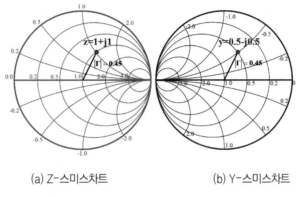

(a) Z-스미스차트   (b) Y-스미스차트

[그림 6.9] Z-스미스차트와 Y-스미스차트의 비교

■ ZY-스미스차트

실제 RF 회로 설계과정에서 임피던스를 어드미턴스로 변환하거나 어드미턴스를 임피던스로 변환해야 할 필요성이 자주 발생하게 된다. 따라서 이 두 스미스차트를 보다 효율적으로 활용하기 위해 Z-스미스차트와 Y-스미스차트를 겹쳐서 그린 **ZY-스미스차트**를 사용한다.

ZY-스미스차트를 **이미턴스 차트**(immittance chart)라고 부른다.

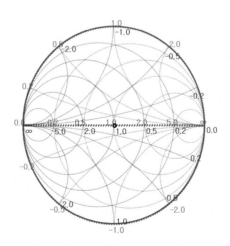

[그림 6.10] ZY-스미스차트

연 습 문 제

1. $Z_L=(80j+40)\,\Omega$인 부하 임피던스가 다음과 같은 특성 임피던스를 갖는 손실 전송선과 연결되어 있다.

    $$Z_O = \sqrt{\frac{0.1 + j200}{0.05 - j0.003}}$$

    반사계수 및 부하에서의 SWR을 구하라.

2. 특성 임피던스가 $Z_0=75\,\Omega$인 동축케이블이 부하 임피던스 $Z_L=(40+j35)\,\Omega$로 종단되어 있다. 다음과 같이 주파수 f와 선로길이 d에 대하여 입력 임피던스를 구하라. 단 전파속도는 광속의 75%로 가정한다.

    (a) f=1GHz 및 d=60cm

    (b) f=4GHz 및 d=25cm

    (c) f=9GHz 및 d=4cm

3. 다음의 정규화 임피던스와 어드미턴스를 스미스차트에서 위치를 확인하고 반사계수 및 SWR을 구하라.

    (a) z=0.1+j0.5   (b) y=0.3+j0.7

    (c) z=0.4+j0.1   (d) y=0.1+j0.1

4. 특성 임피던스 50Ω인 무손실 전송선의 길이가 10cm이다. 이 전송선의 종단에 부하 Z_L을 달았을 때 입력 임피던스 $Z_{in}=j75\,\Omega$이었다. 다음 각 항의 답을 스미스차트를 이용하여 구하라. 단, 동작 주파수 f=600MHz이고, 위상속도 V_p는 광속도의 80%이다.

    (a) 부하 Z_L의 값을 구하라.

    (b) $Z_L=0$즉, 전송선을 종단을 단락시켰을 때 같은 입력 임피던스를 유지하기 위한 전송선의 길이는 얼마가 되어야 하는가?

연습문제

5. 75Ω의 개방전송회로가 2GHz의 동작 주파수에서 5pF의 커패시터를 얻기 위하여 요구되는 가장 짧은 거리는 얼마인가? 위상속도는 광속의 70%로 가정한다.

6. 50Ω의 특성 임피던스를 갖는 마이크로스트립 선로가 100Ω의 저항과 2pF의 커패시터가 병렬 연결되어 구성된 부하 임피던스에 종단되어 있다. 선로의 길이가 10cm이고, 위상속도가 광속의 60%일 때 500MHz, 1GHz 및 2GHz에 대하여 스미스차트 상의 입력 임피던스를 구하라.

7. 100MHz로 동작하는 FM방송국에서, 출력 임피던스가 300Ω인 증폭기가 75Ω인 다이폴안테나에 정합되어 있다. $v_p = 0.7c$인 λ/4임피던스 변환기의 특성 임피던스와 길이를 구하라.

8. ZY-스미스차트를 이용하여 2GHz에서 다음 회로의 입력 임피던스를 구하라.

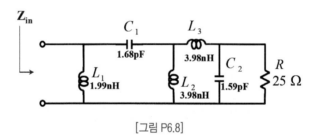

[그림 P6.8]

연습문제

9. 길이가 3/4 λ 인 50Ω 전송선에 하나의 길이는 0.86 λ 이고 다른 하나의 길이는 0.5 λ 인 75Ω의 전송선 두 개가 그림과 같이 연결되어 있다.

   전송선 1의 종단에 $Z_1 = (30 + j40)\,\Omega$이 연결되어 있고 전송선 2의 종단에 $Z_2 = (75 + j80)\,\Omega$이 연결되어 있다. 스미스차트를 이용하여 입력 임피던스를 구하라.

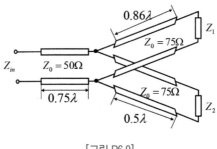

[그림 P6.9]

10. 3GHz의 동작 주파수에 대하여 입력 임피던스가 50Ω이 되기 위하여 L과 C값을 구하라.

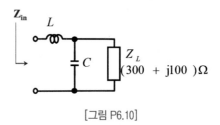

[그림 P6.10]

임피던스 정합

7.1 서론

부하에 최대전력을 전달하기 위해서는 부하를 신호원 임피던스에 정합시켜야 한다. 이와 같은 임피던스 정합은 신호원과 부하 사이에 수동회로를 삽입하여 이루어지며 이러한 회로를 **정합회로**라고 한다. 임피던스 정합의 목적은 최대전력을 전달하는 것 외에도 잡음영향의 최소화, 최대전력취급능력의 극대화 및 주파수 특성의 선형화 등이 될 수 있다. 따라서 **임피던스 정합**이란 주어진 임피던스를 특정한 목적에 맞도록 다른 값의 임피던스로 변환하는 것이라고 정의 할 수 있다.

이 장에서의 학습 목표는 임피던스로 정합을 수행하는 원리와 방법에 대해 공부한다. 또한, 이 장에서의 정합은 최대전력을 전달하기 위한 정합, 즉 공액 정합으로 가정하여 다루고자 한다.

정합회로는 1GHz 미만의 낮은 주파수에서 사용되는 집중소자에 의한 정합회로와 1GHz 이상의 높은 주파수에서 사용되는 분포소자에 의한 정합회로로 분류할 수 있으며 분포소자로는 마이크로스트립선이나 마이크로스트립 스터브를 사용하기로 한다. 이 모든 임피던스 정합과정에서 스미스차트는 정합회로의 설계와 구현을 용이하게 해주는 매우 유용한 도구로 사용된다.

7.2 집중정수 소자를 이용한 정합회로

7.2.1 L-형 정합회로(2개의 소자로 구성된 정합회로)

(1) L-형 정합회로의 구조

임피던스 정합회로로서 가장 간단한 구조는 단지 2개의 소자만으로 구성되는 L-형 정합회로이다. L-형 정합회로는 부하 임피던스(Z_L)을 원하는 입력 임피던스(Z_{in})로 변환하는 데 2개의 리액티브 소자를 사용한다. L-형 정합회로는 커패시터 혹은 인덕터로 구성된 두 리액티브 소자를 조합하는 방법에 따라 [그림 7.1]에서 보였듯이 8가지의 형태로 구현될 수 있다.

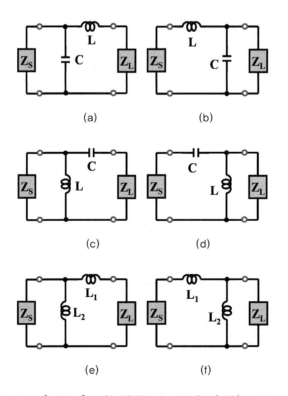

[그림 7.1] L-형 정합회로의 8가지 형태(계속)

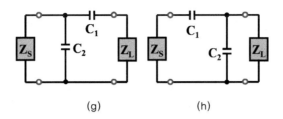

[그림 7.1] L-형 정합회로의 8가지 형태

예제 7.1 **해석적 방법에 의한 L-형 정합회로 설계**

출력 임피던스 $Z_T = (100+j50)\,\Omega$인 송신기로부터 입력 임피던스 $Z_A = (50+j25)\,\Omega$인 안테나로 최대전력을 전달하기 위해 [그림 7E1.1]에 보인 구조의 L-형 정합회로를 삽입하고자 한다. 이 시스템은 1GHz의 주파수로 동작하고 있고, 특성 임피던스 $Z_0 = 50\,\Omega$이라고 가정할 때 해석적인 방법으로 L-형 정합회로를 설계하라.

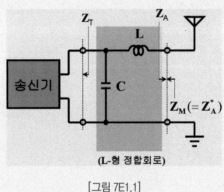

[그림 7E1.1]

풀이

신호원에서 부하로 전달되는 전력이 최대가 되는 조건은 신호원 임피던스가 부하 임피던스의 공액이 되는 것이다. 따라서 [그림 7E1.1]의 경우, 정합회로의 출력단에서 본 임피던스 Z_M 은 안테나의 입력 임피던스 Z_A의 공액이 되어야 한다. 즉,

$$Z_M = Z_A^* = (50 - j25)\,\Omega$$

임피던스 Z_M은 Z_T와 C가 병렬로 연결된 후, 인덕터 L과 직렬 연결한 것으로 다음과 같이 구해진다.

$$Z_M = \frac{1}{Z_T^{-1} + jB_C} + jX_L = Z_A^* \tag{7E1.1}$$

여기서, $B_C = \omega C$로서 커패시터의 서셉턴스이고, $X_L = \omega L$로서 인덕터의 리액턴스이다. 송신기의 출력 임피던스 $Z_T = R_T + jX_T$로 표현하고, 안테나의 입력 임피던스 $Z_A = R_A + jX_A$로 표현하면 식(7E1.1)은 다음과 같이 표현된다.

$$\frac{R_T + jX_T}{1 + jB_C(R_T + jX_T)} + jX_L = R_A - jX_A \tag{7E1.2}$$

식(7E1.2)의 실수부와 허수부로 부터 다음의 두 개의 방정식을 얻을 수 있다.

$$R_T = R_A(1 - B_C X_T) + (X_A + X_L)B_C R_T \tag{7E1.3}$$

$$X_T = R_T R_A B_C - (1 - B_C X_T)(X_A + X_L) \tag{7E1.4}$$

식(7E1.3)을 X_L에 대하여 풀어 식(7E1.4)에 대입하면 B_C에 대한 2차 방정식이 구해진다. 근의 공식으로 2차 방정식의 해를 구하면 다음과 같다.

$$B_C = \frac{X_T \pm \sqrt{\frac{R_T}{R_A}(R_T^2 + X_T^2) - R_T^2}}{R_T^2 + X_T^2} \tag{7E1.5}$$

$R_T > R_A$ 이므로 위 식의 루트 속은 양의 값이며 X_T^2 보다 크다. $B_C > 0$ 이므로 식(7E1.5)에서 (+) 부호가 해가 된다. 이 해를 식(7E1.3)에 대입하여 X_L을 구하면 다음과 같다.

$$X_L = \frac{1}{B_C} - \frac{R_A(1 - B_C X_T)}{B_C R_T} - X_A \tag{7E1.6}$$

위에서 구한 B_C와 X_L에 각 변수 값을 넣어 계산하면 다음의 값을 얻는다.

$$B_C = \frac{X_T + \sqrt{\frac{R_T}{R_A}(R_T^2 + X_T^2) - R_T^2}}{R_T^2 + X_T^2} = \frac{50 + \sqrt{\frac{100}{50}(10^4 + 2500) - 10^4}}{10^4 + 2500}$$
$$= \frac{50 + \sqrt{25000 - 10^4}}{12500} = 13.8 \text{mS} \tag{7E1.7}$$

$$X_L = \frac{1}{B_C} - \frac{R_A(1 - B_C X_T)}{B_C R_T} - X_A$$
$$= \frac{1}{13.8 \times 10^{-3}} - \frac{50(1 - 13.8 \times 10^{-3} \times 50)}{13.8 \times 10^{-3} \times 100} - 25$$
$$= 72.5 - \frac{50 \times 0.31}{1.38} - 25 = 47.5 - 11.2 = 36.3\Omega \tag{7E1.8}$$

따라서 위에서 구한 B_C와 X_L값으로부터 C와 L 값을 구하면 다음과 같다.

$$C = \frac{B_C}{\omega} = \frac{13.8 \times 10^{-3}}{2\pi \times 1 \times 10^9} = 2.2 \text{pF}$$

$$L = \frac{X_L}{\omega} = \frac{36.3}{2\pi \times 1 \times 10^9} = 5.8 \text{nH}$$

(2) 리액티브 소자 추가에 따른 임피던스 점의 이동

[그림 7.2]는 어떤 임피던스 점A에 순수 리액턴스나 서셉턴스가 더해질 때 임피던스 점이 이동하는 방향을 보여주고 있다.

예를 들어 [그림 7.1] 회로에서 부하 Z_L을 스미스차트에 표시했을 때의 위치가 점 A라고 하면, 그 다음에 연결되는 L과 C가 직렬 및 병렬로 추가됨에 따른 임피던스 점의 이동은 다음과 같다.

우선, L이나 C가 직렬로 연결될 경우 Z-스미스차트를 이용하는 것이 편리하며, 순수 리액턴스가 추가되므로 일정 r-원을 따라 이동한다. L의 경우 양의 리액턴스가 추가되므로 일정 r-원을 따라 시계방향으로 이동하고, C의 경우 음의 리액턴스가 추가되므로

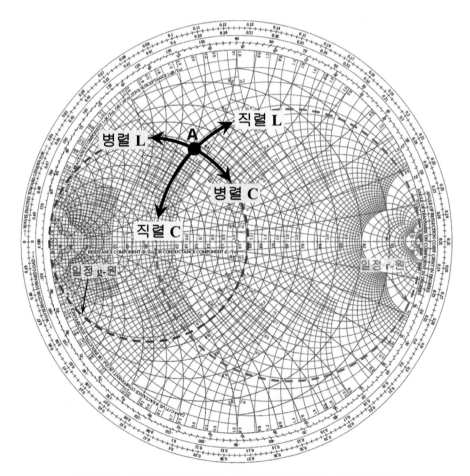

[그림 7.2] L과 C가 직렬 및 병렬로 추가됨에 따른 임피던스 점의 이동방향

일정 r-원을 따라 반시계방향으로 이동한다.

L이나 C가 병렬로 연결될 경우 Y-스미스차트를 이용하는 것이 편리하며, 순수 서셉턴스가 추가되므로 일정 g-원을 따라 이동한다. C의 경우 양의 서셉턴스가 추가되므로 일정 g-원을 따라 시계방향으로 이동하고, L의 경우 음의 서셉턴스가 추가되므로 일정 g-원을 따라 반시계방향으로 이동한다.

예제 7.2 스미스차트를 이용한 L-형 정합회로 설계

예제 7.1의 L-형 정합회로를 스미스차트를 이용하여 설계하라.

풀이

신호원에서 부하로 전달되는 전력이 최대가 되는 조건은 신호원 임피던스가 부하 임피던스의 공액이 되는 것이므로 [그림 7E1.1] 회로에서 정합회로의 출력 임피던스 Z_M은 안테나의 입력 임피던스 Z_A의 공액이 되어야 한다. 즉,

$$Z_M = \frac{1}{\frac{1}{Z_T} + jB_C} + jX_L = Z_A^*$$

정규화된 임피던스를 구하기 위해 특성 임피던스 $Z_0 = 500\,\Omega$으로 설정하고, 송신기 출력 임피던스 Z_T의 정규화된 임피던스 z_T를 구하면 다음과 같다.

$$z_T = \frac{Z_T}{Z_O} = \frac{100 + j50}{50} = 2 + j1$$

마찬가지 방법으로, 안테나 입력 임피던스 공액 Z_A^*의 정규화된 임피던스인 z_A^*를 구하면 다음과 같다.

$$z_A^* = \frac{Z_A^*}{Z_O} = \frac{50 - j25}{50} = 1 - j0.5$$

앞에서 구한 z_T와 z_A^*를 스미스차트에 표시하면 [그림 7E2.1]에 보인 바와 같이 표시된다. 주어진 L-형 정합회로는 임피던스 점 z_T를 임피던스 점 z_A^*으로 이동시켜 줌으로써 정합시키도록 되어 있다. L-형 정합회로 구성 소자 중 C는 Z_T에 병렬 연결되므로 임피던스 점 z_T를 일정 g-원을 따라서 시계방향으로 움직이게 한다. 또한, 직렬로 추가된 L은 일정 r-원을 따라서 시계방향으로 움직이게 하여 임피던스 점 z_A^*에 도달하도록 한다. 결과적으로 [그림 7E2.1]에 보인 바와 같은 궤적을 그리며 정합하게 된다. 이때, 직렬 연결된 L이 움직인 궤적으로부터 리액턴스 값의 변화량 Δx_L을 스미스차트로부터 읽으면 0.7이 된다. 또한, 병렬 연결된 C가 움직인 궤적으로부터 서셉턴스 값의 변화량 Δb_c를 스미스차트로부터 읽으면 0.7이 된다. 따라서, 이에 상응하는 L과 C의 값은 다음과 같이 구해진다.

$$j\Delta x_L = j\frac{\omega L}{Z_O} = j0.7 \rightarrow L = \frac{0.7 Z_O}{\omega} = \frac{0.7 \times 50}{2\pi \times 1 \times 10^9} = 5.57 [nH]$$

$$j\Delta b_c = j\frac{\omega C}{Y_O} = j0.7 \rightarrow C = \frac{0.7 Y_O}{\omega} = \frac{0.7}{50 \times 2\pi \times 1 \times 10^9} = 2.23 [pF]$$

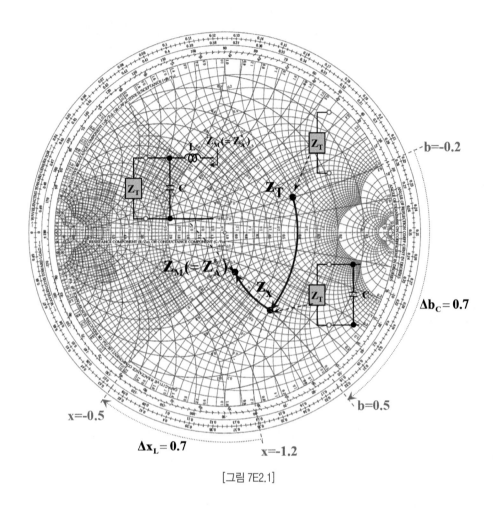

[그림 7E2.1]

개념잡이   정합방향과 정합회로 관계

[그림 7E2.1]은 Z_T를 Z_A로 정합시키는 정합경로를 보여주고 있다. Z_T를 Z_A로 정합시키기 위해서는 임피던스 점 Z_T를 $Z_A^*(=Z_M)$으로 이동시켜야 한다. Z_T에 병렬로 C를 더해줌으로써 임피던스 점 Z_T를 Z_X로 이동시키고, 다음에는 직렬로 L을 더해줌으로써 $Z_A^*(=Z_M)$으로 이동시켜 정합시키고 있다. 정합경로 상의 각 점에는 그 임피던스 점에서의 등가회로를 보여주고 있다.

만약, Z_A를 Z_T로 정합시키려면 임피던스 점 Z_A를 $Z_A^*(=Z_M)$으로 이동시켜야 하고 이에 따른 또 다른 구조의 정합회로가 구해질 수 있다.

한편, 임피던스 관계를 검증하기 위해 [그림 7E2.1]의 정합경로를 거꾸로 거슬러 가보기로 하자. $Z_A^*(=Z_M)$에 직렬로 C가 더해지므로 정합회로의 직렬 L을 상쇄시켜 Z_X로 이동한다. 이때 등가회로 상의 직렬 L이 제거되어 임피던스 점 Z_X에서의 등가회로가 된다. 다음에는 병렬로 L이 더해지므로 병렬로 C를 상쇄시켜 Z_T로 이동한다. 이때 등가회로 상의 병렬 C가 제거되어 임피던스 점 Z_T에서의 등가회로가 된다.

그러나 여기서 혼동하지 말아야 할 점은 이와 같이 거꾸로된 경로를 따라서 정합회로를 구해서는 안 된다는 점이다. 이와 같이 구한 정합회로는 [그림.1]과 같은 상태가 된다. 그러나 이 경우 $Z_A^*(=Z_M)$은 존재하지 않으며 실제로는 [그림.2]의 상태가 되므로 올바른 정합회로가 될 수 없다.

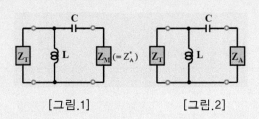

[그림.1]   [그림.2]

예제 7.3 L-형 정합의 가능한 모든 정합구조 찾기

신호원 임피던스 Z_S=(50–j17) Ω이고, 부하 임피던스 Z_L=(40+j50) Ω이다. Z_S를 Z_L로 정합시키기 위한 정합회로를 두 개의 집중소자를 사용하여 설계하고자 한다. 가능한 정합회로의 구조를 모두 구하라. 단, 사용되는 전송선의 특성 임피던스 Z_0=50Ω이다.

풀이

특성 임피던스 $Z_0=50$ Ω이므로 정규화된 신호원 임피던스와 부하 임피던스는 다음과 같이 구해진다.

$$z_S = Z_S/Z_O = 1 - j0.34$$

$$z_L = Z_L/Z_O = 0.8 + j1$$

한편, Z_L의 공액은 다음과 같다.

$$z_L^* = Z_L^*/Z_O = 0.8 - j1$$

Z_S를 Z_L로 정합시키기 위해서는 Z_S를 Z_L^*로 변환하여야 하며 각 임피던스 점을 표시하면 [그림 7E3.1]에 보인 것과 같다.

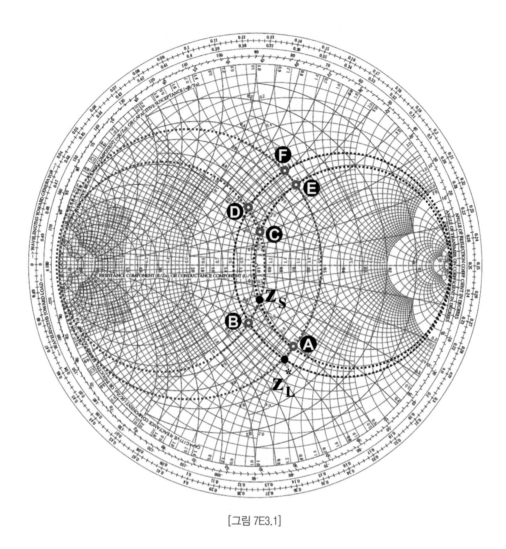

[그림 7E3.1]

따라서, 가능한 정합경로와 그에 따른 정합회로 구조를 모두 열거하면 아래와 같다.

(1) $Z_S \rightarrow A \rightarrow Z_L^*$ 경로의 경우 아래 구조의 L-형 정합회로가 된다.

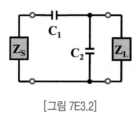

[그림 7E3.2]

(2) $Z_S \rightarrow B \rightarrow Z_L^*$ 경로의 경우 아래 구조의 L-형 정합회로가 된다.

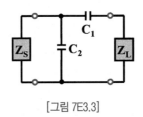

[그림 7E3.3]

(3) $Z_S \rightarrow D \rightarrow Z_L^*$ 경로의 경우 아래 구조의 L-형 정합회로가 된다.

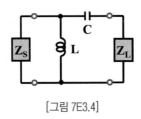

[그림 7E3.4]

(4) $Z_S \rightarrow E \rightarrow Z_L^*$ 경로의 경우 아래 구조의 L-형 정합회로가 된다.

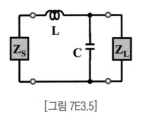

[그림 7E3.5]

(3) L-형 정합회로의 금지영역

[그림 7.1]에 보인 각 L-형 정합회로가 임의의 부하 Z_L을 신호원 임피던스 Z_S에 정합시켜 줄 수 있는 것은 아니고 정합시킬 수 없는 금지 영역이 존재한다. 예를 들어 신호원 임피던스 $Z_S = Z_O = 50\Omega$이라고 가정하고 [그림 7.1(a)] 구조의 정합회로를 이용하여 Z_L을 정합하는 경우를 보자. Z_S를 스미스차트 상에 표시하면 $Z_S = Z_O$이므로 원점이 된다. 따라서 Z_L의 임피던스 점을 정합회로를 통해 원점으로 이동시켜야 정합이 된다. 한편, 신호원 측에 C가 병렬로 연결되어 있으므로 원점으로 들어오는 방법은 $g=1$의 일정 g-원을 따라 시계방향으로 돌면서 들어는 것으로 정해져 있다. 따라서 정합되기 위해서는 $g=1$의 일

정 g-원의 상반부에 임피던스 점을 위치시켜야 한다. 부하와 직렬 연결된 L은 부하 임피던스 점을 일정 r-원을 따라 시계방향으로 돌려서 g=1의 일정 g-원의 상반부에 위치시켜주는 역할을 해야 한다. 그러나 [그림 7.1(a)]의 음영영역에 부하 임피던스 점이 위치할 경우 L은 부하 임피던스 점을 g=1의 일정 g-원의 상반부에 위치시켜 줄 수 없게 된다. 따라서, [그림 7.1(a)]의 음영영역은 [그림 7.1(a)] 구조의 정합회로로서 정합할 수 없는 금지영역이 된다. 같은 방법으로 [그림 7.1(b)~(d)]의 정합회로에 대한 금지영역을 구하면 [그림 7.1(b)~(d)]의 음영영역으로 표시된다.

결론적으로, 사용하려는 구조의 L-형 정합회로가 금지영역 내에 있다면 금지영역을 피할 수 있는 다른 구조의 L-형 정합회로로 바꾸어 정합회로를 설계하여야 한다.

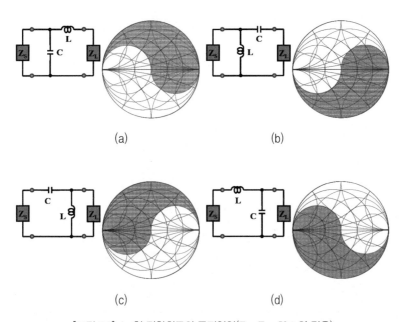

(a)   (b)

(c)   (d)

[그림 7.3] L-형 정합회로의 금지영역($Z_S = Z_O = 50\,\Omega$의 경우)

예제 7.4 **L-형 정합회로의 금지영역**

[그림 7E4.1]의 L-형 정합회로가 정합할 수 없는 금지영역을 스미스차트 상에 색칠하여 표시하라. 단,
$Z_S = Z_O = 50\Omega$이다.

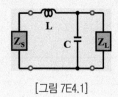

[그림 7E4.1]

풀이

[그림 7E4.1]의 L-형 정합회로의 금지영역은 아래 그림의 음영부분이다.

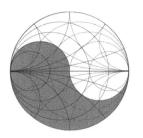

[그림 7E4.2]

7.2.2 L-형 정합회로의 구조에 따른 특성

두 임피던스를 정합하는 L-형 정합회로는 예제 7.3에서 보였듯이 여러 가지 구조가 있
을 수 있다. 그렇다면 서로 다른 구조 사이에는 어떤 차이점이 있을까?

예를 들어, 80Ω의 저항과 2.45pF의 커패시터가 직렬 연결된 부하를 신호원 임피던스
$Z_S = 50\Omega$에 정합하는 경우를 생각하자. 동작 주파수(f_o)가 1GHz라고 가정하면 부하 임
피던스 $Z_L = R_L + jX_L = (80-j65)\Omega$이 된다. 특성 임피던스($Z_O$)를 50Ω이라고 가정하면 $z_L =$
$Z_L/Z_O = 1.6-1.3$이 되고, $z_S^* = Z_S^*/Z_O = 1+j0$이 되므로 스미스차트 상에 표시하면 [그림
7.4(a)]에 보인 것과 같다. 부하 임피던스(Z_L)를 신호원 임피던스(Z_S)에 정합하기 위해 가
능한 L-형 정합회로의 구조를 [그림 7.3]에서 찾아보면 [그림 7.3(c)]와 [그림 7.3(d)] 회로
가 됨을 알 수 있다. 이 두 구조의 정합경로를 스미스차트 상에 그리면 [그림 7.4(a)]와 같

다. 이 두 정합경로에 따라 설계된 최종 회로는 [그림 7.4(b)] 및 [그림 7.4(c)]에 보였다. 이들 두 회로에 대한 입력 반사계수와 전달함수는 각각 다음 수식으로 표현된다.

$$\Gamma_{in} = \frac{Z_{in} - Z_S}{Z_{in} + Z_S} \tag{7.1}$$

$$H = \frac{V_{out}}{V_S} \tag{7.2}$$

이것을 그래프로 그리면 [그림 7.5(a)] 및 [그림 7.5(b)]와 같다.

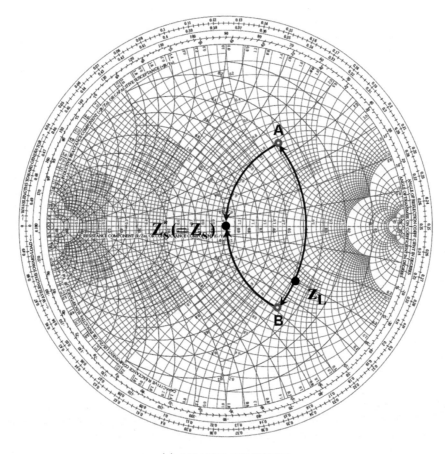

(a) 스미스차트 상의 정합경로

[그림 7.4] 한 정합을 위해 구현된 두 가지 L-형 정합회로 (계속)

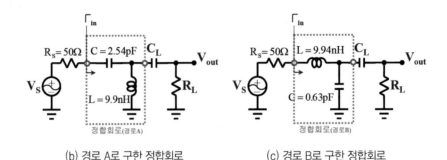

(b) 경로 A로 구한 정합회로   (c) 경로 B로 구한 정합회로

[그림 7.4] 한 정합을 위해 구현된 두 가지 L형 정합회로

[그림 7.5]로부터 두 정합회로는 동작 주파수 $f_o = 1GHz$에서 정합이 이루어지고 있어 반사계수가 최소가 되고 이득이 최대가 됨을 볼 수 있다. 따라서 정합회로도 일종의 공진 회로임을 보여주고 있다. 또한, 동작 주파수 f_o에서 두 정합회로의 특성은 동일하다. 그러나 f_o로부터 멀어짐에 따라 두 정합회로가 서로 다른 특성을 보이게 됨을 볼 수 있다. 이와 같이 주파수 변화에 따라 특성이 변화는 양상은 양호도(Q, quality factor)로 표현한다.

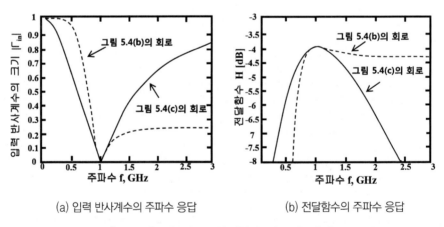

(a) 입력 반사계수의 주파수 응답   (b) 전달함수의 주파수 응답

[그림 7.5] 구현된 두 L-형 정합회로의 주파수 응답

7.2.3 양호도

(1) 양호도의 정의

양호도(quality factor, Q)는 다음과 같이 정의한다.

$$Q \equiv \omega \frac{\text{최대 축적에너지}}{\text{손실된 평균전력}} \tag{7.3}$$

(2) 인덕터의 양호도

코일의 직렬저항을 R로 표시하면 인덕터는 [그림 7.6]의 등가회로로 표시된다. 인덕터를 통해 흐르는 전류 $i = I_m \sin \omega t$라고 가정하고 인덕터의 양호도를 구하면 다음과 같다.

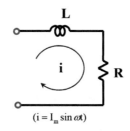

$$(i = I_m \sin \omega t)$$

[그림 7.6] 실제 인덕터의 등가회로

우선, 에너지는 인덕터에 축적되며 최대 축적 에너지는 다음과 같이 구해진다.

$$E_{max} = E_L\big|_{max} = \frac{1}{2} Li^2\big|_{max} = \frac{1}{2} LI_m^2 \sin^2 \omega t\big|_{max} = \frac{1}{2} LI_m^2 \tag{7.4}$$

전력은 저항에서 소모되므로 평균소모전력을 구하면 P_R은 다음과 같다.

$$P_R = R(\frac{I_m}{\sqrt{2}})^2 = \frac{1}{2} RI_m^2 \tag{7.5}$$

따라서, 인덕터의 양호도는 정의식에 의해 다음과 같이 구할 수 있다.

$$Q = \omega \frac{E_{max}}{P_R} = \omega \frac{\frac{1}{2} LI_m^2}{\frac{1}{2} RI_m^2} = \frac{\omega L}{R} = \frac{|X_L|}{R} \tag{7.6}$$

예제 7.5 인덕터의 양호도

7nH인 인덕터의 코일 직렬저항이 3Ω이다. 인덕터가 1GHz에서 동작하고 있을 때 양호도를 구하라.

풀이

양호도의 정의식으로부터 인덕터의 양호도를 구하면 다음과 같다.

$$Q = \frac{|X_L|}{R} = \frac{\omega L}{R} = \frac{2\pi \times 10^9 \times 7 \times 10^{-9}}{3} = 14.7$$

(3) 커패시터의 양호도

커패시터의 누설저항을 R로 표시하면 커패시터는 [그림 7.7]의 등가회로로 표시된다. 커패시터 양단의 전압 $v = V_m \sin \omega t$라고 가정하고 커패시터의 양호도를 구하면 다음과 같다.

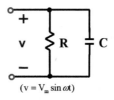

(v = V$_m$ sin ωt)

[그림 7.7] 실제 커패시터의 등가회로

우선, 에너지는 커패시터에 축적되며 최대 축적 에너지는 다음과 같이 구해진다.

$$E_{max} = E_C\big|_{max} = \frac{1}{2} Cv^2\big|_{max} = \frac{1}{2} CV_m^2 \sin^2 \omega t\big|_{max} = \frac{1}{2} CV_m^2 \tag{7.7}$$

전력은 저항에서 소모되므로 평균소모전력을 구하면 P_R은 다음과 같다.

$$P_R = \frac{(\frac{V_m}{\sqrt{2}})^2}{R} = \frac{1}{2} \frac{V_m^2}{R} \tag{7.8}$$

따라서, 커패시터의 양호도는 정의식에 의해 다음과 같이 구할 수 있다.

$$Q = \omega \frac{E_{max}}{P_R} = \omega \frac{\dfrac{1}{2} CV_m^2}{\dfrac{1}{2} \dfrac{V_m^2}{R}} = \frac{\omega C}{\dfrac{1}{R}} = \frac{|B_C|}{G} \tag{7.9}$$

예제 7.6 커패시터의 양호도

5pF인 커패시터의 누설저항이 200KΩ이다. 커패시터가 10MHz에서 동작하고 있을 때 양호도를 구하라.

풀이

양호도의 정의식으로부터 커패시터의 양호도를 구하면 다음과 같다.

$$Q = \frac{|B_C|}{G} = \omega CR = 2\pi \times 10^7 \times 5 \times 10^{-12} \times 200 \times 10^3 = 62.8$$

(4) RLC 병렬 회로의 양호도

[그림 7.8]의 RLC 병렬 회로에서 양단의 전압 $v = V_m \sin \omega t$라고 가정하고 RLC 병렬 회로의 양호도를 구하면 다음과 같다.

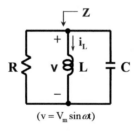

[그림 7.8] RLC 병렬 회로

■ Q_o 구하기

RLC 병렬 회로에서 에너지는 커패시터와 인덕터에 축적된다. 커패시터에 축적되는 에너지는 다음과 같이 간단히 구해진다.

$$E_C = \frac{1}{2} Cv^2 = \frac{1}{2} CV_m^2 \sin^2 \omega t \tag{7.10}$$

인덕터에 축적되는 에너지는 다음과 같이 간단히 구해진다.

$$E_L = \frac{1}{2} L i_L^2 \tag{7.11}$$

여기서, 인덕터를 통해 흐르는 전류는 다음과 같다.

$$i_L = \frac{1}{L} \int v dt = \frac{1}{L} \int V_m \sin \omega t dt = -\frac{V_m}{\omega L} \cos \omega t \tag{7.12}$$

따라서 인덕터에 축적되는 에너지는 다음과 같이 표현된다.

$$E_L = \frac{1}{2} \frac{V_m^2}{\omega^2 L} \cos^2 \omega t \tag{7.13}$$

RLC 병렬 회로에 축적되는 최대 축적에너지는 다음과 같이 구해진다.

$$E_{max} = (E_C + E_L)\big|_{max} = \frac{V_m^2}{2} (C \sin^2 \omega t + \frac{1}{\omega^2 L} \cos^2 \omega t)\big|_{max}$$

$$\overset{\frac{1}{L} = \omega_o^2 C(공진조건)}{=} \quad \frac{1}{2} C V_m^2 \tag{7.14}$$

전력은 저항에서 소모되므로 RLC 병렬 회로의 평균 소모전력은 다음과 같다.

$$P_R = \frac{1}{2} \frac{V_m^2}{R} \tag{7.15}$$

따라서, 정의식에 의해 공진 주파수 ω_o에서의 RLC 병렬 회로의 양호도(Q_o)는 다음과 같이 구할 수 있다.

$$Q_o = \omega_o \frac{E_{max}}{P_R} = \omega_o \frac{\frac{1}{2} C V_m^2}{\frac{1}{2} \frac{V_m^2}{R}} = \omega_o RC \overset{\omega_o = \frac{1}{\sqrt{LC}}}{=} R \sqrt{\frac{C}{L}} \tag{7.16}$$

■ $Q_o = w_o/BW$

이제는 RLC 병렬 회로의 양호도(Q_o)가 대역폭(BW)에 대한 중심 각주파수(ω_o)의 비로 표현된다는 것을 증명해 보기로 하자.

우선, RLC 병렬 회로의 임피던스(Z)를 구하면 다음과 같다.

$$Z = \frac{1}{\frac{1}{R} + j(\omega C - \frac{1}{\omega L})} = R(\frac{1}{1 + jR(\omega C - \frac{1}{\omega L})}) \overset{Z_o = R}{=} Z_o \frac{Z}{Z_o} \tag{7.17}$$

이를 특성 임피던스(Z_o)로 나누어 정규화된 임피던스(z)로 표현하면 다음과 같다.

$$z \equiv \frac{Z}{Z_o} = \frac{1}{1 + jR(\omega C - \frac{1}{\omega L})} \overset{\frac{1}{L} = \omega_o^2 C (\text{공진조건})}{=} \frac{1}{1 + j\omega_o RC(\frac{\omega}{\omega_o} - \frac{\omega_o}{\omega})} \tag{7.18}$$

대역폭을 구하기 위해 z의 크기가 -3dB(=1/$\sqrt{2}$)인 조건을 구하면 다음과 같다.

$$|z| = \frac{1}{\sqrt{2}} \rightarrow \frac{1}{|z|^2} = 2 \tag{7.19}$$

식(7.18)과 식(7.19)로부터 다음의 관계식을 얻을 수 있다.

$$\frac{1}{|z|^2} = 1 + \{\omega_o RC(\frac{\omega}{\omega_o} - \frac{\omega_o}{\omega})\}^2 = 2 \tag{7.20}$$

식(7.20)을 정리하면 다음의 수식을 얻는다.

$$(\frac{\omega}{\omega_o} - \frac{\omega_o}{\omega})^2 = (\frac{1}{\omega_o RC})^2 \tag{7.21}$$

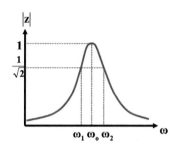

[그림 7.9] RLC 병렬 회로의 주파수 응답

식(7.21)을 풀면 다음의 해를 얻는다.

$$\frac{\omega}{\omega_o} - \frac{\omega_o}{\omega} = \pm \frac{1}{\omega_o RC}$$

(7.22)

■ ω_2 구하기

[그림 7.9]를 보면 3dB 주파수는 ω_1과 ω_2의 두 개가 있음을 알 수 있다. ω_2를 구하려면 $\omega >$ ω_o 영역에서 구해야 한다. 따라서 $\omega > \omega_o$라고 가정하면 식(7.22) 우측의 '−'항은 제외되므로 다음과 같이 간략화된다.

$$\frac{\omega}{\omega_o} - \frac{\omega_o}{\omega} = + \frac{1}{\omega_o RC}$$

(7.23)

식(7.23)을 정리하면 다음의 2차 방정식을 얻는다.

$$\omega^2 - \frac{1}{RC}\omega - \omega_o^2 = 0$$

(7.24)

식(7.24)를 근의 공식으로 풀면 다음의 2가지 해를 얻는다.

$$\omega_2 = \frac{\frac{1}{RC} \pm \sqrt{(\frac{1}{RC})^2 + 4\omega_o^2}}{2}$$

(7.25)

$\omega_2 > 0$이므로 위의 두 해 중 다음이 진짜 해가 된다.

$$\omega_2 = \frac{\dfrac{1}{RC} + \sqrt{(\dfrac{1}{RC})^2 + 4\omega_o^2}}{2} \tag{7.26}$$

■ ω_1 구하기

ω_1을 구하려면 $\omega > \omega_o$ 영역에서 구해야 한다. 따라서 $\omega > \omega_o$라고 가정하면 식(7.22)는 다음과 같이 표현된다.

$$\frac{\omega}{\omega_o} - \frac{\omega_o}{\omega} = -\frac{1}{\omega_o RC} \tag{7.27}$$

식(7.27)을 정리하면 다음의 2차 방정식을 얻는다.

$$\omega^2 + \frac{1}{RC}\omega - \omega_o^2 = 0 \tag{7.28}$$

식(7.28)을 근의 공식으로 풀면 다음의 2가지 해를 얻는다.

$$\omega_1 = \frac{-\dfrac{1}{RC} \pm \sqrt{(\dfrac{1}{RC})^2 + 4\omega_o^2}}{2} \tag{7.29}$$

$\omega_1 > 0$이므로 위의 두 해 중 다음이 진짜 해가 된다.

$$\omega_1 = \frac{-\dfrac{1}{RC} + \sqrt{(\dfrac{1}{RC})^2 + 4\omega_o^2}}{2} \tag{7.30}$$

따라서, 3dB-대역폭은 다음과 같이 구해진다.

$$BW = \omega_2 - \omega_1 = \frac{1}{RC} \tag{7.31}$$

한편 식(7.16)으로부터 Q_o은 다음과 같이 표현된다.

$$Q_o = \omega_o RC = \frac{\omega_o}{\dfrac{1}{RC}} = \frac{\omega_o}{BW} \qquad (7.32)$$

결론적으로 RLC 병렬 회로의 공진 주파수에서의 양호도는 다음과 같이 표현된다.

$$Q_o = \frac{\omega_o \quad ^{\to 공진\,각주파수[rad/s]}}{BW \,_{\to 3dB대역폭[rad/s]}} = \frac{f_o \quad ^{\to 공진\,주파수[Hz]}}{BW \,_{\to 3dB대역폭[Hz]}} \qquad (7.33)$$

예제 7.7 **RLC 병렬 회로의 양호도**

R=200KΩ, L=9nH, C=5pF인 RLC 병렬 회로의 공진 주파수에서의 양호도(Q_o)를 구하라.

풀이

식(7.16)으로부터 RLC 병렬 회로의 양호도를 구하면 다음과 같다.

$$Q_o = \omega_o RC = R\sqrt{\frac{C}{L}} = 20 \times 10^3 \sqrt{\frac{5 \times 10^{-12}}{9 \times 10^{-9}}} = 471$$

예제 7.8 **RLC 직렬 회로의 양호도와 대역폭과의 관계**

RLC 직렬 회로의 양호도(Q_o)를 구하고 $Q_o = wo/BW$가 됨을 증명하라.

풀이

[그림 7E8.1]의 RLC 직렬 회로에서 양단의 전압 $v = V_m \sin \omega t$라고 가정하고 RLC 직렬 회로의 양호도를 구하면 다음과 같다.

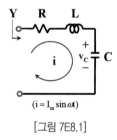

$(i = I_m \sin \omega t)$

[그림 7E8.1]

■ Q_o 구하기

RLC 직렬 회로에서 에너지는 커패시터와 인덕터에 축적된다. 인덕터에 축적되는 에너지는 다음과 같이 간단히 구해진다.

$$E_L = \frac{1}{2} LI_m^2 \sin^2 \omega t$$

커패시터에 축적되는 에너지는 다음과 같이 간단히 구해진다.

$$E_C = \frac{1}{2} Cv_C^2$$

여기서, 커패시터 양단의 전압은 다음과 같다.

$$v_C = \frac{1}{C} \int i dt = \frac{1}{C} \int I_m \sin \omega t dt = -\frac{I_m}{\omega C} \cos \omega t$$

따라서 커패시터에 축적되는 에너지는 다음과 같이 표현된다.

$$E_C = \frac{1}{2} \frac{I_m^2}{\omega^2 C} \cos^2 \omega t$$

RLC 직렬 회로에 축적되는 최대 축적에너지는 다음과 같이 구해진다.

$$E_{max} = (E_L + E_C)\big|_{max} = \frac{I_m^2}{2}(L\sin^2 \omega t + \frac{1}{\omega^2 C} \cos^2 \omega t)\big|_{max}$$

$$\overset{\frac{1}{C}=\omega_o^2 L (공진조건)}{\approx} \quad \frac{1}{2} LI_m^2$$

전력은 저항에서 소모되므로 RLC 직렬 회로의 평균 소모전력은 다음과 같다.

$$P_R = \frac{1}{2} RI_m^2$$

따라서, 정의식에 의해 공진 주파수 ω_o에서의 RLC 직렬 회로의 양호도(Q_o)는 다음과 같이 구할 수 있다.

$$양호도 ; \quad Q_o = \omega_o \frac{E_{max}}{P_R} = \omega_o \frac{\frac{1}{2} LI_m^2}{\frac{1}{2} RI_m^2} = \omega_o \frac{L}{R} \overset{L=\frac{1}{\omega_o^2 C}(공진조건)}{\approx} \frac{1}{\omega_o RC} \tag{7E8.1}$$

이제는 $Q_o = w_o/BW$가 됨을 증명하기로 한다.

우선, RLC 직렬 회로의 임피던스(Z)를 구하면 다음과 같다.

$$Y = \frac{1}{R + j(\omega L - \frac{1}{\omega C})} = \frac{1}{R}(\frac{1}{1 + j\frac{1}{R}(\omega L - \frac{1}{\omega C})}) \overset{Y_o=\frac{1}{R}}{\approx} Y_o \frac{Y}{Y_o}$$

이를 특성 어드미턴스(Y_o)로 나누어 정규화된 어드미턴스(y)로 표현하면 다음과 같다.

$$y \equiv \frac{Y}{Y_\circ} = \frac{1}{1 + j\frac{1}{R}(\omega L - \frac{1}{\omega C})} \overset{\frac{1}{C}=\omega_\circ^2 L(\text{공진조건})}{\cong} \frac{1}{1 + j\frac{\omega_\circ L}{R}(\frac{\omega}{\omega_\circ} - \frac{\omega_\circ}{\omega})} \tag{7E8.2}$$

대역폭(BW)을 구하기 위해 y의 크기가 -3dB($= 1/\sqrt{2}$)인 조건을 구하면 다음과 같다.

$$|y| = \frac{1}{\sqrt{2}} \rightarrow \frac{1}{|y|^2} = 2 \tag{7E8.3}$$

식(7E8.2)와 식(7E8.3)으로부터 다음의 관계식을 얻을 수 있다.

$$\frac{1}{|y|^2} = 1 + \{\frac{\omega_\circ L}{R}(\frac{\omega}{\omega_\circ} - \frac{\omega_\circ}{\omega})\}^2 = 2 \tag{7E8.4}$$

식(7E8.4)를 정리하면 다음의 수식을 얻는다.

$$(\frac{\omega}{\omega_\circ} - \frac{\omega_\circ}{\omega})^2 = (\frac{R}{\omega_\circ L})^2 \tag{7E8.5}$$

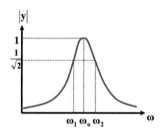

[그림 7E8.2]

식(7E8.5)을 풀면 다음의 해를 얻는다.

$$\frac{\omega}{\omega_\circ} - \frac{\omega_\circ}{\omega} = \pm\frac{R}{\omega_\circ L} \tag{7E8.6}$$

■ ω_2 구하기

[그림 7E8.2]를 보면 3dB 주파수는 ω_1과 ω_2의 두 개가 있음을 알 수 있다. ω_2를 구하려면 $\omega > \omega_\circ$ 영역에서 구해야 한다. 따라서 $\omega > \omega_\circ$라고 가정하면 식(7E8.6) 우측의 '-'항은 제외되므로 다음과 같이 간략화된다.

$$\frac{\omega}{\omega_\circ} - \frac{\omega_\circ}{\omega} = +\frac{R}{\omega_\circ L} \tag{7E8.7}$$

식(7E8.7)을 정리하면 다음의 2차 방정식을 얻는다.

$$\omega^2 - \frac{R}{L}\omega - \omega_\circ^2 = 0 \tag{7E8.8}$$

식(7E8.8)을 근의 공식으로 풀면 다음의 두 가지 해를 얻는다.

$$\omega_2 = \frac{\dfrac{R}{L} \pm \sqrt{(\dfrac{R}{L})^2 + 4\omega_o^2}}{2} \tag{7E8.9}$$

$\omega_2 > 0$ 이므로 위의 두 해 중 다음이 진짜 해가 된다.

$$\omega_2 = \frac{\dfrac{R}{L} + \sqrt{(\dfrac{R}{L})^2 + 4\omega_o^2}}{2} \tag{7E8.10}$$

- ω_1 구하기

ω_1을 구하려면 $\omega > \omega_o$역에서 구해야 한다. 따라서 $\omega > \omega_o$라고 가정하면 식(7E8.6) 우측의 '+'항은 제외되므로 다음과 같이 간략화된다.

$$\frac{\omega}{\omega_o} - \frac{\omega_o}{\omega} = -\frac{R}{\omega_o L} \tag{7E8.11}$$

식(7E8.11)을 정리하면 다음의 2차 방정식을 얻는다.

$$\omega^2 + \frac{R}{L}\omega - \omega_o^2 = 0 \tag{7E8.12}$$

식(7E8.12)를 근의 공식으로 풀면 다음의 2가지 해를 얻는다.

$$\omega_1 = \frac{-\dfrac{R}{L} \pm \sqrt{(\dfrac{R}{L})^2 + 4\omega_o^2}}{2} \tag{7E8.13}$$

$\omega_2 > 0$이므로 위의 두 해 중 다음이 진짜 해가 된다.

$$\omega_1 = \frac{-\dfrac{R}{L} + \sqrt{(\dfrac{R}{L})^2 + 4\omega_o^2}}{2} \tag{7E8.14}$$

따라서, 3dB-대역폭(BW)은 다음과 같이 구해진다.

$$BW = \omega_2 - \omega_1 = \frac{R}{L} \tag{7E8.15}$$

한편 식(7E8.1)로부터 Q_o 는 다음과 같이 표현된다.

$$Q_o = \omega_o \frac{L}{R} = \frac{\omega_o}{\dfrac{R}{L}} = \frac{\omega_o}{BW} \tag{7E8.16}$$

결과적으로 RLC 직렬 회로의 공진 주파수에서의 양호도는 다음과 같이 표현된다.

$$Q_o = \frac{\omega_o \,^{\to 공진\,각주파수[rad/s]}}{BW \,_{\to 3dB대역폭[rad/s]}} = \frac{f_o \,^{\to 공진\,주파수[Hz]}}{BW \,_{\to 3dB대역폭[Hz]}} \tag{7E8.17}$$

식(7E8.17)로부터 공진 회로의 양호도는 대역폭에 대한 공진 주파수의 비로 표시되며 양호도가 클수록 뾰족한 특성을 보인다.

7.2.4 마디 양호도와 부하 양호도

(1) 마디 양호도

7.2.2절의 실제 인덕터와 커패시터의 양호도를 구한 결과로부터 저항과 리액턴스가 직렬(혹은 병렬)로 연결될 경우 임피던스(혹은 어드미턴스)가 $R_S + jX_S$(혹은 $G_P + jB_P$)로 되고, 양호도 Q는 저항에 대한 리액턴스 비(혹은 컨덕턴스에 대한 서셉턴스 비)로써 구해짐을 공부했다.

실제로, 회로 내의 임의의 마디에서 임피던스(혹은 어드미턴스)를 구하면 $R_S + jX_S$(혹은 $G_P + jB_P$)로 표현된다. 따라서 임의의 마디에서의 양호도를 식(7.34)로 정의하고 이를 **마디 양호도(Q_n, nodal quality factor)**라고 부른다.

$$Q_n \equiv \frac{|X_S|}{R_S} = \frac{|B_P|}{G_P} \tag{7.34}$$

따라서 마디 양호도 Q_n은 한 개의 저항소자와 한 개의 리액티브 소자가 직렬(혹은 병렬) 연결된 경우의 양호도 식과 같음을 알 수 있다.

(2) 부하 양호도

한편, RLC 병렬(혹은 직렬) 회로에서 양호도 Q_o는 대역폭에 대한 공진 주파수 비로 구해짐을 공부했다. 실제로, 공액 정합된(conjugated matched) 회로는 공진 회로와 같은 특성을 보인다. 따라서 식(7.35)로 회로의 양호도를 정의하여 이를 **부하 양호도(Q_L, loaded quality factor)**라고 부른다.

$$Q_L = \frac{\omega_o}{BW} \tag{7.35}$$

실제로, 공진 회로나 공액 정합(conjugated matching) 회로의 양호도는 부하 양호도로 표현된다.

(3) 마디 양호도와 부하 양호도와의 관계

[그림 7.10(a)]에서와 같이 공액 정합된 회로를 생각하자. 이 경우 공액 정합된 회로이므로 공진 주파수 ω_o에서 $\omega_o C = \dfrac{1}{\omega_o L}$ 의 관계가 성립한다. 따라서 [그림 7.10(a)] 회로를 어드미턴스로 표현하면 [그림 7.10(b)]와 같이 표현된다.

여기서, $G = \dfrac{1}{R}$, $jB = jB_C = j\omega_o C$, $-jB = -jB_L = -j\dfrac{1}{\omega_o L}$ 이 된다.

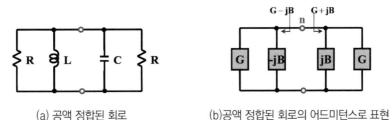

| (a) 공액 정합된 회로 | (b) 공액 정합된 회로의 어드미턴스로 표현 |

[그림 7.10] 공액 정합된 회로의 마디 양호도

이 경우 마디 n 에서 마디 양호도 Q_n을 구하면 다음과 같다.

$$Q_n = \frac{|B_C|}{G} = \frac{|B_L|}{G} = \frac{|B|}{G} \tag{7.36}$$

한편, 부하 양호도 Q_L을 구하기 위해 [그림 7.10(a)] 회로를 병렬 RLC 공진 회로로 등가화하면 [그림 7.11(a)]와 같다. 여기서, $R_T = R//R = R2$ 가 된다.

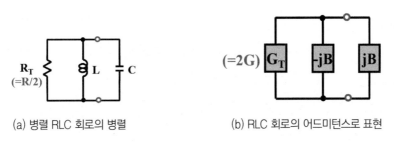

| (a) 병렬 RLC 회로의 병렬 | (b) RLC 회로의 어드미턴스로 표현 |

[그림 7.11] 병렬 RLC 회로의 부하 양호도

[그림 7.11(a)] 회로를 어드미턴스로 표현하면 [그림 7.11(b)]와 같이 표현된다. 여기서, $G_T = 1/R_T = 2G$가 된다. 공진 회로나 공액 정합회로의 경우 양호도는 부하 양호도로 표현된다. 따라서 부하 양호도 Q_L을 구하면 다음과 같다.

$$Q = Q_L \equiv \frac{\omega_o}{BW} = R_T \omega_o C = \frac{\omega_o C}{1/R_T} = \frac{|B_C|}{G_T} = \frac{|B|}{2G} = \frac{1}{2}Q_n \tag{7.37}$$

식(7.37)에서 알 수 있듯이 공진 회로나 공액 정합회로의 경우 마디 양호도는 부하 양호도의 2배가 된다.

$$Q_L = \frac{1}{2}Q_n \tag{7.38}$$

식(7.38)의 관계는 대칭적 특성을 보이는 이상적인 공진 회로에서 잘 성립한다. 그러나 그 외의 회로에 대해서는 관계계수가 1/2이 아닌 다른 값일 수도 있다. 심지어 어떤 회로에서는 Q_n과 Q_L의 관계를 구하는 것조차 어려운 경우도 있다. 그러나 중요한 것은 부하 양호도 Q_L과 마디 양호도 Q_n이 비례한다는 것이다. 따라서 Q_L을 크게 하여 회로의 양호도를 높이기 위해서는 Q_n이 크게 되도록 설계해야 한다.

7.2.5 일정 Q_n-원

여러 가지 다른 임피던스가 동일한 마디 양호도(Q_n)를 가질 수 있다. 예를 들어 $Z = 0.5 + j0.5$와 $Z = 1 + j1$의 Q_n은 1로서 동일하다.

이와 같이 일정한 Q_n의 궤적을 구하기 위해 정규화된 임피던스(z)를 반사계수로 표현하면 다음 수식과 같이 표현된다.

$$z = r + jx = \frac{1 + \Gamma}{1 - \Gamma} = \frac{1 + (\Gamma_r + j\Gamma_i)}{1 - (\Gamma_r + j\Gamma_i)} = \frac{1 - \Gamma_r^2 - \Gamma_i^2}{(1 - \Gamma_r)^2 + \Gamma_i^2} + j\frac{\Gamma_i}{(1 - \Gamma_r)^2 + \Gamma_i^2} \tag{7.39}$$

식(7.39)로부터 마디 양호도(Q_n)를 구하면 다음과 같다.

$$Q_n = \frac{|x|}{r} = \frac{2\Gamma_i}{1 - \Gamma_r^2 - \Gamma_i^2} \tag{7.40}$$

식(7.40)은 다음 수식으로 정리된다.

$$\Gamma_r^2 + (\Gamma_i \pm \frac{1}{Q_n})^2 = 1 + \frac{1}{Q_n^2} \tag{7.41}$$

여기서, $+1/Q_n$은 양의 리액턴스($x > 0$)일 때이고, $-1/Q_n$은 음의 리액턴스($x < 0$)일 때이다. 식(7.41)은 원의 방정식으로서 원의 중심은 $(0, \frac{\pm 1}{Q_n})$이고, 반경은 $\sqrt{1 + \frac{1}{Q_n^2}}$ 이다. 이 원 상의 Q_n은 일정하므로 이 원을 일정 Q_n-원(constant nodal quality factor-circle)이라고 한다. [그림 7.12]는 스미스차트 상에 그린 일정-Q_n 원들을 보여주고 있다.

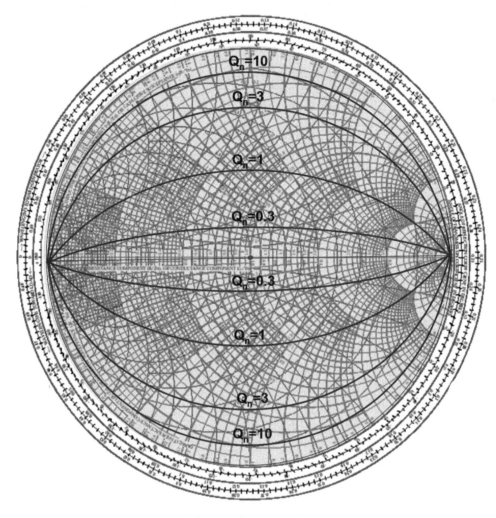

[그림 7.12] 일정-Q_n 원

(1) 회로의 마디 양호도

각 마디 양호도 중에서 최댓값이 그 회로의 마디 양호도가 된다. 따라서 정합회로의 경우 정합궤적이 만나는 최대 Q_n값이 그 정합회로의 마디 양호도가 된다. L-형 정합회로의 경우 구해진 마디 양호도(Q_n)로부터 식(7.38)을 이용하여 부하 양호도(Q_L)을 바로 구할 수 있다. 이보다 복잡한 형태의 정합회로에 대해서는 정확한 부하 양호도 값을 구할 수는 없으나 비례하는 관계를 가지므로 크고 작음을 예측할 수 있다.

예제 7.9   정합회로의 양호도

$Z_L = (25+j10)\,\Omega$의 부하를 $Z_S = 50\,\Omega$의 신호원 임피던스에 연결하고자 하며, 연결 시 신호의 반사가 일어나지 않도록 사이에 정합회로를 설계해 넣고자 한다.

(a) L-형으로 정합회로를 설계하되 두 가지 구조로 설계하라.

(b) 스미스차트로부터 두 정합회로에 대한 부하 양호도를 구하라.

(c) 두 정합회로의 주파수 응답($H = V_{out}/V_s$)으로부터 대역폭을 구한 후, (b)에서 구한 부하 양호도로부터 식(7.37)을 이용하여 구한 대역폭과 비교하라.

단, 동작 주파수는 1GHz이고, 부하는 저항과 인덕터의 직렬 연결로 구성되었다.

풀이

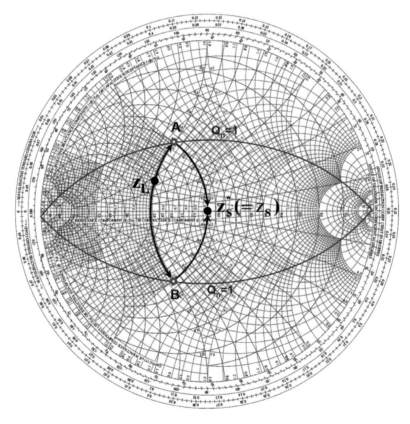

[그림 7E9.1]

(a) 정규화된 신호원 임피던스 $z_S = z_S^* = 50\,\Omega$으로서 z_S^*는 스미스차트의 원점에 위치한다. 정규화된 부하 임피던스 $z_L = 0.5 + j0.2$는 $g = 1$인 일정 g-원 내부에 놓여 있으며 L-형 정합을 위한 정합경로를 구하면 [그림7E9.1]에서와 같이 두 개의 경로가 존재함을 알 수 있다 .

A경로의 정합회로는 직렬 인덕터와 병렬 커패시터로 구성되어 [그림7E9.2]와 같은 회로가 되고, B경로의 정

합회로는 직렬 커패시터와 병렬 인덕터로 구성되어 [그림7E9.3]과 같은 회로가 된다. 결과적으로 [그림 7E9.2]와 [그림7E9.3]의 두 정합회로를 얻는다.

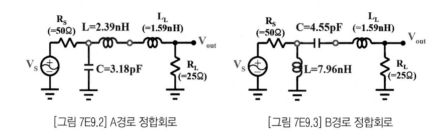

[그림 7E9.2] A경로 정합회로   [그림 7E9.3] B경로 정합회로

(b) [그림 7E9.1]의 두 개의 회로의 정합경로에 따르면 각각 정합경로 상에서 만나는 최대 $Q_n = 1$로서 같다. 따라서 두 회로의 마디 양호도 $Q_n = 1$로 같다. 따라서 두 회로의 부하 양호도도 같으며 다음과 같이 구해진다.

$$Q_L = \frac{Q_n}{2} = 0.5$$

(c) 두 정합회로에 대한 주파수 응답($H = V_{out}/V_S$)특성을 그래프로 그리면 [그림7E9.4]와 같다.

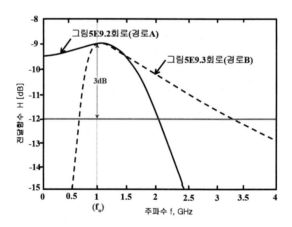

[그림 7E9.4] 두 정합회로에 대한 주파수 응답 특성

[그림 7E9.3]회로의 대역폭은 대략 $BW_A = 2.4GHz$가 됨을 알 수 있다. 이에 비해 [그림 7E9.2]회로는 저주파 쪽에서 3dB 주파수 f_L이 존재하지 않음을 알 수 있다. 그러나 주파수 응답 특성이 공진 주파수 $f_0 = 1GHz$ 주위에서 대칭적이라고 가정하면 고주파 쪽에서 3dB 주파수 f_H로부터 대역폭은 $BW_B = 2(f_H - f_0) = 1.9GHz$가 된다. [그림 7E9.1]의 두 정합경로에 따르면 두 회로의 마디 양호도는 $Q_n = 1$로 같으므로 대역폭은 $BW = f_0/Q_L = 2f_0/Q_n = 2GHz$로 동일할 것으로 예상했으나 실제로는 정합회로에 따라 다소 차이가 있음을 볼 수 있다. 이는 정합회로가 대칭적 특성을 보이는 이상적인 공진 회로가 아니기 때문이다.

실제 응용에서 정합회로의 양호도는 매우 중요한 요소이다. 예를 들어 광대역 증폭기를 설계할 경우 대역폭을 넓히기 위해 양호도가 낮도록 회로를 설계한다. 반면에 발진기를 설계할 경우 원하지 않는 하모닉(harmonic) 성분을 억제하기 위해 양호도가 높도록 회로를 설계한다.

한편, 앞서의 L-형 정합회로 설계에서 보았듯이 두 소자로써 정합회로를 구성할 경우 설계자에게 Q_n을 조절할 수 있는 선택권이 없음을 알 수 있다. 설계자가 Q_n을 원하는 대로 조절할 수 있게 하려면 정합회로에 소자를 하나 더 추가하여 세 개의 소자로써 정합회로를 구성하면 된다. 세 개의 소자로써 구성된 정합회로는 T나 π 모양이 되므로 T-형 또는 π-형 정합회로라고 부른다.

7.2.6 T-형 및 p-형 정합회로(3개의 소자로 구성된 정합회로)

2소자 정합회로인 L-형 정합회로는 2개의 각 소자가 L인지 C인지가 정해지면 정합 경로도 하나로 정해진다. 이 경우 설계자가 정합 경로를 선택할 여지가 없으므로 양호도도 주어지는 값으로 그대로 받아들일 수밖에 없다. 그러나 정합회로에 소자를 1개 더 추가하여 3소자로 정합회로를 설계한다면 다양한 정합 경로가 가능해지며 설계자는 여러 경로 중에서 원하는 양호도를 얻을 수 있는 경로를 선택함으로써 정합과 아울러 양호도도 원하는 대로 설계할 수 있다. 2소자를 연결할 경우 항상 L자 모양이 되는 데 비해, 3소자를 연결할 경우에는 T자나 p자 모양이 된다. 3소자를 써서 T자 형으로 연결하여 정합회로를 구성한 것을 **T-형 정합회로**라고 하고, 3소자를 써서 p자 형으로 연결하여 정합회로를 구성한 것을 **π-형 정합회로 π**라고 한다. T-형 정합회로나 p-형 정합회로의 양호도는 통상적으로 회로 내에서의 Q_n 중 최댓값으로 취한다. 다시 말해, 정합 경로상에서 만나는 Q_n의 최댓값으로 취한다.

예제 7.10 **T-형 정합회로의 설계**

부하 임피던스 $Z_L = (60 - j30)\,\Omega$을 $Z_{in} = (10 + j15)\,\Omega (= Z_s^*)$으로 변환하는 T-형 정합회로를 설계하라. 최대 마디 양호도 Q_n는 3이 되도록 설계하고, 정합회로의 동작 주파수를 1GHz로 가정할 때 정합회로를 구성하는 각 소자의 값을 구하라.

풀이

T-형 정합회로의 일반적인 구조는 [그림 7E10.1]과 같다.

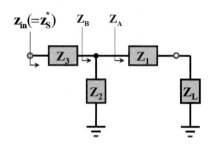

[그림 7E10.1] T-형 정합회로의 일반적인 구조

이 회로에서 소자 Z_1은 순수 리액티브 소자이고, 부하 임피던스에 직렬로 연결되었으므로 부하와 결합된 임피던스 Z_A는 $r = r_L$인 일정 r-원 상에 있다. 유사하게 Z_3가 Z_L 및 Z_1, Z_2가 결합된 임피던스 Z_B에 직렬 연결되어 있으므로 Z_B는 $r = r_{in}$인 일정 r-원 상의 어느 점인가에 위치하게 된다. 회로가 노드 양호도 $Q_n = 3$을 가져야 하므로 Z_B가 $r = r_{in}$인 일정 r-원과 $Q_n = 3$인 원의 교차점([그림 7E10.2]의 B점)에 위치하도록 Z_3 값을 선정할 수 있다.

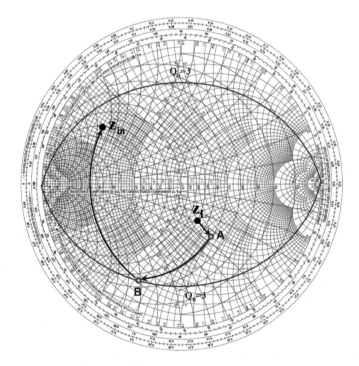

[그림 7E10.2] $Q_n = 3$인 T-형 정합회로의 설계

다음은 앞에서 구한 점 B점을 통과하는 일정 g-원과 r = r_L인 일정 r-원이 교차하는 점 A를 구함으로써 Z_2 값을 선정할 수 있다. 나머지 소자 Z_1 값은 r = r_L인 일정 r-원으로부터 소자 값을 결정할 수 있다. 이로써 Z_{in} 점에 도달하기 위한 모든 소자 값을 결정할 수 있다.

실제 소자값은 f = 1GHz를 가정하여 계산되었고, 설계된 T-형 정합회로는 [그림 7E10.3]에 보였다.

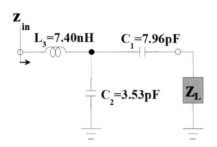

[그림 7E10.3] T-형 정합회로의 구성도

T-형 정합회로는 L-형 정합회로에 부가적으로 회로 소자를 첨부함으로써 정합회로의 양호도(대역폭)를 조절할 수 있는 선택권을 얻을 수 있다.

예제 7.11 π-형 정합회로의 설계

광대역 증폭기에서 부하 임피던스 Z_L = (12.2 − j9.76) Ω을 Z_{in} = (20 + j40) Ω(=Z_S^*)으로 임피던스 변환하는 π-형 정합회로를 설계하고자 한다. 광대역 특성을 실현하기 위해서 노드 양호도는 최소가 되도록 설계하여야 한다. 주파수 f = 2.4GHz로 가정하여 정합회로를 설계하라.

풀이

π-형 정합회로의 일반적인 구조는 [그림7E11.1]과 같다.

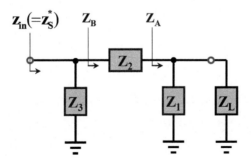

[그림 7E11.1] π-형 정합회로의 일반적인 구조

우선, 이 회로에서 가능한 노드 양호도의 최솟값을 생각해보자. 부하 임피던스와 입력 임피던스가 고정되어 있기 때문에 정합회로는 Z_L 및 Z_{in}에서의 Q_n 중 가장 큰 값보다 낮은 양호도를 갖는 정합회로를 만들 수는 없다. 그러므로 실현 가능한 Q_n의 최솟값은 입력 임피던스로부터 $Q_n = |X_{in}|/R_{in} = 40/20 = 2$로 결정된다. $Q_n = 2$에 의한 π-형 정합회로의 정합경로를 [그림 7E11.2]에 보였다.

정합경로를 구하는 과정을 설명하면 다음과 같다. 우선, $g = g_{in}$인 일정 g-원을 그리고 스미스차트상에 $Q_n = 2$인 일정 Q-원과의 교차점 B를 구한다. 다음으로, $g = g_L$의 일정 g-원과 점 B를 통과하는 일정 r-원과의 교차점 A를 구한다.

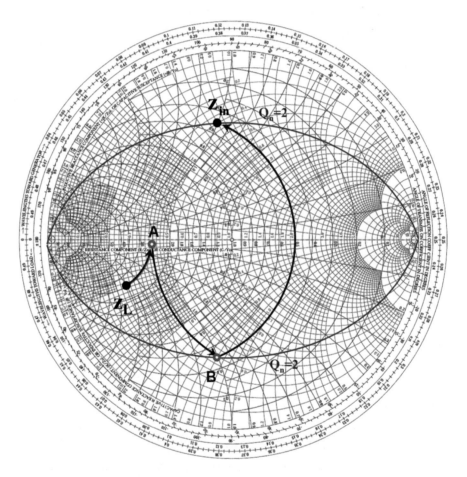

[그림 7E11.2] 최소 Q_n을 이용한 π-형 정합회로 설계

회로소자는 스미스차트를 실제 커패시턴스와 인덕턴스로 변환하여 구할 수 있으며, 최종 설계된 π-형 정합회로를 [그림 7E11.3]에 보였다.

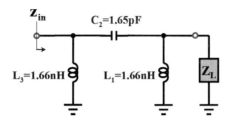

[그림 7E11.3] π-형 정합회로의 형태

7.2.7 무손실 정합회로와 손실 정합회로

L이나 C를 써서 정합회로를 구현할 경우, L이나 C가 전력을 축적하고 방출할 뿐 소모하는 소자가 아니므로 L이나 C로 구현된 정합회로도 전력을 소모하지 않는 **무손실 정합회로**(lossless matching network)가 된다. 이 경우 정합경로는 일정 r-(혹은 g-)원을 따라 움직인다.

반면에 R을 써서 정합회로를 구현할 경우, 정합경로는 일정 x-(혹은 b-)원을 따라 움직인다. 직렬로 R이 연결될 경우 일정 x-원을 따라 움직이고, 병렬로 R이 연결될 경우 일정 b-원을 따라 움직인다. R은 전력을 소모하는 소자이므로 R로 구현된 정합회로도 전력을 소모하는 **손실 정합회로**(lossy matching network)가 된다. 이와 같이 저항(R)은 전력을 소모하는 소자이므로 일반적으로 정합회로를 설계할 때 사용을 피하고 있다.

7.3 마이크로스트립선 정합회로

앞 절에서는 집중소자(lumped element)에 의한 정합회로 설계 방법에 대해 논의하였다. 그러나 집중소자의 경우 주파수가 높아져서 파장이 짧아짐에 따라 더 이상 집중 정수로 해석하기 곤란해진다. 또한, 주파수가 높아짐에 따라 기생성분의 영향이 커져서 소자의 성능이 저하되게 된다.

일반적으로 집중소자는 1GHz 이하의 주파수에서 주로 사용되고 그 이상의 주파수에서는 분포소자(distributed element)를 주로 사용한다. 그 경계 부분인 수 GHz의 영역에서는 집중소자와 분포소자를 함께 섞어 사용하는 혼합형 회로가 자주 사용된다.

7.3.1 혼합형 정합회로

혼합형 정합회로는 [그림 7.13]에서와 같이 여러 개의 전송선을 직렬 연결하고 일정 간격에 커패시터를 병렬로 연결하는 형태로 구성된다. 인덕터는 커패시터에 비해 저항성 손실이 크므로 일반적으로 사용하지 않는다. 여기서 직렬 연결된 두 전송선 사이에 병렬 연결된 커패시터는 주어진 부하 임피던스를 임의의 입력 임피던스로 변환하는 기능을 한다. 설계할 때 양호도를 조절하기 위해 특정 값의 Q_n 값이 주어질 경우 L-형 정합에서와 같이 추가적인 소자를 사용하여 주어진 Q_n 값을 만족하게 설계할 수 있다.

　혼합형 정합회로는 회로가 제작된 이후에도 커패시터의 값을 바꾸거나 전송선에서의 위치를 바꿈으로써 조정(tunning)이 가능한 장점을 갖고 있어서 초기(prototype) 설계에서 흔히 사용된다. 이 경우 미세조정을 쉽게 할 수 있도록 모든 전송선의 특성 임피던스는 동일한 값을 갖도록 설계한다.

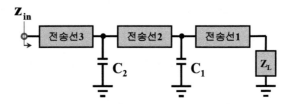

[그림 7.13] 전송선과 개별 커패시터로 구성된 혼합형 정합회로

예제 7.12 혼합형 정합회로의 설계

부하 임피던스 $Z_L = (28 + j0)\,\Omega$을 $Z_{in} = (60 + j80)\,\Omega\,(= Z_S^*)$으로 변환시키는 정합회로를 설계하라. 정합회로는 두 개의 직렬 전송선과 하나의 병렬접지된 커패시터로 구성되며 두 전송선의 특성 임피던스는 50Ω이고, 원하는 정합 주파수는 1.5GHz이다.

풀이

우선, 정규화된 부하 임피던스 $z_L = 0.56 + j0$를 스미스차트에 표시한다. 전송선 ℓ_1은 z_L을 지나는 SWR-원을 따라서 z_L을 시계방향으로 회전시켜 점 A로 이동시킨다. 다음은 [그림7E12.1]에서와 같이 입력 임피던스 점

$z_{in} = 1.2 + j1.6$을 통과하는 SWR-원을 그린다. 부하 SWR에서 입력 SWR로 전환시키는 점은 임의로 선택할 수 있다. [그림7E12.1]에서 점 A를 선정하였으며 이 점에서의 정규화된 어드미턴스 $y_A = 1 - j0.6$이 된다. 병렬 커패시터 C_1을 추가함으로써 $g = 1$인 일정 g-원을 따라 이동하게 되며 스미스차트 상에서 점 A에서 입력 SWR 원 상의 점 B로 임피던스 변환을 한다. 이 경우 커패시터 C_1의 값은 다음과 같이 구해진다.

$$jb_{C1} = j\{1.4 - (-0.6)\} = j2 = j\omega C_1 Z_O$$

$$C_1 = \frac{b_{C1}}{\omega Z_O} = \frac{2}{50 \times 2\pi \times 1.5 \times 10^9} = 4.24pF \tag{7E12.1}$$

점 B로부터 직렬로 연결된 전송선 ℓ_2를 추가시킴으로써 SWR 원 상을 따라 z_{in}으로 임피던스 변환을 하게 된다.

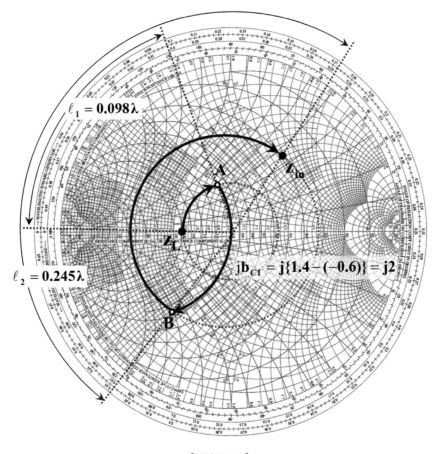

[그림 7E12.1]

마지막으로 전송선의 전기적 길이를 결정해야 하는데 이 값은 스미스차트의 단위 원 밖에 표시된 WTG(신호원 방향 파장) 눈금으로부터 ℓ_1과 ℓ_2의 길이를 판독하여 구할 수 있다. 최종적으로 설계된 정합회로를 [그림7E12.2]에 보였다.

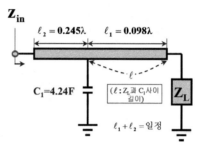

[그림 7E12.2] 직렬 전송선과 병렬 커패시터로 구성된 정합회로

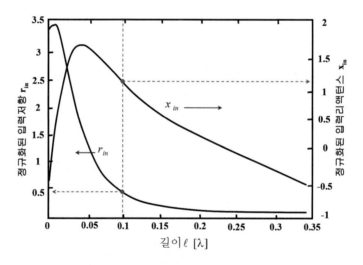

[그림 7E12.3] 병렬 커패시터의 위치에 따른 입력 임피던스

이 회로에서 커패시터를 이용한 튜닝(tuning)에 대하여 살펴보기로 하자. [그림 7E12.3]에서는 입력 임피던스의 실수부 r_{in}과 허수부 x_{in}의 값을 길이 ℓ(Z_L과 C_1 사이의 길이)의 함수로 나타낸 것이다. 전체 길이 $\ell_1 + \ell_2$은 일정하게 유지하고, 커패시터의 위치를 부하 끝에서부터 회로의 시작점까지 변화시킨다. 이 경우 ℓ의 변화 범위는 $0 \le \ell \le \ell_1 + \ell_2$가 된다. 점선은 본 예제의 설계 결과를 나타낸다. x_{in}은 ℓ이 증가함에 따라 인덕티브에서 커패시티브로 전환됨을 알 수 있다.

이러한 혼합형 정합회로는 매우 큰 범위로 미세조정이 가능하나 전송선 상의 커패시터의 위치에 매우 민감하게 된다. 원하는 목표위치에서 조금만 벗어나도 입력 임피던스에 큰 차이를 초래한다.

7.3.2 단일 스터브 정합회로

앞에서 단락회로 스터브나 개방회로 스터브는 그 길이에 따라 인덕티브나 커패시티브 소자가 됨을 공부하였다. 따라서 스터브는 임의의 L이나 C 값을 구현할 수 있는 분포정수 소자로서 집중소자로 된 L과 C를 대체할 수 있다. 이 경우 정합회로는 분포소자만으로 구성되므로 완전한 분포정수 정합회로가 된다.

　이 절에서는 한 개의 스터브를 사용하여 정합하는 단일 스터브 정합회로에 대해 설명한다. [그림 7.14]는 단일 스터브 정합회로의 두 가지 형태를 보여주고 있다. [그림 7.14(a)]는 부하와 스터브가 병렬 연결된 회로에 직렬로 전송선이 연결된 구조이고, [그림 7.14(b)] 부하와 전송선이 직렬 연결된 회로에 병렬로 스터브가 연결된 구조이다. [그림 7.14]의 정합회로는 전송선의 길이 ℓ_1과 특성 임피던스 Z_O 및 스터브의 길이 ℓ_S와 특성 임피던스 Z_{OS}의 네 가지 변수를 조정하여 정합할 수 있다. 실제로 단일 스터브 정합회로를 설계할 경우 위의 4가지 변수를 다 조정하기보다는 특성 임피던스를 고정하고 길이를 조정하여 정합하거나 반대로 길이를 고정하고 특성 임피던스를 조정하여 정합한다. 따라서 고정된 특성 임피던스를 사용하는 단일 스터브 정합회로와 고정된 길이를 사용하는 단일 스터브 정합회로로 분류하여 설명한다.

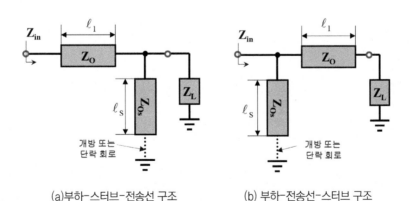

(a)부하–스터브–전송선 구조　　　(b) 부하–전송선–스터브 구조

[그림 7.14] 단일 스터브 정합회로의 두 가지 형태

(1) 고정-Z_O 단일 스터브 정합회로

고정-Z_O 단일 스터브 정합회로는 $Z_{O1}=Z_{OS}=Z_O$로서 고정된 특성 임피던스를 사용하며 [그림 7.15]에서 보인 것처럼 부하-스터브-전송선 구조와 부하-전송선-스터브 구조의 두 가지 형태가 가능하다. [그림 7.15(a)]의 우측은 부하-스터브-전송선 구조의 정합궤적을 보여준다. 부하 Z_L은 스터브 ℓ_S가 커패시티브 서셉턴스를 가지면 일정 g-원을 따라 A점으로 이동하고, 전송선 ℓ_1에 의해 원점을 중심으로 한 원을 따라 입력 임피던스 Z_{in}으로 이동하여 정합된다. 만약 스터브 ℓ_S가 인덕티브 서셉턴스를 가지면 B점을 거쳐 정합된다. [그림 7.15(b)]의 우측은 부하-전송선-스터브 구조의 정합궤적을 보여준다. 부하 Z_L은 전송선 ℓ_1에 의해 원점을 중심으로 원을 그리며 회전하여 A점으로 이동하고, 인덕티브 서셉턴스를 갖는 스터브 ℓ_S에 의해 일정 g-원을 따라 이동하여 입력 임

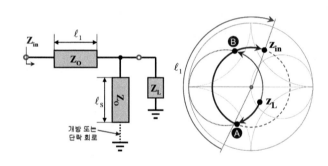

(a) 부하-스터브-전송선 구조와 정합궤적

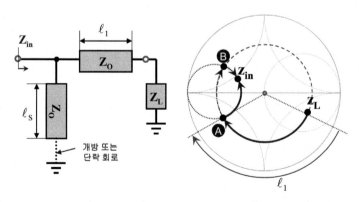

(b) 부하-전송선-스터브 구조와 정합궤적

[그림 7.15] 고정-Z_O 단일 스터브 정합회로

피던스 Z_{in}에 정합된다. 또 다른 경로는 전송선 ℓ_1에 의해 원점을 중심으로 원을 그리며 회전하여 B점까지 이동하고, 커패시티브 서셉턴스를 갖는 스터브 ℓ_S에 의해 일정 g-원을 따라 이동하여 입력 임피던스 Z_{in}에 정합된다.

정합회로는 스터브의 길이 ℓ_S와 전송선의 길이 ℓ_1을 조정함으로써 설계된다. 스터브의 길이 ℓ_S는 병렬로 연결되는 서셉턴스의 크기를 결정하고, 전송선의 길이 ℓ_1은 원점을 중심으로 한 임피던스 점의 회전각을 결정한다.

고정-Z_0 단일 스터브 정합회로의 설계

$Z_L=(60-j45)\,\Omega$의 부하 임피던스를 $Z_{in}=(68+j75)\,\Omega(=Z_S^*)$으로 변환시키는 단일 스터브 정합회로를 [그림 7.15(a)] 형태로 설계하라. [그림 7.15(a)]에서 스터브와 전송선의 특성 임피던스 Z_0는 모두 75Ω 이라고 가정한다.

풀이

그림 7.15(a) 형태의 단일 스터브 정합회로는 [그림 7E13.1]에서 볼 수 있듯이 정규화된 부하 어드미턴스 $y_L=1/z_L=0.8+j0.6$이 정규화된 입력 임피던스 $z_{in}=0.9+j1$을 통과하는 SWR원 상으로 이동될 수 있도록 서셉턴스 B_S를 형성해 주는 방식으로 설계되며, 서셉턴스 B_S는 스터브 ℓ_S의 길이로써 조절된다.

[그림 7E13.1]에서 볼 수 있듯이 $Z_{in}=0.9+j1$을 통과하는 SWR원과 $y_L=0.8+j0.6$을 통과하는 일정 g-원은 A와 B 두 점($y_A=0.8+j0.93$와 $y_B=0.8-j0.93$)에서 교차한다.

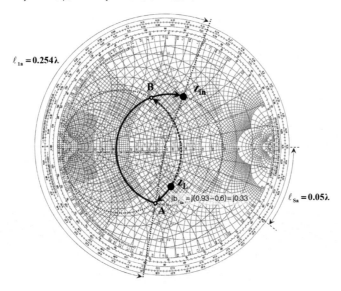

[그림 7E13.1]

점 A를 거칠 경우 필요로 하는 서셉턴스 값 $jb_{sa} = y_A - y_L = j0.33$가 되고, 점 B를 거칠 경우 필요로 하는 서셉턴스 값 $jb_{sb} = y_B - y_L = -1.53$이다.

점 A를 거칠 경우의 개방 스터브를 쓴다면 스터브의 길이는 스미스차트에서 ℓ_{SA}를 측정하여 알 수 있다. 즉, $y = 0$ 점(개방회로)에서 시작하여 $y = jb_{sa} = j0.33$의 점까지 시계방향으로 이동한다. 이 경우 스터브 길이 $\ell_{SA} = 0.056\lambda$이다. 이 단락 스터브는 길이를 $\lambda/4$만큼 증가시킨 개방 스터브로 대체 할 수 있다. 동축케이블이 사용될 경우 큰 단면적으로 인한 과다 방사 손실 때문에 길이가 짧은 단락 스터브를 쓰는 것이 유리하다. 프린트 기판 회로 설계에서는 개방회로 스터브가 종종 선호되는데 단락회로 스터브의 경우 접지면과의 연결을 위해 기판을 관통하는 비아홀(via hole)이 필요해지는 문제점이 있기 때문이다.

점 B를 거칠 경우, 같은 방법으로 스터브 b_{sb}의 길이를 구하면 개방 스터브를 쓸 경우 $\ell_{sb} = 0.34\lambda$가 되고, 단락 스터브를 쓸 경우 $\ell_{sb} = 0.09\lambda$가 된다. 직렬 전송선의 길이도 스미스차트 상에서 읽어 구할 수 있으며 점 A를 거칠 경우 $\ell_{1a} = 0.254\lambda$가 되고, 점 B를 거칠 경우 $\ell_{1b} = 0.07\lambda$가 된다.

회로 설계자는 가능한 한 회로기판의 크기를 최소화시키는 것이 바람직하다. 특히, RFIC 설계의 경우 회로의 크기는 제작 단가에 큰 영향을 미치게 되므로 매우 중요한 고려 사항이 된다. 따라서 요구되는 임피던스의 조건에 따라 개방 스터브나 단락 스터브를 결정하게 된다.

(2) 고정-길이 단일 스터브 정합회로 ($\lambda/4$-변환기 사용)

고정-길이 단일 스터브 정합회로는 특성 임피던스를 조정하여 정합을 해야 하는데 이 경우 $\lambda/4$-변환기(길이가 $\lambda/4$인 전송선)가 유용하게 사용될 수 있다. 따라서 $\lambda/4$-변환기의 특성을 먼저 살펴보도록 한다.

■ $\lambda/4$-변환기의 특성

[그림 7.16(a)]에서 보듯이 특성 임피던스 Z_{Oq}인 전송선의 끝에 부하 Z_L을 연결하고 부하로부터 $\lambda/4$만큼 떨어진 점에서 본 임피던스 Z_I은 [그림 7.16(b)]의 스미스차트에서 보인 것과 같이 변환되어 나타난다. 즉, Z_L점에서의 반사계수를 Γ_O라고 할 때 전송선을 따라 신호원 쪽으로 이동하면 Z_L점은 원점을 중심으로 시계방향으로 회전하며 그 길이가 $\lambda/4$일 때 정확히 $180°$를 회전하게 된다. 이때 부하 Z_L이 순수 저항(R)일 경우 $\lambda/4$-전송선을 거치면 다른 값의 순수 저항(R)으로 변환된다. 또한, 커패시티브 리액턴스를 갖고 있는 임피던스일 경우 인덕티브 리액턴스를 갖는 임피던스로 변환되며 인덕티브 리액턴스는 커패시티브 리액턴스로 변환된다. 부하가 개방회로($Z_L = \infty$)일 경우 단락회로($Z_L = 0$)로 변환되고, 단락회로일 경우 개방회로로 변환된다. 이와 같이 길이가 $\lambda/4$인 전송선은 임피던스를 변환하는 역할을 하므로 $\lambda/4$-변환기(quarter-wave transformer)라고 부른다.

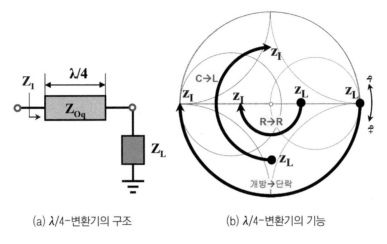

(a) λ/4-변환기의 구조   (b) λ/4-변환기의 기능

[그림 7.16] λ/4-변환기의 특성

한편, λ/4-변환기의 임피던스 변환 관계는 이미 4장에서 입력 임피던스 식에 d=λ/4 를 대입하여 유도한 적이 있으며 그 결과식인 식(4.55)를 요약하면 다음과 같다.

$$Z_I = \frac{Z_{Oq}^2}{Z_L} \tag{7.42a}$$

여기서, Z_I는 λ/4-변환기를 통해 부하 Z_L을 본 임피던스이고, Z_{Oq}는 λ/4-변환기의 특성 임피던스이다.

한편, Z_I와 Z_L이 모두 순수 저항일 경우, 식(7.42a)는 λ/4- 변환기를 사용하여 어떤 값의 순수저항을 다른 값의 순수저항으로 직접 변환할 수 있음을 의미한다. 이 경우 Z_{Oq}는 식(7.42b)와 같이 R_I와 R_L의 기하평균이 되도록 설정하면 된다.

$$Z_{Oq} = \sqrt{R_I R_L} \tag{7.42b}$$

■ 고정-길이 단일 스터브 정합회로(λ/4-변환기 사용)

이제는 앞에서 설명한 λ/4-변환기를 이용하여 특성 임피던스를 조정하여 정합회로를 설계하는 방법에 대해 살펴보자.

[그림 7.17(a)]는 [그림 7.14(b)]의 단일 스터브 정합회로에서 전송선의 길이 ℓ_1을 λ/4로 고정하여 λ/4-변환기로 만든 것으로 고정-길이 단일 스터브 정합회로를 보여준다. 편의상 λ/4-변환기의 특성 임피던스를 Z_{Oq}로 표현하여 구분하기로 한다. 정합시키기 위해서는 λ/4-변환기의 특성 임피던스(Z_{Oq})를 변화시켜야 한다. 이와 같이 전송선의 특성 임피던스가 정해지지 않은 상황에서 스미스차트를 이용할 수는 없으므로 식(7.42)의 λ/4-변환기의 임피던스 변환 수식을 사용하기로 한다.

[그림 7.17(b)]은 λ/4-변환기를 이용한 단일 스터브 정합과정을 보여주고 있다. 여기서, $Z_I(=1/Y_I)$는 Z_L이 λ/4-변환기에 의해 변환된 임피던스로서 식(7.42a)로부터 다음의 관계식으로 표현된다.

$$Y_I = \frac{1}{Z_I} = \frac{Z_L}{Z_{Oq}^2} = \frac{R_L}{Z_{Oq}^2} + j\frac{X_L}{Z_{Oq}^2} = G_I + jB_I \tag{7.43}$$

우선 Z_L이 Z_{in}으로 변환되기 위해서 Z_{in}을 통과하는 일정 g-원 상으로 Z_L을 옮겨놓아야 한다. 이 경우 Z_{in}과 Z_I가 동일한 일정 g-원 상에 놓여야 하므로 $G_I=G_{in}$이 되어야 한다. 따라서, Z_L을 Z_I로 변환하기 위한 λ/4-변환기의 특성 임피던스 Z_{Oq}는 식(7.43)의 실수부 관계로부터 다음과 같이 구해진다.

$$Z_{Oq}^2 = \frac{R_L}{G_I} \overset{G_I = G_{in}}{=} \frac{R_L}{G_{in}} \tag{7.44}$$

식(7.44)에서 구한 Z_{Oq}를 식(7.43)에 대입함으로써 다음과 같이 Y_I를 구할 수 있다.

$$Y_I = G_I + jB_I = \frac{R_L}{Z_{Oq}^2} + j\frac{X_L}{Z_{Oq}^2} \tag{7.45}$$

 Y_I를 Z_{in}으로 이동시키는 것은 병렬로 연결된 스터브 ℓ_S를 사용하여 일정 g-원을 따라 이동시킴으로써 수행한다. 이 경우 스터브는 개방회로일 수도 있고 단락회로일 수도 있다. 이 경우 스터브의 길이가 ℓ_S가 주어질 경우 스터브의 특성 임피던스 Z_{OS}를 조정하여 정합할 수 있다.

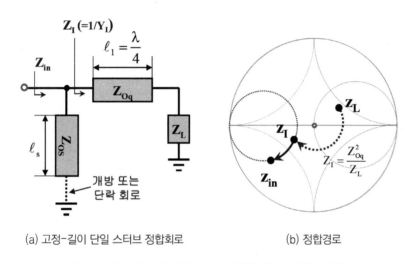

(a) 고정-길이 단일 스터브 정합회로   (b) 정합경로

[그림 7.17] 고정-길이 단일 스터브 정합회로($\lambda/4$-변환기 사용)

예제 7.14 **고정-길이 단일 스터브 정합회로의 설계 1**

[그림 7.17(a)]의 구조를 사용하여 부하 임피던스 $Z_L = (40 - j30)\ \Omega$을 입력 임피던스 $Z_{in} = (50 + j60)\ \Omega$ $(=Z_S^*)$으로 변환시켜 단일 스터브 정합회로를 설계하고자 한다. 전송선의 길이가 $\ell_1 = 0.25\lambda$이고 스터브의 길이가 $\ell_2 = 0.177\lambda$이다. 전송선의 특성 임피던스(Z_{Oq})와 스터브의 특성 임피던스(Z_{Os})를 구하라. 또한, ℓ_2는 단락 스터브여야 할지 개방 스터브여야 할지 판단하라.

풀이

$$Y_{in} = \frac{1}{Z_{in}} = \frac{1}{50 + j60} = 0.0082 - j0.0098 \tag{7E14.1}$$

$$Z_I = \frac{Z_{Oq}^2}{Z_L} = \frac{1}{Y_I} \tag{7E14.2}$$

$$Y_{in} = Y_I + jB_S = G_{in} + jB_{in} \tag{7E14.3}$$

식(7E14.2)와 식(7E14.3)으로부터

$$G_{in} + jB_{in} = Y_I + jB_S = \frac{Z_L}{Z_{Oq}^2} + jB_S = \frac{R_L}{Z_{Oq}^2} + j(\frac{X_L}{Z_{Oq}^2} + B_S)$$

(7E14.4)

식(7E14.4)의 실수부의 등식 관계로부터 다음의 방정식을 얻는다.

$$G_{in} = \frac{R_L}{Z_{Oq}^2}$$

따라서, 전송선의 특성 임피던스 Z_{Oq}는 다음과 같이 구해진다.

$$Z_{Oq} = \sqrt{\frac{R_L}{G_{in}}} = \sqrt{\frac{40}{0.0082}} = 69.84\Omega$$

(7E14.5)

식(7E14.4)의 허수부의 등식 관계로부터 다음의 방정식을 얻는다.

$$B_{in} = \frac{X_L}{Z_{Oq}^2} + B_S$$

따라서, B_S는 다음과 같이 구해진다.

$$B_S = B_{in} - \frac{X_L}{Z_{Oq}^2} = -0.0098 - \frac{-30}{69.84^2} = -0.00365$$

(7E14.6)

식(7E14.6)으로부터 스터브의 서셉턴스가 인덕티브이고, $\ell_S = 0.177\lambda < 0.25\lambda$ 이므로 단락 스터브가 되어야 한다. 식(7E14.6)과 식(4.52)의 단락 스터브의 임피던스 수식으로부터

$$jX_S = jZ_{Os} \tan\beta d = jZ_{Os} \tan(\frac{2\pi}{\lambda} \times 0.177\lambda) = \frac{1}{jB_S} = \frac{1}{-j0.00365} = j274$$

(7E14.7)

식(7E14.7)로부터 단락 스터브의 특성 임피던스 Z_{Os}는 다음과 같이 구해진다.

$$Z_{Os} = \frac{274}{\tan(0.345\pi)} = 145\Omega$$

[대칭 스터브]

실제에 있어서 직렬 전송선과 병렬 스터브 사이의 과도상호영향(transition interaction)을 최소화 하기 위해 비대칭 스터브(ℓ_S)는 종종 [그림 7E14.1]에서 보인 것처럼 대칭 스터브(ℓ_{Sb}) 형태로 구현되기도 한다. 물론, 이 경우 두 개의 대칭 스터브에 의한 서셉턴스의 합이 한 개의 비대칭 스터브에 의한 서셉턴스와 같아야 한다. 이때 주의해야 할 점은 스터브의 길이와 세셉턴스의 크기의 관계는 식(7E14.8)에서 볼수 있듯이 선형적이지 않다는 점이다. 즉, 대칭 스터브의 길이 ℓ_{Sb}는 비대칭 스터브 길이의 반($=\ell_S/2$)이 아니다. 개방 스터브 및 단락 스터브에서 ℓ_{Sb}와 ℓ_S는 다음의 관계식으로 표현된다.

$$\ell_{Sb} = \frac{\lambda}{2\pi} \tan^{-1}(2 \tan\frac{2\pi\ell_S}{\lambda}) \quad \text{(개방 스터브 경우)}$$

(7E14.8a)

$$\ell_{Sb} = \frac{\lambda}{2\pi} \tan^{-1}(\frac{1}{2} \tan\frac{2\pi\ell_S}{\lambda}) \quad \text{(단락 스터브 경우)}$$

(7E14.8b)

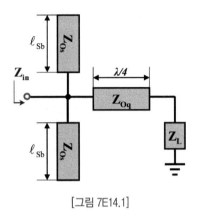

[그림 7E14.1]

예제 7.15 고정-길이 단일 스터브 정합회로의 설계 2

부하 임피던스 $Z_L = (50+j25)\,\Omega$을 $Z_S = (25+j20)\,\Omega$에 정합시키기 위해 입력 임피던스 $Z_{in} = Z_S^* = (25-j20)\,\Omega$이 되도록 $\lambda/4$-변환기를 이용하여 정합회로를 설계하라. 단, 스터브의 특성 임피던스 $Z_{OS} = 50\,\Omega$이고 관통구멍(through hole)을 뚫을 수 없는 상황이어서 스터브는 개방 스터브(ℓ_S)만 사용할 수 있다.

풀이

$\lambda/4$-전송선을 이용한 단일 스터브 정합회로의 구조는 [그림 7E19.1]과 같다.

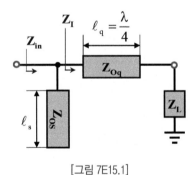

[그림 7E15.1]

Z_L과 Z_{in}을 스미스차트에 표시하기 위해 Z_{OS}로 정규화하면

$$z_L = \frac{Z_L}{Z_{OS}} = 1 + j0.5 \tag{7E15.1}$$

$$z_{in} = \frac{Z_{in}}{Z_{OS}} = 0.5 - j0.4 \tag{7E15.2}$$

한편, Y_{in}은 다음과 같이 표현된다.

$$Y_{in} = \frac{1}{Z_{in}} = \frac{1}{25 - j20} = \frac{25 + j20}{1025} = 0.024 + j0.02 = G_{in} + jB_{in} \tag{7E15.3}$$

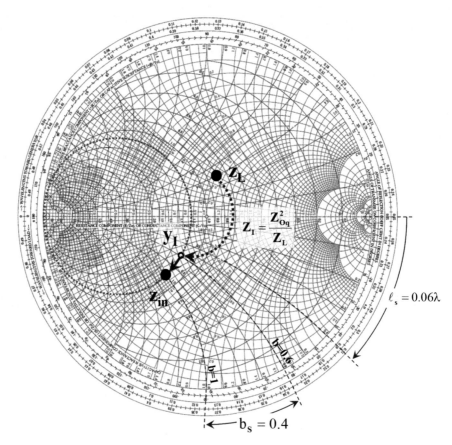

[그림 7E15.2]

식(7.44)로부터

$$Z_{Oq}^2 = \frac{R_L}{G_I} \overset{G_I = G_{in}}{=} \frac{R_L}{G_{in}} = \frac{50}{0.024} = 2083 \tag{7E15.4}$$

따라서 $Z_{Oq} = 49.7\,\Omega$이 된다.

한편, 식(7.45)로부터 Y_I을 구하면

$$Y_I = \frac{Z_L}{Z_{Oq}^2} = \frac{R_L}{Z_{Oq}^2} + j\frac{X_L}{Z_{Oq}^2} = \frac{50}{45.7^2} + j\frac{25}{45.7^2} = 0.024 + j0.012 \tag{7E15.5}$$

Y_I을 스미스차트에 표시하기 위해 정규화하면

$$y_I = \frac{Y_I}{Y_{OS}} = Z_{OS}Y_I = 50 \times (0.024 + j0.012) = 1.2 + j0.6$$

(7E15.6)

[그림 7E15.2]에 스미스차트 상에 표시된 y_1을 보였다. y_1이 z_{in}으로 이동하기 위해서는 b_s=0.4 만큼의 서셉턴스가 더해져야 한다. 이를 개방 스터브(ℓ_S)로 구현하기 위한 스터브의 길이를 스미스차트 상에서 구하면 [그림 7E15.2]에 보였듯이 ℓ_s=0.06λ가 된다.

한편, 이를 해석적으로 구할 경우, 정규화된 개방 스터브의 어드미턴스가 jb_S(=j0.4)이 될 때의 스터브 길이를 구해야 하므로 다음의 관계식을 만족하여야 한다.

$$y_S = \frac{Y_S}{Y_{OS}} = \frac{Z_{OS}}{Z_S} = \frac{Z_{OS}}{-jZ_{OS}\cot\beta d} = j\tan\beta d = jb_S = j0.4$$

(7E15.7)

따라서 개방 스터브의 길이는 다음과 같이 구해지며 스미스차트를 이용하여 구한 결과와 일치함을 알 수 있다.

$$d = \frac{\lambda \text{Tan}^{-1}0.4}{2\pi} = 0.06\lambda$$

(7E15.8)

7.3.3 이중 스터브 정합회로

부하 임피던스와 입력 임피던스 중 하나의 실수부가 0이 되면 이 임피던스점은 단위 원 (r=0인 일정 r-원) 상에 위치하게 된다. 이 경우 스터브나 전송선으로 단위원을 벗어나게 할 수 없으므로 정합이 불가능하다. 단일 스터브 정합회로는 이 경우를 제외한 모든 경우에 정합이 가능하므로 다양하게 활용되고 있다. 그러나 단일 스터브 정합회로는 정합을 위해 스터브와 입력단 사이 또는 스터브와 부하 사이의 전송선의 길이가 조정되어야 한다는 단점을 갖고 있다. 고정회로의 경우는 이 점이 문제가 되지 않으나, 가변 튜너의 경우에는 튜닝을 하기 위해 입력과 출력 사이의 전송선 길이가 가변되어야 하는데 회로가 한번 구현된 후에 이 위치에 있는 전송선 길이를 가변하는 것이 곤란한 경우가 일반적이다. 이 절에서는 스터브 하나를 더 추가함으로써 이 단점을 극복한 이중 스터브 정합회로에 대해 설명한다.

(1) 이중 스터브 정합회로의 구조

임의의 부하 임피던스를 $Z_{in}=Z_O$인 입력 임피던스에 정합시키는 일반적인 형태를 [그림 7.18(a)]에 보였다. 이 경우 $Z_{in}=Z_O$로서 특성 임피던스와 같으므로 Z_{in}은 스미스차트 상의 원점에 위치한다. 따라서 Z_L을 원점으로 이동시키면 정합된다.

[그림 7.18(a)]에 보였듯이 이중 스터브 정합회로는 고정된 길이의 전송선(ℓ_2) 양단에 두 개의 단락 또는 개방회로 스터브를 병렬로 연결한 구조를 이루고 있다. ℓ_2의 길이는 보통 $1\lambda/8$, $3\lambda/8$, $5\lambda/8$로 설정한다. 여기서는 ℓ_2의 길이를 $3\lambda/8$로 설정하기로 하고, 모든 전송선의 특성 임피던스를 Z_O라고 가정한다.

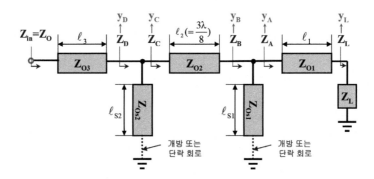

(b) 이중 스터브 정합회로

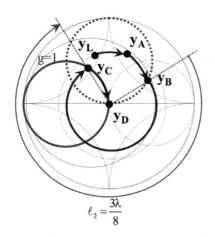

(b) 이중 스터브 정합회로의 정합경로

[그림 7.18] 이중 스터브 정합

[그림 7.18(b)]는 [그림 7.18(a)] 회로의 정합궤적을 보여준다. 부하 y_L은 전송선 ℓ_1에 의해 원점을 중심으로 시계방향으로 회전하여 y_A로 이동한다. 스터브 ℓ_{S1}은 순수 서셉턴스 b_{s1} 추가시켜 주므로 y_A는 y_A점을 지나는 일정 g-원을 따라 y_B로 이동한다. 이때, y_B는 g=1인 일정 g-원이 270°(=$2\beta\ell_2 = 3\pi/2$) 반시계방향으로 회전한 원인 점선으로 표시된 원 상에 위치해야 정합이 될 수 있다. y_B는 길이가 $3\lambda/8$인 전송선 ℓ_2에 의해 원점을 중심으로 시계방향으로 270° 회전하여 y_C로 이동한다. y_C는 스터브 ℓ_{S2}에 의해 추가된 서셉턴스 b_{S2}에 의해 y_C점을 지나는 일정 g-원(g=1)을 따라 y_D, 즉 원점으로 이동한다. 전송선 ℓ_3는 원점에 위치한 y_D를 원점을 중심으로 시계방향으로 회전시키므로 원점에 그대로 남게 되어 $y_D = y_{in} = 1$이 된다. 따라서 y_D까지만 정합하면 정합이 완료된다.

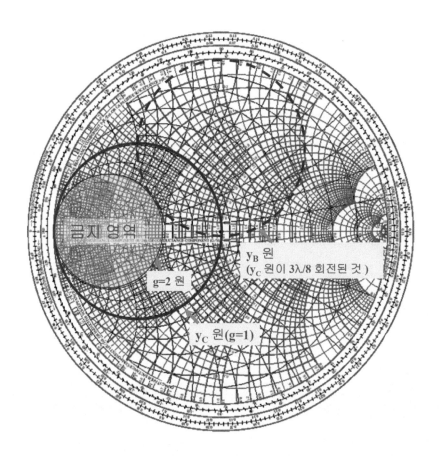

[그림 7.19] 이중 스터브 정합회로의 금지영역

이중 스터브 정합회로에서 정합기능을 수행하는 주된 소자는 ℓ_{S1}, ℓ_{S2} 및 ℓ_{S2}임을 알수 있다. ℓ_{S3}는 원점에 있는 yD를 원점을 중심으로 시계방향으로 회전시키므로 제자리에서 회전시켜 정합회로로서 아무 역할도 하지 못하며 단지 신호를 전달하는 역할만한다. ℓ_1과 ℓ_{S1}은 yL을 g = 1인 일정 g-원이 270° 회전한 점선-원 상으로 옮기는 역할을하는데 ℓ_1을 고정할 경우 ℓ_{S1}으로 그 역할을 다할 수 있다. 따라서 ℓ_1과 ℓ_2를 고정하고도 변경이 용이한 ℓ_{S1}과 ℓ_{S2}만으로 튜닝을 할 수 있어 단일 스터브 정합회로의 단점을극복했음을 알 수있다.

(2) 이중 스터브 정합회로의 금지영역

한편, [그림 7.19]에서 볼 수 있듯이 y_A가 g = 2 원 안에 위치할 경우, 스터브 ℓ_{S1}의 길이를 조절해도 회전된 g = 1 원 상에 y_B를 위치시킬 수 없다. 따라서 이 경우 g = 2 원 내부는 정합이 불가능한 금지영역이 된다. 실제 응용에서 이러한 문제를 극복하기 위해상품화된 이중 스터브 튜너는 $\ell_1 = \ell_3 \pm \lambda/4$가 되도록 제작한다. 따라서, 만약 부하 임피던스가 금지영역에 위치하여 정합이 불가능해지면 이중 스터브 튜너의 입출력을 뒤바꾸어 연결하여 줌으로써 y_A가 금지영역을 벗어나도록 하여 정합을 이룰 수 있도록하여준다.

예제 7.16 **이중 스터브 정합회로의 설계**

[그림 7.18]의 이중 스터브 정합회로를 써서 부하 임피던스 $Z_L = (75+j75)\,\Omega$을 입력 임피던스 $Z_{in} = 75\,\Omega$에 정합시키려 한다. ℓ_{s1}과 ℓ_{s2}가 단락 스터브라고 가정하고 그 길이를 구하라. 단, $\ell_{s1} = \lambda/8$, $\ell_{s2} = \ell_{s3} = 3\lambda/8$이고, 모든 전송선의 특성 임피던스 $Z_O = 75\,\Omega$으로 가정한다.

풀이

먼저 부하 임피던스와 입력 임피던스를 다음과 같이 정규화하여 스미스차트 상에 표시한다.

$$z_L = \frac{Z_L}{Z_O} = 1 + j1 = \frac{1}{y_L} \tag{7E16.1}$$

$$z_{in} = \frac{Z_{in}}{Z_O} = 1 = \frac{1}{y_{in}} = y_D \tag{7E16.2}$$

다음은 금지영역 내에 있는지를 판단하기 위해 y_A가 g = 2 원 밖에 위치하는지를 확인하여야 한다. 따라서 [그림 7E16.1]에 보인 것처럼 y_L을 스미스차트 상에서 $\lambda/8$만큼 시계방향으로 회전시켜 y_A를 구하면 다음과 같다.

$$y_A = 0.4 + j0.2 \qquad\qquad (7E16.3)$$

$g_A < 2$이므로 어드미턴스 y_A는 금지영역에 들어가지 않음을 확인할 수 있다.

다음에는 y_A를 통과하는 일정 g-원과 $3\lambda/8$ 만큼 회전한 $g = $원이 교차하는 점을 구하면 그 교차점이 y_B가 된다. 이 경우 교차점은 두 개가 나타나며 두 개의 해가 모두 가능하다. 그러나 여기서는 $y_B = 0.4 - j1.8$을 선택하기로 한다. 이때 스터브 ℓ_{s1}의 서셉턴스는 $jb_{s1} = y_B - y_A = -j2$가 되므로 [그림 7E16.2]에 보인 것과 같이 스미스차트로 단락 스터브 ℓ_{s1}의 길이를 구하면 $\ell_{s1} = 0.074\lambda$가 된다.

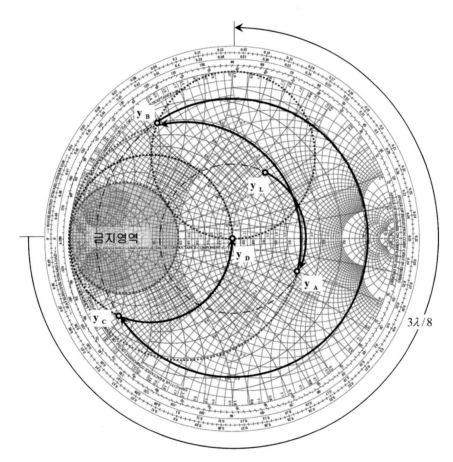

[그림 7E16.1] 이중 스터브 정합회로 설계

y_B를 $\ell_2 = (=3\lambda/8)$만큼 회전하여 y_C를 구하면 $y_C = 1 + j3$이 된다. 스미스차트 상에서 y_C가 $y_{in} = y_D = 1$로 이동하는데 필요한 서셉턴스 값을, 즉 단락 스터브 ℓ_{s2}의 서셉턴스 $jb_{s2} = y_D - y_C = -j3$이 된다. 따라서 스미스차트로 단락 스터브 ℓ_{s2}의 길이를 구하면 [그림 7E16.2]에 볼 수 있듯이 $\ell_{s2} = 0.051\lambda$가 된다.

실제 구현에서 스터브를 바랙터 다이오드로 대체하여 전자적 튜닝이 가능하도록 할 수도 있다.

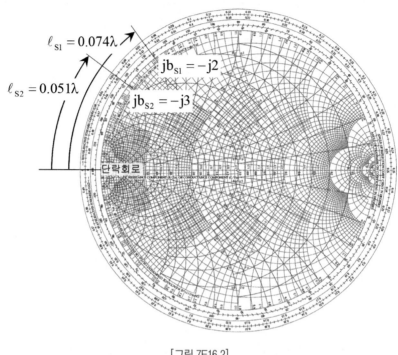

$$\ell_{S1} = 0.074\lambda$$

$$\ell_{S2} = 0.051\lambda$$

$jb_{S1} = -j2$

$jb_{S2} = -j3$

단락회로

[그림 7E16.2]

7.4 바이어스 회로

트랜지스터를 원하는 형태로 동작시키기 위해서는 그에 적합한 직류 바이어스가 인가 되어야 한다. 직류 바이어스를 인가해 주기 위한 회로를 **직류 바이어스 회로(DC bias circuit)**라고 한다. 직류 바이어스 회로의 목적은 원하는 위치에 동작점을 설정하는 것과 설정된 동작점이 온도 등의 변화에 의한 트랜지스터 파라미터 변화에도 불구하고 제자 리에 유지될 수 있도록 하는 것이다.

바이어스는 수동형과 능동형의 두 가지로 분류할 수 있다. 수동 바이어스 회로(passive bias network)는 저항성 회로로 구성되어 RF 트랜지스터 구동에 적합한 전압과 전류를 제공한다. 이와 같은 수동 바이어스 회로는 온도 변화에 매우 민감하며 온도에 대한 안 정도가 낮은 것이 단점이다. 이러한 단점을 보완하기 위하여 능동 바이어스 회로(active bias network)를 사용한다.

7.4.1 쌍극접합 트랜지스터의 수동 바이어스 회로

(1) 바이패스된 이미터 저항을 갖는 바이어스 회로

[그림 7.20]은 바이패스된 이미터 저항을 갖는 바이어스 회로의 구조를 보여주고 있다. 이 바이어스 회로는 바이패스된 이미터 저항(R_E)이 뛰어난 안정도를 제공하므로 매우 안정한 특성을 갖고 있다.

[그림 7.20]에서 RFC(Radio Frequency Chock)는 직류 전원공급으로부터 RF 신호를 분리시키기 위한 큰 값의 인덕터로서 직류에서는 단락회로가 된다. 입력 바이어스 전압은 V_{CC} 전압이 R_1과 R_2에 의해 전압분배되어 공급되고, 출력 바이어스 전압은 R_C를 통해 공급된다. 이미터 저항 R_E는 부귀환(negative feedback) 작용을 통해 온도 변화에 의한 트랜지스터 전류이득 변화의 영향을 감쇄시켜 바이어스 안정도를 높여준다. 반면에 고주파수에서는 바이패스 커패시터 C_E에 의해 단락되므로 RF 신호 입장에서는 이미터가 단락된 것으로 보여 증폭 작용에 아무런 지장을 받지 않는다.

바이패스된 이미터 저항을 갖는 바이어스 회로는 매우 안정된 수동 바이어스 회로로서 개별소자로 회로를 구성할 때 흔히 사용된다. 그러나 바이어스 회로를 구성하기 위해 여러 개의 큰 값의 저항을 필요로 하므로 RFIC(Radio Frequency Integrated Circuit)와 같은 집적회로에서는 사용하기 어려운 문제점이 있다.

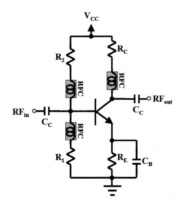

[그림 7.20] 바이패스된 이미터 저항을 갖는 바이어스 회로

예제 7.17 **바이패스된 이미터 저항을 갖는 바이어스 회로의 설계**

$V_{CE} = 8V$이고, $I_C = 2mA$인 직류 바이어스 회로를 [그림 7.20]의 바이패스된 이미터 저항을 갖는 바이어스 회로로 설계하라. 단, $\beta = 100$, $V_{BE} = 0.7V$, $V_{CC} = 15V$이고, RE 양단에 걸리는 전압이 V_{CC}의 10%가 되도록 설계하라.

풀이

$I_C \approx I_E$라고 근사화하면 직류 부하선 방정식으로부터 다음의 관계식을 얻는다.

$$V_{CC} = V_{CE} + I_C(R_C + R_E) \rightarrow R_C + R_E = \frac{V_{CC} - V_{CE}}{I_C} = \frac{15 - 8}{2 \times 10^{-3}} = 3.5K\Omega \tag{7E17.1}$$

R_E 양단에 걸리는 전압이 V_{CC}의 10%가 되도록 설계하라고 했으므로

$$R_E = \frac{0.1 \times V_{CC}}{I_C} = \frac{1.5}{2 \times 10^{-3}} = 750\Omega \tag{7E17.2}$$

식(7E17.2)을 식(7E17.1)에 대입하면 다음과 같이 R_C 값을 구할 수 있다.

$$R_E = (R_C + R_E) - R_E = 3500 - 750 = 2.75K\Omega \tag{7E17.3}$$

베이스 단자와 접지 사이를 태브냉 등가회로로 변환하면 다음의 태브냉 등가 저항(R_B)과 전압(V_{BB})을 얻는다.

$$V_{BB} = \frac{R_1 V_{CC}}{R_1 + R_2} \tag{7E17.4}$$

$$R_B = R_1 // R_2 = \frac{R_1 R_2}{R_1 + R_2} \tag{7E17.5}$$

식(7E17.4)와 식(7E17.5)로부터 R_1과 R_2 값을 구하면 다음과 같이 구해진다.

$$R_1 = \frac{R_B}{1 - \dfrac{V_{BB}}{V_{CC}}} \tag{7E17.6}$$

$$R_2 = R_B \frac{V_{CC}}{V_{BB}} \tag{7E17.7}$$

좋은 β 안정도를 위해 일반적으로 $\beta R_E = 10R_B$가 되도록 설계한다. 따라서

$$R_B = \frac{\beta R_E}{10} = \frac{100 \times 750}{10} = 7.5K\Omega \tag{7E17.8}$$

V_{BB}는 입력 루프에 키르히호의의 전압법칙을 적용함으로써 다음과 같이 구할 수 있다.

$$V_{BB} = I_B R_B + V_{BE} + I_E R_E$$
$$= \frac{2 \times 10^{-3}}{100} 7.5 \times 10^3 + 0.7 + 2 \times 10^{-3} \times 7.5 \times 10^3 = 2.35V \tag{7E17.9}$$

위에서 구한 R_B와 V_{BB} 값을 식(7E17.6)과 식(7E17.7)에 대입함으로써 다음과 같이 R_1과 R_2 값을 구할 수 있다.

$$R_1 = \frac{R_B}{1 - \dfrac{V_{BB}}{V_{CC}}} = \frac{7.5 \times 10^3}{1 - \dfrac{2.35}{15}} = 8.9 K\Omega$$

(7E17.10)

$$R_2 = R_B \frac{V_{CC}}{V_{BB}} = 7.5 \times 10^3 \frac{15}{2.35} = 47.9 K\Omega$$

(7E17.11)

(2) 이미터 접지 바이어스 회로

[그림 7.21]과 [그림 7.22]는 이미터가 접지된 바이어스 회로의 두 가지 구조를 보여주고 있다.

(3) 전압 귀환 바이어스 회로

[그림 7.21]은 전압 귀환 바이어스 회로(voltage feedback bias circuit)라고 부르며 V_{CC} 전압이 R_1를 통해 출력단에 바이어스 전압을 공급하고, 출력단의 바이어스 전압이 R_2를 통해 귀환되어 입력 바이어스 전압을 공급한다. 이 경우 저항 R_1은 일반적으로 매우 큰 값이 요구되므로 RFIC와 같은 집적회로에서는 구현하기 어려운 문제점이 있다.

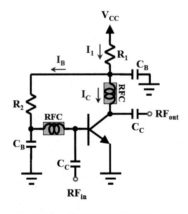

[그림 7.21] 전압 귀환 바이어스 회로

예제 7.18 전압 귀환 바이어스 회로의 설계

BJT가 I_{CE}=10mA, V_{CE}=3V 및 V_{CC}=5V로 동작할 때 [그림 7.21]의 전압 귀환 바이어스 회로를 설계하라. 단, 트랜지스터의 β=200이고, V_{BE}=0.8V이다.

풀이

[그림 7.21] 전압 귀환 바이어스 회로에서와 같이 저항 R_1을 통하여 흐르는 전류 I_1은 콜렉터 전류와 베이스 전류의 합과 같다. I_B=I_C/β 이므로 다음의 관계식을 얻는다.

$$I_1 = I_C + I_B = I_C\left(1 + \beta^{-1}\right) = 10.05 \text{mA}$$

R_1 값은 다음 식에서 구해진다.

$$R_1 = \frac{V_{CC} - V_{CE}}{I_1} = 199\Omega$$

같은 방법으로 베이스 저항 R_2는 다음과 같이 계산된다.

$$R_2 = \frac{V_{CE} - V_{BE}}{I_B} = \frac{V_{CE} - V_{BE}}{I_C/\beta} = 44\text{k}\Omega$$

(4) 전압 분배 바이어스 회로

[그림 7.22]의 경우 입력 바이어스 전압이 VCC 전압이 R_2와 R_3에 의해 전압 분배되어 공급되며 여기서 소요되는 저항들은 전압 귀환 바이어스 회로에서 보다 훨씬 작은 값들이므로 RFIC와 같은 집적회로에서 박막(thin film)이나 후막(thick film)으로 구현하기에 적합하다.

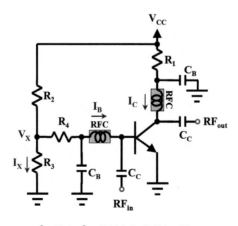

[그림 7.22] 전압 분배 바이어스 회로

> **예제 7.19** 전압 분배 바이어스 회로의 설계
>
> BJT가 $I_C = 10\text{mA}$, $V_{CE} = 3\text{V}$ 및 $V_{CC} = 5\text{V}$로 동작할 때 [그림 7.22]의 전압 분배 바이어스 회로를 설계하라. 단, 트랜지스터의 $\beta = 100$이고, $V_{BE} = 0.8\text{V}$이고, 전압 $V_X = 1.2\text{V}$가 되도록 설계한다.

풀이

전압 V_X와 전류 I_X 값은 전압 분배 저항 R_2를 통하여 임의적으로 선정할 수 있으며 여기에서 V_X를 1.2V로 선정하라고 하였으므로 베이스 저항 R_4는 다음과 같이 계산된다.

$$R_4 = \frac{V_X - V_{BE}}{I_B} = \frac{V_X - V_{BE}}{I_C / \beta} = \frac{1.3 - 0.8}{10 \times 10^{-3} / 100} = 5\text{k}\Omega$$

I_X의 값은 일반적으로 I_B의 10배 정도로서 선정하므로 $I_X = 10 T_B = 1\text{mA}$이며 전압 분배에 대한 저항값은 다음과 같이 계산된다.

$$R_3 = \frac{V_X}{I_X} = 1.2\text{k}\Omega \quad , \quad R_2 = \frac{V_{CC} - V_X}{I_X + I_B} = 3.45\text{k}\Omega$$

마지막으로 콜렉터 저항 R_1는 다음과 같이 구해진다.

$$R_1 = \frac{V_{CC} - V_{CE}}{I_C} = 200\Omega$$

(5) λ/4 전송선을 이용한 RFC의 구현

높은 주파수에서는 RFC는 λ/4 전송선으로 대체될 수 있다. [그림 7.23]은 λ/4 전송선을 이용하여 RFC를 구현하는 예를 보여주고 있다. 베이스 b로부터 λ/4 떨어진 점 x에 바이패스 커패시터 C_B를 연결하여 교류적으로 접지시키면 단락된 λ/4 스터브가 된다. 단락된 스터브의 길이에 따른 임피던스 특성은 [그림 7.23]의 우측 아래 보인 바와 같은 특성을 나타낸다. 스터브의 길이가 λ/4일 때 단락 스터브의 임피던스는 ∞가 되어 개방회로로 작용한다. 따라서 RF 신호는 x점으로는 차단되어 흐르지 못하고 모두 베이스 단자(b)로 흐르게 된다. 반면에 직류 입장에서 λ/4 스터브는 단지 단락선이 되므로 직류 바이어스 전압은 베이스 단자(b)로 잘 전달된다. 이 기능은 RFC의 역할과 동일하므로 큰 값의 인덕터를 쓰는 대신 λ/4 스터브를 써서 RFC를 구현할 수 있다. 사실 단락된 λ/4 스터브는 크기가 ∞인 인덕터이다.

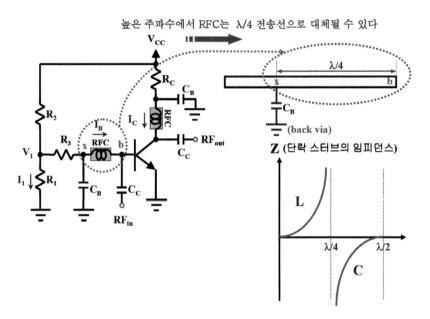

[그림 7.23] λ/4 전송선을 이용한 RFC의 구현

7.4.2 쌍극접합 트랜지스터의 능동 바이어스 회로

(1) 온도보상 트랜지스터를 사용한 능동 바이어스 회로

[그림 7.24]는 온도보상 트랜지스터를 사용한 능동 바이어스 회로를 보여준다. 온도보상 트랜지스터 Q_1은 저주파 트랜지스터로서 트랜지스터 Q_2의 입력 바이어스 온도 보상을 위해 사용되었다. 트랜지스터 Q_1과 Q_2가 동일한 열적 특성을 갖는다고 가정하면 온도에 따라 변화하는 트랜지스터 Q_1과 Q_2의 V_{BE} 전압의 변화가 같다. 따라서 온도 변화에 의해 Q_2의 V_{BE}가 증감하면 Q_1은 Q_2의 베이스 단자 전압을 같은 양만큼 증감시켜 주게 되므로 온도변화에 대한 보상이 자동적으로 이루어진다. 따라서 온도보상 트랜지스터를 사용한 능동 바이어스 회로는 일반적으로 수동 바이어스 회로보다 좋은 온도 안정도를 보인다.

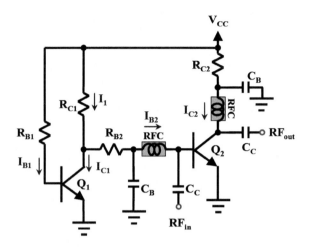

[그림 7.24] 온도보상 트랜지스터를 사용한 능동 바이어스 회로

예제 7.20 **온도보상 트랜지스터를 사용한 능동 바이어스 회로의 설계**

트랜지스터의 동작점에서 $I_{C2} = 10mA$, $V_{CE2} = 3V$ 및 $V_{CC} = 5V$가 되도록 [그림 7.24]의 온도보상 트랜지스터를 사용한 능동 바이어스 회로를 설계하라. 단, 두 트랜지스터 모두 $\beta = 100$ 및 $V_{BE} = 0.8V$를 갖고 있으며, 트랜지스터 Q_1의 콜렉터에서 전압 $V_{C1} = 3V$, $I_{C1} = 1mA$가 되도록 한다.

풀이

I_{B2}가 I_{C1}의 변화에 영향을 받지 않도록 하기 위해 일반적으로 $I_{C1} = 10I_{B2}$가 되도록 설계한다. 따라서 I_{C1}은 다음과 같이 구해진다.

$$I_{C1} = 10I_{B2} = \frac{10I_{C2}}{\beta} = \frac{10 \times 10 \times 10^{-3}}{100} = 1mA$$

저항 R_{C1}에 흐르는 전류 I_1은 콜렉터 전류 I_{C1}과 베이스 전류 I_{B2}와의 합이 되므로 다음과 같이 구해진다.

$$I_1 = I_{C1} + I_{B2} = I_{C1} + I_{C2}/\beta_2 = 1.1mA$$

$V_{C1} = 3V$이므로 R_{B2}와 R_{C1}은 다음과 같이 구해진다.

$$R_{B2} = \frac{V_{C1} - V_{BE2}}{I_{B2}} = 22k\Omega \quad , \quad R_{C1} = \frac{V_{CC} - V_{C1}}{I_1} = 1.8k\Omega$$

Q_1의 베이스 저항 R_{B1}을 구하면 다음과 같다.

$$R_{B1} = \frac{V_{CC} - V_{BE1}}{I_{B1}} = \frac{(V_{CC} - V_{BE1})\beta}{I_{C1}} = 420k\Omega$$

마지막으로 콜렉터 저항 R_{C2}는 다음과 같다.

$$R_{C2} = (V_{CC} - V_{CE2})/I_{C2} = 200\Omega$$

(2) 온도보상 다이오드를 사용한 능동 바이어스 회로

[그림 7.25]는 2개의 온도보상 다이오드(D_1, D_2)와 1개의 저주파 트랜지스터(Q_1)로 구성된 능동 바이어스 회로를 보여준다. 온도보상 다이오드 D_1과 D_2는 트랜지스터 Q_1과 Q_2의 V_{BE} 바이어스 전압을 제공한다. 가변저항 R_1은 Q_1의 베이스 바이어스 전류를 조정하고 R_2는 조정 범위를 제한할 수 있도록 해준다. 이상적인 온도 보상을 위하여 트랜지스터 Q_1과 다이오드 D_1 및 트랜지스터 Q_2와 다이오드 D_2를 각각 같은 주변온도 상태가 되도록 배려해 준다. 특히, 트랜지스터 Q_2가 전력 트랜지스터로서 방열판(heat sink)에 부착되었을 경우 다이오드 D_2를 같은 방열판에 부착하여 Q_2와 같은 주변온도 상태가 되도록 해주어야 한다.

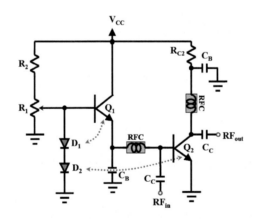

[그림 7.25] 온도보상 다이오드를 사용한 능동 바이어스 회로

(3) 직류 바이어스 회로의 특성 이해

공통 이미터, 공통 베이스, 공통 콜렉터와 같은 트랜지스터 접속 방식은 입·출력 포트를 어떻게 설정하는가의 문제이다. 이에 비해 직류 바이어스 회로는 트랜지스터의 동작점을 어디에 설정할 것인가의 문제이다. 따라서 트랜지스터 접속 방식과 직류 바이어스 회로는 서로 상관관계가 없는 독립적인 문제이다. 예를 들어 공통 이미터 접속인

[그림 7.24]의 온도보상 트랜지스터를 사용한 능동 바이어스 회로는 직류 바이어스 회로 (동작점)를 그대로 유지한 채 [그림 7.26]에서와 같이 공통 베이스 접속으로 바꿀 수 있다.

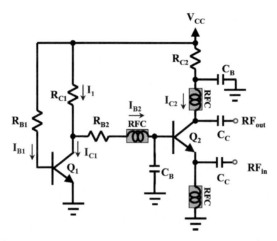

[그림 7.26] 공통 베이스 접속한 온도보상 트랜지스터를 사용한 능동 바이어스 회로

한편, 직류에서 모든 블록킹 커패시터(blocking capacitor)는 개방회로로서 작용하고 모든 RFC는 단락회로로 작용한다. 따라서 [그림 7.26] 회로에 대한 직류 등가회로를 구하면 [그림 7.27(a)]과 같이 다시 나타낼 수 있다. 반면에 RF 주파수에서 모든 블록킹 커패시터는 단락회로와 같이 작용하고 모든 RFC는 개방회로와 같이 작용한다. 따라서 따라서 [그림 7.26] 회로에 대한 RF 교류 등가회로를 구하면 [그림 7.27(b)]와 같다.

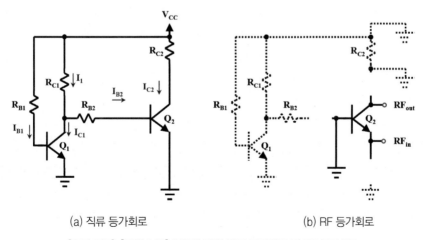

(a) 직류 등가회로   (b) RF 등가회로

[그림 7.27] [그림 7.26] 회로에 대한 직류 등가회로 및 RF 등가회로

7.4.3 전계효과 트랜지스터의 바이어스 회로

전계효과 트랜지스터(FET)에 대한 바이어스 회로는 쌍극접합 트랜지스터(BJT)에서와 마찬가지로 여러 가지 방안이 있다. 한편, RFIC에서 종종 쓰이는 FET 형태인 MESFET 의 경우 거의가 공핍형을 쓰고 있으므로 게이트에 음(−)의 바이어스 전압을 인가해줘 야 한다. 따라서 [그림 7.28]에서 보였듯이 극성이 다른 두 전원, 즉 양극전원을 사용하 여야 한다. [그림 7.28]은 FET에 적용되는 가장 일반적인 양극전원 바이어스 회로이다.

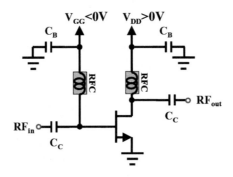

[그림 7.28] 극성이 다른 두 전원을 사용한 FET 수동 바이어스 회로

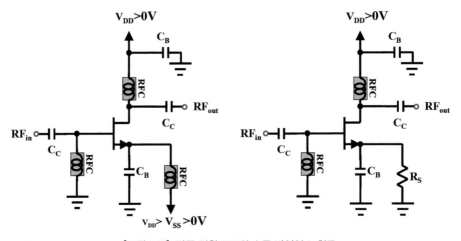

[그림 7.29] 단극 전원 FET의 수동 바이어스 회로

이 FET 바이어스 회로의 단점은 극성이 다른 두 개의 전원이 필요하다는 것이다. 그러나 양극 전원을 공급하는 것이 여의치 못할 경우 [그림 7.29]에서와 같이 게이트에 음의 바이어스 전압을 인가하는 대신 소스에 양의 바이어스를 인가함으로써 단극 전원 바이어스로 개조할 수 있다. 이 경우 게이트 단자는 접지된다. 또한, FET 바이어스 회로에서의 온도보상은 서미스터(thermistor)를 온도보상 소자로 이용하여 구현한다.

 SUMMARY   임피던스 정합의 요약 및 단축

임피던스 정합이란?

7.1 서론

- 임피던스 정합(impedance matching): 어떤 목적을 위하여 임피던스를 변환하는 것
- 공액 정합(conjugated matching): 최대전력이 전달되도록 할 목적으로 임피던스 변환
- 잡음 정합(noise matching): 잡음 최소화를 목적으로 임피던스 변환
- 출력전력 정합(power matching): 출력전력 최대화를 목적으로 임피던스 변환
  (특별한 지정없이 그냥 임피던스 정합이라 하면 일반적으로 공액 정합을 일컬음)
- 이 장에서 다루는 정합은 4장에서 유도한 한 공액정합(conjugated matching)으로서 최대 전력이 전달되도록 할 목적으로 임피던스를 변환하는 것이다.

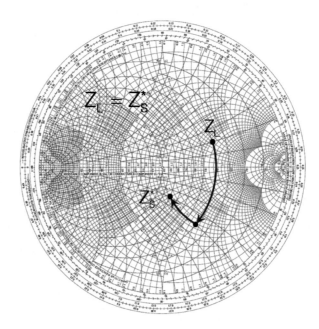

공액정합의 임피던스 변환 경로

집중정수 소자를 이용한 정합회로

7.2 집중정수 소자를 이용한 정합회로

- L-형 정합회로(2개의 소자로 구성된 정합회로)
- L-형 정합회로(L-section): 2개의 소자를 직렬 및 병렬로 연결하여 구성된 정합회로

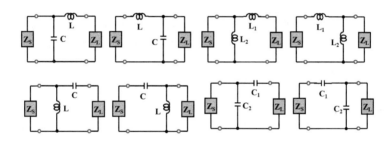

- 리액티브 소자 추가에 따른 임피던스 점의 이동

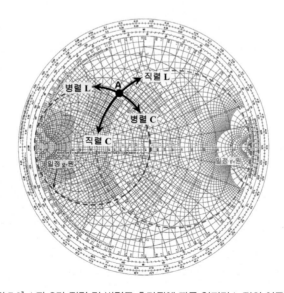

[그림 7.2] L과 C가 직렬 및 병렬로 추가됨에 따른 임피던스 점의 이동방향

📂 SUMMARY   **임피던스 정합의 요약 및 단축**

- L-형 정합회로의 금지영역

Z_S를 스미스 차트 상에 표시하면 $Z_S = Z_O$이므로 원점이 된다. 따라서 Z_L의 임피던스 점을 정합회로를 통해 원점으로 이동시켜야 정합이 된다.

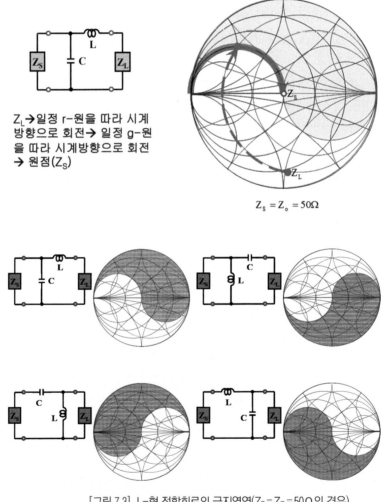

Z_L→일정 r-원을 따라 시계
방향으로 회전→ 일정 g-원
을 따라 시계방향으로 회전
→ 원점(Z_S)

$Z_S = Z_o = 50\Omega$

[그림 7.3] L-형 정합회로의 금지영역($Z_S = Z_O = 50\Omega$의 경우)

연습문제

1. [그림 7.1(e)~(h)]의 L-형 정합회로에 대한 금지영역을 구하라. 부하는 정규화된 입력 임피던스에 정합된 것으로 가정한다($Z_{in} = 1$).

2. $Z_L = (75 + j20)\,\Omega$의 부하 임피던스를 $Z_S = (20 + j25)\,\Omega$의 신호원 임피던스에 주파수 $f_0 = 1500\text{MHz}$에서 정합시키려 할 때 L-형 정합회로를 설계하라.

3. $Z_L = (75 - j80)\,\Omega$ 부하 임피던스와 $75\,\Omega$ 신호원 임피던스에 대한 L-형 정합회로를 설계하라. 이때 이용 가능한 정합회로 토폴로지는 몇 개나 존재하는가? 주파수 $f_0 = 600\text{MHz}$에서 완전 정합을 하고자 할 때 소자 값을 구하라.

4. 위의 연습문제 3에서 신호원 임피던스를 측정하였더니 순수 저항 성분이 아니라 기생 인덕터 $L_S = 1\text{nH}$가 발생하였다. 기생 인덕터 L_S의 존재를 고려하여 정합회로의 소자 값을 다시 계산하라.

5. 노드 양호도 $Q_n = 4$에서 부하 임피던스 $Z_L = 150\,\Omega$을 $Z_{in} = (60 - j40)\,\Omega$으로 변환시키는 두 개의 T-형 정합회로를 설계하라. 정합은 주파수 $f_0 = 900\text{MHz}$에서 이루어져야 한다.

6. 연습문제 5를 π-형 정합회로로 바꾸어 설계하라.

7. [그림 7.18]과 같은 이중 스터브 튜너에서 $1_1 = \lambda/8$, $1_2 = 5\lambda/8$ 및 $1_3 = 3\lambda/8$이다. 튜너의 어느 단에 $Z_L = (75 - j25)\,\Omega$ 부하를 연결해야 하는지 결정하고 부하를 $50\,\Omega$으로 정합시키려 할 때 단락회로 스터브의 길이를 구하라. 모든 튜너의 모든 스터브와 전송선의 특성 임피던스는 $50\,\Omega$으로 가정한다.

연 습 문 제

8. 전원공급 전압은 $V_{CC}=12V$이고 트랜지스터의 $\beta=125$ 및 $V_{BE}=0.75V$이다. 동작점에서 $I_C=20mA$, $V_{CE}=5V$이다. [그림 P7.8] 구조의 바이어스를 설계하라.

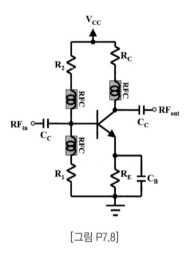

[그림 P7.8]

9. 전원공급 전압은 $V_{CC}=15V$이고 트랜지스터의 $\beta=100$ 및 $V_{BE}=0.7V$이다. 동작점에서 $I_C=2mA$, $V_{CE}=5V$이다. [그림 P7.9] 구조의 바이어스를 설계하라. 단, 두 트랜지스터 모두 $\beta=100$ 및 $V_{BE}=0.8V$를 갖고 있으며, 트랜지스터 Q_1의 콜렉터에서 전압 $V_{C1}=3V$, $I_{C1}=1mA$가 되도록 설계한다.

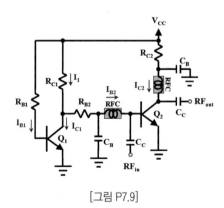

[그림 P7.9]

연 습 문 제

10. [그림 P7.10]의 이미터 접지 바이어스 회로를 베이스 접지와 콜렉터 접지로 바꾸어 보라.

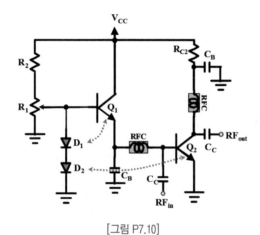

[그림 P7.10]

정합회로 설계에 대한 팀 과제

임피던스 정합이란 어떤 목적을 갖고 임피던스를 변환시키는 것이라 할 수 있다. 그 목적은 최대 전력 전달일 수도 있고, 최대 출력 전력 혹은 최소 잡음 등 여러 가지일 수 있다. 따라서 임피던스 정합은 RF 회로를 설계에서 가장 기본적이면서 흔히 접하게 되는 문제로서 잘 이해하고 실제 설계에도 능숙해질 필요가 있다. 따라서 이 장에서 배운 정합회로에 대해 팀 단위로 실제 설계 과제를 수행하기로 한다. 정합 관련 과제는 다음과 같이 테마별로 여섯 가지로 분류하였다.

(1) 집중정수 소자를 이용한 정합회로
① L-형 정합회로의 설계
② T-형 및 π-형 정합회로의 설계

(2) 혼합형 정합회로
① 혼합형 정합회로

(3) 분포정수 소자를 이용한 정합회로
① 단일 스터브 정합회로의 설계
② $\lambda/4$-스터브 정합회로의 설계
③ 이중 스터브 정합회로의 설계

설계 과제

<table>
<tr>
<td colspan="3" align="center">**[정합01]_(과제명): L-형 정합회로의 설계**</td>
</tr>
<tr>
<td rowspan="2">설 계 내 용</td>
<td>설계목표</td>
<td>출력 임피던스 $Z_{1,out}$ =(170 + j45) Ω인 증폭기를 입력 임피던스 $Z_{2,out}$ =(70 + j15) Ω인 증폭기와 CASCADE 연결할 때, 최대 전력을 전달하기 위한 L-형 정합회로의 설계</td>
</tr>
<tr>
<td>조건</td>
<td>1. 동작 주파수(f_0): 0.6GHz, (Z_0 = 50 Ω)</td>
</tr>
<tr>
<td rowspan="3">수 행 해 야 할 것</td>
<td>수작업</td>
<td>1. 스미스차트 상에 주어진 임피던스들을 표시하라.
2. 가능한 L-형 정합회로 구조를 모두 구하라.
3. 각 정합 구조에 따른 정합 경로를 스미스차트 상에 표시하라.
4. 각 정합 구조에 따른 정합회로를 설계하라.
5. 설계된 정합회로의 회로도를 그리고 각 소자 값을 표시하라.</td>
</tr>
<tr>
<td>컴퓨터 작업</td>
<td>1. RF 회로설계 CAD tool을 이용하여 컴퓨터 상에서 시뮬레이션을 통해 위의 설계를 반복하여 수행하고 수기로 한 설계와 비교하라.</td>
</tr>
<tr>
<td>이론적 개념정리</td>
<td>1. 8가지 L-형 정합회로에 대해 금지영역을 직접 구해서 스미스차트에 표시하라 (단, Z_0 = Z_S = 50 Ω).
2. Z_S = (50 + j30) Ω을 Z_L=(25 − j60) Ω에 정합하기 위해 가능한 모든 정합 경로를 스미스차트 상에 그리고, L-형 정합회로를 구하라.
3. L-형 정합회로의 장단점을 설명하라.</td>
</tr>
</table>

[정합02]_(과제명) : T-형 및 π-형 정합회로의 설계		
설계내용	설계목표	부하 임피던스 $Z_L = (70+j4)\,\Omega$을 신호원 임피던스 $Z_S = (10+j15)\,\Omega$에 정합하기 위한 T-형과 π-형 정합회로의 설계
	조건	1. 동작 주파수(f_o) : 0.8GHz, ($Z_0 - 50\,\Omega$) 2. 마디 양호도 $Q_n = 3$이 되도록 할 것
수행해야 할 것	수작업	1. 스미스차트 상에 주어진 임피던스들을 표시하라. 2. T-형과 π-형 구조에 따른 정합 경로를 스미스차트 상에 표시하라. 3. 각 정합 구조에 따른 정합회로를 설계하라. 4. 설계된 정합회로의 회로도를 그리고 각 소자 값을 표시하라.
	컴퓨터 작업	1. RF 회로설계 CAD tool을 이용하여 컴퓨터 상에서 시뮬레이션을 통해 위의 설계를 반복하여 수행하고 수기로 한 설계와 비교하라.
	이론적 개념정리	1. 양호도에 대해 설명하라. 2. 부하 양호도(Q_L)와 마디 양호도(Q_n)에 대해 설명하라. 3. T-형과 π-형 정합회로에 대해 설명하라.

	[정합03]_(과제명) : 혼합형 정합회로의 설계	
설계내용	설계목표	부하 임피던스 $Z_L = (25 + j5)\,\Omega$을 신호원 임피던스 $Z_S = (70 + j75)\,\Omega$에 정합하기 위한 혼합형 정합회로의 설계
	조건	1. 동작 주파수(f_o) : 1.2GHz, ($Z_0 = 50\,\Omega$) 2. 정합회로는 $Z_0 = 50\,\Omega$인 전송선 2개와 커패시터 1개를 사용하여 설계하라.
수행해야 할 것	수작업	1. 스미스차트 상에 주어진 임피던스들을 표시하라. 2. 혼합형 정합회로의 정합 경로를 스미스차트 상에 표시하라. 3. 혼합형 정합회로를 설계하라. 4. 설계된 정합회로의 회로도를 그리고 각 소자 값을 표시하라.
	컴퓨터 작업	1. RF 회로설계 CAD tool을 이용하여 컴퓨터 상에서 시뮬레이션을 통해 위의 설계를 반복하여 수행하고 수기로 한 설계와 비교하라.
	이론적 개념정리	1. 혼합형 정합회로에 대해 설명하고 장단점을 설명하라. 2. 혼합형 정합회로의 튜닝 방법에 대해 설명하라. 3. 마이크로스트립선에 대해 설명하고 왜 중요하게 다뤄지는지를 설명하라. 4. 설계된 정합회로를 실제로 마이크로스트립선으로 구현하기 위한 방법에 대해 설명하라.

		[정합04]_(과제명) : 고정-Z_0 단일 스터브 정합회로의 설계
설계 내용	설계목표	부하 임피던스 $Z_L = (70 + j50)\,\Omega$을 신호원 임피던스 $Z_S = (80 + j90)\,\Omega$에 정합하기 위한 단일 스터브 정합회로의 설계
	조건	1. 동작 주파수(f_0) : 2.4GHz, ($Z_0 = 50\,\Omega$) 2. 위상속도(v_p)는 광속도의 70%이다. 3. $Z_{01} = Z_{0S} = Z_0$로 사용되는 모든 전송선의 특성 임피던스는 같다.
수 행 해 야 할 것	수작업	1. 스미스차트 상에 주어진 임피던스들을 표시하라. 2. 단일 스터브 정합회로의 정합 경로를 스미스차트 상에 표시하라. 3. 단일 스터브 정합회로를 설계하라. 4. 설계된 정합회로의 회로도를 그리고 각 소자 값을 표시하라. 5. 구한 소자 값으로부터 실제 길이를 구하고 정합회로의 layout 그림을 그려라. 단, 기판의 비유전율은 10이고, 두께는 2mm이다.
	컴퓨터 작업	1. RF 회로설계 CAD tool을 이용하여 컴퓨터 상에서 시뮬레이션을 통해 위의 설 계를 반복하여 수행하고 수기로 한 설계와 비교하라.
	이론적 개념정리	1. 단일 스터브 정합회로에 대해 설명하라. 2. 고정된 특성 임피던스를 사용하는 단일 스터브 정합회로의 두 가지 형태에 대해 설명하라.

		[정합05]_(과제명): 고정-길이 단일 스터브 정합회로(λ/4-변환기 사용)의 설계
설계내용	설계목표	부하 임피던스 $Z_L = (45-j35)\,\Omega$을 $Z_{in} = (50+j50)\,\Omega(=Z_S^*)$의 입력 임피던스로 변환시키는 $\lambda/4$-스터브 정합회로의 설계
	조건	1. 동작 주파수(f_o): 2.4GHz, ($Z_O = 50\,\Omega$) 2. 위상속도(v_p)는 광속도의 80%이다. 3. $Z_{OS} = Z_O$이다. 4. 개방 스터브인 경우와 단락 스터브인 경우의 두 가지에 대해 각각 설계하라.
수행해야 할 것	수작업	(개방 스터브인 경우와 단락 스터브인 경우의 두 가지에 대해 각각 설계하라.) 1. 스미스차트 상에 주어진 임피던스들을 표시하라. 2. $\lambda/4$-스터브 정합회로의 정합 경로를 스미스차트 상에 표시하라. 3. $\lambda/4$-스터브 정합회로를 설계하라. 4. 설계된 정합회로의 회로도를 그리고 각 소자 값을 표시하라. 5. 구한 소자 값으로부터 실제 길이를 구하고 정합회로의 layout 그림을 그려라. 단, 기판의 비유전율은 10이고, 두께는 2mm이다.
	컴퓨터 작업	1. RF 회로설계 CAD tool을 이용하여 컴퓨터 상에서 시뮬레이션을 통해 위의 설계를 반복하여 수행하고 수기로 한 설계와 비교하라.
	이론적 개념정리	1. $\lambda/4$-전송선의 특성을 설명하라. 2. $\lambda/4$-전송선 특성 임피던스는 $Z_{Oq} = \sqrt{Z_1 Z_L}$ 으로 표현된다. Z_1나 Z_L이 순수저항이 아닐 경우. $\lambda/4$-스터브 정합회로에서 어떻게 처리하면 되는가?

[정합06]_(과제명): 이중 스터브 정합회로의 설계		
설계내용	설계목표	부하 임피던스 $Z_L = (45+j35)\,\Omega$을 $Z_S = 50\,\Omega$의 신호원 임피던스에 정합시키기 위한 이중 스터브 정합회로의 설계
	조건	1. 동작 주파수(f_o): 2.4GHz, ($Z_O=50\,\Omega$) 2. 위상속도(v_p)는 광속도의 90%이다. 3. 전송선의 길이를 $\ell_1=\lambda/8$ 및 $\ell_3=\ell_2=3\lambda/8$로 가정한다.
수행해야 할 것	수작업	1. 스미스차트 상에 주어진 임피던스들을 표시하라. 2. 이중 스터브 정합회로의 정합 경로를 스미스차트 상에 표시하라. 3. 이중 스터브 정합회로를 설계하라. 4. 설계된 정합회로의 회로도를 그리고 각 소자 값을 표시하라. 5. 구한 소자 값으로부터 실제 길이를 구하고 정합회로의 layout 그림을 그려라. 단, 기판의 비유전율은 10이고, 두께는 2mm이다.
	컴퓨터 작업	1. RF 회로설계 CAD tool을 이용하여 컴퓨터 상에서 시뮬레이션을 통해 위의 설계를 반복하여 수행하고 수기로 한 설계와 비교하라.
	이론적 개념정리	1. 이중 스터브 정합회로의 정합 원리를 설명하라. 2. 이중 스터브 정합회로의 금지영역에 대해 설명하라.

PART 3

IoT 속에서의
RF 기술

무선통신과 RF 트랜시버

무선통신(wireless communication)이란 둘 또는 그 이상의 지점 사이에 전기 전도체의 연결 없이 정보를 전송하는 것을 말한다. 따라서 무선통신은 전자기파를 이용하는 방법과 초음파를 이용하는 방법으로 분류할 수 있다. 전자기파를 이용하는 방법에는 주파수가 3THz 이하의 전자기파인 전파를 이용하는 방법과 적외선 가시광선 등의 광을 이용하는 방법으로 분류할 수 있다.

이 장에서는 전파 중에서 주파수가 30KHz~300GHz인 RF 대역의 전자기파에 정보를 실어 자유공간에서 주고 받는 통신으로 무선통신의 의미를 한정하여 기술하기로 한다. 또한, IoT 디바이스에서 활용될 수 있는 무선통신과 RF 트랜시버에 초점을 맞추고자 하며 RF 통신을 이해하는 데 필요한 근본 기술들 위주로 서술한다.

8.1 RF 통신 방식

아날로그 방식의 무선통신 방식에 대해서는 1장에서 설명한 바 있다. 그러나 현재의 무선통신은 거의 모두가 디지털 방식을 쓰고 있다. 따라서 IoT 디바이스에서의 RF 통신도 디지털 방식으로 간주하여 설명하도록 한다. 디지털 RF 통신의 기본 기능은 자유공간에서 잘 전파되는 RF에 디지털 신호를 실어 보내고 받는 것이다.

[그림 8.1] 디지털 RF 통신 방식

[그림 8.1]은 디지털 RF 통신 방식을 설명하고 있다. 여기서 $A\cos(\omega t + \Phi)$를 반송파라고 하고, 정보를 내포한 디지털 신호를 변조 신호라고 하며 반송파에 변조 신호의 정보를 싣는 것을 변조라고 한다. 변조되어 디지털 신호가 실린 반송파를 변조된 신호라고 한다. 변조 신호의 정보는 반송파 $A\cos(\omega t + \Phi)$의 진폭(A), 주파수(ω) 및 위상(Φ)에 실을 수 있다. 반송파의 진폭(A)에 정보를 싣는 것을 ASK(Amplitude Shift Keying), 주파수(ω)에 정보를 싣는 것을 FSK(Frequency Shift Keying), 위상(Φ)에 정보를 싣는 것을 PSK(Phase Shift Keying)라고 부른다. [그림 8.2]는 ASK, FSK 및 PSK로 변조된 신호들을 보여주고 있다.

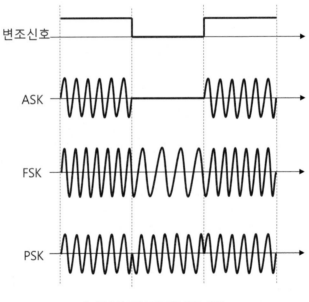

[그림 8.2] 기본 디지털 변조 방식

ASK, FSK 및 PSK의 변조 방식 중 한 가지만을 사용하여 RF 통신을 할 수도 있고, 두 가지 이상의 방식을 혼합하여 RF 통신을 할 수도 있다.

8.2 변조와 믹서

8.2.1 모뎀(MODEM)

정보를 내포하고 있는 신호를 반송파(carrier)에 싣는 것을 변조(modulation)라고 하고 변조를 수행하는 전자장치를 변조기(modulator)라고 한다. 변조된 신호(modulated signal)로부터 본래의 정보를 내포하고 있는 신호를 복원해 내는 것을 복조(demodulation)라고 하며 복조를 수행하는 전자장치를 복조기(demodulator)라고 한다. 변조기(modulator)와 복조기(demodulator)를 함해서 MODEM(MOmodulator+DEModulator)이라고 부른다.

8.2.2 변조의 이점

변조는 통신에서 많은 이점을 얻을 수 있는 중요한 기술이다. 변조의 이점에 대해 설명하면 첫째로 효과적인 전송을 들 수 있다. 어떤 거리를 두고 신호를 전송할 경우 항상 전자기파의 진행이 이루어져야 한다. 어떤 통신 매체에서 든 전송의 효율은 전송되는 신호의 주파수에 의해 좌우된다. 변조를 통해 주어진 통신 매체에서 전송 효율이 가장 높은 주파수를 반송파로 선택하여 신호를 전송함으로써 전송 효율을 높일 수 있다. 둘째로 변조는 하드웨어(hardware)의 한계를 극복할 수 있게 한다. 통신시스템을 구축할 때 하드웨어의 성능과 가격이 사용 주파수에 의해서 좌우될 수 있다. 변조는 하드웨어 한계를 극복할 수 있는 주파수 대역으로 신호를 옮겨놓을 수 있게 한다. 예를 들어 주파수가 20kHz 정도되는 음성을 변조하지 않고 그대로 전송할 경우 길이가 수백 미터가 되는 안테나가 필요하다. 그러나 변조를 통해 2.4GHz 대역의 반송파에 신호를 실어 보낼 경우 길이 10cm 미만의 안테나로 전송이 가능하다. 셋째로 변조는 잡음(noise)이나 간섭(interference)을 줄일 수 있다. 잡음이나 간섭을 극복하기 위한 가장 기본적인 방법은 신호의 전력을 원하는 만큼 증가시키는 것이다. 그러나 이것은 현실적으로 불가능한 경우가 많다. 그러나 같은 신호 전력에서도 FM(Frequency Modulation)이 AM(Amplitude Modulation)보다 잡음이나 간섭에 강하듯이 변조 기술로서 잡음이나 간섭의 영향을 줄일 수 있다. 넷째로 변조는 주파수 분할 다중화(Frequency Division Multiplexing)를 가능하게 해준다. 다시 말해, 여러 개의 다른 주파수의 반송파에 정보를 실어 보냄으로써 주파수 대역별로 독립적인 무선 통신이 가능하게 된다.

8.2.3 믹서

믹서(mixer)란 3단자로 이루어져서 두 신호가 인가되었을 때 인가된 두 신호의 주파수와는 다른 새로운 주파수를 만들어내는 비선형 회로를 말한다. 특별히 출력 신호의 주파수(f_o)가 두 입력 신호의 주파수(f_1, f_2)의 합(f_1+f_2)이나 차(f_1-f_2)가 되는 믹서를 이상적인 믹서(ideal mixer)라고 부른다. 즉, 이상적인 믹서의 두 입력과 출력 신호의 주파수는 다음 수식으로 표현된다.

$$f_o = f_1 \pm f_2 \tag{8.1}$$

이상적인 믹서의 회로 심벌을 [그림 8.3]에 보였다. 하향변환(down conversion) 믹서를 가정할 때, 두 입력단자는 각각 RF(radio frequency) 입력단자 및 LO(Local oscillator) 입력단자라고 부르고 출력단자는 IF(Intermediate frequency) 출력단자라고 부른다. 이상적인 믹서의 RF 입력단자에 f_{RF}의 주파수를 갖는 신호를 인가하고 LO 입력단자에 f_{LO}의 주파수를 갖는 신호를 인가하면 IF 출력단자에는 ($f_{RF} \pm f_{LO}$)의 합과 차 주파수를 갖는 신호가 출력된다. 이때 사용자는 대역통과 필터(band-pass filter)를 이용하여 ($f_{RF}+f_{LO}$)의 합 주파수나 ($f_{RF}-f_{LO}$)의 차 주파수를 선택해서 쓰게 된다.

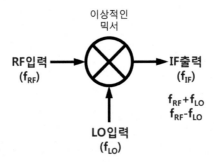

[그림 8.3] 이상적인 믹서의 회로 심벌

한편, 이상적인 믹서처럼 오직 두 입력 신호 주파수의 합과 차만 나오게 하려면 두 신호를 곱해주면 된다. 즉, 두 입력 신호가 각주파수 ω_1 및 ω_2를 갖는 코사인 파라고 가정하고 두 입력 신호를 곱하면 다음 식(8.2)와 같이 $(\omega_1+\omega_2)$의 합 주파수와 $(\omega_1-\omega_2)$의 차 주파수만을 얻는다.

$$\cos\omega_1 t \times \cos\omega_2 t = \frac{1}{2}\{\cos(\omega_1+\omega_2)t + \cos(\omega_1-\omega_2)t\} \tag{8.2}$$

따라서 이상적인 곱셈기(ideal multiplier)가 이상적인 믹서가 됨을 알 수 있다.

(1) 믹서의 용도

믹서는 변조기 및 복조기로 쓰일 뿐만 아니라 주파수 변환기(frequency shifter) 주파수 체배기(frequency multiplier), 위상 검출기(phase detector), 곱셈 검출기(product detector) 등으로 쓰인다.

(2) 다이오드 믹서

다이오드는 불평형(unbalanced) 믹서로 사용될 수 있다. 이런 형태의 믹서는 합 주파수와 차 주파수뿐만 아니라 본래의 입력 주파수도 같이 출력된다. 다이오드 믹서의 원리를 설명하면 다음과 같다. 다이오드는 비선형 소자로서 전류(I)-전압(V) 관계식은 다음과 같이 지수함수 형태를 갖는다.

$$I_D = I_S(e^{\frac{V_D}{\eta V_t}} - 1) \tag{8.3}$$

한편, 지수함수를 전개식으로 전개하면 다음과 같다.

$$e^x = \sum_{n=0}^{\infty} \frac{x^n}{n!} \tag{8.4}$$

X가 작다는 가정하에 식(8.4)는 다음과 같이 근사될 수 있다.

$$e^x - 1 \approx x + \frac{1}{2}x^2 \tag{8.5}$$

한편, 식(8.3)의 다이오드 수식에 식(8.5)를 적용한 후 $a = I_S/(\eta V_t)$, $b = (I_S)^2/\{2(\eta V_t)^2\}$로 놓으면 식(8.6)과 같이 표현된다.

$$I_D \approx I_S\{\frac{V_D}{\eta V_t} + \frac{1}{2}(\frac{V_D}{\eta V_t})^2\} = \frac{I_S}{\eta V_t}V_D + \frac{I_S^2}{2\eta^2 V_t^2}V_D^2 = aV_D + bV_D^2 \tag{8.6}$$

다이오드에 두 입력전압의 합 $v_1 + v_2 (= v_D)$가 인가되었다고 하면 다이오드 전류는 다음과 같이 표현된다.

$$I_D \approx a(v_1 + v_2) + b(v_1 + v_2)^2 \tag{8.7}$$

이때 다이오드 전류 I_D는 다이오드에 입력으로 두 입력전압의 합 $v_1 + v_2$를 인가했을 때의 출력으로 우측 수식과 같다. 우측 수식의 첫째 항의 $v_1 + v_2$는 본래 인가해 줬던 두 입력 주파수가 출력됨을 나타낸다. 두 번째 항인 제곱 항의 $(v_1 + v_2)^2 = v_1^2 + 2v_1v_2 + v_2^2$가 되어 두 입력의 곱인 v_1v_2항을 포함한다. 따라서 두 입력 주파수의 합 주파수와 차 주파수가 출력됨을 알 수 있다. 다이오드에 직렬로 저항(R)을 연결하면 저항 양단의 전압 v_o는 다이오드 전류에 비례하게 된다. 따라서 v_o를 다이오드 믹서의 출력전압으로 설정하면 출력전압 v_o에는 두 입력 주파수의 합 주파수와 차 주파수와 더불어 본래 인가해 준 두 입력 주파수도 함께 출력된다. 따라서 다이오드도 믹서 역할을 할 수 있다. 다이오드뿐만 아니라 비선형 소자는 일반적으로 전개식으로 전개했을 때 제곱 항을 포함하므로 믹서 역할을 할 수 있다.

8.3 RF 트랜시버의 구조

앞서 설명한 바와 같이 정보를 내포한 신호를 변조를 통해 RF 대역의 전자기파에 실어 무선으로 보내는 것을 RF 송신기(transmitter)라고 하고, RF 대역의 전자기파를 무선으로 수신하고 복조를 통해 본래 신호를 복원해 내는 것을 RF 수신기(receiver)라고 한다. RF 송신기와 RF 수신기를 하나로 합친 장치를 RF 송수신기(transceiver = TRANSmitter+reCEIVER) 혹은 RF 트랜시버(transceiver)라고 부른다.

RF 트랜시버의 구조의 구조는 수퍼헤테로다인(super heterodyne) 방식과 호모다인 (homodyne) 방식으로 분류할 수 있다. 호모다인은 직접변환(direct conversion) 혹은 제로 (zero) IF라고도 불린다. 최근에는 호모다인보다는 직접변환이란 말로 더 자주 쓰이고 있다.

8.3.1 수퍼헤테로다인

수퍼헤테로다인에서 수퍼(super)란 오디오신호 주파수 이상이란 의미이고 헤테로다인 이란 주파수를 섞는다는 의미로서, 수퍼헤테로다인 방식은 반송파 주파수를 기저대역 (baseband) 주파수로 직접 변환하지 않고 중간단계로 IF(Intermediate Frequency) 신호로 변환한 후 다시 기저대역으로 변환하여 수신하는 방식이다.

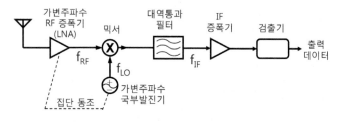

[그림 8.4] 수퍼헤테로다인 방식의 수신기 구조

[그림 8.4]는 수퍼헤테로다인 수신기 구조를 보여준다. 안테나에서 받은 RF 대역의 신호(f_{RF})는 국부발진기 주파수(f_{LO})와 믹싱(mixing)되어 IF 주파수(f_{IF})로 떨어진다. 여기서 RF 증폭기와 국부 발진기는 주파수가 가변되도록 하여 둘을 집단동조(ganged tuning)시

켜 줌으로써 RF 주파수가 변해도 IF 주파수(f_{IF})는 고정될 수 있도록 해준다. 대역통과 필터는 믹서에서 출력되는 차 주파수 성분과 합 주파수 성분 중 차 주파수 성분만을 선택하도록 해준다.

IF 주파수는 RF 주파수에 비해 매우 낮으므로 다루기가 용이할 뿐만 아니라 IF 주파수 대역이 고정되어 있으므로 IF 신호를 증폭하는 IF 증폭기는 IF 대역 밖의 잡음성분들을 정교하게 차단하면서 증폭하는 것이 용이해진다. 따라서 슈퍼헤테로다인 수신기는 감도와 선택도가 좋으며, 광대역에 걸쳐 RF 주파수가 변해도 선택도가 떨어지지 않고 충실도도 좋다. 반면에 회로가 복잡하고 전력소모가 다소 많다. 특히, IF의 낮은 주파수 대역에서의 대역통과 필터는 면적을 많아 차지하므로 RF 트랜시버의 원칩(one-chip)화를 방해하는 주된 요소가 된다. 따라서, 이동 휴대단말기 등의 소형장치에서는 잘 사용되지 않는다.

8.3.2 직접변환

직접변환(direct conversion) 방식은 반송파 주파수를 기저대역(baseband) 주파수로 직접 변환하여 수신하는 방식이다. 직접변환 방식의 수신기 구조를 [그림 8.5]에 보였다.

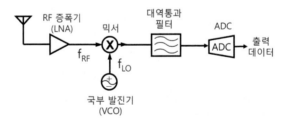

[그림 8.5] 직접변환 방식의 수신기 구조

직접변환 방식의 수신기는 IF를 사용하지 않으므로 채널의 선택도와 감도가 떨어지는 단점이 있는 반면에 IF단을 사용하지 않기 때문에 구조가 상대적으로 간단하다는 장점이 있다. 특히 IF 필터가 없으므로 RF 트랜시버를 원칩(one-chip)화하기에 적합한 구조가 되므로 널리 사용되고 있다.

8.4 듀플렉서

앞 절에서 RF 트랜시버의 구조를 설명하면서 편의상 수신기만을 예로 들어 설명하였다. 그러나 트랜시버(transceiver)란 송신기(transmitter)와 수신기(receiver)를 하나로 합친 장치이다. 따라서 RF 트랜시버에는 송신기용 안테나와 수신기용 안테나가 필요할 것이다. [그림 8.6]은 이 2개의 안테나를 사용한 직접변환 방식의 RF 트랜시버 구조를 보여준다.

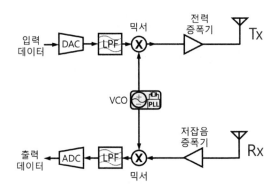

[그림 8.6] 2개의 안테나를 사용한 직접변환 방식의 RF 트랜시버 구조

그러나 송신기용과 수신기용의 2개의 안테나를 사용하는 것은 매우 번거로울 뿐만 아니라 제품의 가격 경쟁력에 떨어뜨리게 된다. 이러한 문제점을 해결하는 기술로 듀플렉서(duplexer)가 있다.

8.4.1 듀플렉서

듀플렉서는 하나의 통로(path)를 두 개의 신호가 공유할 수 있도록 해주는 전자소자이다. 여기서 두 신호는 일반적으로 송신 신호와 수신 신호가 된다. 듀플렉서는 하나의 전송선을 통해 양방향 통신이 가능하게 할 수도 있고, 하나의 안테나로 송신과 수신을 겸할 수 있도록 할 수도 있다. 듀플렉서는 시분할(time division)과 주파수분할(frequency division)의 두 가지 방법으로 분류할 수 있는데 각각을 시간 영역 듀플렉서(TDD, Time Domain

Duplexer) 및 주파수 영역 듀플렉서(FDD, Frequency Domain Duplexer)라고 부른다.

(1) 시간 영역 듀플렉서

시간 영역 듀플렉서는 동일한 주파수를 가진 두 개의 신호를 시간차를 두고 송신 신호와 수신 신호가 교대로 같은 통로를 이용하게 하는 방식으로서 매우 짧은 주기로 송신 데이터와 수신데이터가 교대로 전송되면 연속적인 통화가 이루어져 풀듀플렉스(full duplex)가 이루어진다. [그림 8.7]은 시간 영역 듀플렉서의 구조를 보여준다.

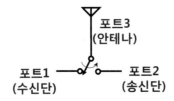

[그림 8.7] 시간 영역 듀플렉서의 구조

(2) 주파수 영역 듀플렉서

주파수 영역 듀플렉서는 송신과 수신에서 서로 다른 주파수를 사용함으로써 같은 통로에서 두 신호가 동시에 흐를 수 있도록 하는 방식이다. 이 경우 송신 신호와 수신 신호를 격리시키기 위해 대역통과 필터(BPF, Band Pass Filter)를 사용한다. [그림 8.8(a)]는 주파수 영역 듀플렉서의 구조를 보여준다. [그림 8.8(b)]는 주파수 영역 듀플렉서 각 포트에서의 주파수 특성을 보여준다.

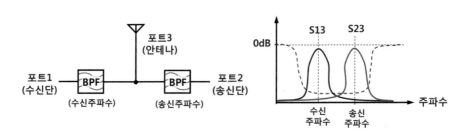

(a) 주파수 영역 듀플렉서 구조   (b) 대역통과 필터(BPF)의 주파수 특성

[그림 8.8] 주파수 영역 듀플렉서

듀플렉서를 이용할 경우 [그림 8.6]의 두 개의 안테나를 사용한 RF 트랜시버는 [그림 8.9]에 보인 한 개의 안테나만을 사용한 간단한 구조로 변환될 수 있다.

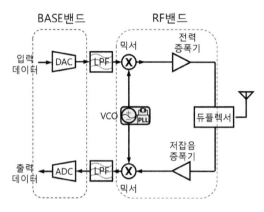

[그림 8.9] 듀플렉서를 이용한 단일 안테나 구조의 직접변환 RF 트랜시버의 구조

8.5 다중접속

앞에서 설명한 통신 방식만으로는 하나의 전송 매체에 한 명의 사용자만 접속할 수 있으므로 1 대 1 통신 만이 가능하다. 그러나 실제의 통신 시스템에서는 여러 사람들이 동시에 통신할 수 있어야 한다. 즉, 임의의 한 사용자는 나머지 모든 사용자 중 그 누구와

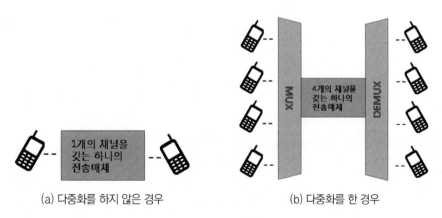

(a) 다중화를 하지 않은 경우　　　　　　　(b) 다중화를 한 경우

[그림 8.10] 다중접속의 필요성

도 통신할 수 있어야 하며 이러한 접속이 다수의 사용자 간에 동시에 이루어질 수 있어야 한다. 이와 같이 여러 사람들이 동시에 통신할 수 있도록 해주는 기술이 다중접속(multiple access)이다.

[그림 8.10]은 다중접속의 필요성을 설명하기 위해 다중화를 하지 않은 경우와 다중화를 한 경우의 예를 블록도로 보여주고 있다.

■ 다중접속이란

다중접속이란 다수의 무선통신 사용자가 하나의 동일한 전송매체에 연결되어 그 매체의 용량을 공유할 수 있게 하는 기술을 말한다. 이런 기술을 유선통신시스템에서는 다중화(multiplexing)라 하고 무선 디지털 통신시스템에서는 다중접속이라고 한다. 다중접속에서 채널접속(channel-access)은 동일한 전송매체를 다수의 데이터 흐름, 혹은 신호들이 공유할 수 있도록 해주는 다중화 방법을 기반으로 이루어진다. 다중접속 기술은 한정된 주파수 자원을 다수의 사용자가 효율적으로 공유할 수 있도록 서로 다른 사용자를 구분시켜주는 기술이라고도 말할 수 있다. 다중접속 방식은 크게 주파수 분할 다중접속(FDMA, Frequency Division Multiple Access), 시간 분할 다중접속(TDMA, Time Division Multiple Access), 코드 분할 다중접속(CDMA, Code Division Multiple Access), 공간 분할 다중접속(SDMA, Space Division Multiple Access) 등으로 나눌 수 있다.

8.5.1 주파수 분할 다중접속

주파수 분할 다중접속(FDMA, Frequency Division Multiple Access)은 시스템의 주파수 대역을 유한한 개수의 채널로 분할하여 각 채널에서 사용자가 원하는 데이터를 전송하고 수신할 수 있도록 해주는 방법이다. 동일한 시스템에서 많은 수의 채널을 통해 전송할 때 신호가 서로 간섭을 일으키지 않도록 해줘야 한다. 따라서 채널과 채널 사이에 주파수 간격을 두어야 하는데 이를 가드밴드(guard band)라고 한다.

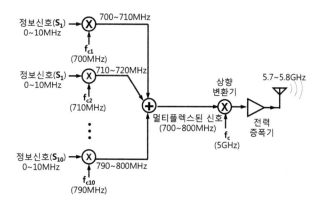

(a) 주파수 분할 다중접속 송신 시스템 구조

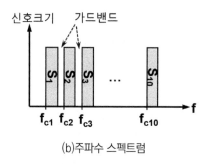

(b)주파수 스펙트럼

[그림 8.11] 주파수 분할 다중접속(FDMA)의 송신시스템

[그림 8.11]은 10명의 사용자가 10개의 신호를 동시에 전송할 수 있는 주파수 분할 다중접속(FDMA)의 송신시스템을 예로 보여주고 있다. 각 신호는 0~6MHz의 영상정보를 포함하고 4MHz의 가드밴드을 갖고 있다. 10개의 채널에 실린 신호들은 결합되어 반송파 주파수(f_c=5GHz) 만큼 상향 변환되어 안테나를 통해 RF 형태로 전송된다.

[그림 8.12] 주파수 분할 다중 다중접속(FDMA)의 수신시스템

[그림 8.12]는 주파수 분할 다중접속의 수신시스템을 보여준다. 수신된 신호는 대역폭이 다른 여러 개의 대역통과 필터를 통해 분리된 후 복조됨으로써 본래 정보가 복원된다. 주파수 분할 다중접속의 장점은 네트워크 타이밍이 필요하지 않다는 점이지만, 전력제어, 광대역 특성, 상호변조와 측대역 왜곡으로 인한 간섭이 발생한다는 단점을 가지고 있다.

8.5.2 시분할 다중접속

시분할 다중접속(TDMA, Time Division Multiple Access)은 전송 매체를 사용하는 시간을 분할하여 여러 사용자가 동시에 하나의 주파수 대역(전송매체)을 사용할 수 있도록 하는 기술이다. 즉, 정해진 주파수 대역을 주기적으로 일정한 시간간격(time slot)으로 나누어서 각 사용자가 자기에게 할당된 시간 동안만 자기신호를 전송하는 방식이다.

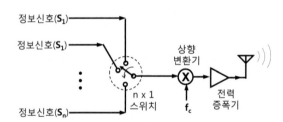

(a) 시분할 다중접속 송신 시스템 구조

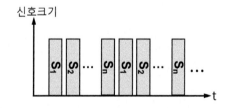

(b) n개 신호에 대한 데이터 슬롯 할당

[그림 8.13] 시분할 다중접속(TDMA)의 송신 시스템

[그림 8.13]은 시분할 다중접속의 송신시스템을 보여준다. n개의 신호는 n×1 스위치에 의해 시간분할로 전송매체에 접속되어 시간적으로 공유함으로써 다중화가 이루어진

다. [그림 8.13(b)]는 n개의 신호에 대한 데이터 슬롯이 시간 축을 따라 할당되는 형태를 보여주고 있다. 각 신호가 할당 받는 시간은 주기적으로 반복되어 돌아옴을 볼 수 있다. 이렇게 다중화된 신호를 받아 본래 신호를 복원하는 시분할 다중접속의 수신시스템을 [그림 8.14]에 보였다. 1×n 스위치는 다중화된 데이터슬롯에서 각 신호의 데이터 슬롯을 따로 분리해 냄으로써 역다중화(demultiplexing)를 이루어 본래 신호를 복원해 낸다.

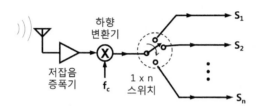

[그림 8.14] 시분할 다중접속(TDMA)의 수신시스템

시분할 다중 접속 방식은 주파수 다중 접속 방식에 비교하면 주파수 대역폭이 적고, 전력 제어가 불필요하지만, 네트워크 타이밍이 요구된다는 단점을 가지고 있다.

8.5.3 코드분할 다중접속

코드분할 다중접속(CDMA, Code Division Multiple Access)은 스펙트럼 확산(SS, Spread Spectrum)을 응용한 다중 접속 방식이다. 스펙트럼 확산은 송신되는 신호 대역폭이 기저대역의 정보 신호 대역폭보다 훨씬 크게 하는 기술이다. 이 기술은 탐지 확률이 낮아 보안 통신이 가능하다는 장점 때문에 군사기술로 응용하기 위해 개발되었다. 현재는 이동통신 시스템에서 심각한 스펙트럼 포화 문제를 해결하고 시스템 용량을 증가시키기 위해 사용되고 있다.

[그림 8.15]에 확산 코드에 의한 통신의 예를 보여주고 있다. 먼저 송신 데이터에 [그림 8.15]에서 보여주는 것과 같은 확산코드 10110100101을 곱해준다. 확산코드는 본래의 데이터보다 훨씬 높은 비트 속도를 가지고 있으므로 하나의 송신 데이터에 여러 개([그림 8.15]의 경우 11비트)를 곱해준다. 이렇게 곱해진 본래의 송신 데이터는 [그림 8.15]에서 보여주는 것과 같이 비트래잇(bit rate)이 훨씬 높은 확산 신호가 된다. 이 확산 신호를

전자파에 실어서 송신을 하고, 수신측에서는 이 확산 신호에 다시 송신측에서 사용한 동일한 확산 코드를 곱해주면, 본래 송신하고자 했던 데이터와 동일한 수신 데이터를 얻을 수 있다.

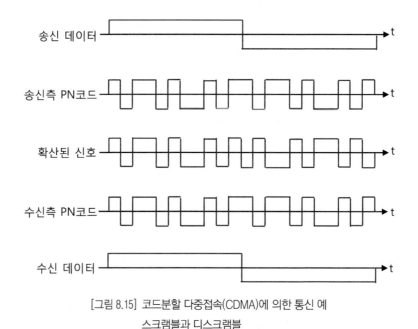

[그림 8.15] 코드분할 다중접속(CDMA)에 의한 통신 예

스크램블과 디스크램블

코드분할 다중접속 방식의 특징을 요약하면, 첫째로 확산코드를 이용해서 대역확산을 하므로 비화 특성이 매우 우수하다는 것이고, 둘째는 확산과 역확산 과정을 거치기 때문에 외부의 협대역 간섭에 매우 강하다는 것, 셋째로 주파수 대역이 넓어서 마치 주파수 다이버시티 효과를 얻을 수 있어서 페이딩에 강하다는 것이다.

대역확산을 하는 방식은 지금까지 예로 설명했던 직접확산방식(Direct Sequence Spread Spectrum)과 주파수 도약방식(Frequency Hopping Spread Spectrum), 그리고 시간 도약방식(Time Hopping Spread Spectrum)이 있다. 직접확산방식은 확산코드를 데이터에 직접 곱해서 확산 신호를 얻는 방법이고, 주파수 도약방식은 확산코드에 따라서 주파수 대역을 옮기는 방식을 말하고, 시간 도약방식은 시간축에서 확산하는 방식을 말한다. 초기에는 주파수 도약방식을 많이 사용하였으나, 현재는 반도체 및 디지털 소자의 고속화가 진행됨에 따라서 직접확산방식이 주로 사용되고 있다.

8.5.4 공간분할 다중접속

공간분할 다중접속(SDMA, Space Division Multiple Access)은 서로 분리된 다른 공간을 다른 사용자에게 할당하는 방식으로 공간분할 다중접속 방식 자체만 독립적으로 사용하지 않고 FDMA, TDMA, CDMA 방식들과 연계하여 사용한다.

공간분할 다중접속에서, 위성 접시 안테나들은 지표면 상 다수의 지역으로 신호를 전송한다. 이 안테나들은 지향성이 강하며, 지표면의 여러 지역에서 사용될 수 있도록 중복 주파수를 허용한다. 한 대의 인공위성에서 20개의 서로 다른 지역에 위치해 있는 무선 수신기로 동시에 신호를 전송해야 하는 상황을 가정해 보면, 전통적인 시스템에서는 채널 선별을 유지하기 위해 모두 20개의 채널과 20개의 안테나가 필요하지만, 공간분할 다중접속에서는 수신 지역 수에 비해 훨씬 적은 수의 채널로도 충분하다. 만약 중복 채널 지역이 충분히 선별된다면, 20개의 신호를 4~5개 정도의 채널을 이용하여 지구로 전송할 수 있다. 위성 안테나에서 나오는 협대역 신호 전파는 동일 주파수를 사용하는 지역 간에 상호 간섭이 일어나지 않도록 해준다.

8.6 디지털 변조와 특성

무선통신에서 사용하는 디지털 변조에는 PSK(Phase Shift Keying), ASK(Amplitude Shift Keying) 및 FSK(Frequency Shift Keying)의 방법이 있다. 이 절에서는 가장 널리 사용되고 있는 PSK 변조 방식에 초점을 맞추어 서술하되 나머지 두 방식에 대해서는 간략히 소개만 하기로 한다.

PSK에 대한 기본 원리나 특성은 BPSK(Binary Phase Shift Keying)에서 설명하고 BPSK의 연장선 상에서 QPSK(Quadrature Phase Shift Keying)에 대한 설명을 이어가기로 한다.

8.6.1 Binary Phase Shift Keying (BPSK)

(1) BPSK 변조

BPSK(Binary Phase Shift Keying)는 기본적인 디지털 변조 방식으로서 데이터가 1일 때 변조된 신호의 위상이 0°가 되도록 하고 데이터가 0일 때 변조된 신호의 위상이 180°가 되도록 하는 변조 방식이다.

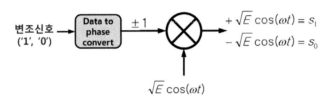

[그림 8.16] BPSK 변조기의 구조

[그림 8.16]은 BPSK 변조기의 구조를 보여준다. 이진 데이터 1과 0은 위상변환기를 통해 +1과 −1의 펄스파로 바꾸어 믹서형의 변조기에 인가하면 변조기의 또 다른 입력에 인가된 사인파형의 위상이 데이터 값에 따라 180°만큼씩 변화하게 된다.

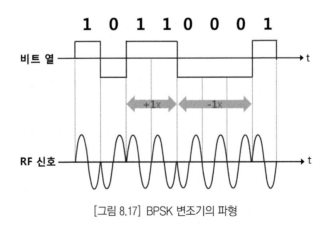

[그림 8.17] BPSK 변조기의 파형

[그림 8.17]은 BPSK 변조기의 파형을 보여주고 있다. 펄스파가 +1에서 −1로 바뀜에 따라 변조기의 출력 파형의 위상이 0°에서 180°로 급작스럽게 변화함을 보여준다. 일련의 데이터가 인가되었을 때의 데이터 값이 바뀔 때마다 위상이 180°만큼씩 변화하고 있다.

(2) BPSK 복조

[그림 8.18]은 BPSK 송수신수 구조를 블록도로 간략히 설명하고 있으며 수신기에서 BPSK의 복조 과정을 보여주고 있다. 수신된 신호는 기준 신호와 곱해진 후 한 주기 동안 적분되고 그 결과를 표본화하여 +1인지 −1인지를 판단함으로써 데이터를 복원한다.

수신된 신호에는 본래 전송된 신호 $s_i(t)$와 채널을 거치면서 추가된 잡음 $n(t)$로 구성되어 있다. 만약 송신기에서 +1을 보냈을 경우 적분기의 출력 z는 다음의 식(8.8)로 표현된다.

$$z = E\int_0^T \cos^2(\omega t)dt + \sqrt{E}\int_0^T \cos(\omega t)n(t)dt \tag{8.8}$$

여기서, 첫 번째 항은 신호 항으로서 임계치보다 큰지 작은지를 판단하여 데이터를 복원하며, 두 번째 항은 잡음 항이다.

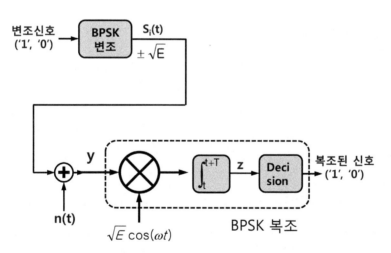

[그림 8.18] 간략화된 BPSK 송신기 및 수신수 블럭도

만약 잡음이 없다면 적분기 출력은 다음과 같아져서 +1이 출력된다.

$$z = E\int_0^T \cos^2(\omega t)dt = \frac{T}{2}E \rightarrow +1 \tag{8.9}$$

송신기에서 −1을 보냈을 경우 적분기의 출력 z는 다음 수식으로 표현된다.

$$z = -E\int_0^T \cos^2(\omega t)dt - \sqrt{E}\int_0^T \cos(\omega t)n(t)dt \tag{8.10}$$

만약 잡음이 없다면 적분기 출력은 다음과 같아져서 −1이 출력된다.

$$z = -E\int_0^T \cos^2(\omega t)dt = -\frac{T}{2}E \rightarrow -1 \tag{8.11}$$

결과적으로 적분기 출력 z>0이면 송신기에서 +1을 보낸 것으로 판단하고 적분기 출력 z<0이면 송신기에서 −1을 보낸 것으로 판단한다.

(3) BPSK의 에러 특성

적분기 출력에서의 잡음 항을 수식으로 표현하면 다음과 같다.

$$z = \pm\sqrt{E}\int_0^T \cos(\omega t)n(t)dt \tag{8.12}$$

잡음 $n(t)$를 평균=0, 분산=s^2인 가산성 백색 가우시안 잡음(AWGN, Additive White Gaussian Noise)으로 가정하고 잡음의 확률분포함수 $p_n(x)$를 구하면 다음과 같다.

$$p_n(x) = \frac{1}{\sqrt{2\pi\sigma^2}}e^{\frac{-(x-\mu)^2}{2\sigma^2}}\bigg|_{\substack{\mu=0 \\ \sigma^2=\frac{N_0}{2}}} = \frac{1}{\sqrt{\pi N_0}}e^{\frac{-x^2}{N_0}} \tag{8.13}$$

여기서, $\mu=0$, $s^2=N_0/2$로 설정한다. 복조기가 받는 신호 y를 비트 '1'과 비트 '0'이 전송되었을 때로 구분하여 표시하면 다음과 같다.

$$y=s_1+n : \text{비트 '1'이 전송되었을 때} \tag{8.14}$$
$$y=s_0+n : \text{비트 '0'이 전송되었을 때} \tag{8.15}$$

따라서 각각의 경우에서 y에 대한 확률분포함수는 다음과 같이 표현된다.

$$p(y \, / \, s_1) = \frac{1}{\sqrt{\pi N_0}} \, e^{\frac{-(y-\sqrt{E})^2}{N_0}} \tag{8.16}$$

$$p(y \, / \, s_0) = \frac{1}{\sqrt{\pi N_0}} \, e^{\frac{-(y+\sqrt{E})^2}{N_0}} \tag{8.17}$$

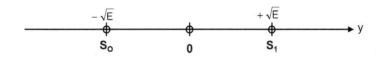

(a) BPSK 변조 방식의 신호 성상도

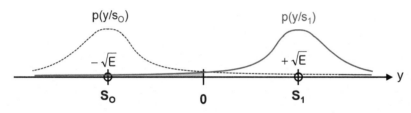

(b) S_1, S_0의 각 조건에 따른 확률분포함수

[그림 8.19] BPSK에서 수신된 신호에 대한 조건부 확률분포함수

[그림 8.19(a)]는 BPSK 변조 방식의 신호 성상도를 보여 준다. [그림 8.19(b)]는 S_1, S_0의 각 조건에 따른 확률분포함수를 보여준다. 여기서 y는 잡음을 포함한 신호의 크기로서 수신기는 y>0이면 S_1 즉, '1'이 전송된 것으로 판단하고, y≤0이면 S_0 즉, '0'이 전송된 것으로 판단한다. S_1이 전송되었을 때의 에러 확률은 [그림 8.19(b)]에서 삼각형 모양의 색칠된 부분이 되므로 에러 확률 $P_e(y/s_1)$는 다음과 같이 표현된다.

$$P_e(y \, / \, s_1) = \int_{-\infty}^{0} \frac{1}{\sqrt{\pi N_0}} \, e^{\frac{-(y-\sqrt{E})^2}{N_0}} \, dy \tag{8.18}$$

식(8.18)에서 $u = \dfrac{y - \sqrt{E}}{\sqrt{N_0}}$ 로 치환하면 에러 확률 $P_e(y/s_1)$을 식(8.19)에 보인 바와 같이 erfc(complementary error function)으로 표현할 수 있다.

$$P_e(y / s_1) = \int_{-\infty}^{0} \frac{1}{\sqrt{\pi N_0}} e^{\frac{-(y-\sqrt{E})^2}{N_0}} dy \bigg|_{u=\frac{y-\sqrt{E}}{\sqrt{N_0}}} = \int_{\sqrt{\frac{E}{N_0}}}^{\infty} \frac{1}{\sqrt{\pi}} e^{-u^2} du$$

$$= \frac{1}{2} \frac{2}{\sqrt{\pi}} \int_{\sqrt{\frac{E}{N_0}}}^{\infty} e^{-u^2} du = \frac{1}{2} erfc(\sqrt{\frac{E}{N_0}})$$

(8.19)

총 비트 에러 확률(total probability of bit error) P_e는 '1'이 전송될 확률과 '0'이 전송될 확률을 각각 $p(s_1)$과 $p(s_0)$라고 할 때 다음과 같이 구해진다.

$$P_e = p(s_1)P_e(y / s_1) + p(s_1)P_e(y / s_0)$$

(8.20)

'1'이 전송될 확률과 '0'이 전송될 확률이 같다고 가정하면 $p(s_1)=p(s_0)=1/2$가 되므로 식(8.20)은 다음과 같아진다.

$$P_e = \frac{1}{2} P_e(y / s_1) + \frac{1}{2} P_e(y / s_0)$$

(8.21)

또한, 수신된 신호 y는 '1'이 전송될 때나 '0'이 전송될 때나 같은 가우시안 확률 분포를 가지므로 $p_e(y/s_1)=p_e(y/s_0)$이 되어 총 비트 에러 확률(total probability of bit error) P_e는 다음과 같이 구해진다.

$$P_e = P_e(y / s_1) = \frac{1}{2} erfc(\sqrt{\frac{E}{N_0}})$$

(8.22)

[그림 8.20]은 BPSK 시스템의 비트 에러 성능을 보여주는 그래프이다.

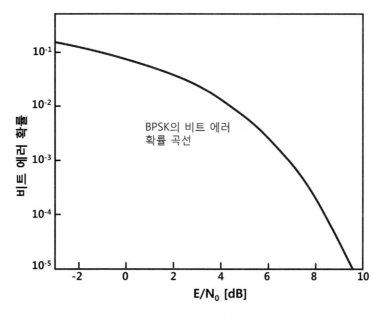

[그림 8.20] BPSK 시스템의 비트 에러 성능

8.6.2 Quadrature Phase Shift Keying (QPSK)

BPSK(Binary Phase Shift Keying)가 1주기의 심볼에 1비트의 정보를 실어 보내는 데 비해 QPSK(Quadature Phase Shift Keying)는 1주기의 심볼에 2비트의 정보를 실어 보낸다. QPSK는 직교하는 2개의 사인파에 가각 1비트씩의 정보를 실어 보냄으로써 이를 실현하고 있고 각각을 I-채널(In-phase channel)과 Q-채널(Quadrature-phase channel)이라고 부른다.

(1) QPSK

■ QPSK 변조

QPSK는 1주기의 심볼에 2비트의 정보를 실어 보내기 위해서 4종류의 서로 다른 심볼 파형이 필요하다. <표 8.1>은 QPSK의 전송된 심볼 파형에 따라 수신되는 데이터 관계를 보여주고 있다.

〈표 8.1〉 QPSK의 심볼 파형

전송된 심볼 파형	bit로 재표현	디지털 데이터
0	+1,+1	00
1	−1,+1	01
2	−1,−1	10
3	+1,−1	11

QPSK에서의 4종류의 서로 다른 심볼 파형을 수식으로 표현하면 다음과 같다.

- 심볼 파형 0 : $s_0(t) = \sqrt{E} \cos(\omega t + \dfrac{\pi}{4})$ for 0<t<T

- 심볼 파형 1 : $s_1(t) = \sqrt{E} \sin(\omega t + \dfrac{\pi}{4})$ for 0<t<T

- 심볼 파형 2 : $s_2(t) = -\sqrt{E} \cos(\omega t + \dfrac{\pi}{4})$ for 0<t<T

- 심볼 파형 3 : $s_3(t) = -\sqrt{E} \sin(\omega t + \dfrac{\pi}{4})$ for 0<t<T

여기서, E는 심볼 에너지이다. 4개 심볼의 위상상태는 각각 45°, 135°, 225°, 315°로서 이를 성상도로 표시하면 [그림 8.21]과 같다.

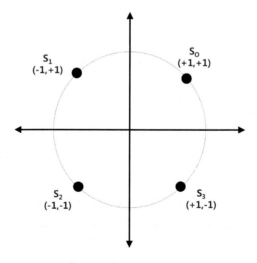

[그림 8.21] QPSK의 성상도

[그림 8.22]는 QPSK 변조기 구조를 보여주고 있다. QPSK 변조기는 2개의 BPSK 변조기를 병렬 연결한 구조로서 각 BPSK 변조기는 sin파와 cos파를 사용하여 서로 직교성을 유지하도록 하고 있다. 따라서 독립적인 2 채널이 형성되고 각 채널에 1비트씩을 전송하게 된다.

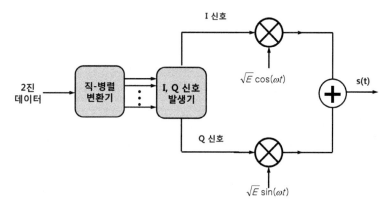

[그림 8.22] QPSK 변조기

■ QPSK 복조

[그림 8.23]은 QPSK 복조기 구조를 보여주고 있다. QPSK의 복조 원리는 BPSK의 복조 원리와 같다. 단지 수신된 신호로부터 2채널을 분리해내는 작업이 추가되어야 하는데 이는 반송파의 직교성을 이용함으로써 I-채널(In-phase channel)과 Q-채널(Quadrature-phase channel)로 쉽게 분리시킬 수 있다.

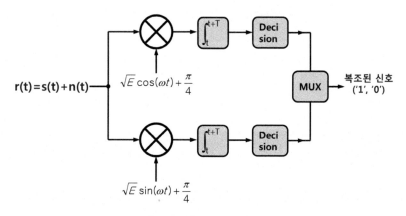

[그림 8.23] QPSK 복조기

각 채널에서의 수신된 신호에 기준 신호를 각각 곱하고 그 결과를 적분하여 신호판단의 임계값으로 이용한다. 이때 결정하는 규정은 BPSK와 동일하다. 결정된 결과는 멀티플렉서를 통해 데이터 비트 스트림(data bit stream)으로 복원된다.

8.6.3 Amplitude Shift Keying (ASK)

ASK는 논리 '1'일 때 반송파의 진폭을 크게 하고 논리 '0'일 때 반송파의 진폭을 작게하여 반송파의 진폭에 정보를 실어 보내는 방식이다. 진폭에 정보가 담겨있기 때문에 감쇄에 의한 영향을 많이 받아 장거리나 대용량 전송에는 적합하지 않다. ASK는 구조와 원리가 단순한 반면에 전압의 크기를 비교하는 방식이어서 잡음의 영향을 많이 받는 단점이 있다.

[그림 8.24(a)]는 ASK 변조기의 구조를 보여준다. 변조 방식이 믹서를 쓰지 않아 간단하지만 두 개의 발진기가 필요한 단점이 있다. [그림 8.24(b)]는 변조된 파형을 보여준다. 논리 '0'일 때의 작은 진폭을 극단적으로 0으로 하는 방식을 OOK(On/Off Keying)이라고 하며 변조된 파형을 [그림 8.24(c)]에 보였다.

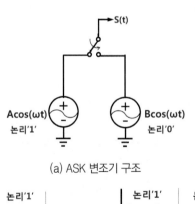

(a) ASK 변조기 구조

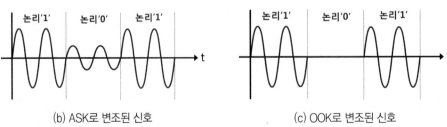

(b) ASK로 변조된 신호   (c) OOK로 변조된 신호

[그림 8.24] ASK 변조기와 변조된 신호

8.6.4 Frequency Shift Keying (FSK)

FSK는 논리 '1'일 때 반송파의 주파수를 ω_1으로 하고 논리 '0'일 때 반송파의 주파수를 ω_2로 하여 반송파의 주파수에 정보를 실어 보내는 방식이다. 주파수에 정보가 담겨있기 때문에 감쇄나 왜곡 간섭 등에 강해서 전송로 상태가 열악한 가정 내 통신 및 홈네트워크 등에 사용된다. 또한, 블루투스도 FSK 변조 방식을 사용한다.

[그림 8.25(a)]는 FSK 변조기의 구조를 보여주고 [그림 8.25(b)]는 FSK로 변조된 신호를 보여준다.

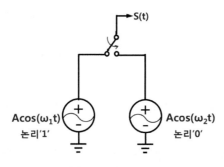

(a) ASK 변조기 구조

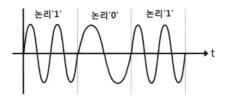

(b) ASK로 변조된 신호

[그림 8.25] ASK 변조기와 변조된 신호

연 습 문 제

1. 기본 디지털 변조 방식 세 가지를 설명하라.

2. 변조기와 복조기의 기능에 대해 설명하라.

3. 변조의 이점에 대해 설명하라.

4. 이상적인 믹서의 대해 실명하라.

5. 다이오드 믹서의 원리에 대해 설명하라.

6. 수퍼헤테로다인(super heterodyne)방식에 대해 설명하라.

7. 직접변환(direct conversion) 방식에 대해 설명하라.

8. IF 주파수에 대해설명하고 IF 주파수를 사용하는 데 따른 장점과 단점을 설명하라.

9. 시간 영역 듀플렉서(TDD, Time Domain Duplexer)에 대해 설명하라.

10. 주파수 영역 듀플렉서(FDD, Frequency Domain Duplexer)에 대해 설명하라.

11. 다중접속(multiple access)에 대해 설명하라.

12. 주파수 분할 다중접속(FDMA, Frequency Division Multiple Access)에 대해 설명하라.

13. 시분할 다중접속(TDMA, Time Division Multiple Access)에 대해 설명하라.

14. 코드분할 다중접속(CDMA, Code Division Multiple Access)에 대해 설명하라.

15. 공간분할 다중접속(SDMA, Space Division Multiple Access)에 대해 설명하라.

16. BPSK(Binary Phase Shift Keying) 변조방식에 대해 설명하라.

17. BPSK의 복조 과정을 설명하라.

18. QPSK(Quadature Phase Shift Keying)에 대해 설명하라.

블루투스의 이해

9.1 블루투스의 이해

9.1.1 블루투스란

블루투스(Bluetooth)는 애초에 프린터, 마우스 키보드 등 개인용 컴퓨터에 유선으로 연결된 각종 주변기기를 무선 연결로 대체할 목적으로 만들어진 무선통신 표준(standard)으로서 근거리에서 저전력으로 무선통신할 수 있는 환경을 만들어 주는 기술이다. 블루투스는 2.4GHz ISM 대역의 주파수를 사용하고 크기가 작고 가격이 저렴하며 컴퓨터 주변 기기뿐만 아니라 휴대전화, 노트북, 이어폰, 헤드폰 등에 사용되고 있다. 한마디로 블루투스는 짧은 거리에서 무선으로 쉽게 연결하기 위해 만들어진 기술로 근거리 개인 무선통신(PAN, Personal Area Network)의 산업표준이다.

9.1.2 블루투스 이름의 유래

블루투스란 이름은 10세기 스칸디나비아 국가인 덴마크와 노르웨이를 통일한 바이킹으로 유명한 헤럴드 블루투스(Harald Bluetooth)의 이름에서 유래되었다. 헤럴드가 스칸디나비아를 통일한 것처럼 블루투스 기술이 서로 다른 통신장치 간에 선이 없고 단일화된 연결장치를 이룰 것이라는 뜻을 지니고 있다. 또 헤럴드 블루투스가 여행가로도 유명한 것처럼 호환성을 지닌 블루투스 기술이 전 세계를 어디를 여행하든, 단일 장비로 통신이 가능하도록 모든 통신 환경을 일원화시켜 주길 바라는 의미를 가지고 있다. 블루투스는 단순히 초기에 진행 중이던 프로젝트의 이름에 불과했으나 기억하기 좋고 흥미를 유발할 수 있어 SIG(Special Interest Group)에 의해 공식 명칭으로 결정됐다.

9.1.3 블루투스 SIG

1994년 에릭슨의 이동통신그룹(Ericsson Mobile Communication)에서 휴대전화와 주변기기들 간의 소비전력이 적고 가격이 싼 무선(Radio) 인터페이스를 연구하기 시작했다. 1997년 초에 다른 휴대장치 제조사와 접촉을 시작해 마침내 1998년 2월 에릭슨, 노키아, IBM, 도시바, 인텔로 구성된 표준화 단체인 Bluetooth SIG(Special Interest Group)가 발족되었다. 다음 해에 모토로라, 마이크로소프트, 루슨트테크롤로지, 3COM 사가 가세했고 이후에도 그 수가 계속 증가하고 있다. Bluetooth SIG는 블루투스 기술을 개선하고 관리하며 재정확보, 홍보활동 등의 역할을 하고 있다.

9.2 블루투스의 발전과정

9.2.1 블루투스 기술의 분류와 특성

1999년에 블루투스 1.0이 발표된 후 계속 개선되어 지금은 블루투스 4.2까지 나왔고 곧 블루투스 5.0이 발표될 예정이다. 현재까지 발표된 블루투스를 기술에 따라 분류하면 세 가지로 나눠진다. 버전 1.0부터 2.1까지를 클래식 블루투스(Bluetooth Classic) 혹은 BR/EDR 블루투스(Bluetooth Basic Rate/Enhanced Data Rate)라고 부른다. 와이파이(WiFi)를 활용한 고속전송 기술을 추가한 버전 3.0을 고속 블루투스(Bluetooth High Speed)라고 하고, 전력소모 최소화에 중점을 둔 버전 4.0부터 현재 버전 4.2까지를 저전력 블루투스(BLE, Bluetooth Low Energy) 혹은 스마트 블루투스(Bluetooth Smart)라고 부른다.

클래식 블루투스의 초기 버전은 1Mbps 정도의 전송속도와 10m정도의 전송거리를 가지고 있었으나 EDR(Enhanced Data Range) 기술을 통해 전송속를 3Mbps까지 높였다. 음성 지원이 되어 핸즈프리, 무선 이어폰, 무선 헤드폰 등에 이용되며 그 밖에도 휴대전화, 노트북, 무선 마우스, 무선 키보드 등 광범위하게 사용되고 있다.

고속 블루투스는 전송속도를 24Mbps로 획기적으로 높였으나 이는 WiFi 모듈을 장착하여 실제로 데이터 처리는 WiFi가 맡아서 처리하고 블루투스는 모듈 간의 연결과 연결관리만을 맡는 형태이다. 따라서 고속 기능을 쓸 경우 많은 전력을 소모하게 되고 고속 기능을 쓰지않을 경우 이전의 클래식 블루투스와 큰 차이가 없으므로 큰 호응을 받지 못했다.

〈표 9.1〉 블루투스의 기술에 따른 특성

기술 항목	Bluetooth Classic or Bluetooth BR/EDR	BLE(Bluetooth Low Energy) Or Bluetooth Smart
데이터 전송속도	1~3 Mbps	1 Mbps
전송거리	통상 10m 정도 (Class에 따라 ~100m까지)	통상 10m 이내 (가변)
소모전력	1W	10~50mW
피크 소모 전류 (Peak current consumption)	〈30mA	〈15mA
데이터 전송 시간 (Minimum total time to send data) (배터리 수명에 영향)	100ms	3ms
토폴로지	스캐터넷(Scatternet)	스캐터넷(Satternet)
음성지원	지원	지원하지 않음

저전력 블루투스의 가장 큰 특징은 그 이름에서 말해주듯이 획기적인 소모전력의 감소라고 말할 수 있다. 이는 센서처럼 높은 전송속도나 지속적인 연결을 필요로 하지 않으면서 배터리에 의존하여 장기간 견뎌야 하는 장치들, 즉 IoT 디바이스에 매우 적합한 특성이다. 실제로 저전력 블루투스는 더 작은 데이터 패킷을 더 짧은 시간 동안 전송하게 함으로써 가능한 한 연결 상태의 시간을 줄이고 슬립(sleep) 상태의 주기와 횟수를 늘리고 있다. 또한, 동작하지 않는 동안에는 연결을 해지했다가 통신 시점에서 빠르게 연결하는 등의 방법을 사용하고 있으며 이들을 통해 획기적으로 소모전력을 줄이고 있다. 또 다른 특징은 IPv6나 6LoWPAN을 통해 인터넷에 직접 접속할 수 있도록 함으로써 IoT을 위한 연결성을 강화했다는 점이다. 따라서 저전력 블루투스는 IoT을 염두에 둔 변신이라고 볼 수 있다.

블루투스의 기술에 따른 특성을 [표 9.1]에 요약해 놓았다. 현재 상품으로 사용되는 주된 기술은 클래식 블루투스와 저전력 블루투스이기 때문에 이 두 기술을 비교하여 놓았다.

한편, 최근에 블루투스 5.0이 공개되었다. 블루투스 5.0은 거리가 360m 이상으로 저전력 블루투스의 4배로 늘어났으며 이는 근거리 무선 기술 표준에서 중거리 무선 기술 표준으로 변화를 시도했다고 볼 수 있다. 전송속도도 개선되어 저전력 블루투스의 2배로 빨라졌다. 데이터 전송 거리와 속도만 개선된 것이 아니라 위치 파악 기능이 훨씬 정교해지는 등 사물인터넷 기기를 위한 다양한 기능들이 새로이 추가되었다.

9.2.2 블루투스 상품

현재 상품으로 사용되는 주된 기술은 클래식 블루투스와 저전력 블루투스이다. 클래식 블루투스의 상품명은 'Bluetooth Classic' 혹은 'Bluetooth BR/EDR'이라고 부르고, 저전력 블루투스는 'BLE'나 'Bluetooth Smart' 혹은 'Single mode Bluetooth' 라고 부른다.

한편, 저전력 블루투스는 2006년 노키아에서 개발한 'Wibree'를 2010년에 블루투스 표준에 합친 것으로 사실 이전의 블루투스와는 완전히 다른 표준이다. 따라서 이전의 블루투스인 클래식 블루투스와 프로토콜 구조가 다르며 호환도 되지 않는다. 따라서 'Bluetooth Classic' 상품과 'BLE' 상품은 호환이 되지 않으며 이 문제를 해결하기 위해 나온 상품이 'Bluetooth Smart Ready'이다. 'Bluetooth Smart Ready'는 'Dual mode Bluetooth' 혹은 'Bluetooth BR/EDR/LE'라고도 부른다. 'Bluetooth Smart Ready'의 프로토콜은 'Bluetooth Classic' 프로토콜과 'BLE' 프로토콜을 합쳐 놓았으므로 두 상품 모두와 호환이 된다. 따라서 'Bluetooth Classic'이나 'BLE'와의 호환을 원한다면 'Bluetooth Smart Ready'를 채택하면 된다. [그림 9.1]은 블루투스 상품에 따른 프로토콜 구조를 보여주고 있다.

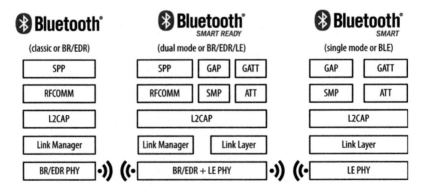

[그림 9.1] 블루투스 상품에 따른 프로토콜 구조

9.3 블루투스 표준

9.3.1 정보통신 표준의 개념

국제 표준화기구인 ISO(International Organization for Standardization)는 **표준(standard)**에 대하여 **공통적이고 반복적인 사용을 위하여 제시된 규칙이나 지침 또는 제품의 특성이나 관련 공정 및 생산방법을 규정한 합의된 문서**라고 정의하고 있다.

표준은 개념적으로 네 가지 요소를 가지고 있다. 표준은 어떤 특정 대상에 대한 약속이므로 **표준화 대상**이 있어야 한다. 그리고 여러 사람들이 공통적이고 반복적으로 사용하는 데 있어서 불편함을 제거하고 또한 편의성 및 신뢰성을 높이기 위함 등의 **표준화 목적**이 있다. 표준을 제정하기 위해 관련 당사자간에 협의하고 합의해가는 일련의 **표준화 과정**을 거치게 되고, 일정한 기준이나 규정 또는 제품특성이나 관련 공정, 생산방법 등을 기술한 **표준문서**로 남게 된다.

표준화 대상이 정보통신 분야일 때 정보통신 표준이라 한다. 일반적으로 산업 표준이 사용의 편리성에 중점을 둔 것이라면, 정보통신 표준은 시스템 또는 단말기의 통신을 원활하게 하는 상호 운용성(interoperability)에 중점을 둔다. 따라서 정보통신 표준의 중심에 통신규약(protocol)이 있게 된다.

9.3.2 블루투스 표준

블루투스는 애초에 프린터, 마우스 키보드 등 개인용 컴퓨터에 유선(예: USB케이블)으로 연결된 각종 주변기기를 무선 연결로 대체할 목적으로 만들어진 무선통신 표준(standard)이다. 표준은 시대에 따라 계속 개선되며 블루투스도 그간 개선을 거듭하여 현재는 사물인터넷(IoT)에 적합한 무선통신 표준으로 변모하였다. 따라서 블루투스에서 표준화 대상은 크기가 작고, 가격이 저렴하며 저전력 소모의 근거리 무선 환경의 구축이라고 볼 수 있다. 블루투스는 이러한 무선 환경을 구축하기에 가장 적절하고 효율적인 통신규약(protocol) 및 무선 통신 기술 등을 규정하고 일정한 기준을 정하여 합의한 문서, 즉 표준인 것이다. 따라서 블루투스 관련 제품을 제작하여 출시하려면 블루투스 표준을 따라야만 다른 블루투스 제품과의 통신 및 호환 등이 가능해진다.

블루투스 표준은 물리적 부분과 그에 필요한 펌웨어(firmware)를 기술한 코어 스펙(core specification)과 상호 기기 간의 호환성을 위해 마련한 프로파일(profile)로 구성되어 있다.

9.3.3 블루투스의 주파수 대역

(1) ISM 대역

ISM(Industrial Scientific and Medical) 대역(band)은 전기통신 이외에 산업용, 과학용, 의료용, 가정용, 기타 이들과 유사한 용도에 전파 에너지를 발생시켜 한정된 장소에서 사용하기 위해 국제적으로 할당된 주파수 대역을 말한다. 이 주파수 대역에서는 상호 간섭을 용인하는 공동사용을 전제로 하므로 주파수 사용에 대한 허가를 받을 필요는 없으나 간섭의 최소화를 위해 소출력을 기본으로 한다. 주로 사용되는 ISM 대역은 900MHz 대역, 2.4GHz 대역 및 5GHz 대역으로 각 대역의 주파수 범위는 미국을 기준으로 다음과 같다.

- 900MHz 대역: 902~928MHz (26MHz)
- 2.4GHz 대역: 2.4~2.4835GHz (83.5MHz)
- 5GHz 대역: 5.725~5.875GHz (125MHz)

900MHz 대역에서 한국의 경우 917~923.5MHz를 RFID/USN 이용 대역으로 설정하고 있다. 2.4GHz 대역에서는 한국, 북미, 유럽이 2.4~2.4835GHz로 설정되어 모두 같다. 단, 일본은 2.471~2.497GHz로 설정하고 있다.

(2) 블루투스 주파수 대역

블루투스는 2.4GHz 대역의 ISM 대역(Industrial Scientific Medical band; 2.4~2.4835GHz)을 사용하도록 규정하고 있으며 저전력 블루투스의 경우 [그림 9.2]에 보인 바와 같이 2.402GHz부터 2MHz 간격(중심 주파수 간 채널 간격)으로 2.480GHz까지 40개의 채널을 할당하여 사용한다. 이 중 채널인덱스#37~채널인덱스#39의 3개 채널은 어드버타이징

(advertizing) 채널로 할당하여 디바이스를 찾거나 초기화하는 등의 용도로 사용하고 채널지수#0~채널지수#36의 37개 채널은 데이터 전송용으로 사용된다. 또한, 주변 채널과의 간섭을 피하기 위해 주파수 도약(frequency hopping) 기술을 적용한다. 한편, 클래식 블루투스의 경우 2.402GHz부터 1MHz 간격으로 79개의 채널을 할당하여 사용한다.

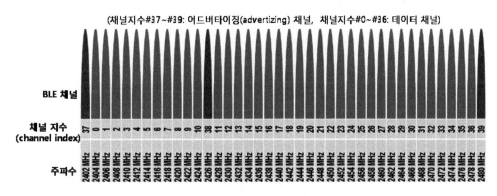

[그림 9.2] BLE 채널 구조

9.4 블루투스 스택 구조

블루투스의 프로토콜 스택 구조(stack architecture)를 BLE를 중심으로 설명하기로 한다. 블루투스 프로토콜은 크게 콘트롤러(Controller), 호스트(Host) 및 응용(Application)의 세 블록으로 구성되어 있다. [그림 9.3]은 BLE 프로토콜 스택을 보여준다.

콘트롤러는 PHY 계층, LL 및 HCI의 3개 계층으로 구성되고, Host는 L2CAP, SM, GAP, ATT 및 GATT의 5개 계층으로 구성된다. 엄밀히 말해서, HCI 계층은 콘트롤러 측 부분과 호스트 측 부분으로 구성되어 있으므로 콘트롤러와 호스트의 경계에 위치한다고 말하는 것이 정확할 것이나 편의상 콘트롤러 블록에 두고 설명하기로 한다. 이 중 연결 과정에서 필요한 부분은 PHY 계층, LL GAP, GATT 계층이며 이를 중심으로 설명하기로 한다.

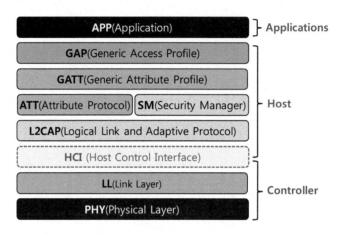

[그림 9.3] BLE의 프로토콜 스택 구조

9.4.1 콘트롤러

콘트롤러(controller)를 구성하는 PHY 계층, LL 및 HCI 계층에 대해 설명하면 다음과 같다.

(1) PHY (Physical) 계층

PHY 계층은 블루투스의 물리적 특성을 규정하는 계층으로 내용적으로 초고주파와 관련된 부분을 규정하는 RF단과 모뎀을 위한 저주파 신호처리 등을 규정하는 베이스밴드(base band) 단으로 구성되어 있다.

PHY 계층은 2.4HGz 전파의 송수신을 블루투스 통신 채널(Bluetooth Communication Channel)을 통해 제어한다. 주파수는 2.4GHz ISM 대역을 사용하고 BLE는 2MHz 간격으로 40개의 채널을 제공한다. 클래식 블루투스의 경우에는 1MHz 간격으로 79개의 채널을 제공한다. 적응적 주파수 호핑(adaptive frequency hopping) 방식을 사용하여 각 채널을 빠른 속도로 호핑(hopping)하면서 사용하며 교란(interference)이 적은 주파수 대역을 찾아 다니면서 통신한다. 변조는 GFSK(Gaussian Frequency Shift Keying) 방식을 사용하고 전송 속도는 1Mbps이다. 주파수 호핑 패턴(frequency hopping pattern) 등의 규정은 베이스밴드에서 이루어진다.

(2) LL (Link Layer)

LL는 PHY 계층 바로 위에 위치하여 패킷 구조(packet structure), 연결 절차(connection procedure) 등을 정의한다. 즉, 블루투스 디바이스 간에 자신을 알리고, 상대를 찾고, 연결을 맺는 등의 역할을 하는 계층으로 하드웨어와 소프트웨어의 조합으로 구성되어 있다. 하드웨어 단에서는 높은 컴퓨팅 능력이 요구되는 작업들(Preamble, Access Address, Air Protocol framing, CRC generation and verification, Data whitening, Random number generation, AES encryption 등)이 처리되고, 소프트웨어단에서는 디바이스의 연결 상태를 관리한다. 또한 통신하는 데 있어서 디바이스의 역할을 정의하고 통신 과정에 따라 변경되는 상태를 정의하고 있다.

■ LL (Link Layer) 역할들

LL에서는 디바이스의 역할을 마스터(Master), 슬레이브(Slave), 스캐너(Scanner) 및 어드버타이저(Advertiser)의 네 가지로 정의한다. <표 9.2>는 LL에서 정의된 디바이스의 역할에 대해 설명하고 있다.

<표 9.2> LL에서 정의된 디바이스의 역할

연결	역할	기능 설명
후	마스터(Master)	연결을 시도하고, 연결 후에 전체 연결을 관리하는 역할을 함.
	슬레이브(Slave)	Master의 연결 요청을 받고, Master의 timing 규약을 따르는 역할을 함.
전	스캐너(Scanner)	Advertising Packet을 Scanning하는 역할을 함. Scanner는 수동 스캐닝(Passive Scanning)과 능동 스캐닝(Active Scanning)의 2가지 Scanning 모드를 갖고 있다.
	어드버타이저(Advertiser)	Advertising Packet을 보내는 역할

디바이스의 역할은 <표 9.2>에서 보였듯이 크게 연결 전의 역할(Advertiser, Scanner)과 연결 후의 역할(Master, Slave)로 분류된다. 마스터(Master)로 설정된 디바이스는 연결을 시도하고, 연결 후에 전체 연결을 관리하는 역할을 한다. 슬레이브로 설정된 디바이스는 마스터의 연결 요청을 받고, 마스터의 타이밍 규약을 따르는 역할을 한다.

스캐너는 어드버타이징 패킷을 스캐닝하는 역할을 하며 다음의 두 가지 스캐닝 모드를 갖고 있다. 첫째는 수동 스캐닝으로 스캐너는 어드버타이징 패킷을 받고 이에 대해 따로 응답을 보내지 않는다. 따라서 해당 패킷을 보낸 어드버타이저는 스캐너가 패킷을 수신했는지에 대해서 알지 못한다. 둘째는 능동 스캐닝으로 어드버타이징 패킷을 받은 스캐너는 어드버타이저에게 추가적인 데이터를 요구하기 위해 스캔 리퀘스트(scan request)라는 것을 보낸다. 이를 받은 어드버타이저는 스캔 레스펀스(scan response)로 응답한다. 스캔 리퀘스트나 스캔 레스펀스는 어드버타이징 패킷 형태의 한 종류이다. 크기가 31바이트 이하의 사용자 데이터에 대해서는 어드버타이징 신호 패킷에 넣어서 보낼 수 있다. 하지만 31바이트보다는 크지만, 연결까지 맺어서 보내기는 오버헤드가 큰 데이터가 있을 때, 스캔 리퀘스트 및 스캔 레스펀스를 이용하면 두 번에 걸쳐서 데이터를 나눠 보낼 수 있게 된다. 어드버타이징 패킷을 받은 스캐너는 추가적인 사용자 데이터(예를 들어, Peripheral 디바이스의 이름)를 얻기 위해 스캔 리퀘스트를 보내게 된다. 스캔 리퀘스트를 받은 어드버타이저는 나머지 데이터를 스캔 레스펀스 신호에 담아서 보낸다.

■ LL(Link Layer) 상태들

한편, LL는 대기 상태(Standby State), 어드버타이징 상태(Advertising State), 스캐닝 상태(Scanning State), 초기시작 상태(Initiating State) 및 연결 상태(Connection State)의 5가지 상태를 가지고 있는데, 각 디바이스는 서로 연결이 되는 과정에서 이 상태를 변화시킨다. 다섯 가지 상태에 대해 설명하면 다음과 같다. 대기 상태는 신호 패킷(Signal Packet)을 보내지도, 받지도 않는 상태를 말한다. 어드버타이징 상태는 어드버타이징 패킷을 보내고, 해당 어드버타이징 패킷에 대한 상대 디바이스의 응답를 받을 수 있고 이에 응답할 수 있는 상태를 말한다. 스캐닝 상태는 어드버타이징 채널에서 스캐닝하고 있는 상태이다. 초기시작 상태는 어드버타이저의 연결 가능한 어드버타이징 패킷을 받고 난 후 연결 요청을 보내는 상태를 말하고, 연결 상태는 연결 이후의 상태를 말한다. [그림 9.4]는 LL의 각각의 상태를 다이어그램으로 나타낸 것이다.

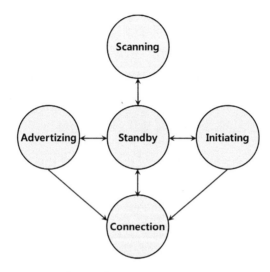

[그림 9.4] LL의 상태 다이어그램

■ LL(Link Layer) 패킷들

BLE의 LL 패킷은 어드버타이징 패킷과 데이터 패킷의 두 가지 종류만 존재한다. 연결을 맺기 전에는 어드버타이징 패킷 타입, 연결을 맺은 후에는 데이터 패킷 타입으로 신호를 생성한다. 데이터 패킷은 하나로 통일되지만, 어드버타이징 패킷은 특정 기준에 따라서 다른 성질들을 갖는다.

(3) HCI (Host Controller Interface)

HCI(Host Controller Interface)는 호스트와 콘트롤러 사이의 표준 인터페이스로서 호스트와 콘트롤러 간의 통신 수단을 제공한다. 즉, HCI의 호스트 부분과 컨트롤러 부분의 사이에 연결된 물리적 버스(physical bus)를 통해 통신하기 위한 인터페이스로서 일반적으로 이 물리적 버스는 UART, USB, PC 카드 등이 사용된다.

Host와 Controller가 한 개의 칩으로 구현될 경우 소프트웨어 API(Application Programming Interface)로 제공될 수도 있고, Controller만 별도 칩으로 구현될 경우 UART, SPI, USB 등으로 제공될 수도 있다. Standard HCI Command는 블루투스 코어 스펙(Bluetooth Core Spec)에 정의되어 있다.

9.4.2 호스트(Host)

BLE 프로토콜 스택의 Host를 구성하는 L2CAP(Logical Link Control and Adaptation Protocol), SM(Security Manager), GAP(Generic Access Profile), ATT(Attribute Protocol) 및 GATT(Generic Attribute Profile)의 계층에 대해 간략히 설명하면 다음과 같다.

(1) L2CAP

L2CAP(Logical Link Control and Adaptation Protocol)의 대표적인 역할은 프로토콜 멀티플렉싱(protocol multiplexing)이다. 베이스밴드 프로토콜은 호스트 블록 등에 위치한 상위 레이어에 대한 정보를 지니고 있지 않다. 그러므로 L2CAP에서 각 상위 프로토콜에 대한 멀티플렉싱을 수행한다. 또 프로토콜에 대한 분할(segmentation) 및 재조합(reassembly)도 L2CAP에서 이루어진다. 베이스밴드의 프로토콜은 패킷의 길이가 제한되어 있다. 따라서 어플리케이션이나 상위 계층 프로토콜에서 전달된 패킷의 길이가 길 경우에는 베이스밴드 패킷의 길이 제한에 맞게 분할해야 한다. 반대로 여러 개로 분할되어 수신된 베이스밴드의 패킷은 상위 계층 프로토콜이나 어플리케이션으로 전달하기 전에 재조합을 해야 한다. 이러한 패킷 관리가 모두 L2CAP에서 이루어진다. 이외에도 L2CAP에서는 QoS(Quality of Service)나 피코넷(Piconet) 구성 시의 그룹화(grouping)에 관련된 작업도 수행한다.

(2) SM

SM(Security Manager)은 블루투스 기기 간의 페어링(pairing), 인증(authentication) 및 암호화(encryption)를 관리하기 위한 절차와 행위를 정의한 프로토콜로서 다양한 응용에 필요한 보안 레벨을 지원하는 기능을 한다. 이 계층에 의해 암호화 및 사용자 인증이 이루어져서 블루투스 기기 간의 안전한 연결과 데이터 교환이 가능하게 된다.

(3) GAP

GAP(Generic Access Profile)은 GATT(Generic Attribute Profile)와 연동하여 블루투스 디바이스 간의 발견, 연결, 역할 전환 등 링크 관리와 관련된 절차 및 역할을 정의한다. 즉,

어떻게 디바이스 간에 서로를 인지하고, 데이터를 Advertising하고, Connection을 맺을지에 대한 프레임워크를 제공하며 서로 다른 제조사가 만든 BLE 디바이스들끼리 서로 호환되어 통신할 수 있도록 해주는 역할을 한다. 그래서 GAP는 최상위 Control Layer라고도 불린다.

■ GAP (Generic Access Profile) 역할들

또한 GAP에서는 BLE 통신을 위해 Role, Mode, Procedure, Security, Additional GAP Data Format 등을 정의한다. 이들 중 BLE Connection과 관련이 있는 역할에 대해 설명하면 다음과 같다. GAP은 역할을 센트럴(Central), 페리페럴(Peripheral), 업저버(Observer) 및 브로드캐스터(Broadcaster)의 네 가지로 정의하고 있으며 각 역할에 대해 간략히 설명하면 다음과 같다.

〈표 9.3〉 GAP 계층에서 정의된 디바이스 역할

역할	기능 설명
센트럴 (Central)	Link Layer에서 Master 역할과 상응한다. Central 역할은 다른 디바이스의 Advertising Packet을 듣고 Connection을 시작할 때 시작된다. 좋은 성능의 CPU를 가지고 있는 스마트폰이나, 테블릿 컴퓨터들의 역할이다.
페리페럴 (Peripheral)	Link Layer에서 Master 역할과 상응한다. Advertising Packet을 보내서 Central 역할의 디바이스가 Connection을 시작할 수 있도록 하게끔 유도한다. 센서기능이 달린 디바이스들의 역할이다.
업저버 (Observer)	Link Layer에서 Scanner 역할에 상응한다. Broadcaster가 뿌리는 Advertising Packet에서 data를 얻는다. 온도센서로부터 온도데이터를 받아서 디스플레이에 나타내는 테블릿 컴퓨터의 역할이다.
브로드캐스터 (Broadcaster)	Link Layer에서 Advertiser 역할에 상응한다. 주기적으로 Advertising Packet을 보낸다. 예를 들면, 온도센서는 온도데이터를 자신과 연결된 디바이스에게 일정주기로 보낸다.

(4) ATT

ATT(Attribute Protocol)는 일단 연결이 설정된 후 데이터 교환을 위한 GATT 클라이언트 (Client) 및 GATT 서버(Server) 프로토콜 구조를 정의한다. ATT는 GATT 클라이언트가 엿볼 수 있도록 GATT 서버가 속성과 그와 관련된 값을 노출시키도록 허용한다. GATT 서버가 노출시킨 속성과 그와 관련된 값은 GATT 클라이언트에 의해 발견되고, 읽혀지

고, 기록될 수 있다. 속성과 관련된 모든 거래는 자동적으로 이루어진다.

한편, GATT는 서비스 구성 요소에서 ATT가 어떻게 쓰일지를 지시한다. 모든 저전력 프로파일은 GATT에 바탕을 두고 있어야 하므로 모든 저전력 서비스는 ATT를 응용 프로토콜로 사용한다.

(5) GATT

GATT(Generic Attribute Profile)는 BLE 데이터 교환을 관리한다. 즉, GATT는 디바이스들이 데이터를 발견하고, 읽고, 쓰는 것을 가능하게 하는 기초적인 Data Model과 Procedure를 정의한다. 그래서 GATT는 최상위 Data Layer라고도 불린다. 디바이스 간에 low-level에서의 모든 인터렉션을 정의하는 GAP와는 달리, GATT는 오직 데이터의 Format 및 전달에 대해서만 처리한다. Connection Mode일 때, GATT Service와 Characteristic을 이용하여 양방향 통신을 하게 된다.

ATT를 이용하여 일반적인 서비스 프레임워크(generic service framework)을 정의한다. 이 프레임워크는 서비스의 절차와 서식 그리고 특성을 정의한다. 즉, 서비스를 위한 절차, 특성, 서술자 발견, 읽기, 쓰기, 알림, 특성 광고(broadcast of characteristics) 설정 등을 정의한다.

GATT에서도 데이터 처리와 관련해서 클라이언트와 서버의 두 가지 역할을 정의한다. GATT 클라이언트는 데이터를 원하는 측의 기기로서 GATT 서버에게 데이터 요청 명령하여 응답, 지시, 알림 데이터를 받을 수 있다. GATT 서버는 데이터를 갖고 있어서 GATT 클라이언트로부터 명령과 요청을 받는 측의 기기로서 GATT 클라이언트에게 응답, 지시, 알림 데이터를 보낸다.

〈표 9.4〉 GATT 계층에서 정의된 역할

역할	기능 설명
클라이언트 (Client)	Server에 Data를 요청한다. 하지만 처음에는 Server에 대해서 아는 것이 없기 때문에, Service Discovery라는 것을 수행한다. 이 후, Server에서 전송된 Response, Indication, Notification을 수신할 수 있다.
서버 (Server)	Client에게 Request를 받으면 Response를 보낸다. 또한 Client가 사용할 수 있는 User Data를 생성하고 저장해놓는 역할을 한다.

9.4.3 블루투스의 역할 정리

BLE의 역할은 프로토콜 계층에 따라 달리 부른다. LL에서는 디바이스의 역할을 마스터(Master), 슬레이브(Slave), 스캐너(Scanner) 및 어드버타이저(Advertiser)의 네 가지로 정의한다. 한편, GAP(Generic Access Profile) 계층에서는 역할을 센트럴(Central), 페리페럴(Peripheral), 업저버(Observer) 및 브로드캐스터(Broadcaster)의 네 가지로 정의한다. 이들 역할은 연결(Connection)된 후와 전으로 구분할 수 있는데 LL에서 연결된 후의 역할은 마스터와 슬레이브로 구분되고, 연결되기 전의 역할은 스캐너와 어드버타이저로 구분된다. GAP 계층에서의 센트럴은 LL 계층에서의 마스터와 역할이 상응된다. 마찬가지로 페리페럴은 슬레이브, 업저버는 스캐너, 브로드캐스터는 어드버타이저로 그 역할이 상응된다. <표 9.5>는 앞서 설명한 각 프로토콜 계층에서의 정의된 BLE 역할을 정리하여 보여주고 있다.

〈표 9.5〉 프로토콜 계층에 따른 BLE 역할의 정의

	Connection	LL Role	GAP Role	통신방식
BLE	후	Master	Central	Connection
		Slave	Peripheral	
	전	Scanner	Observer	Advertising
		Advertiser	Broadcaster	

9.4.4 듀얼 모드 블루투스

(1) 듀얼 모드 블루투스

클래식 블루투스와 BLE의 두 가지 버전을 모두 지원하는 것을 듀얼 모드(Bluetooth Dual-mode) 블루투스 혹은 스마트 레디 블루투스(Bluetooth smart Ready)라고 부른다.

클래식 블루투스나 BLE에서 프로토콜 스택을 두 그룹으로 분류하면 모두 동일하게 Controller와 Host로 나뉜다. 클래식 블루투스와 BLE의 프로토콜 스택은 Controller 부분에서는 유사하나 Host 부분에서는 상이한 부분이 많다.

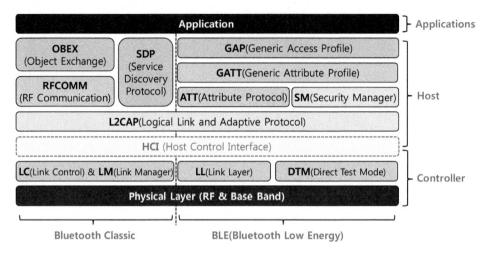

[그림 9.5] 듀얼 모드 블루투스의 프로토콜 스택 구조

- **RFCOMM**(Radio Frequency Communication)은 RS-232 9핀 시리얼 포트를 에뮬레이션 하는 역할을 담당한다. 특히 블루투스의 대표적인 어플리케이션인 무선 헤드셋이나 랜 억세스 포인트의 기반이 되는 시리얼 포트 프로파일에 RFCOMM이 사용된다.

- **SDP**(Service Discovery Protocol)는 연결된 블루투스 디바이스에서 어떠한 서비스가 가능하고, 그 가능한 서비스의 특징에 관한 정보를 교환하기 위한 프로토콜이다. 즉 SDP를 통해 다양한 디지털 기기에 장착된 블루투스 디바이스들이 LAN 억세스 포인트(LAN Access Point), 핸드폰, 팩스, 프린터 등의 서비스가 가능한지에 대한 정보를 교환한다.

  SDP는 서버-클라이언트(Server-Client)의 구조를 지니고 있다. 서버 디바이스는 가능한 서비스의 목록과 각 서비스에 대한 세부사항을 데이터 베이스로 지니고 있다. 클라이언트는 이 서버에 요청하여 서비스에 관련된 정보를 얻을 수 있다.

- **DTM**(Direct Test Mode)는 2-wire UART 인터페이스 또는 HCI를 통한 명령을 통해 패킷을 송수신하도록 PHY 계층을 제어한다.

9.5 블루투스 디바이스 간의 연결

9.5.1 주파수 호핑 방식의 스펙트럼 확산(FHSS)

BLE는 주변 채널의 주파수 간섭을 피해가기 위해 적응형 주파수 호핑(AFH, Adaptive Frequency Hopping) 기술을 사용하여 스펙트럼 확산(spread spectrum)을 한다. 적응형 주파수 호핑이란 스캔 시 충돌을 감지하여 스택 상에서 동적으로 해당 채널을 호핑 시 제외하는 방식이다.

　하나의 패킷을 선택된 채널로 전송하고 다음 패킷은 간섭이 적은 다른 채널을 통해 전송하는 식으로 채널 사이를 호핑한다. 메시지 수신자는 채널에 대한 호핑 패턴을 알아야 하며 이 호핑 패턴대로 각각의 패킷을 받아 완전한 메시지로 조합한다. 이와 같은 적응형 주파수 호핑 기술은 주파수 간섭을 줄여주고 충돌 발생시 해당 패킷을 재전송할 수 있으며, 호핑 패턴을 알아야만 수신할 수 있으므로 보안에도 유리하다.

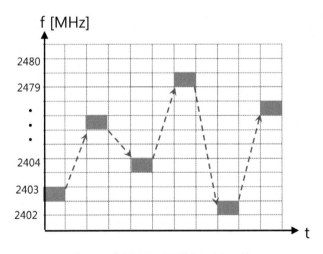

[그림 9.6] 블루투스의 채널 주파수 호핑

클래식 블루투스가 1Mhz 폭의 채널 79개로 이루어져 있어 초당 최대 1600회까지 채널 사이를 호핑하는 데 비해 BLE는 2Mhz 폭의 채널 40개로 이루어져 있으므로 호핑 속도가 더 느리다. 따라서 타임슬롯(time slot) 길이도 클래식 블루투스가 625µs인데 비해 BLE는 더 길다.

9.5.2 패킷 타입

LL(Link Layer)에서 언급했듯이 BLE 통신에서 패킷은 어드버타이징 패킷과 데이터 패킷의 두 종류만 존재하며 연결을 맺기 전에는 어드버타이징 패킷 타입, 연결 후에는 데이터 패킷 타입으로 신호를 생성한다. 여기서 데이터 패킷은 하나로 통일되지만, 어드버타이징 패킷은 특정 기준에 따라서 다른 성질들을 갖는데 이를 설명하면 다음과 같다.

(1) Connectability

■ Connectable packet
스캐너가 Connectable Advertising Packet을 받으면, 스캐너는 이를 어드버타이저가 Connection을 맺고 싶어한다는 신호로 받아들인다. 그러면 스캐너는 Connection Request를 보낼 수 있다. 해당 Connectable Signal을 보낸 어드버타이저는 스캐너가 Connection Request가 아닌 다른 타입의 신호를 보내면 해당 Packet을 무시하고 다음 Channel로 이동하여 계속 Advertising을 진행한다.

■ Non-Connectable packet
Non-Connectable Advertising Packet을 받은 스캐너는 Connection Request를 보낼 수 없으며 이는 주로 Connection 목적이 아닌 Data 전달이 목적일 때 쓰인다.

(2) Scannability

■ Scannable packet

스캐너가 Scannable Advertising Packet을 받으면, Scan Request(이하 SCAN_REQ)를 보낼 수 있다. Scannable Signal을 보낸 디바이스는 스캐너가 SCAN_REQ가 아닌 다른 타입의 신호를 보내면 해당 패킷을 무시하고 버린다.

■ Non-Scannable packet

Non-Scannable Signal을 받은 스캐너는 SCAN_REQ를 보낼 수 없다.

(3) Directability

■ Directed packet

패킷 안에 해당 신호를 보내는 디바이스의 MAC Address와 받는 디바이스의 MAC Address가 들어있다. MAC Address 이외의 데이터는 넣을 수 없다. 모든 Directed Advertising Packet은 Connectable 성질을 갖는다.

■ Undirected packet

받는 대상이 지정되어 있지 않다. Directed Advertising Packet과는 다르게 사용자가 원하는 데이터를 넣을 수 있다.

위의 내용을 종합하면, Advertising packet을 아래와 같이 네 가지 타입으로 나눌 수 있다.

〈표 9.6〉 어드버타이징 패킷 타입

어드버타이징 패킷 타입	Connectable	Scannable	Directed	GAP Name
ADV_IND	Yes	Yes	No	Connectable Undirected Advertising
ADV_DIRECT_IND	Yes	No	Yes	Connectable Directed Advertising
ADV_NONCONN_IND	No	No	No	Non-connectable Undirected Advertising
ADV_SCAN_IND	No	Yes	No	Scannable Undirected Advertising

9.5.3 BLE 디바이스 간의 연결

BLE를 지원하는 디바이스들은 기본적으로 Advertise(Broadcast)와 Connection이라는 방법으로 외부와 통신한다.

■ Advertise Mode

특정 디바이스를 지정하지 않고 주변의 모든 디바이스에게 신호를 보낸다. 다시 말해, 주변에 디바이스가 있건 없건, 다른 디바이스가 신호를 듣는 상태이건 아니건, 자신의 신호를 일방적으로 보내는 것이다. 이때, Advertising type의 신호를 일정 주기로 보내게 된다.

Advertise 관점에서, 디바이스의 역할은 다음과 같이 구분된다.

- Advertiser: Non-Connectable Advertising Packet을 주기적으로 보내는 디바이스
- Observer: Advertiser가 보내는 Non-Connectable Advertising Packet을 듣기 위해 주기적으로 Scanning하는 디바이스

Advertise 방식은 한 번에 한 개 이상의 디바이스와 통신할 수 있는 유일한 방법이다. 주로 디바이스가 자신의 존재를 알리거나 적은 양(31Bytes 이하)의 사용자 데이터를 보낼 때도 사용된다. 한 번에 보내야 하는 데이터 크기가 작다면, 굳이 오버헤드가 큰 connection 과정을 거쳐서 데이터를 보내기 보다는, Advertise를 이용하는 것이 더 효율적이기 때문이다. 게다가 전송할 수 있는 데이터 크기 제한을 보완하기 위해 Scan Request, Scan Response을 이용해서 추가적인 데이터를 주고 받을 수 있다. Advertise 방식은 말 그대로 신호를 일방적으로 뿌리는 것이기 때문에 보안에 취약하다.

■ Connection Mode

양방향으로 데이터를 주고받거나 Advertising Packet으로만 전달하기에는 많은 양의 데이터를 주고 받아야 하는 경우에는 Connection Mode로 통신을 한다. Advertise처럼 '일대다' 방식이 아닌, '일대일' 방식으로 디바이스 간에 데이터 교환이 일어난다. 디바이스 간에 Channel hopping 규칙을 정해놓고 통신하기 때문에 Advertise보다 안전하다.

Connection 관점에서 디바이스들의 역할은 다음과 같이 구분된다.

- Central: Central 디바이스는 다른 디바이스와 Connection을 맺기 위해, Connectable Advertising Signal을 주기적으로 스캔하다가 적절한 디바이스에 연결을 요청한다. 연결이 되고 나면, Central 디바이스는 timing을 설정하고 주기적인 데이터 교환을 주도한다. 여기서 timing이란, 두 디바이스가 매번 같은 Channel에서 데이터를 주고 받기 위해 정하는 hopping 규칙을 정하는 것이다.

- Peripheral: Peripheral 디바이스는 다른 디바이스와 Connection을 맺기 위해, Connectable Advertising Signal을 주기적으로 보낸다. 이를 수신한 Central 디바이스가 Connection Request를 보내면, 이를 수락하여 Connection을 맺는다. Connection을 맺고 나면 Central 디바이스가 지정한 timing에 맞추어 Channel을 같이 hopping을 하면서 주기적으로 데이터를 교환한다.

(1) 연결 전과 후

BLE 통신에서 'timing'은 매우 중요하며 연결 전과 후의 'timing'에 대해 설명하면 다음과 같다.

■ 연결 전

연결이 이루어지기 전 상태에서 디바이스는 어드버타이저와 스캐너의 역할로 분류된다. 어드버타이저와 스캐너는 채널인덱스 37, 38 및 39의 3개의 어드버타이징 채널을 이용해서 데이터를 주고 받는다. 어드버타이저와 업저버는 이 3개의 채널 사이를 자신만의 호핑 패턴으로 호핑하며 통신한다. 서로의 호핑 패턴이 일치하지 않기 때문에 채널이 서로 엇갈리는 경우가 발생할 수 있다. 예를 들어, 어드버타이저는 37번 채널에 어드버타이징 패킷을 보냈는데, 같은 시간에 스캐너는 39번 채널에 대해서 스캐닝을 하게 되면 데이터 전달이 되지 않을 것이다. 하지만 이러한 호핑이 빠르게 계속하여 일어나기 때문에 두 디바이스가 같은 채널에 대해 어드버타이징과 스캐닝을 하는 경우가 발생하게 되며 이 경우에 서로 데이터를 주고 받을 수 있다.

■ 연결 후

연결이 이루어지면 어드버타이징은 종료되고 디바이스는 마스터와 슬레이브의 역할로 변환된다. 이들은 연결과정에서 호핑 패턴을 서로 일치시키게 되므로 연결 이후에는 매번 같은 채널로 동시에 호핑하면서 데이터를 주고 받을 수 있게 된다. 이러한 통신은 이들 간의 연결이 끊어질 때까지 지속된다.

(2) 연결 절차

[그림 9.7]은 BLE 디바이스 간의 연결과정을 설명하고 있나. 먼저 어드버타이지기 Advertising Channel을 hopping하면서 Scannable Advertising Packet을 보낸다. 스캐너는 Advertising Channel을 hopping하면서 Scan을 하다가 Scannable Advertising Packet을 수신한 후 추가적인 데이터를 얻기 위해 SCAN_REQ를 보낸다. SCAN_REQ를 받은 어드버타이저는 SCAN_RSP를 보낸다.

Pairing이 완료되고 난 후에는 어드버타이저는 다시 Advertising Packet을 다시 일정 주기마다 보낸다. 어드버타이저가 Advertising Channel을 hopping하면서 이번에는 Connectable Advertising Packet을 보낸다. 스캐너는 Advertising Channel을 hopping하면서 Scan을 하다가 Connectable Advertising Packet을 수신하면 연결하려는 디바이스 이름 등의 추가적인 정보를 얻기 위해 CONNECT_REQ를 보낸다. 양측이 서로 Acknowledging을 시작하고, timing 정보 등을 동기화하여 Connection이 완료된다. Connection이 완료된 후, Service Data, Characteristic Data 등에 대한 데이터 교환이 일어난다. 양측의 Data 교환이 완료되면, Connection이 해제되고, 다시 Advertising Packet을 보낸다.

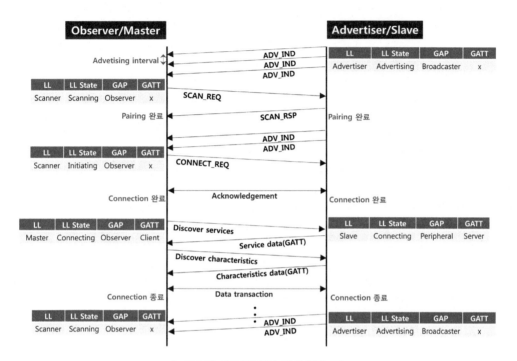

[그림 9.7] BLE 디바이스 간의 연결과정

9.6 블루투스 네트워크 구성

BLE 디바이스들은 기본적으로 Advertise (Broadcast)과 Connection이라는 방법으로 외부와 통신하며 스타 구조(Star topology)의 네트워크를 기본적으로 지원한다. BLE는 애드혹(ad hoc) 네트워크 등을 활용하여 네트워크를 확장할 수 있다.

9.6.1 기본 블루투스 네트워크

BLE는 기본적으로 스타 구조의 네트워크를 지원한다. 스타 구조는 하나의 마스터에 여러 개의 슬레이브가 연결되며 슬레이브와 슬레이브 간의 직접 통신은 허용되지 않는 구조로서 최대 7개까지의 슬레이브가 연결될 수 있다. 스타 구조에서 슬레이브가 한 개만 있어 마스터와 슬레이브의 두 디바이스가 페어링되는 구조를 P2P(Point to Point)라고 한다.

한편, 같은 채널을 공유하고 있는 2개 이상의 장치들의 집합을 피코넷(piconet)이라 하며 블루투스 네트워크는 기본적으로 피코넷으로 구성되어 있다. [그림 9.8]은 피코넷의 구조를 보여준다.여기서 M은 마스터(Master)이고 S는 슬레이브(Slave)이다.

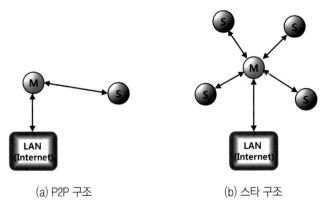

(a) P2P 구조   (b) 스타 구조

[그림 9.8] 피코넷의 구조

피코넷에서 채널상의 트래픽을 제어하기 위하여 통신에 참여하는 장치 중의 하나가 피코넷의 마스터가 되고 나머지 다른 장치들을 슬레이브가 된다. 어떠한 장치도 마스터가 될 수 있지만, 피코넷을 설정한 장치가 이 역할을 맡는 것으로 간주하며 슬레이브 장치가 마스터 역할을 넘겨받기를 원하면 역할을 교환할 수 있다. 모든 장치는 자신의 프리러닝(free running) 클럭을 가지고 있는데, 피코넷에 있는 모든 장치는 호핑 채널을 따르기 위하여 마스터 장치의 주소와 클럭을 사용한다. 연결이 설정되면 슬레이브 클럭과 마스터 클럭의 동기를 맞추기 위하여 클럭 옵셋이 더해진다. 자기 자신의 클럭을 조정하지 않고, 다만 연결 동안에는 옵셋만이 유효하다. 마스터 장치는 채널 상에서의 모든 트래픽을 제어한다.

9.6.2 블루투스 네트워크의 확장

(1) 트리 구조를 이용한 네트워크 확장

BLE 네트워크의 기본 구조인 스타 구조는 네트워크의 영역을 확장할 능력이 없다. 따라서 네트워크의 영역을 확장하기 위해서 스타 구조의 피코넷을 메쉬(mesh) 구조나 트리(tree) 구조로 연결할 필요가 있다. 메쉬 네트워크(mesh network)는 WSN(Wireless Sensor Network)에서 효율적으로 활용될 수 있으나 구조가 복잡하여 구현하기에 어려움이 있다. 이에 비해 트리 네트워크(tree network)는 구조가 간단하여 실제로 많이 사용되고 있다. [그림 9.9]는 트리 구조를 이용하여 피코넷을 확장하는 방법을 보여준다. 여기서 C는 센트럴(Central)이고 P는 페리페럴(Peripheral)이다.

트리 네트워크는 루트 노드(root node), 중계 노드(intermediary node) 및 리프 노드(leaf node)로 구성된다. 루트 노드는 트리 네트워크의 메인 노드(main node)로서 게이트웨이(gateway)나 데이터 수집 센터로서의 역할을 한다. 중계 노드는 트리 네트워크의 계층상 위와 아래에 위치한 2개 이상의 노드를 서로 연결해 주는 노드이다.

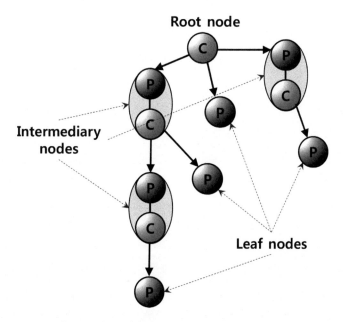

[그림 9.9] 트리(tree) 구조를 이용한 피코넷의 확장

리프 노드는 트리 네트워크의 계층상 자신보다 위에 위치한 노드 하나에만 연결된 노드이다. 이와 같이 중계 노드를 통해 피코넷들을 트리 형으로 서로 연결해 줌으로써 네트워크의 영역을 확장할 수 있다.

(2) 스캐터넷

앞서 설명한 바와 같이 두 개 이상의 피코넷을 연결하여 형성한 그룹을 스캐터넷(Scatternet)이라고 부른다.

피코넷을 하나의 마스터 및 이와 연결된 슬레이브들의 그룹으로 볼 때 피코넷 간의 연결은 하나의 슬레이브 노드를 두 개 이상의 피코넷이 공유함으로써 이루어지거나, 동시에 한 피코넷에 대해서는 마스터로 작용하고 다른 피코넷에 대해서는 슬레이브로 작용하는 하이브리드 노드(hybrid node)에 의해서 이루어진다. BLE 디바이스 중에는 어드버타이징과 스캐닝을 동시에 할 수 있거나, 마스터와 어드버다이저 혹은 스캐너와 동시에 연결될 수 있는 즉, 하이브리드(hybrid) 역할을 할 수 있는 것이 있다(제작사에 따라 이런 디바이스가 지원될 수도 지원되지 않을 수도 있다). 이와 같이 하이브리드 역할을 할 수 있는 디바이스는 하이브리드 노드로 작용할 수 있으며 이를 이용하여 두 개 이상의 피코넷을 연결함으로써 스캐터넷을 형성할 수 있다. [그림 9.10]은 블루투스의 연결 형태와 스캐터넷의 형성 방법을 보여준다.

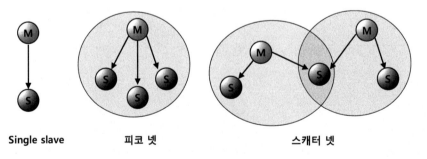

Single slave   피코 넷   스캐터 넷

[그림 9.10] 블루투스 연결 형태와 스캐터넷의 형성 방법

(3) 블루투스 애드혹 네트워크

애드혹(ad hoc) 네트워크란 네트워크를 형성하기 위해 동적으로(dynamically) 상호간의 연결을 형성할 수 있는 무선노드(wireless node)를 포함하고 있는 네트워크를 말한다. 애드혹 네트워크는 어떠한 중앙 통제도 필요 없이 자율적으로 네트워크의 영역을 확장하거나 축소시키거나 분할할 수 있다. 즉, 애드혹 네트워크란 마스터 및 슬레이브 역할을 변화시킬 수 있는 하이브리드 노드의 설정을 자율적으로 조절함으로써 스스로 네트워크의 영역을 확장하거나 축소시키거나 분할할 수 있는 네트워크를 말한다.

블루투스는 자동적인 네트워크 설정, 인증 및 서비스 발견 기능을 제공함으로써 애드혹 네트워크 설정을 일반 사용자가 쉽게 할 수 있도록 하고 있다.

9.7 블루투스의 하드웨어의 이해

9.7.1 블루투스의 하드웨어 구성

블루투스의 하드웨어는 RF 밴드, 베이스밴드, 플래시 메모리, 수정 발진기(Xtal oscillator) 등으로 구성되어 있다. [그림 9.11]은 블루투스의 하드웨어 사진을 보여주고 있다.

[그림 9.11] 블루투스의 하드웨어 구성

RF 밴드는 고주파 신호를 디지털 신호 혹은 그 역으로 변환 시켜주는 역할을 담당하는 부분이다. 베이스 밴드는 물리 계층(physical layer)의 프로토콜을 처리하는 역할을 하는 부분이다. 플래시 메모리는 비휘발성으로 데이터를 저장하는 공간이고, 수정발진기는 기준 주파수를 발생시키는 발진기이다.

9.7.2 블루투스의 논리적 구조

[그림 9.12]는 블루투스의 논리적 구조를 보여준다. 블루투스의 구조를 논리적으로 보면 크게 RF 밴드와 베이스밴드로 나누어진다.

RF 밴드는 Tx(송신기)와 Rx(수신기)로 구성되어 있으며 [그림 9.12]에 각각의 구조를 블럭도로 보였다. RF 밴드는 고주파 신호를 받아서 디지털 신호로 변환하여 베이스 밴드에서 처리 가능하게 하거나 디지털 신호를 고주파 신호로 바꾸어 전송하는 기능을 하는 부분이다. 블루투스는 2.4GHz의 ISM 밴드(2400~2483.5 MHz)에서 동작하며 모듈레이션 GFSK(Gaussian Frequency Shift Keying) 방법을 사용한다.

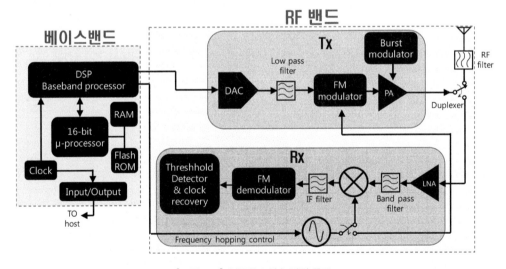

[그림 9.12] 블루투스의 논리적 구조

베이스밴드는 물리 계층의 프로토콜을 처리하는 역할을 하는 부분으로 [그림 9.12]에 구조를 블럭도로 보였다. BLE의 경우 대역폭 2MHz의 채널 40개를 설정하여 주파수 호핑 방식을 써서 채널을 바꾸는 스펙트럼 확산 기술을 사용한다. 이로 인해 간섭과 페이딩(fading)을 줄여줄 수 있어 노이즈가 많은 무선 구간에서 강인한 통신이 가능하다. 또한, TDD(Time Division Duplex) 방법을 사용하여 전이중(full duplex) 통신을 한다.

연 습 문 제

1. 클래식 블루투스에 대해 설명하라.

2. 저전력 블루투스(BLE)에 대해 설명하라.

3. BLE의 채널 구조에 대해 설명하라.

4. BLE의 **프로토콜 스택** 구조에 대해 설명하라.

5. LL(Link Layer)에서의 디바이스 역할에 대해 설명하라.

6. LL(Link Layer)의 상태에 대해 설명하라.

7. HCI(Host Controller Interface)에 대해 설명하라.

8. GAP(Generic Access Profile)계층에서 정의된 디바이스 역할에 대해 설명하라.

9. GATT(Generic Attribute Profile)계층에서 정의된 디바이스 역할에 대해 설명하라.

10. 블루투스에서의 주파수 호핑 방식의 대해 설명하라.

11. 블루투스의 패킷 타입에 대해 설명하라.

12. BLE 디바이스 간의 연결 과정에 대해 설명하라.

13. 블루투스 네트워크에 대해 설명하라.

14. 블루투스 네트워크의 확장 방법에 대해 설명하라.

15. 블루투스의 하드웨어 구성에 대해 설명하라.

16. 블루투스의 논리적 구조에 대해 설명하라.

CHAPTER 10

RF 기술을 이용한 센서

사물인터넷(IoT)에서는 온도, 압력, 습도, 등 매우 다양한 센서가 사용되고 있다. 그중에 많은 부분이 RF, 혹은 전자기파 기술을 이용한 센서이다. RF 또는 전자기파 기술을 이용한 센서로서는 전자기파를 감지하는 안테나(antenna), 물체의 존재 유무, 거리, 속도, 방향 등을 감지하는 레이더(RADAR, RAdio Detection And Ranging), 절대적 위치나 시간 등을 감지하는 GPS(Global Positioning System), 무선으로 사물의 정보를 감지하는 RFID(Radio-Frequency IDentification) 등이 있다.

이 장에서는 이들 센서들의 기능과 동작원리를 소개함으로써 RF 기술을 이용한 센서들이 어떤 원리로 작동하며 사물인터넷에서 어떻게 유용하게 활용될 수 있는지를 이해하는 데 도움을 주고자 한다.

전자기파 중 현재 기술로 비교적 다루기 용이한 주파수 범위는 RF 대역(30KHz~300GHz)이다. 그러나 테라헤르츠(terahertz) 대역 등 보다 높은 주파수 대역을 활용하기 위한 연구가 진행되고 있어 머지않은 장래에 이와 같이 높은 주파수 대역을 활용한 물질 센서나 바이오 센서 등이 등장할 것으로 예상된다. 테라헤르츠 대역의 물질 센서나 바이오 센서는 사물인터넷과 연계되어 미래 산업의 중요한 축을 담당할 것으로 기대되고 있다. 따라서 전자기파 기술을 이용한 센서의 주파수 범위를 RF 대역보다 확장하여 3kHz에서 3THz의 주파수를 가지는 전파(radio waves) 대역으로 생각하기로 하자.

10.1 안테나

10.1.1 안테나의 정의

안테나는 전파를 감지하는 센서로서 전압 및 전류로 표현되는 전기적 에너지를 전계 및 자계로 표현되는 전파 에너지로 변환하거나 그 반대의 역할을 하는 소자이다. 다시 말해, 안테나는 도선을 통해 흐르는 전기적 신호를 공간을 통해 전파되는 전파로 변환 하거나 그 반대의 역할을 한다.

맥스웰 방정정식에 의하면 전류가 시간에 따라 변하면 전파가 발생한다. 그러나 발 생된 전파가 자유공간으로 효율적으로 방사되기 위해서는 도선이 그에 적합한 구조를 갖추어야 할 필요가 있다. 결국 안테나는 방사하기에 적합한 구조를 갖추고 있어야 한 다. 상황이나 사용 주파수 대역 및 용도에 따라 방사에 적합한 구조가 다양한 형태를 띨 수 있다. 따라서 다양한 형태의 안테나가 존재하고 사용되고 있다.

10.1.2 전파기파의 방사

(1) 전자기파의 속도와 전자의 속도

전송선에 교류 전류가 흐르고 있을 때 교류전류에 의해 발생한 전자기파는 광속으로 오른쪽 방향으로 진행한다. 이때 전자도 광속으로 움직일까? 질량을 갖는 입자인 전자 는 '질량을 갖는 것이 광속으로 접근하면, 질량은 무한히 증가한다'는 상대성 원리에 의 해 광속으로 움직일 수 없다. [그림 10.1]은 전송선에 교류 전류가 흐를 때 전송선 내의 전하분포와 전계분포를 보여준다. 교류 전류가 오른 쪽으로 흐를 때 전자가 오른쪽으 로 진행하는 것이 아니라 좌우로 진동할 뿐이다. 이러한 전자의 진동에 의해 전자기파 가 발생하며, 발생된 전자기파는 오른쪽으로 광속으로 진행한다. 전자의 진동 움직임 은 전자기파의 주파수를 결정할 뿐 전자가 광속으로 움직이는 것은 아니다.

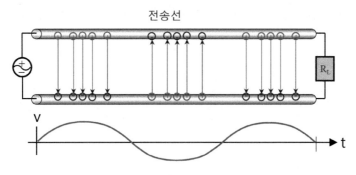

[그림 10.1] 전송선 내의 전하 분포와 전계 분포

(2) 전자기파의 발생

전자기파가 발생하기 위해서는 전하가 가속하거나 감속하여야 한다. 즉, 전류가 시간에 따라 변해야 한다. [그림 10.2]는 도선에서 전자기파가 발생하는 원리를 설명한다. 직선인 도체 내에 전하가 정지해 있다면 전하의 움직임이 없으므로 자계는 발생하지 않고 정전계(static electric field)만 발생한다. 직선인 도체 내에 전하가 일정한 속도로 움직인다면 직류 전류가 흐르고 정전계와 정자계가 발생한다. 그러나 시간에 따라 변하지 않으므로 파를 형성하지는 못한다. 따라서 전자기파는 발생하지 않는다. 그러나 직선

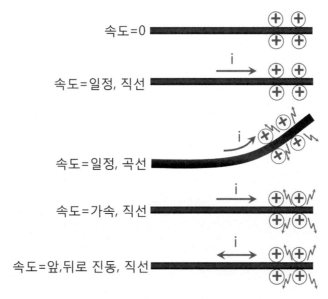

[그림 10.2] 도선에서 전자기파가 발생하는 원리

인 도체가 휘어진다면 전하가 일정한 속도로 움직이더라도 굽어진 경로로 움직일 때 가속이 발생하므로 전자기파가 발생한다. 전하가 직선 도체를 따라 가속하면서 움직이면 전파가 발생하며 전하가 직선 도체를 따라 좌우로 진동한다면 교류전류가 흐르며 전하도 가속과 감속을 주기적으로 반복하므로 시간에 따라 주기적으로 변하는 전자기파가 발생한다.

(3) 전자기파의 방사

송전선에 교류 전류를 흘리면 전자기파가 발생한다. 그러나 전송선은 '+'선과 '-'선이 평행하게 배치된 구조이므로 대부분의 전자계가 두 도선 사이에 갇히게 된다. 따라서 송전선에서 전자기파가 발생하기는 하지만 외부로 방사되는 비율은 극히 낮다. 즉, 송전선에 교류 전류를 흘려줘도 외부로 전자기파가 거의 방사되지 않는다. 그러나 전송

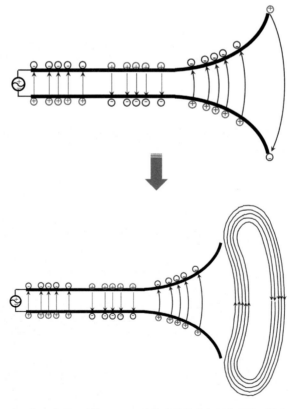

[그림 10.3] 두 도선(two-wires)에서 전자기파가 방사되는 원리

선의 끝부분에서는 더 이상 전송선의 구조가 유지되지 못하므로 전자기파가 공간으로 방사된다. 전송선의 끝부분을 전자기파가 공간으로 효율적으로 방사될 수 있는 구조로 만들어 준 것이 안테나이다. 따라서 전송선의 끝부분을 안테나라고 표현해도 무방할 것이다. [그림 10.3]은 두 도선(two-wires)에서 전자기파가 방사되는 원리를 보여준다. 두 도선이 평행한 전송선 구간에서는 전자기파가 대부분 두 도선에 갇혀 있게 된다. 전계는 두 도체 사이에서 방향을 교번하며 존재하고 자계는 '+'선과 '-'선이 각 도선에 폐곡선을 이루며 발생하나 두 도선 바깥에서는 서로 상쇄되어 거의 사라진다. 따라서 전자기파가 외부로 거의 방사되지 않는다. 그러나 전송선의 끝부분에서는 더 이상 전송선의 구조가 유지되지 못하므로 전자기파가 두 도선를 떠나 공간으로 진행하여 나아가므로 전자기파의 방사가 이루어진다.

(4) 전자기파의 방사과정

전송선의 끝부분, 즉 안테나에서는 방사되어 공간으로 진행하는 전자기파는 진행하면서 점차적으로 정상상태(steady state)의 전계선(electric field line) 형태를 갖추어 간다. 다시 말해, 전자기파가 안테나를 떠나서 자유공간에서 정상상태의 전계선 형태를 갖추기까지는 일종의 과도상태가 존재한다. 이 과도상태에서는 전자기파가 진행하면서 전계선 형태가 계속 변하게 된다. 이는 도체를 흐르는 전류에 의해 형성됐던 전계선 형태가 도체와 멀어지면서 점차로 도체 전류의 영향에서 벗어 나며 자유공간에서 형성되는 전계선 형태로 변해가는 과정으로 볼 수 있다. 이는 비누방울이 비누방울 채를 떠나면서 비누방울 채에 묻어 있는 비누물과의 장력의 영향을 벗어 나며 찌그러져 있던 비누방울이 온전한 구체로 변해가는 과정과 유사하다. 이러한 과도상태에 있는 전자기파를 근거리장(near field)라고 부르고, 과도 상태를 지나 자유공간에서 형성되는 전계선 형태를 형성한 전자기파를 원거리장(far field)이라고 부른다. 근거리장에서는 전계선 형태가 계속 변화하고 있으므로 해석이 까다로우나 원거리장에서는 전계선 형태가 안정되어 일정하게 되므로 해석이 상대적으로 용이하다. 또한, 전지기파의 진행경로의 대부분은 원거리장의 형태를 띠므로 일반적으로 전자기파를 원거리장으로 가정하여 해석한다. [그림 10.4]는 전자기파의 방사과정을 보여주고 있다. [그림 10.4(a)]는 안테나에서 시간에 따라 전계선 형태가 변해가는 과정을 도식적으로 그려서 보여주고 있다. [그림

10.4(b)]는 컴퓨터 시뮬레이션을 통해 구한 근거리에서 전계선 형태로 시간에 따라 변화하는 모양을 보여준다.

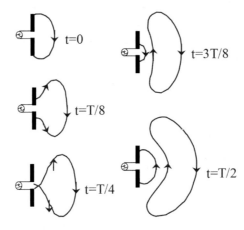

(a) 시간에 따라 전계선 형태가 변해가는 과정

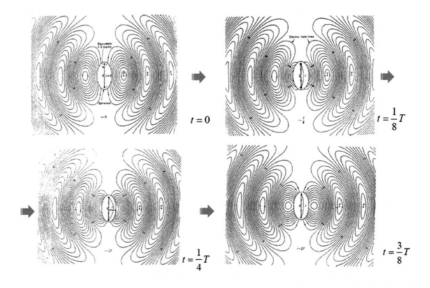

(b) 컴퓨터 시뮬레이션으로 구한 전계선 형태

[그림 10.4] 전자기파의 방사과정

(5) 전계 영역

전자기파는 안테나로부터의 거리에 따라 전계선 형태가 변한다. 따라서 안테나로부터의 거리에 따라 리액티브 근거리 영역(reactive near field region), 방사 근거리 영역(radiating near field region) 및 원거리 영역(far field region)의 세 영역으로 구분한다. 리액티브 근거리 영역(reactive near field region)은 리액티브 전계가 우세한 영역으로 안테나 주위의 영역이다. 리액티브 근거리 영역은 안테나의 길이(혹은 직경)를 D라고 하고 안테나와 리액티브 근거리 영역의 경계와의 거리를 R_1이라고 할 때 다음 수식으로 표현된다.

$$R_1 = 0.62\sqrt{\frac{D^3}{\lambda}} \tag{10.1}$$

여기서, λ는 전자기파의 파장이다.

방사 근거리 영역은 방사전계가 우세하고 안테나로부터의 거리에 따라 파의 형태가 달라지는 영역으로 프레넬(fresnel) 영역이라고도 부른다.

방사 근거리 영역은 안테나의 길이(혹은 직경)를 D라고 하고 안테나와 방사 근거리 영역의 경계와의 거리를 R_2라고 할 때 다음 수식으로 표현된다.

$$R_2 = \frac{2D^2}{\lambda} \tag{10.2}$$

여기서, λ는 전자기파의 파장이다.

원거리 영역은 전계의 분포 형태가 안테나로부터의 거리와 상관없는 영역으로 프라운호퍼(Fraunhofer) 영역이라고도 부른다. [그림 10.5]는 세 가지의 전계 영역(field region)을 도식적으로 보여주고 있다.

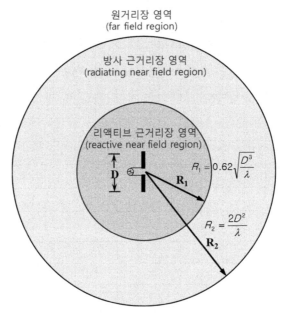

[그림 10.5] 전계 영역

10.1.3 안테나와 공진

안테나는 단순히 전자기파를 방사시키는 것뿐만 아니라 매우 효율적으로 방사시킬 수 있어야 한다. 방사 효율을 높이기 위해 공진(resonance)을 이용할 수 있다. 공진이란 선호하는 주파수에서 상대적으로 최대 진폭으로 진동(oscillation)하는 현상으로서 전기적 공진과 구조적 공진으로 분류된다.

(1) 전기적 공진

전기적 공진은 LC 공진이라고도 부른다. 인덕터(L)와 캐패시터(C)는 전기적(혹은 전자기적) 에너지를 축적하거나 방출하는 소자이다. LC 회로에 특정 주파수 신호가 인가되면 인덕터는 그 에너지를 자기장으로 저장했다가 방출하기를 되풀이한다. 반면에 캐패시터는 전기장으로 저장했다가 방출하기를 되풀이한다. 인가된 신호를 제거하면 인덕터가 축적된 에너지를 방출할 때 캐패시터가 그 에너지를 받아 축적한다. 인덕터가 에너지를 방출을 마치면 캐패시터가 축적된 에너지를 방출하기 시작하고 인덕터

가 그 에너지를 받아 축적한다. 결과적으로 LC 회로에 축적되어 있던 에너지는 인덕
터에 축적되었다가 방출되어 캐패시터에 축적되고, 다시 캐패시터에서 방출되어 인
덕터에 축적되기를 반복한다. 인덕터와 캐패시터가 손실이 없이 이상적이라면 이러
한 반복은 무한이 지속될 것이다. 이때 반복되는 주기는 인덕터와 캐패시터의 크기에
의해 좌우되며 그 주파수를 공진 주파수라고 한다. LC 회로의 공진 주파수(f_o)는 다음
수식으로 표현된다.

$$f_o = \frac{1}{2\pi\sqrt{LC}}$$

(10.3)

이와 같이 공진 주파수에서는 인가된 신호의 에너지가 LC 탱크에 축적되므로 최대
진폭을 얻을 수 있다. 이러한 공진 주파수를 안테나의 주파수와 일치 시키면 안테나의
효율이 극대화 될 수 있다.

(2) 구조적 공진

공동(cavity)이란 내부가 공기 혹은 유전체로 채워진 금속 통을 의미한다. 공동은 도파관
과 마찬가지로 사각형(rectangular)과 원통형(cylinder)이 있으며, 공정 편의상 사각형 공
동(rectangular cavity)이 많이 사용된다. 구조적 공진 원리를 이해하기 위해 [그림 10.6]에
보인 사각형 공동을 생각하고 공동의 벽은 완전도체라고 가정하자.

공동 안으로 전자기파를 주입시키면 들어간 전자기파는 도체인 공동 벽에서 반사되
므로 진행 방향에 있는 두 개의 벽에 의해 갇히게 된다. 즉, 두 벽에 의해 반사되어 벽 사
이를 계속해서 왕복하게 된다. 도체인 벽에는 전계가 존재할 수 없으므로 전계의 세기
가 0이 되어야한다. 따라서 반파장($\lambda/2$)의 정수배가 두 벽에 사이의 거리와 같은 전자기
파는 두 벽의 위치에서 본래 전계의 세기가 0이 되므로 반사할 때 에너지의 손실이 없다.
따라서 주입시키면 들어간 전자기파가 계속 더해지므로 파의 세기가 증가하게 된다. 그
러나 그렇지 못한 파는 반사되면서 손실이 생겨 소멸하게 된다. 이와 같이 반사 구조의
길이가 반파장의 정수배가 될 때 발생하는 공진을 구조적 공진이라고 한다.

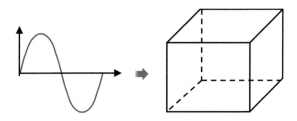

[그림 10.6] 사각형 공동(rectangular cavity)

한편, 한 공동에는 반파장의 정수배가 공동의 길이와 같은 수많은 공진 주파수가 존재하며 이들을 모드(mode)로 구분하여 표시한다. [그림 10.7] 구조적 공진에서의 모드를 설명하고 있다.

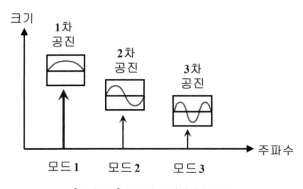

[그림 10.7] 구조적 공진에서의 모드

구조적 공진을 안테나에 이용하기 위해 안테나의 길이를 반파장이 되도록 설계할 수 있다. 이 경우 구조적 공진 주파수와 안테나의 주파수가 일치되어 안테나의 효율이 극대화 될 수 있다.

10.1.4 다이폴 안테나

(1) 다이폴 안테나의 구조

두 개의 직선 도체를 축방향으로 일치시켜 놓고 그 중앙에 급전하는 형태의 안테나를 다이폴 안테나(dipole antenna)라고 한다. 급전은 전송선을 통하여 하므로 다이폴 안테나의 전체 구성을 그리면 [그림 10.8]과 같다. 급전을 하는 전송선의 끝에는 다이폴 안테나가 연결되어 있으며 다이폴 안테나는 회로적으로 개방회로이다. 따라서 다이폴 안테나 끝에서는 전반사가 일어나므로 정재파(standing wave)가 형성된다.

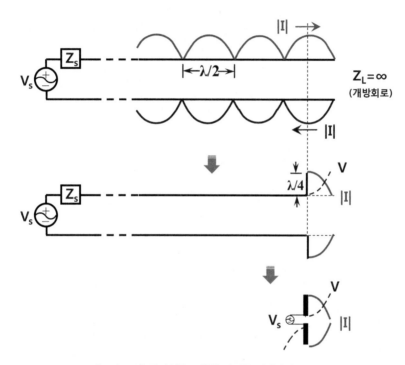

[그림 10.8] 급전선을 포함한 다이폴 안테나의 구조

(2) 다이폴 안테나의 동작원리

다이폴 안테나 주위에는 정재파가 형성되고 그에 따른 전압(V)과 전류(I) 파형을 [그림 10.8] 보였다. 전압의 진폭은 다이폴 안테나의 양끝에서 가장 크고 중앙에서 0이 된다. 전류의 진폭은 다이폴 안테나의 양끝에서 0이되고 중앙에서 가장 크게 된다. 따라서 다이폴 안테나는 항상 안테나의 양끝단 사이에서 최대의 차 전압이 유기되므로 공간에 변위 전류(displacement current)를 야기하기에 효율적인 구조가 된다. 결론적으로 다이폴 안테나에는 양끝단에서 최대 전압을 야기하는 정재파가 형성되고 이로 인해 효율적으로 전자기파를 방사할 수 있다.

(3) 다이폴 안테나의 방사 패턴

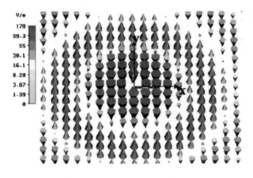

(a) 다이폴 안테나의 전계

(b) 다이폴 안테나의 자계

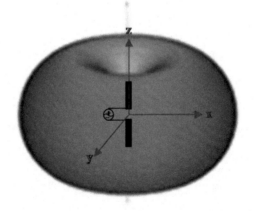

(c) 다이폴 안테나의 전계의 3차원 모양

[그림 10.9] 다이폴 안테나의 방사 패턴

(4) 반파장 다이폴 안테나

다이폴 안테나의 길이를 반파장($\lambda/2$)이 되도록 하면 구조적 공진이 발생하므로 안테나의 효율을 극대화 할 수 있다. 이와 같이 다이폴 안테나의 길이를 반파장이 되도록 하여 안테나의 효율을 극대화한 다이폴 안테나를 반파장 다이폴 안테나라고 한다.

반파장 다이폴 안테나가 가장 효율적이기는 하나 반파장의 실제 길이가 너무 길어 실제상황에서 구현이 곤란한 경우에는 반파장보다 짧은 다이폴 안테나가 쓰인다. 물론 이 경우에는 안테나의 효율의 감소를 감수해야한다.

(5) 모노폴 안테나

모노폴(monopole) 안테나는 다이폴 안테나처럼 직선 형태로 되어 있고, 한쪽 도체 대신 접지로 설치된 안테나이다. 따라서 다이폴 안테나보다 짧은 ($1=\lambda/4$)의 길이만으로도 성능을 발휘할 수 있다. [그림 10.10(a)]는 모노폴 안테나의 구조를 보여준다. 그림과 같고 대지면과 모노폴의 접점에 급전을 하는 형태로 전기영상법에 의해 그림(b)와 같이 등가적으로 나타낼 수 있다. 안테나 특성은 반파장 다이폴 안테나와 동일하다. 그러나 입력 임피던스 값은 다이폴 안테나의 1/2이 된다.

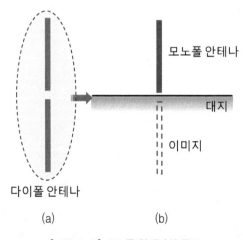

[그림 10.10] 모노폴 안테나의 구조

10.1.5 루프 안테나

(1) 루프 안테나의 구조

루프(loop) 안테나는 도체로 고리 모양을 형성하고 고리의 양 끝에서 전송선을 통하여 급전하는 구조로 되어있다. [그림 10.11]은 루프 안테나의 구조를 보여준다. 루프의 모양은 원, 사각형, 마름모, 삼각형 등 어떤 모양이든 가능하며 스파이럴이나 스프링 형태로 여개의 루프를 형성하여도 된다. 루프 안테나는 보통 소형 루프 안테나(small loop antenna)와 대형 루프 안테나(large loop antenna) 두 가지로 분류된다. 소형 루프 안테나는 루프의 총 길이(C)가 파장의 10분의 1 이하(C<λ/10)일 때를 말하고, 대형 루프 안테나는 루프의 총 길이가 파장과 비슷(C≒λ)할 때를 말한다. 한편, 루프 안테나의 구조적 공진을 이용하려면 루프의 총 길이가 한 파장과 같아(C=λ)야 한다.

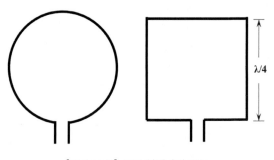

[그림 10.11] 루프 안테나의 구조

(2) 루프 안테나의 동작원리

루프 안테나의 루프 형태는 다양하여도 동작원리는 모두 같다. 루프 안테나는 Faraday의 전자기유도법칙(Faraday's law of electromagnetic induction)에 의해 루프를 관통하는 자계의 변화에 의해 고리 양단에 발생하는 기전력을 감지함으로써 전파를 수신한다. 또한, 고리의 양끝을 통해 루프에 전류를 흘려줌으로써 전파를 송신할 수 있다.

　　루프 안테나는 루프의 권선수가 많을수록, 루프가 형성하는 면의 면적이 파장에 비해 클수록 유기되는 기전력이 커진다. 루프 안테나의 구조적 공진은 루프의 총 길이가 파장(λ)과 같을 때(C=λ) 발생한다. 따라서 루프 길이가 한 파장이 되도록 하면 공진을 통해 안테나 효율을 극대화 할 수 있다.

소형 루프 안테나는 손실 저항에 비해 방사저항이 작기 때문에 효율이 매우 낮다. 따라서 송신 안테나보다는 주로 수신 안테나로 사용된다. 송신용 안테나로는 방사저항이 큰 다이폴 안테나가 흔히 사용된다.

10.1.6 패치 안테나

패치(patch) 안테나는 마이크로스트립(microstrip) 안테나의 일종으로 스트립(strip) 모양의 도체의 폭을 넓게 한 패치 모양의 도체를 안테나로 한다. 패치 안테나는 박형(low profile)이라는 주요한 장점과 아울러 가볍고 싸며 만들기 쉽고 장비에 장착이 쉬운 점 등 많은 장점을 갖고 있어 널리 쓰이고 있다.

(1) 패치 안테나의 구조

[그림 10.12]는 마이크로스트립 전송선(microstrip transmission line)으로 급전되는 패치 안테나의 구조를 보여준다. 두께 h인 기판의 위 면에 길이가 L이고 폭이 W인 패치가 있고 좌측에 급전을 위한 마이크로스트립 전송선이 연결되어 있다. 기판의 아래 면에는 접지판이 붙어 있다. 기판은 비유전율이 ε_r인 유전체이고, 마이크로스트립 전송선, 패치 및 접지판은 도체이다. 패치의 길이 L은 반파장($\lambda/2$)이 되도록 설계한다. 패치의 폭 W는 안테나의 입력 임피던스를 제어한다. 폭이 커지면 입력 임피던스는 감소한다. 또한, 폭이 커지면 패치 안테나의 대역폭(bandwidth)이 증가한다.

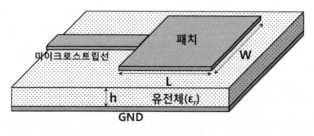

[그림 10.12] 패치 안테나의 구조

(2) 패치 안테나의 동작원리

[그림 10.13(a)]는 패치 안테나의 길이 방향의 측면을 보여준다. 패치 안테나에서 패치는 마이크로스트립선의 구조와 동일하므로 폭이 W이고 길이가 L인 마이크로스트립선으로 볼 수 있다. 패치의 좌측에서 길이 방향으로 급전된 신호는 패치의 우측으로 진행한다. 한편 패치의 우측 끝은 개방회로이므로 진행하던 신호가 전반사되어 좌측으로 되돌아가며 이로 인해 정재파가 발생한다. 한편, 좌측으로 되돌아간 신호가 패치의 좌측 끝에 도달하면 패치의 좌측 끝도 개방회로이므로 전반사되어 우측으로 되돌아가며 이로 인해 정재파가 발생하게 된다. 결국 패치에 급전된 신호는 패치 안에 갇혀서 길이 방향으로 계속 왕복하게 된다.

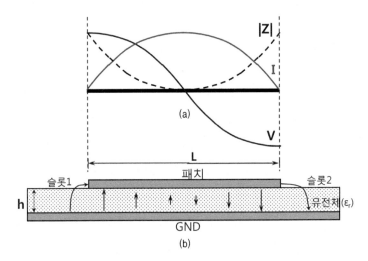

[그림 10.13] 패치 안테나의 방사 원리

한편, 패치의 길이를 반파장이 되도록 설계하여 구조적 공진을 일으킴으로써 안테나 효율을 극대화시킨다. [그림10.13(b)]는 패치의 길이 방향에서의 전류(I) 및 전압(V)과 이에 따른 임피던스(Z)의 분포를 보여주고 있다. 패치의 양쪽 끝이 개방회로이므로 전류는 양쪽 끝에서 0이고 가운데에서 최대가 되는 정재파가 되고, 전압은 한쪽 끝은 양으로 최대이고 반대쪽 끝은 음으로 최대가 되며 가운데에서 0이 되는 정재파가 된다. 이에 따라 임피던스의 크기는 양쪽 끝에서 최대이고 가운데에서 0이 되는 분포를 한다. 이와 같은 전류 및 전압의 형태는 반파장 다이폴 안테나에서와 동일함을 알 수 있다.

즉, 패치 안테나는 패치의 양쪽 끝에서 전계의 세기가 최대가 되고 이 가장자리에서 발생하는 프린징 필드(fringing fields)에 의해 전파가 방사된다. 한편, 패치의 아래쪽에는 접지면인 도체판이 있어 방사되는 전파를 반사시켜 주므로 대부분의 전파는 패치가 있는 위쪽 방향으로 방사된다. [그림 10.14]는 패치 안테나의 방사패턴을 보여준다.

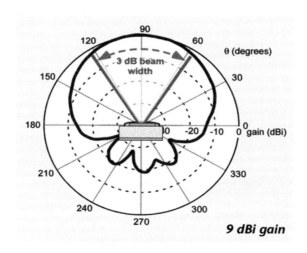

[그림 10.14] 패치 안테나의 방사패턴

10.1.7 안테나의 등가 회로와 정합

안테나를 회로적으로 해석하기 위해서는 안테나에 대한 등가회로를 구하여야 한다. 회로적 관점에서 보면 송신 안테나는 전력을 송신하는 등가 임피던스로 동작한다. 여기서 등가 임피던스는 안테나의 입력단자에서 본 임피던스이다. 수신 안테나는 안테나의 등가 임피던스를 내부 임피던스로 갖는 신호원으로 동작한다.

　[그림 10.15(a)]는 안테나를 통한 전파 송신 시스템을 보여준다. 좌측의 접선 박스는 송신기를 테브냉의 등가회로로 표현한 것이다. 우측의 접선 박스는 안테나의 등가회로이다. 안테나의 임피던스는 리액턴스 성분 X_A와 방사저항 R_r과 도선저항 R_L로 구성된다. 방사저항은 안테나를 통해 방사되어 소실되는 에너지를 저항으로 표현한 것이고 도선저항은 안테나의 저항 성분에 의해 열로 손실되는 에너지를 표현한 것이다. 전송선을 통해 안테나로 전달되는 전력 P_t는 다음과 같이 구해진다.

$$P_t = \frac{1}{2}R_A I^2 \qquad (10.4)$$

여기서, I는 전송선을 통해 안테나로 흐르는 전류이고, $R_A = R_r + R_L$로서 안테나의 총 등가 저항 성분을 의미한다. 안테나에 의해 방사되는 전력 P_r과 손실되는 전력 P_ℓ은 각각 다음과 같이 구해진다.

$$P_r = \frac{1}{2}R_r I^2 \qquad (10.5)$$

$$P_\ell = \frac{1}{2}R_\ell I^2 \qquad (10.6)$$

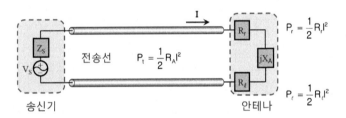

(a) 송신 안테나 등가회로

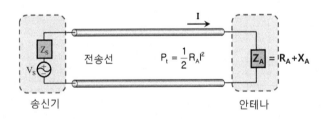

(b) 간략화된 송신 안테나 등가회로

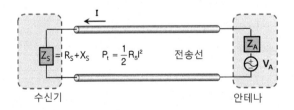

(c) 수신 안테나 등가회로

[그림 10.15] 안테나의 등가회로

송신 안테나는 안테나의 입력단자에서 본 임피던스 $Z_A(=R_A+jX_A)$로 등가되므로 [그림 10.15(b)]와 같이 간략히 표현된다. [그림 10.15(c)]는 수신 안테나의 등가회로를 보여주고 있다. 안테나에 수신된 전파는 전압을 야기하므로 테브냉의 등가회로로 표현하면 [그림 10.15(c)]와 같다.

한편, 안테나의 임피던스와 송수신기의 출력 임피던스가 다를 경우 반사가 발생하여 신호가 안테나로 제대로 전달되지 못하게 된다. 따라서 송수신기와 안테나 사이에 임피던스 정합회로가 들어간다. 임피던스 정합회로는 안테나의 임피던스와 송신기 임피던스가 공액($Z_S=Z_A^*$)이 되도록 해주며 이 경우 리액턴스 성분이 제거되어 [그림 10.16]의 등가회로로 표현된다. 따라서, 정합되었을 때 안테나로 전달되는 전력(P_t)은 다음과 같이 구해진다.

$$P_t = \frac{1}{2}R_A\left(\frac{V_s}{2}\right)^2 = \frac{1}{8}R_A V_s^2 \tag{10.7}$$

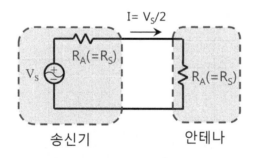

[그림 10.16] 안테나의 임피던스 정합

10.1.8 안테나의 특성

특정한 안테나의 성능을 평가하기 위한 파라미터에는 여러가지가 있으며 이러한 파라미터는 안테나의 특성과 기능 등에 대한 정보를 제공한다. 이 절에서는 이러한 안테나의 파라미터에 대해 설명한다.

(1) 안테나의 S-파라미터

안테나는 입력 포트 하나로만 이루어진 1-포트 디바이스이다. 따라서 안테나에서는 입력 반사 계수(S_{11})만 존재한다. 안테나에서 입력 반사 계수의 의미는 안테나에 입력해준 신호가 안테나를 통해 방사되지 못하고 되돌아온 비율을 의미한다. 따라서 안테나가 잘 방사하고 있다면 안테나에서 입력 반사 계수는 낮아야 한다. [그림 10.17]은 안테나의 입력 반사 계수의 한 예를 보여주고 있다. 안테나의 사용 주파수 대역에서는 $|S_{11}|$의 크기가 매우 낮아짐을 볼 수 있다.

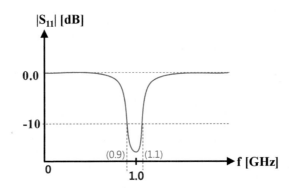

[그림 10.17] 안테나의 입력 반사 계수(S_{11})

(2) 대역폭

안테나의 대역폭(bandwidth)을 광범위하게 정의한다면 '특정한 기술 기준 및 특성과 관련하여 그 성능을 만족하게 하는 주파수 대역'이라고 말 할 수 있다. 일반적으로 대역폭은 중심 주파수의 백분율로 나타내며 상한 주파수와 하한 주파수의 비율로 표현된다. 안테나의 특성은 주파수의 변화에 따라 여러 특성이 영향을 받기 때문에 대역폭에 대한 유일한 정의는 존재하지 않는다. 가장 일반적으로 사용되는 정의는 패턴 대역폭과 임피던스 대역폭이다.

안테나에 입력되는 전력은 주파수에 대한 입력 임피던스의 범위로 결정된다. 따라서 임피던스 대역폭은 안테나의 입력 반사 계수(S_{11})의 크기가 -10dB(정확하게는 -9.54dB) 이하의 주파수 대역이 된다. 예로써 [그림 10.17]에 보인 안테나의 임피던스 대역폭은 0.2GHz로서, 중심 주파수의 백분율로 나타내면 20%이다.

(3) 방사 패턴

방사 패턴(radiation pattern)은 등방성(isotropic), 전방향성(omnidirectional) 및 지향성(directional)으로 분류할 수 있다.

등방성은 전자기파가 모든 방향으로 균일한 전력으로 방사되어 완전한 구 형태의 방사 패턴을 보이며 완전한 무지향성이 된다. 이상적이며 물리적으로는 실현 불가능하지만, 실제 안테나의 방향 특성을 나타내는 기준으로 쓰이기도 한다.

전방향성은 전자기파가 한 평면에서는 모든 방향으로 균일한 전력으로 방사되나 그 평면을 기준으로 위도를 높이거나 낮추면 방사 전력이 감소하며 안테나의 축에서는 0이 되어 도넛 형태의 방사 패턴을 보이며 무지향성이 된다.

지향성은 전자기파가 특정한 방향으로 방사되는 형태로서 당향성(pencil) 및 쌍향성(bidirectional) 등이 있다.

[그림 10.18]은 안테나의 방사 패턴들을 보여주고 있다. [그림 10.18(a)]는 등방성, [그림 10.18(b)]는 전방향성, [그림 10.18(c)]는 지향성 방사 패턴이다.

(a) 등방성   (b) 전방향성   (c) 지향성

[그림 10.18] 안테나의 방사 패턴

(4) 빔폭

안테나의 빔폭(beam width)은 HPBW(Half-Power Beam Width)이나 FNBW(First-Null Beam Width)으로 빔폭을 정의하여 표현한다. HPBW은 방사 전력의 크기가 최댓값의 반(-3dB)이 되는 두 지점 사이의 빔폭으로서 각도로 표현한다. 이에 비해, FNBW는 첫 번째 널(null) 사이의 빔폭으로서 각도로 표현한다. [그림 10.19]는 안테나 HPBW의 빔폭과 FNBW의 빔폭을 설명하고 있다.

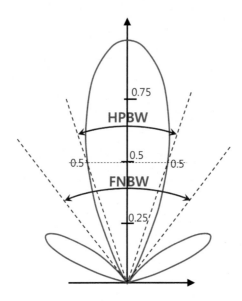

[그림 10.19] 안테나 빔폭의 정의

안테나에서 빔폭은 중요한 지표로서 측면 로브 레벨(side lobe level)과 빔폭은 타협하여 사용되기도 한다. 즉, 빔폭이 감소하면 측면 로브 레벨이 증가하고 빔폭이 증가하면 측면 로브 레벨이 감소하게 된다.

(5) 지향성, 이득, 효율

■ 안테나의 지향성

안테나의 지향성(directivity)은 최대 방향이득(directive gain) 값으로 정의된다. 방향이득 $D(\theta, \phi)$이란 등방성(isotropic) 소스에 의해서 방사되는 전력밀도에 대한 포인팅(poynting) 전력밀도의 비로 정의된다. 즉, 방향이득 $D(\theta, \phi)$은 다음 수식으로 표현된다.

$$D(\theta,\phi) = \frac{S(\theta,\phi)}{P_t \, / \, 4\pi R^2} \tag{10.8}$$

여기서, $S(\theta,\phi) = \dfrac{1}{2} E \times H^*$ 이다. 최대 방향이득 $D_{\max}$는 $S(\theta, \phi)$가 최대인 방향에서의 방향이득이므로 다음과 같다.

$$D_{max} = \frac{S(\theta,\phi)\text{의 최댓값}}{P_t / 4\pi R^2} \tag{10.9}$$

등방성 안테나의 최대 방향이득(D_{max}) 즉, 지향성은 1이 되며 다른 안테나는 1보다 크다. 따라서 지향성은 등방성 안테나에 비해 안테나의 지향성이 어느 정도 되는지를 표현한다고 볼 수 있다.

■ 안테나의 효율

안테나의 효율(efficiency) η는 안테나에 전달된 전력에 대한 방사전력의 비로서 다음 수식으로 표현된다.

$$\eta = \frac{P_{rad}}{P_{in}} = \frac{P_{rad}}{P_{rad} + P_{loss}} \tag{10.10}$$

여기서, P_{rad}는 실제 방사된 전력이고 P_{in}은 안테나에 전달된 전력이며 P_{loss}는 안테나에서의 손실이다. 안테나 손실은 저항 손실, 유전체 손실 등이 된다.

■ 안테나의 이득

안테나의 이득(gain) G는 지향성(D_{max})과 효율(η)의 곱으로 정의된다. 즉, 안테나의 이득(G)은 다음 수식으로 표현된다.

$$G = \eta D_{max} \tag{10.11}$$

(6) 유효면적, 방사저항, 손실저항

■ 안테나의 유효면적

안테나의 유효면적(effective area) A_e는 안테나의 이득(G)과 관련되며 다음 수식으로 표현된다.

$$G = \frac{4\pi}{\lambda_o^2} A_e \qquad\qquad (10.12)$$

유효면적은 안테나에 의해서 입사된 전파가 안테나에 의해 유효하게 흡수되는 면적으로 안테나의 물리적 면적에 비례하나 물리적 면적보다는 약간 작다.

■ 안테나의 방사저항
안테나의 방사저항은 전자파 생성을 위한 전자이동의 방해 정도를 나타내며 방사저항에 의해 손실된 에너지는 전자파로 변환되어 방사된다. 방사저항(R_{rad})은 다음 수식으로 표현된다.

$$R_{rad} = \frac{P_{rad}}{I_{rad}^2} \qquad\qquad (10.13)$$

여기서, R_{rad}는 방사저항, I_{rad}는 안테나에 인가된 전류, P_{rad}는 방사된 전파의 전력이다. 방사저항은 안테나의 형태에 의해 좌우되나 도체, 절연체 등의 안테나의 재질과는 무관하다.

■ 안테나의 손실저항
안테나의 손실저항은 안테나 도체에 흐르는 전도전자 이동의 방해 정도를 나타내며 손실저항에 의해 손실된 에너지는 열로 변환된다.

(7) 편파
안테나의 편파(polarization)는 방사되는 전파 중 전계의 편파를 의미한다. 안테나에서 방사되는 전파는 선형 편파(LP, Linearly Polarized)와 원형편파(CP, Circularly Poliraized)로 구분할 수 있다. 전계 벡터의 끝이 시간이 진행함에 따라 그려내는 궤적으로 편파를 구분한다. 전파가 진행함에 따라 전계 벡터의 기울기가 고정된 채로 진동하면 전계 벡터의 끝이 직선운동을 하므로 직선편파 혹은 선형편파라고 부른다. 전파가 진행함에 따라 전계 벡터의 기울기가 변화한다면 벡터의 끝이 원운동을 하게 되므로 원형편파라고 부른다.

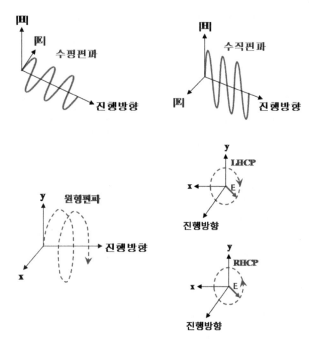

[그림 10.20] 전파 편파의 종류

[그림 10.20]은 전파 편파의 종류별로 그 형태를 보여주고 있다. 선형편파 중에서 전계 백터가 지면과 평행한 편파를 수평편파라고 하고 지면과 수직인 편파를 수직편파라고 부른다. 원형편파 중에서 전파 진행방향으로 볼 때 전계 백터가 오른쪽으로 회전하면 우회전 원형편파(RHCP, Right Handed Circular Polarization)라고 부르고 왼쪽으로 회전하면 좌회전 원형편파(LHCP, Left Handed Circular Polarization)라고 부른다.

10.1.9 배열 안테나

일반적으로 하나의 안테나로는 높은 이득을 얻을 수 없다. 안테나의 이득을 증가시키기 위해선 안테나의 크기가 커져야 한다. 그러나 이때 제작상의 어려움이 발생한다. 이러한 문제를 극복하기 위해 여러 개의 안테나를 이용하여 배열(array)을 구성함으로써 안테나의 이득을 높일 수 있다. 이와 같은 안테나를 배열 안테나라고 한다.

안테나가 다양하게 응용되기 위해서는 높은 이득뿐만 아니라 빔폭이 좁을 필요가 있다. 빔폭은 안테나의 크기에 역비례하기 때문에 배열 안테나는 높은 이득과 아울러 좁은 빔폭을 얻을 수 있다. 더구나 배열 안테나를 구성하는 각 요소 안테나에 입력되는 신호의 크기와 위상을 조절하여 줌으로써 주빔(main beam)의 모양이나 방향을 조절할 수 있다. 이와 같은 안테나를 위상 배열(phased array) 안테나라고 한다.

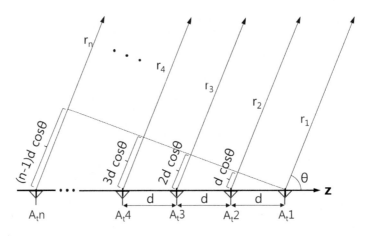

[그림 10.21] z축을 따라 n개의 요소 안테나를 배열한 1차원 선형 배열 안테나

[그림 10.21]은 z축을 따라 n개의 요소 안테나를 배열한 1차원 선형 배열 안테나를 보여준다. 거리 d 간격으로 n개의 요소 안테나가 배열되어 있으며, 수신 지점 $P(\theta, \phi)$에서 수신되는 전자파는 n개의 요소 안테나로부터의 전자파들의 합으로 다음과 같이 표현된다.

$$E_{total} = I_1 f_1(\theta, \phi)\rho_1 \frac{e^{-j(k_0 r_1 - \Phi_1)}}{4\pi r_1} + I_2 f_2(\theta, \phi)\rho_2 \frac{e^{-j(k_0 r_2 - \Phi_2)}}{4\pi r_2} + \cdots + I_i f_i(\theta, \phi) \frac{e^{-j(k_0 r_i - \Phi_i)}}{4\pi r_i} + \cdots \quad (10.14)$$

여기서, I_i, ρ_i, ϕ_i는 각각 i번째 크기, 편파, 위상이다. $f_i(\theta, \phi)$는 i번째 요소 안테나의 방사패턴이고 r_i는 수신 지점 $P(\theta, \phi)$에서 i번째 요소 안테나까지의 거리이며 k_0는 $2\pi/\lambda_0$의 전파상수이다. 각 요소 안테나의 편파가 동일편파를 위해 정렬되어 있다면 $\rho_i \approx \rho = 1$이 된다. 수신 지점 $P(\theta, \phi)$로부터 안테나까지의 거리가 충분히 멀다고 가정하면 원거리장의 크기를 구하기 위해 분모 항에 있는 거리 r_i는 $r_1 = r_2 = r_3 = r_4 = \cdots = r_n = r$로 같다고 근사할 수 있다. 반면에 위상 항에 있는 거리 r_i는 다음과 같이 근사적으로 구해진다.

$$r_1 \approx r$$
$$r_2 \approx r + d\cos\theta$$
$$\vdots$$
$$r_n \approx r + (n-1)d\cos\theta$$

(10.15)

따라서, 수신 지점 $P(\theta, \phi)$에서 수신되는 전체 전자파 E_{total}은 다음과 같이 구해진다.

$$E_{total} = \{f(\theta,\phi)\frac{e^{-jk_0r}}{4\pi r}\}\{\sum_{i=1}^{n} I_i e^{-j(i-1)(k_0 d\cos\theta - \Phi)}\}$$
$$= 소자패턴 \times 배열인자$$

(10.16)

전체 전자파 E_{total}은 각 요소 안테나의 패턴 $f(\theta,\phi)(e^{-jk_0r}/4\pi r)$과 배열인자(AF, Array Factor)의 곱으로 구성되어 있으며 이를 패턴곱(pattern multiplication)이라고 한다.

배열인자는 요소 안테나의 형태와는 상관없이 정해진다. 편의상 각 요소 안테나들이 등방성이라고 가정하면 $I_i=1$이되고, 배열인자는 다음과 같이 표현된다.

$$AF = \sum_{i=1}^{n} e^{-j(i-1)(k_0 d\cos\theta - \Phi)}$$

(10.17)

파라미터 Φ는 배열에서 정해지는 순차 위상천이(progressive phase shift)로서 인접한 두 요소 안테나에 흐르는 전류 간의 위상차가 Φ만큼 있음을 의미한다. 순차 위상천이는 [그림 10.22]에 보인 바와 같이 각도 $\theta_0(=90°-\theta)$의 방향을 동위상 파면(phase front)을 갖기 위해 각 요소 안테나들에 순차적으로 발생시키는 지연 위상을 말한다. 순차 위상천이(Φ) 값이 변화하면 동위상 파면도 변화하게 된다.

수신되는 전체 전자파 E_{total}은 배열인자가 최대일 때 최대가 된다. 배열인자는 식(10.17)에서 지수함수가 1일 때에 최댓값을 가지며 다음 수식의 조건으로 표현된다.

$$\Phi = k_0 d\cos\theta = k_0 d\sin\theta_0$$

(10.18)

여기서, θ_0는 주빔의 방향이 되므로 스캐닝 각도(scanning angle)라고 부르며 다음 수식으로 구해진다.

$$\theta_0 = \sin_{-1}(\frac{\Phi}{k_0 d})$$

(10.19)

식(10.19)로부터 Φ의 값을 변화시키면 스캐닝 각도(θ_0)가 변화함을 알 수 있으며 이것이 배열 안테나에서 빔 패턴을 제어하는 원리이다.

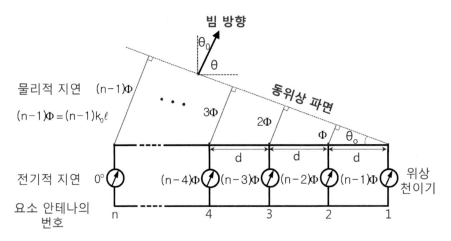

[그림 10.22] 왼쪽에서 오른쪽으로 가면서 지연 위상이 커지는 n개의 요소 안테나로 구성된 배열 안테나

10.1.10 안테나의 종류

(1) 안테나의 분류 방법

안테나는 기하학적 모양, 이득, 빔의 형태, 대역폭 등의 특성 등으로 분류할 수 있다. 기하학적 모양에 따라 안테나를 분류하면 도선(wire) 안테나, 개구면(aperture) 안테나, 평면형 안테나 등으로 분류된다. 이득에 따라 분류하면 고이득으로 파라볼릭(parabolic) 안테나가 있고, 중간 이득으로 혼(horn), 저이득으로 다이폴(dipole), 루프(loop), 슬롯(slot), 패치(patch) 안테나 등이 있다. 빔의 형태에 따라 분류하면 전방향(omnidirectional)으로 다이폴(dipole) 안테나가 있고, 원형빔(pencil beam)으로 접시(dish) 안테나, 부채형빔(fan beam)

으로 배열(array) 안테나가 있다. 대역폭에 따라 분류하면 광대역으로 로그(log), 스파이럴(spiral), 헬릭스(helix) 안테나가 있고, 협대역으로 패치, 슬롯 안테나 등이 있다.

(2) 기하학적 모양에 의한 분류

여러 가지 특성을 기준으로 안테나를 분류할 수 있으나 보편적으로 사용되는 분류 기준은 기하학적인 모양이다. 따라서 안테나를 기하학적 모양으로 분류하고 간략히 특징을 요약하여 설명한다.

- 도선 안테나(wire antenna): 가장 기본적인 안테나이며 2Ghz 이하에서 방송, 자동차, 이동통신, 선박, 항공기 등 폭넓게 이용된다. 다이폴, 모노폴, 루프, 헬릭스 안테나 등이 있다. [그림 10.23]은 도선 안테나의 종류를 보여주며 좌로부터 차례로 루프, 다이폴, 모노폴, 헬릭스 안테나를 보여주고 있다.

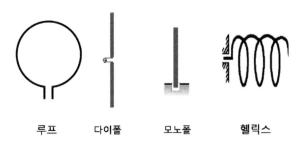

루프   다이폴   모노폴   헬릭스

[그림 10.23] 도선 안테나

- 평면형 안테나: 소형, 경량이며 제작이 용이하여 항공기, DBS 수신, 군용, 배열안테나, MMIC 등에 활용된다. 패치, 평면 다이폴, 스파이럴 안테나 등이 있다. [그림 10.24]는 평면형 안테나의 종류를 보여준다.

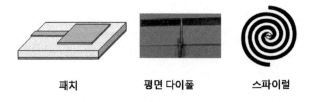

패치   평면 다이폴   스파이럴

[그림 10.24] 평면형 안테나

- 개구면 안테나: 마이크로파대 이상에서 측정표준안테나, 우주선, 항공기 등에 이용된다. 혼, 슬롯 안테나 등이 있다. [그림 10.25]는 개구면 안테나의 종류를 보여준다.

혼   **슬롯**

[그림 10.25] 개구면 안테나

- 반사 안테나: 반사판을 이용하여 전파를 집속하며 높은 지향성과 효율 등으로 전파망원경, 위성통신, 레이더 등 광범위하게 활용된다. 파라볼릭, 코너 반사기, 평면 반사기, 등이 있다. [그림 10.26]은 반사 안테나의 종류를 보여준다.

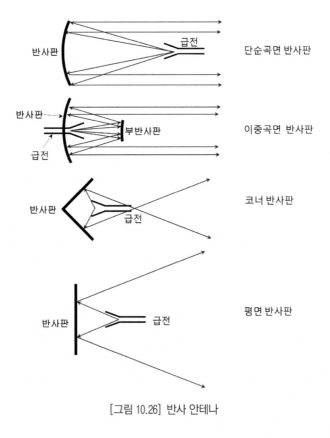

[그림 10.26] 반사 안테나

- 렌즈 안테나(lens antenna): 물질의 유전특성을 이용한 전파의 굴절로 전파를 집속
하며 형태에 따라 볼록(convex), 오목(concave) 등으로 구분된다. [그림 10.27]은 렌즈
안테나의 종류를 보여준다.

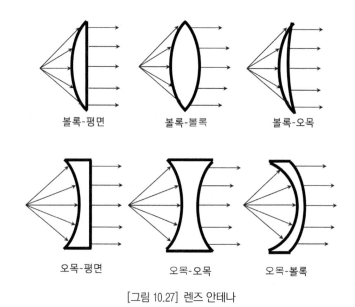

[그림 10.27] 렌즈 안테나

- 배열 안테나(array antenna): 소자 및 배열 구조에 따라 다양한 명칭이 있으며 단일
소자 안테나로 얻을 수 없는 안테나 특성을 요구하는 위성, 군사, 이동통신 등 다양
한 분야에 이용된다. [그림 10.28]은 이득을 증가시키기 위해 배열 구조로 설계된 배
열 안테나를 보여준다.

[그림 10.28] 배열 안테나

10.2 레이더

자동차의 자율주행 시스템은 차량 주변에 있는 물체에 대한 정보가 늘 필요하며 주변을 감지함으로써 이들 데이터를 얻게 된다. 이와 같이 주변 환경을 감지하는 전형적인 방법은 어떤 신호를 쏘아주고 반사되어 되돌아오는 신호를 측정함으로써 대상 물체에 대한 거리나 속도 등의 정보를 얻는 것이다. 여기서 사용되는 신호로써 마이크로웨이브 대역의 전자가파를 사용하는 시스템을 레이더(RADAR, RAdio Detection And Ranging)라고 한다. 레이더는 음파를 사용하는 소나(SONAR)나 빛을 사용하는 라이다(LIDAR)에 비해 안개, 비 등의 기후 조건에 영향을 훨씬 덜 받고 원칩(one-chip) 레이더 기술 등으로 단가를 낮출 수 있다는 장점을 갖고 있다.

레이더는 동작 원리에 따라 CW(Continuous Wave) 레이더와 펄스(pulsed) 레이더로 분류할 수 있다. ISM 밴드에서 사용할 경우 최대 출력 전력에 제한이 있다. 이 경우 펄스 레이더는 낮은 듀티 사이클(duty cycle)로 인해 CW 레이더에 비해 감도가 떨어진다. 따라서 ISM 밴드에서 사용할 경우 펄스 레이더보다는 CW 레이더가 더 유리한 측면이 있다.

10.2.1 레이더 원리

레이더는 [그림 10.29]에서 그 구조를 보였듯이, 특정 파형의 전자기파를 방사시키는 송신기와 표적으로부터 반사되어 되돌아오는 반사파를 검출하는 수신기로 구성되어 있다. 일반적으로 방사한 에너지 중 극히 일부만이 반사되어 되돌아오는데 이 신호를 증폭하고 신호처리한다. 표적과의 거리는 파의 진행 시간으로부터 구해지고, 표적의 방향은 반사파가 도달할 때의 각도로 구해진다. 표적의 상대적인 속도는 반사된 신호의 도플러 시프트(doppler shift)로부터 구할 수 있다.

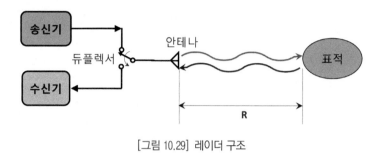

[그림 10.29] 레이더 구조

10.2.2 레이더 방정식

레이더 방정식은 송신기, 수신기, 안테나, 표적 및 환경의 특성에 따른 탐지 거리를 나타내며 레이더 동작을 이해하고 설계하기 위한 기본 방정식이다.

[그림 10.29]는 레이더 구조와 아울러 레이더의 동작원리를 보여주고 있다. P_t는 송신 전력이고 P_r은 수신 전력이다. P_t는 펄스 레이더에서 첨두펄스전력(peak pulse power)을 나타내고 CW 레이더에서는 평균 전력을 나타낸다. 레이더의 안테나가 등방성이라고 가정할 때 표적위치에서의 방사전력밀도 $p_{(tgt)}$은 다음과 같이 구해진다.

$$p_{(tgt\_iso)} = \frac{P_t}{4\pi R^2} \tag{10.20}$$

여기서, R은 레이더로부터 표적까지의 거리이다. 만약, 레이더의 안테나가 이득 G를 갖는 지향성 안테나라면 표적위치에서의 방사전력밀도 $p_{(tgt)}$은 G배 증가하게 되므로 다음과 같이 표현된다.

$$p_{(tgt)} = \frac{P_t}{4\pi R^2} G \tag{10.21}$$

표적에서 반사되어 레이더 방향으로 되돌아 방사되는 양은 식(10.22)로 정의되는 레이더 단면적 σ로 표현한다.

$$\sigma = \frac{\textit{레이더로 되돌아 방사되는 전력}}{\textit{표적에서 전력밀도}} \tag{10.22}$$

따라서 표적위치에서 레이더로 되돌아 방사되는 전력 P_{r_tgt}는 다음과 같이 구해진다.

$$\mathsf{P}_{r\_tgt} = \frac{P_t G}{4\pi R^2}\sigma \tag{10.23}$$

표적위치에서 레이더로 되돌아 방사되는 전력($P_{r\ tgt}$)은 레이더 위치까지 R만큼의 거리를 오게 되므로 $1/(4\pi R^2)$의 비율로 감소한다. 따라서 레이더 안테나 위치에서의 반사된 신호전력밀도 $P_{(r\_ant)}$는 다음과 같다.

$$\mathsf{p}_{(r\_ant)} = \frac{P_t G}{4\pi R^2}\frac{\sigma}{4\pi R^2} \tag{10.24}$$

레이더의 안테나는 표적위치에서 레이더로 되돌아 방사되는 전력($P_{r\ tgt}$)의 일부만을 수신하며 수신되는 전력의 양은 레이더 안테나의 유효면적 A_e에 의해 결정된다. 따라서 레이더로 수신되는 귀환전력 P_r은 다음과 같이 구해진다.

$$\mathsf{P}_r = \frac{P_t G}{4\pi R^2}\frac{\sigma}{4\pi R^2}A_e \tag{10.25}$$

A_e를 $G\lambda_0^2/(4\pi)$로 대체하면 레이더로 수신되는 귀환전력 P_r은 다음과 같이 표현된다.

$$\mathsf{P}_r = \frac{P_t G}{4\pi R^2}\frac{\sigma}{4\pi R^2}\frac{G\lambda_0^2}{4\pi} = \frac{P_t G^2 \sigma \lambda_0^2}{(4\pi)^3 R^4} \tag{10.26}$$

식(10.26)을 레이더 방정식이라고 한다.

한편, 레이더가 수신할 수 있는 최소 신호를 S_{i_min}이라고하면 $P_r=S_{i\_min}$일 때의 거리 (R)가 레이더가 탐지할 수 있는 최대 거리 R_{max}가 된다. 따라서 레이더가 탐지할 수 있는 최대 거리 R_{max}는 다음 수식으로 표현된다.

$$R_{max} = (\frac{P_t G^2 \sigma \lambda_0^2}{(4\pi)^3 S_{i\_min}})^{1/4}$$

(10.27)

여기서, P_t는 송신전력, g는 안테나 이득, σ는 레이더 단면적, λ_0는 자유공간에서의 파장, S_{i_min}은 레이더가 수신할 수 있는 최소 신호, R_{max}는 레이더가 탐지할 수 있는 최대 거리이다. 식(10.27)은 레이더 방정식의 또 다른 형태이다.

10.2.3 펄스 레이더

펄스 레이더는 [그림 10.30]에 보인 바와 같이 변조 펄스로 버스트 파형을 만들어 버스트 신호 열을 송신한다. 버스트 신호의 폭을 τ라고 하고 반복 주기를 $T_p(=1/f_p)$라고 하면 듀티 사이클은 다음과 같이 정의된다.

$$듀티 사이클 = \frac{\tau}{T_p} \times 100 \ [\%]$$

(10.28)

첨두 펄스전력을 P_t라고 할 때 평균전력 P_{av}는 다음과 같이 표현된다.

$$P_{av} = \frac{P_t \tau}{T_p}$$

(10.29)

송신된 버스트 신호는 표적에서 반사된 후 거리에 따라 정해지는 일정 시간 t_R이 경과한 후에 레이더로 귀환한다. 여기서, t_R은 버스트 신호가 레이더와 표적 사이를 왕복한 시간이다. 따라서 표적까지의 거리 R은 다음과 같이 구해진다.

$$R = \frac{ct_R}{2}$$

(10.30)

여기서, c는 광속도이다. 탐지거리의 불분명함을 피하기 위해 최대 t_R은 T_p보다 작아야 한다. 탐지거리가 명확한 범위 내의 최대 탐지거리 R'_{max}는 다음과 같이 표현된다.

$$R'_{max} = \frac{cT_p}{2} = \frac{c}{2f_p} \qquad\qquad (10.31)$$

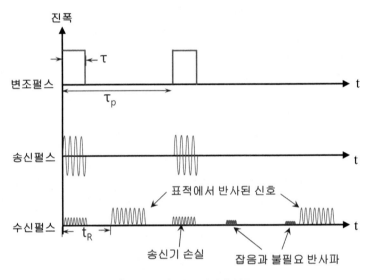

[그림 10.30] 펄스 레이더 신호

　여기서, R'_{max}는 T_p를 증가시키거나 f_p를 감소시켜 증가시킬 수 있으며, 탐지거리의 불분명함을 피하기 위해 f_p를 100Hz~100KHz 범위 내에서 설정한다.

10.2.4 도플러 레이더

도플러 레이더(Doppler radar)는 [그림 10.31]에 보인 바와 같이 움직이는 표적을 탐지하고 도플러 효과를 이용하여 표적의 움직이는 속도를 구하는 레이더이다.

(1) 도플러 효과

도플러 효과(Doppler effect)는 어떤 파의 파원과 관찰자의 상대 속도에 따라 파의 주파수(혹은 파장)가 변화(편이)하는 현상을 말한다. 이때 발생한 주파수 편이를 도플러 편이(Doppler shift)라고 한다. 소리와 같이 매질을 통해 움직이는 파에서는 관찰자와 파원의 매질에 대한 상대속도에 따라 효과가 변한다. 그러나 전자기파와 같이 매질이 필요

없는 파의 경우 관찰자와 파원의 상대속도만이 도플러 효과에 영향을 미친다.

주파수 f_0와 상대 표적속도 v_r을 갖는 레이더를 생각하자. 만약 레이더에서 표적까지의 거리가 R이라면 레이더와 표적 사이의 왕복 길이(2R)에 포함되는 전체 파장 수는 $2R/\lambda_0$가 된다. 따라서 왕복 길이에 포함되는 전체 각 ϕ는 다음과 같이 표현된다.

$$\phi = 2\pi \times (전체\,파장\,수) = 2\pi \frac{2R}{\lambda_0}$$

(10.32)

만약 표적이 레이더에 대해 상대적으로 움직인다면 R과 ϕ가 시간에 따라 변화할 것이다. 시간 변화에 대한 ϕ의 변화가 발생한 것은 각주파수(ω)가 변화한 것이다. 각주파수의 변동 분을 ω_d라고하면 각주파수 편이 크기 ω_d는 다음과 같이 구해진다.

$$\omega_d = 2\pi f_d = \frac{d\phi}{dt} = \frac{4\pi}{\lambda_0}\frac{dR}{dt} = \frac{4\pi}{\lambda_0}v_r$$

(10.33)

위 식으로부터 주파수 편이 f_d를 구하면 하면 다음과 같다.

$$f_d = \frac{2v_r}{\lambda_0} = \frac{2v_r}{c}f_0$$

(10.34)

여기서, f_0는 송신 주파수이고, c는 광속도, v_r은 표적의 상대속도이다. 보통의 경우 v_r은 c보다 훨씬 작기 때문에 f_0가 매우 높은 주파수가 아니라면 f_d는 매우 작다. 수신된 신호 주파수는 $f_0 \pm f_d$이다. '+'는 표적이 접근하는 것을 의미하고, '-'는 표적이 멀어지는 것을 의미한다. [그림 10.31]은 표적이 레이터를 향해 움직일 때 상대속도 v_r을 설명하고 있으며 상대속도 v_r은 다음과 같이 표현된다.

$$v_r = v\cos\theta$$

(10.35)

여기서 v는 표적속도이고, θ는 표적이 움직이는 방향과 표적과 레이더를 일직선으로 연결한 선 사이에 이루는 각도로서 $\theta=0$이면 는 $v_r=v$가 되고, $\theta=90°$이면 $v_r=0$이 되어 레이더에 수직방향으로 움직이는 표적에 대해서는 도플러 편이가 나타나지 않는다.

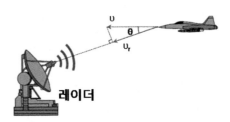

[그림 10.31] 도플러 레이더의 상대속도 계산

10.2.5 FMCW 레이더

CW 레이더는 표적과의 거리를 탐지하지 못하는 단점이 있다. 이를 극복하기 위해 FMCW (Frequency Modulation Continuous Wave) 레이더가 개발되었다. 거리를 탐지하기 위해서는 전송시간과 귀환 시간을 확인할 수 있는 방법이 필요하다. CW 레이더는 단일 주파수를 전송하므로 매우 좁은 주파수 대역을 갖게 되는데 타이밍 정보를 얻기 위해서는 진폭, 주파수 혹은 위상에 대한 변조를 할 필요가 있으므로 더 넓은 대역폭이 요구된다.

CW 레이더에서는 일반적으로 거리 탐지를 위해 주파수 변조를 사용한다. 주파수를 바꾸는 방법으로 타이밍을 표시하며, 귀환신호의 지연시간은 송신신호와 수신신호 사이의 주파수 차이를 측정하여 이를 근거로 지연 시간을 계산한다.

(1) 정지 표적의 경우

표적이 정지하여 있는 경우의 FMCW 레이더의 신호를 [그림 10.32]에 보였다. 실선으로 표시된 송신 신호의 주파수가 시간에 따라 선형적으로 증감을 반복한다. 표적이 정지하여 있으므로 도플러 주파수 편이 f_d는 0이 되고 점선으로 표시된 귀환 신호는 송신 신호와 같은 형태로 주파수가 변화되며 단지 $t_R(=2R/c)$의 시간적 지연이 발생한다.

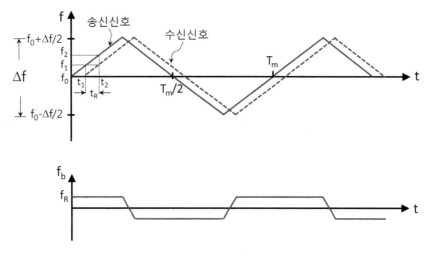

[그림 10.32] 정지 표적의 경우 FMCW 레이더의 신호

송신기가 시간 t_1에서 주파수 f_1을 가진 신호를 방사한다. 이 신호는 $t_R(=2R/c)$만큼의 지연 후인 t_2에 수신하며 그때 송신기의 주파수는 f_2로 바뀐다. f_1과 f_2를 혼합시킨 믹서의 출력인 비트신호(f_b)는 $f_2 - f_1$의 주파수를 갖는다. 표적이 정지하고 있으므로 도플러 주파수 편이는 발생하지 않는다. 따라서 비트신호(f_b)는 탐지 거리에만 관계된다.

$$f_b = f_2 - f_1 = f_R \tag{10.36}$$

[그림 10.32]에서 주파수가 시간에 대해 선형적으로 변하고 있으므로 주파수 변화율 (df/dt)은 직선의 기울기와 같다.

$$\frac{df}{dt} = \frac{\Delta f}{\Delta t} = \frac{f_2 - f_1}{t_2 - t_1} = \frac{f_b}{t_R} \tag{10.37}$$

한편, 주파수 변화율을 변조 주기 T_m으로 표현하면 $T_m/4$의 시간 동안에 $\Delta f/2$ 만큼의 주파수 변동이 있으므로 다음의 관계식을 얻는다.

$$\frac{df}{dt} = \frac{\Delta f}{T_m/2} = 2f_m\Delta f \tag{10.38}$$

식(10.37)과 식(10.38)로부터 다음의 관계식을 얻는다.

$$f_b = f_R = t_R \frac{df}{dt} = 2t_R f_m \Delta f \tag{10.39}$$

식(10.39)에 $t_R=2R/c$을 대입하면 안테나로부터 표적까지의 거리 R은 다음과 같이 구해진다.

$$R = \frac{cf_R}{4f_m \Delta f} \tag{10.40}$$

따라서 비트신호(f_b)의 주파수 값인 f_R을 측정하여 식(10.40)에 대입함으로써 안테나로부터 표적까지의 거리 R을 구할 수 있다.

(2) 이동 표적의 경우

표적이 이동하고 있는 경우에 도플러 주파수 편이 f_d가 발생하여 탐지거리 비트 신호와 겹치게 되므로 f_d와 탐지거리 정보를 분리할 필요가 있다. 이 경우 비트신호 주파수는 $f_2 - f_1 \pm f_d$가 되며, '–'는 레이더를 향해 이동하는 표적에 대한 것이고 '+'는 레이더로부터 멀어지는 표적에 대한 것이다.

[그림 10.33]은 표적이 이동하고 있는 경우의 FMCW 레이더의 신호를 보여주고 있다. [그림 10.33(a)]는 정지 표적에 대한 파형으로 비교의 기준으로 삼기 위해 보여준다. [그림 10.33(b)]는 레이더를 향해 움직이는 표적에 대한 파형을 보여주고. [그림10.33(c)]는 비트신호를 보여주고 있다.

변조 주파수가 증가하는 구간에서의 비트신호 주파수는 다음과 같다.

$$f_{b\_증가} = f_R - f_d \tag{10.41}$$

변조 주파수가 감소하는 구간에서의 비트신호 주파수는 다음과 같다.

$$f_{b\_감소} = f_R + f_d \tag{10.42}$$

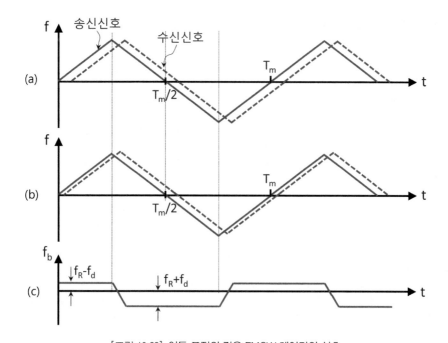

[그림 10.33] 이동 표적의 경우 FMCW 레이더의 신호

(a) 정지 표적에 대한 파형 (b) 이동 표적에 대한 파형 (c) 비트신호

따라서 탐지거리 정보인 f_R은 다음과 같이 분리해 낼 수 있다.

$$f_R = \frac{1}{2}[f_{b\_증가} + f_{b\_감소}]$$ (10.43)

또한, 속도 정보인 f_d는 다음과 같이 분리해 낸다.

$$f_d = \frac{1}{2}[f_{b\_감소} - f_{b\_증가}]$$ (10.44)

따라서 탐지거리 R과 표적의 상대 속도 v_r은 다음과 같이 구해진다.

$$R\frac{cf_R}{4f_m\Delta f}$$ (10.45)

$$v_r = \frac{cf_d}{2f_0} \tag{10.46}$$

레이더로부터 멀어지는 표적의 경우도 같은 방법으로 $f_{b\_증가}$와 $f_{b\_감소}$로부터 f_R과 f_d를 구할 수 있다. 단, 이 경우 $f_{b\_증가}$와 $f_{b\_감소}$는 다음과 같다.

$$f_{b\_증가} = f_R + f_d \tag{10.47}$$

$$f_{b\_감소} = f_R - f_d \tag{10.48}$$

10.3 무선 항법과 GPS

10.3.1 무선 항법

무선 항법은 전자가파가 송신기에서 수신기로 전달될 때 전자기파가 전파되는 시간을 측정하여 위치를 자신의 위치를 감지해 내는 방법이다. 일반적으로 한 나라에 여러 개 의 무선 항법 시스템이 존재하며 미국의 경우 100개 이상의 서로 다른 항법 시스템이 존재한다. 무선 항법 시스템은 [그림 10.34]에서 볼 수 있듯이 능동형 무선 항법 시스템 과 수동형 무선 항법 시스템으로 분류된다.

(1) 능동형 무선 항법 시스템
능동형 무선 항법 시스템은 [그림 10.34(a)]에 보였듯이 항공기는 반송파 주파수 f_1을 정 확하게 시간펄스(timed pulse)를 송신한다. 위치가 고정되어 있는 무선국은 이미 그 정확 한 위치가 알려져 있고, 신호를 수신하는 트랜스폰더(transponder)로 구성되어 있으며 다 른 주파수 f_2로 그 신호를 재전송한다. 송신과 수신 펄스를 비교하면 전자기파의 전파 시 간을 알 수 있으며 항공기와 고정 무선국 사이의 거리 d는 다음 수식으로 구해진다.

$$d = \frac{1}{2}ct_R \qquad\qquad (10.49)$$

여기서, t_R은 전파자기파가 왕복하는 데 소요되는 시간이고, c는 광속도이다.

(2) 수동형 무선 항법 시스템

수동형 무선 항법 시스템은 [그림 10.34(b)]에 보였듯이 무선국이 연속된 정확한 시간 펄스를 송신한다. 항공기의 수신기는 펄스를 수신하고 전파 시간을 측정하여 항공기와 고정 무선국 사이의 거리 d를 식(10.50)으로 계산하여 구한다.

$$d = ct_R \qquad\qquad (10.50)$$

여기서, t_R은 전파자기파의 편도 소요 시간이고, c는 광속도이다.

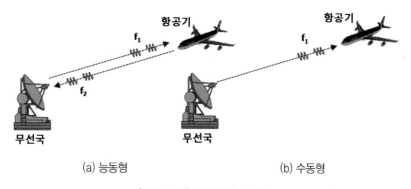

(a) 능동형   (b) 수동형

[그림 10.34] 무선 항법 시스템

사용자의 위치 좌표를 얻기 위해서는 위도, 경도, 거리의 세 개의 미지수를 풀어야 하므로 위치가 알려진 세 개의 무선국 신호를 받음으로써 세 개의 미지수를 풀기 위한 세 개의 방정식을 얻는다.

무선국 송신기는 위상이 고정되고 동기되어 있으며 각 위치에서 원자시계가 정확도를 유지하도록 한다. 주파수는 전파가 전리층 사이를 반사하면서 지구 주위를 돌 수 있도록 낮은 주파수를 사용한다. 그러나 반송파의 주파수가 낮아지면 정확한 정보를 신기가 어려워지므로 오차가 커진다. 반면에 높은 주파수의 반송파를 사용하면 우수한 해상도와 정확도를 얻을 수 있지만 전파가 전리층에서 반사되지 않고 통과하므로 가시 영영에서만 사용할 수 있다는 문제점이 있다. 이러한 문제점을 극복하기 위해 우주 기반 위성 시스템이 등장하였다.

10.3.2 GPS

(1) GPS의 정의
GPS(Global Positioning System)란 지상, 해상, 공중 등 지구상의 어느 곳에서나 시간제약 없이 인공위성에서 발신하는 정보를 수신하여 정지 또는 이동하는 물체(사용자)의 위치(고도, 경도, 위도)를 측정할 수 있도록 인공위성군, 지상제어국, 사용자 등의 3부문으로 구성되어 있는 전천후 위치 측정 시스템이다.

(2) GPS의 원리
GPS의 위치결정 원리를 구체적으로 설명하면 추적된 궤도에 의해서 정확한 위치를 알고 있는 위성에서 발신하는 전파를 수신하여 위성에서 사용자(관측점)까지의 전파 도달시간을 측정함으로써 공간적 위치를 구하는 것이다. 따라서, 위성과의 거리를 결정하는 가장 중요한 요소는 시간이며, GPS 위성에는 지극히 안정도가 높은 원자시계를 탑재하고 있다. 위성에 탑재된 시계와 수신기의 시계가 정확히 일치한다면, 3개의 위성과의 거리만으로도 3차원적인 위치를 결정할 수 있다. 그러나 위성에 탑재된 원자시계는 매우 고가이므로 일반인이 사용하기에는 부적합하여 사용자의 수신기에는 저가의 비교적 정도가 낮은 시계를 사용하고 있다.

이러한 문제를 해결하기 위하여 4개의 위성에서 전파를 수신하여 위성시각과 수신기 시각에서 발생하는 미지의 시간차를 제거하게 된다. [그림 10.35]는 네 개의 위성과 사용자의 위치를 보여주고 있다. 사용자의 위치 좌표를 (x,y,z)라고 하고, 사용자 수신기의 시간오차를 ε라고 하자. 여기서 미지수는 x,y,z 및 ε의 4개이므로 4개의 위성으로부터 신호를 받아 4개의 방정식을 구하면 식(10.47a)와 같다.

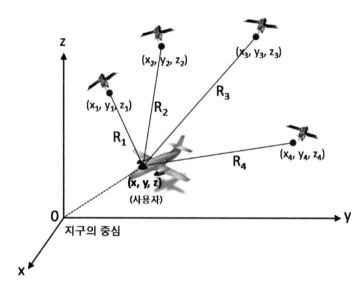

[그림 10.35] 네 개의 위성과 사용자 위치

$$\sqrt{(x_1 - x)^2 + (y_1 - y)^2 + (z_1 - z)^2} = c(\Delta t_1 - \varepsilon) = R_1 \tag{10.47a}$$

$$\sqrt{(x_2 - x)^2 + (y_2 - y)^2 + (z_2 - z)^2} = c(\Delta t_2 - \varepsilon) = R_2 \tag{10.47b}$$

$$\sqrt{(x_3 - x)^2 + (y_3 - y)^2 + (z_3 - z)^2} = c(\Delta t_3 - \varepsilon) = R_3 \tag{10.47c}$$

$$\sqrt{(x_4 - x)^2 + (y_4 - y)^2 + (z_4 - z)^2} = c(\Delta t_4 - \varepsilon) = R_4 \tag{10.47d}$$

여기서, $c\Delta t_1 = R_1{}'$, $c\Delta t_2 = R_2{}'$, $c\Delta t_3 = R_3{}'$, $c\Delta t_4 = R_4{}'$는 가상 거리이고, R_1, R_2, R_3, R_4는 정확한 거리이다. Δt는 위성으로부터 사용자 수신기까지 전파가 도달하는데 소요되는 시간이다. 미지수가 4개이고 방정식도 4개이므로 식(10.47d)을 연립하여 풀면 x, y, z 및 ε의 4개 미지수를 구할 수 있다. 여기서 미지수 x, y, z는 각각 지구의 중신에서 측정된 위도, 경도, 고도이다.

　해상과 같이 고도를 알고 있거나, 2차원적인 위치 결정을 위해서 적어도 3개의 위성에서 전파를 수신할 수 있어야 하며, 3차원적인 위치를 결정하기 위해서는 적어도 4개의 위성에서 전파를 수신할 수 있어야 한다.

실제로 위성의 위치를 기준으로 수신기의 위치를 결정하기 위해서는 이 거리 자료 이외에도 위성의 정확한 위치를 알아야 하는데 이 위성의 위치를 계산하는 데는 GPS 위성으로부터 전송되는 궤도력을 사용한다.

⑶ GPS의 정확도

GPS에 의한 위치 결정의 오차 원인에는 위성의 원자시계의 안정도, 위성궤도의 예측 치의 정확도, 전리층의 전파지연, 대류권의 전파지연, 수신장치의 잡음, 수신장치의 채 널(channel) 수 등이 있다. 일반적으로 알려져 있는 정확도는 1대의 수신기로 측정되는 절대위치의 경우에 C/A코드 사용 시 100m, P코드 사용 시 10m 정도이다. 반면에 2대 이 상의 수신기로 측정되는 상대 위치의 경우에는 수십 Km 이상의 거리에서 cm 단위의 오차가 발생되므로 높은 정확도를 갖고 있다.

GPS를 이용한 위치 결정에 있어서 정확도 향상을 위하여 많은 연구가 진행되고 있 다. 특히, L1과 L2의 두 개의 반송파를 동시에 수신하여 도플러 관측법을 이용함으로써 전리층과 대류층에 의한 영향을 제거시키고, VLBI(Very Long Baseline Interferometry)과 GPS를 결합함으로써 정확도를 향상시킬 수 있다. 이러한 연구는 지각변동, 지질구조 등을 연구하는 지구물리학 및 측지학 분야에서 많은 발전이 기대되고 있다.

10.4 RFID

RFID(Radio Frequency IDentication)란 쉽게 말해, 바코드와 비슷한 기능을 하는 것이다. RFID가 바코드 시스템과 다른 점은 빛을 이용해 판독하는 대신 전파를 이용한다는 것 이다. 따라서 바코드 판독기처럼 짧은 거리에서만 작동하지 않고 먼 거리에서도 태그 를 읽을 수 있으며, 심지어 사이에 있는 물체를 통과해서 정보를 수신할 수도 있다.

RFID는 국가나 관련 기관에 따라 접근하는 방식에 약간의 차이가 있을 수 있으며 따 라서 RFID에 대한 이해나 개념에 있어서도 다소 간의 차이가 있을 수 있다. 주로 유통, 군사면에서 RFID를 도입하고 있는 미국에서는 RFID를 통해 유비쿼터스 세상을 구현 할 계획을 세우고 있으며 자율적인 센싱과 통신 플랫폼 능력을 갖춘 소위 스마트 더스트(smart dust)라는 개념으로 접근하고 있다. 유럽의 경우에는 사물에 소형의 내장형 디바이스를 삽입하여 감지, 인식, 컴퓨팅 및 무선 통신 등의 기능을 지닌 정보인공물로서 사물 간 협력적인 상황인식을 가능하게 하는 기술이란 개념으로 접근하고 있다. 한편, 일본의 경우에는 자국이 보유한 기술력과 자원, 즉 광, 무선, 센서, 초소형 기계장치, 가전기술 등 일본이 강점을 가지는 기술과 관련제품을 네트워크로 연결시킴으로써 유비쿼터스를 구현하고자 하며, RFID를 유비쿼터스 네트워크의 센서로서 파악하고 있다.

　또한, 각 연구기관이 RFID에 대해 이해하고 있는 개념에도 다소간의 차이가 있다. MIT Auto ID 센터에서는 RFID를 인터넷이나 또는 유사한 네트워크를 통하여 태그가 부착된 아이템을 원거리에서 실시간으로 감지하는 사물인터넷으로 이해하고 있다. Accenture 통신/하이테크 연구소의 경우 RFID를 초소형 프로세서, 메모리, 안테나 등이 포함되어 있는 실리콘 기반의 전자 인식 태그로 무선으로 배터리 없이도 읽고 쓸 수 있는 기술로 이해하고 있다. CNET Japan에서는 RFID를 물리적인 IC칩에 고유식별자(ID) 정보를 저장하여 무선으로 읽어낼 수 있도록 하는 기술로 이해하고 있다. 우리나라의 정보통신부에서는 사물에 전자태그를 부착하고 각 사물의 정보를 수집/가공함으로써 개체 간 정보교환, 측위, 원격처리, 관리 등의 서비스를 제공하는 유비쿼터스 센서 네트워크 서비스로서 RFID를 이해하고 있다.

10.4.1 RFID의 정의

앞서 설명한 비슷하지만 약간씩 다른 RFID에 대한 다양한 개념들로 인해 RFID에 대한 개념이 오히려 모호하게 느껴졌을지도 모르겠다는 염려가 든다. 따라서 다소 무리가 있을지라도 RFID를 한 마디로 정의하고 넘어가야 할 필요성을 느낀다. 앞서 설명한 개념들을 바탕으로 RFID를 정의해 본다면, RFID란 어떤 사물의 고유식별자(ID, IDentication) 및 여러 정보를 태그(tag)라고 불리는 무선응답기(transponder)를 이용하여 무선으로 식별하는 방법이라고 말할 수 있을 것이다.

10.4.2 RFID 시스템

[그림 10.36]은 RFID 시스템의 개념을 설명하고 있다. RFID 시스템을 구성하려면 기본적으로 태그와 판독기가 필요하다.

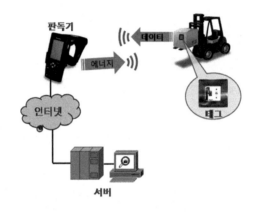

[그림 10.36] RFID 시스템의 개념도

태그는 어떤 사물 예를 들어, 어떤 상품에 대한 고유식별자 및 여러 정보들이 담겨 있으며 그 상품에 부착되어 있다. 판독기는 이들 정보를 안테나를 통해 무선으로 식별한다. 식별된 데이터는 인터넷 등의 네트워크를 통해 서버나 컴퓨터 등에 저장되어 직접 활용되거나 빅데이터 등을 통해 활용된다.

10.4.3 RFID 동작원리

[그림 10.37]은 판독기가 태그 정보를 인식하는 원리를 설명하고 있다. [그림 10.37]의 우측은 수동형 태그의 회로를 보여주고 우측 위의 그림은 실제 태그의 사진을 보여준다.

태그의 바깥 부분을 감싸며 돌고있는 스파이럴 형태의 코일이 태그 안테나이다. 태그 안테나는 커패시터 C_1과 함께 공진 회로를 이루며 판독기에서 방사하는 전파의 주파수에 동조되도록 설계하여 판독기에서 방사하는 전파를 효율적으로 수신할 수 있도록 설계한다. 수신된 전파는 다이오드 D와 커패시터 C_2에 의해 정류되고 평활화되어 메모리 및 로직 회로가 들어 있는 마이크로 칩의 전원으로 제공된다. [그림 10.37]의 태그는 수동형으로서 태그에는 전원이 없으며 이와 같이 판독기에서 방사하는 전파 에너지를 공급받아 그 에너지로 동작한다.

한편, 판독기의 안테나도 코일형으로서 태그 안테나와 유도성 결합을 한다. 따라서 판독기의 안테나를 1차 코일, 태그 안테나를 2차 코일로 간주할 수 있다. 이때 2차 코일 즉, 태그 안테나에서 태그 회로 쪽으로 본 등가 임피던스 Z_T는 트랜스포머 원리에 의해 변환된 임피던스 Z_R로 2차 코일 즉, 판독기 안테나에서 보이게 된다. 여기서 트랜지스터 M을 온과 오프시키면 Z_T는 0과 Z_T로 변하게 된다. 임피던스 Z_T의 변화는 트랜스포머 원리에 의해 임피던스 Z_R의 변화로 나타나며 임피던스 Z_R의 변화는 판독기 안테나에서의 전압 변화로 나타난다. 판독기 이와 같은 안테나에서의 전압 변화를 감지함으로써 트랜지스터 M의 온과 오프 상태를 알 수 있다. 한편, 트랜지스터 M을 켜고 끄는 시간을 데이터로 제어하면 태그의 데이터를 판독기로 전송할 수 있다.

한편, 능동형 RFID의 경우에는 태그에 전원이 내장되므로 일반 RF 트랜시버와 같은 방식으로 작동한다.

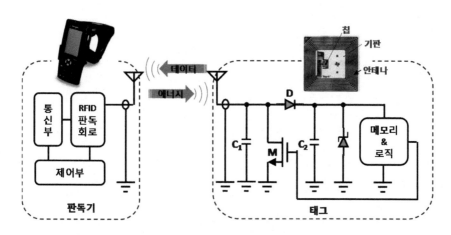

[그림 10.37] RFID 태그의 정보를 인식하는 원리

10.4.4 RFID의 분류

RFID 시스템은 여러 형태가 존재하고 그에 따라 작동 원리도 조금씩 다르다. RFID 시스템은 크게 전원의 유무, 사용 주파수 대역 그리고 접속 방식의 세 가지 방식으로 분류한다.

(1) 전원의 유무에 의한 분류

RFID의 태그에는 전원이 없고 오직 판독기의 전원으로부터 에너지를 받아 그 에너지로 칩의 정보를 송신하여 통신하는 RFID를 수동형(passive) RFID라 한다. 수동형 RFID는 태그에 전원이 없으므로 배터리 교체의 문제가 없고 태그의 크기가 작고 단가가 낮다는 장점이 있으나 판독기로부터 전원을 공급받을 수 있는 거리는 제한되어 있기 때문에 인식 거리가 짧다는 단점이 있다.

능동형(active) RFID는 태그에 전원이 있어 칩의 정보를 읽고 그 정보를 통신하는 데 모두 태그의 전원을 사용한다. 수동형 RFID는 인식 거리가 길다는 장점이 있으나 배터리 교체의 문제와 태그의 크기가 크고 단가가 높다는 단점이 있다.

마지막으로 반수동형(semi-passive) RFID는 능동형 태그처럼 태그에 배터리를 가지고 있지만, 판독기에 응답할 때는 수동형 태그처럼 판독기로부터 받은 에너지를 사용하여 통신한다. 배터리는 태그 칩과 그에 연결된 센서에 전원을 공급하는 데만 사용된다. 반수동형 RFID의 장점은 수동형과 달리 태그에 연결된 센서에 전원을 공급할 수 있다는 것이다. 또한, 리더기로부터 신호를 받을 때까지는 칩과 센서의 작동을 멈춤으로써 전력 소모를 극소화 하여 배터리를 오랜 시간 동안 사용할 수 있다. 인식 거리는 수동형 RFID와 같으나 능동형보다는 배터리 수명이 길다. 태그 단가는 능동형과 수동형의 중간 정도가 된다.

(2) 사용 주파수 대역에 따른 분류

RFID를 통신에 사용하는 전파의 주파수로 대역에 따라 분류하면, 135kHz 이하를 이용하는 LFID(Low-Frequency IDentification), 13.56MHz 대역을 이용하는 HFID(High-Frequency IDentification), 433MHz 대역 및 860MHz~960MHz 대역을 이용하는 UHFID(UltraHigh-Frequency IDentification), 2.45GHz 대역을 이용하는 마이크로파로 구분 수 있다.

주파수에 따라 태그의 크기 및 가격, 쓰임새 등이 결정되기 때문에 RFID를 사용 주파수에 따라 분류하는 것은 매우 유용하다. 또한, 사용 주파수가 높을수록 통신 용량이 커지며 UHF 대역과 마이크로파로 대역의 RFID 태그가 많은 정보를 먼 거리에서 인식할 수 있기 때문에 관심을 받고 있는 주파수 대역이다.

■ LFID (135KHz 이하 대역)

이 주파수 대역을 사용하는 RFID 시스템은 비교적 시스템 가격이 저렴하다. 이 대역의 RFID 시스템은 충돌방지(anti-collision)가 거의 되지 않기 때문에 복수 태그 인식에는 사용할 수 없다. 수동형이며 대략 최대 60cm까지의 거리에서 사용할 수 있다. 주로 공장 자동화나 출입 통제 및 보안, 동물 인식 등 근거리 용도로 활용된다.

■ HFID (13.56MHz 대역)

이 주파수 대역의 가장 큰 특징은 데이터 전송 상의 신뢰성이 높다는 것이다. 135kHz 이하 대역과는 달리 충돌방지가 되기 때문에 IC 카드나 신분증 등 높은 신뢰성이 필요한 분야에서 이미 도입되어 사용되고 있다. 1m/30cm 이내의 거리에서 활용하는 어플리케이션에 사용할 수 있다.

■ UHFID (433MHz, 860MHz~960MHz 대역)

일반적으로 UHF 대역은 다른 주파수 대역에 비해 무선 인식 성능이 우수한 영역이며 원거리 인식도 뛰어나다. UHF 대역을 사용하는 RFID 시스템은 마이크로파인 2.45GHz 보다 금속이나 수분 등의 환경에서 인식률이 좋고 방향성도 우수하여 유통 및 물류 분야를 비롯한 다양한 분야에서 가장 널리 이용될 것으로 기대되고 있다. 주로 전원이 포함된 능동형 태그가 사용되며 최대 100m의 범위 내에서 사용할 수 있다.

■ 마이크로파 (2.45GHz 대역)

2.45GHz 대역은 마이크로파 대역에 해당하며 ISM 대역을 이용한다. 태그의 소형화 및 저가의 태그 및 리더의 제작이 가능하다. UHF 대역에 비해 수분이나 금속 환경에서 인식률이 떨어지며 주로 50cm~1.5m 거리에서 사용한다.

■ 복수 대역용 태그

RFID 태그는 일반적으로 특정 주파수 대역에서 사용되는 구조를 취하고 있지만, 경우에 따라서 두 개 혹은 그 이상의 주파수 대역에서 사용할 수 있는 복수 시스템을 포함하고 있는 경우가 있다. 복수 대역용 태그는 서로 다른 주파수 대역에서 사용되는 모든 태그에 동일한 정보를 저장한 후 각 태그에 적합한 환경에서 사용하게 된다. 예를 들면, 주파수 대역이 다른 두 나라 사이의 교역 시에 복수 대역용 태그를 사용할 수 있다.

(3) 무선통신 접속 방식에 의한 분류

RFID 시스템을 무선통신 접속방식으로 분류하는 방식은 상호유도 방식과 전자기파 방식의 두 가지로 분류된다.

■ 상호유도 방식

상호유도 방식은 근거리 송수신용으로 코일 안테나를 사용하며 필요한 전력을 판독기로부터 공급받는 특징이 있다. 수동형 RFID나 반수동형 RFID 또는 낮은 주파수 대역 RFID가 이 방식을 사용한다.

■ 전자기파 방식

전자기파 방식은 중장거리용으로 고주파 안테나를 사용하며 집적회로 안에 있는 IC chip을 구동하기 위해 전지를 포함하고 있는 특징이 있다. 능동형 RFID나 높은 대역의 주파수 RFID가 이 방식을 사용한다.

10.4.5 RFID의 활용 분야

(1) 물류 및 자료 관리 시스템

화물 및 운송 개체에 RFID를 부착하여 물류 및 화물에 대한 종합적인 정보망을 구축할 수 있으며 화물, 서류, 정보의 흐름을 원활히하여 물류 거점과 유기적인 연계 운용과 물류 업무의 일괄적인 처리를 통하여 물류 비용절감과 물류 서비스의 질적 향상을 꾀할 수 있는 시스템으로 그 장점은 다음과 같다.

- 감지 거리가 길기 때문에 시스템 특성이나 환경 여건에 따라 적용이 손쉬우며 응용 영역이 넓다.
- 재고의 자동파악을 통한 기회 손실 방지
- 물류서비스 기능 강화

- 생산, 유통 관련의 모든 사업장에 적용 가능

그밖에도 도서관에서 바코드 대용으로 사용할 경우 도서 자료의 흐름 및 관리가 완전한 자동화를 이룰 수 있다.

(2) 도난방지 시스템

자재관리상의 특성을 살려 의류 및 책 등에 부착하여 태그를 부착한 채 가지고 나가면 설치해둔 안테나에서 태그의 ID를 인식하고 미리 저장해둔 데이터 베이스에 의해 경보를 올려준다.

(3) 공정관리

자동화된 공장에서 물건의 압출 시간을 기록하고 적시에 물건을 투입하는 Just On Time 개념에 맞춘 최적의 시스템으로 미국의 자동차 공장에서 이용하고 있고 국내의 자동차 공장에서도 일부 채용되고 있다.

(4) 버스/철도카드

RF 카드를 사용 이용자가 버스나 철도 이용 시 요금이 자동 정산되는 방식으로 선진국에서는 이미 보편화되어 있으며 국내에서도 버스 카드가 통용되고 있고 철도와 연계해 나가고 있다.

(5) 지능형 교통시스템

지능형 교통시스템(intelligent transportation system)은 도로와 차량을 최첨단의 정보통신 기술을 이용, 결합함으로써 도로 이용을 최적으로 하여, 안전하고 효율적인 교통을 실현 가능하게 하는 정보통신 네트워크와 교통 네트워크의 통합 시스템이며 톨게이트, 주차요금 징수, 차량위치 추적 등 다양한 기능에 사용될 수 있다.

(6) 레저타운 이용권

환경의 영향이 적은 점을 이용하여 일정량의 금액이 저장된 시계나 밴드 모양의 RFID 태그를 이용자가 구입하고 사용할 때마다 금액이 정산된다. 일본과 유럽의 스키장, 대규모 위락시설 등에서 상용화되고 있으며 국내의 몇몇 레저타운에서 소규모로 이용되고 있다.

(7) 가축 관리 시스템

축산 현장에서 소, 말, 돼지 등의 가축에 대한 개체 정보를 가축의 귀에 부착된 태그를 통하여 입출할 수 있도록 고안된 장치로, 각각의 가축이 우리나 세면장 등에 들어갔는지 체크해 개개의 젖소 급사관리 등을 하는 시스템과 먹이가 투여되는 장소에 안테나를 설치하여 건강상태에 알맞은 먹이만 공급되도록 하는 시스템에 응용되고 있으며 미국과 이스라엘에서 활용되고 있다.

(8) 출입통제 시스템

출입통제 시스템은 통제구역에 RFID 판독기를 설치하여 출입이 허용된 카드를 출입 시 검색하여 허용된 인원만 출입시키는 시스템이다. 이 시스템은 출입통제에만 국한되지 않고, 직원의 근태관리, 식당 관리, 개인용 PC 보안의 기능까지 연동하여 하나의 통합 관리 시스템으로 구축이 가능하다.

(9) 기록 계측 시스템

국내의 마라톤, 사이클 등 대규모 선수가 참여하는 경기에 기록 계측용으로 사용되며 결승점을 통과하는 다수의 참가자들의 기록을 실시간으로 동시에 인식할 수 있으며 중간기록제공, 결승점 통과 실시간 중계 등 다양한 서비스에 사용된다.

(10) 기타

미아방지, 고가 물품 관리, 자동차 키의 대체, 주유소 관리, 우편물 자동 분류, 항공화물 자동추적, 슈퍼마켓의 구입 물품 자동계산 등 그 응용 분야가 무궁무진하다.

10.4.6 RFID의 해결해야 할 과제

(1) 가격

RFID 기술을 비즈니스 영역에 확산시키려는 시도에 있어 가장 큰 제한 요인 중 하나는 아직도 RFID 칩의 가격이 상대적으로 기존의 바코드에 비해 높다는 점이다. 가격이 낮은 상품이나 농산물 같은 분야에서 출하관리만을 위해 RFID를 도입하였을 경우, 비용 측면에서 RFID는 바코드에 비해 상당한 부담이 될 수 있다. 따라서, RFID의 도입에 있어 상품의 생산, 유통, 판매의 어느 단계부터 RFID를 이용할 것인지, RFID 활용 가능 대상 등 여러 가지 각도에서의 검토할 필요가 있다.

(2) 성능

RFID의 성능에 있어 인식률의 문제는 여전히 제한사항으로 남아있다. 실제 비즈니스 영역에의 적용 시 RFID 안정적이고 균일한 인식률 보장의 문제는 여전히 제한사항으로 남아 있다.

(3) 데이터 폭증의 문제

RFID가 유비쿼터스 네트워크의 센서로서 정착할 경우, 사용자 ID, 환경 및 상황인식정보, RFID간 통신 등으로 인해 기존의 데이터 사용량에 비해 데이터의 생성 및 사용량이 급격히 증가하게 될 것이다. 정보의 저장 및 관리의 필요성이 증대될 것이며 데이터 처리 및 정리 방식의 개선이나 데이터 저장 스토리지 확보가 문제로 대두될 수 있다.

(4) 보안 및 프라이버시 침해 문제

RFID의 무단 복제 및 RFID 태그의 해킹을 통한 정보의 복제 및 유출가능성이 늘 존재하며 이에 대한 대비가 미흡할 경우 RFID의 활용 영역의 제한 등의 문제가 발생할 수 있으므로 보안에 대한 연구가 지속적으로 이루어져야 할 것이다.

연습문제

1. 전자기파의 속도와 전자의 속도에 대해 설명하라.

2. 도선에서 전자기파가 발생하는 원리에 대해 설명하라.

3. 세 가지의 전계 영역(field region)에 대해 설명하라.

4. 전기적 공진과 구조적 공진에 대해 설명하라.

5. 다이폴 안테나에 대해 설명하라.

6. 모노폴 안테나에 대해 설명하라.

7. 패치 안테나에 대해 설명하라.

8. 송신 안테나의 등가회로를 그리고 설명하라.

9. 안테나에서는 입력 반사 계수(S_{11})의 의미를 설명하라.

10. 방사 패턴을 등방성, 전방향성 및 지향성으로 분류하여 설명하라.

11. 안테나 빔폭의 두 가지 정의 방법인 HPBW(Half-Power Beam Width)와 FNBW(First-Null Beam Width)에 대해 설명하라.

12. 안테나의 지향성에 대해 설명하라.

13. 안테나의 효율에 대해 설명하라.

14. 안테나의 이득에 대해 설명하라.

15. 안테나의 방사저항에 대해 설명하라.

16. 위상배열 안테나에 대해 설명하라.

연 습 문 제

17. 반사 안테나의 종류를 열거하고 각각의 동작원리를 설명하라.

18. 레이더 원리에 대해 설명하라.

19. 도플러 효과에 대해 설명하라.

20. 펄스 레이더의 동작원리를 설명하라.

21. FMCW 레이더의 동작원리를 설명하라.

22. GPS의 원리에 대해 설명하라.

23. GPS의 정확도에 대해 설명하라.

24. GPS 오차원인에 대해 설명하라.

25. GPS의 응용분야를 열거하고 간략히 설명하라.

26. RFID 시스템의 동작원리를 간략히 설명하라. 수동형 RFID 태그의 동작원리를 설명하라.

27. RFID의 활용 분야를 열거하고 각각에 대해 설명하라.

PART 4

IoT 디바이스
설계

BLE를 이용한 IoT 디바이스 설계

이 장에서는 팀 단위로 IoT 디바이스를 직접 설계하고 제작하는 프로젝트에 대해 설명하고 그에 필요한 제반 사항에 대한 자료를 제공하고자 한다.

11.1 팀 프로젝트 내용

팀 프로젝트 내용은 BLE(Bluetooth Low Energy) 모듈을 이용하여 IoT 디바이스를 설계하고 제작한 후에 데모를 통해 동작과 기능을 확인하는 것으로 설계할 IoT 디바이스는 다음의 조건을 만족하여야 한다.

■ IoT 디바이스의 기능

IoT 디바이스의 기능은 전적으로 설계자의 자유에 맡긴다. 가능한 한 창의적이고 의미 있는 기능을 고안할 수 있도록 노력하되, 여의치 않을 경우 기존의 것을 모방하는 것도 허용한다. 중요한 점은 RF 통신을 효율적으로 활용한 IoT 디바이스를 설계해 봄으로써 IoT 디바이스에 대한 선명한 이해와 더불어 IoT 디바이스에서 RF 통신의 유용성을 실감하고 이해도를 높이는 것이므로 창의적인 기능을 위해 지나치게 긴 시간을 사용하지 않도록 주의한다.

■ RF 통신의 활용

IoT 디바이스를 구현함에 있어 RF 통신으로서 BLE 모듈을 반드시 활용하도록 한다. 또한, BLE 모듈은 AT-command를 써서 직렬(UART) 포트를 통해 모든 설정 및 제어를 해야한다. 이미 다른 장치에 장착되어 있는 BLE 모듈은 이미 설정 및 제어에 대한 프로그램을 갖고 있으므로 이를 이용해도 BLE를 통한 RF 통신 네트워크 구현을 이해하는 것에 도움이 되지 못한다. 따라서 최소한 BLE 모듈 한 세트 이상은 직접 설계하여야 하며 이렇게 설계된 BLE 모듈이 다른 장치와 통신하는 것은 무방하다.

■ 인터넷 연결

IoT 디바이스는 어떤 형태로든 인터넷과 연결될 수 있도록 설계되어야 한다. WiFi를 이용한 무선 연결도 되고 이더넷을 통한 유선 연결도 가능하나 가급적 무선으로 할 수 있도록 한다. 또한, 이동통신을 이용하는 것도 가능하다.

■ 센서의 장착

IoT 디바이스는 상황 인식을 바탕으로 서비스를 제공하므로 어떤 형태의 센서이건 최소한 한 가지 이상을 장착하여야 한다.

■ 지능을 구현할 장치

IoT 디바이스에서 필요로 하는 지능은 다양한 방법으로 구현할 수 있다. MCU(Micro Control Unit)을 써서 구현해도 되고, 아두이노(arduino)를 써서 보다 쉽게 구현할 수도 있다. 또한 노트북 PC를 쓰거나 스마트폰을 써서 구현해도 된다.

11.2 BLE 모듈의 소개

BLE 모듈에 대한 설명은 FBL780BC 모델을 기준으로 설명한다.

11.2.1 FBL780BC의 주요 특징

FBL780BC의 주요 특징을 요약하면 다음과 같다.

① Bluetooth 4.1 Low Energy Support

② Peripheral / Central 동작

③ AT 명령어를 지원하며, AT 명령어를 이용하여 FBL780BC 제어 가능

④ Interface로 PIO/PWM, ADC, UART 사용 가능

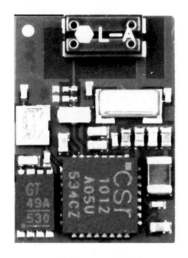

(a) FBL780BC 앞면   (b) FBL780BC 뒷면

[그림 11.1] FBL780BC의 실물 사진

[그림 11.1]은 FBL780BC의 실물 사진으로서 [그림 11.1(a)]는 FBL780BC의 앞면을 [그림 11.1(b)]는 FBL780BC 뒷면을 보여준다.

11.2.2 FBL780BC의 핀 배열

[그림 11.2] FBL780BC의 핀 배열을 보여준다. [그림 11.2(a)]는 FBL780BC의 앞면을 [그림 11.2(b)]는 FBL780BC 뒷면을 보여준다.

FBL780BC의 핀은 LGA(Land Grid Array) 타입으로 연결을 위해 핀 모양과 일치하는 PCB 패턴을 만들어야 납땜으로 연결할 수 있다. 따라서 소켓에 끼워서 쉽게 장착할 수 있는 DIP(Dual Inline Package) 타입의 핀으로 변환하기 위해 확장 보드를 사용한다. 이와 같이 LGA 타입의 핀을 DIP 타입의 핀으로 변환하기 위해 FBL780BC를 확장 보드에 장착한 것을 FBL780BC_H라 한다.

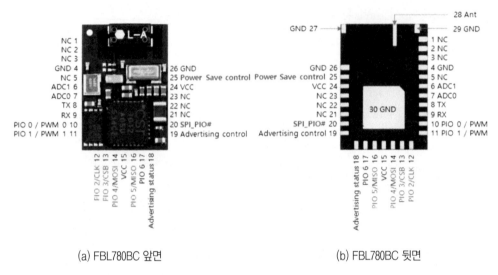

(a) FBL780BC 앞면   (b) FBL780BC 뒷면

[그림 11.2] FBL780BC의 핀 배열

11.2.3 FBL780BC_H

[그림 11.3]은 FBL780BC_H의 실물 사진을 보여준다. [그림 11.3(a)]는 FBL780BC_H의 앞면 사진이고 [그림 11.3(b)]는 FBL780BC_H의 뒷면 사진이다. [그림 11.3(c)]는 FBL780BC_H의 측면 사진으로서 소켓에 끼울 수 있는 DIP 타입의 핀을 볼 수 있다.

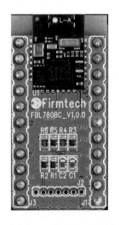

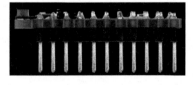

(a) FBL780BC_H 앞면   (b) FBL780BC_H 뒷면   (c) FBL780BC_H 옆면

[그림 11.3] FBL780BC_H의 실물 사진

이와 같이 FBL780BC_H는 FBL780BC를 확장 보드에 장착하여 LGA 타입의 핀을 DIP 타입의 핀으로 변환함으로써 사용하기 편리하게 한 것일 뿐으로 실제 제품으로 제작할 때는 FBL780BC를 사용한다.

[그림 11.4]는 FBL780BC_H의 핀 배열을 보여준다. 7개의 PIO핀, 2개의 ADC 핀, Advertising control 핀, Advertising status 핀, Power save control 핀, Tx 핀, Rx 핀의 14개의 신호 핀과 VCC 및 GND의 전원 핀으로 구성되어 있다. 여기서, NC(No Connection)는 사용하지 않는 핀을 의미한다.

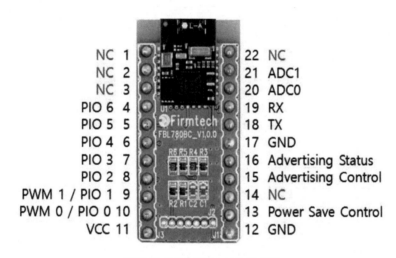

[그림 11.4] FBL780BC_H의 핀 배열

11.2.4 BLE Interface Board

[그림 11.5]는 BLE Interface Board이다. 이 보드는 FBL780BC_H를 테스트하거나 설정을 쉽게하기 위한 것으로 중앙 상단에 위치한 소켓에 FBL780BC_H를 장착하여 사용한다. 우측의 USB 케이블로 좌측 상단에 위치한 USB 포트와 PC의 USB 포트를 연결함으로써 USB 케이블을 통해 BLE Interface Board에 전원(5V)을 인가해주고 직렬(UART) 통신을 할 수 있다.

[그림 11.5] BLE Interface Board

그러나 이 보드는 FBL780BC_H를 처음 접하는 사용자가 FBL780BC_H의 특성을 테스트하며 그 특성을 이해하기 위한 것으로 실제 BLE 네트워크를 구성할 때는 사용할 필요가 없다. FBL780BC는 Tx핀 및 Rx핀을 통하여 직렬 통신을 할 수 있으므로 이를 통해 모든 설정과 제어가 가능하다.

11.3 BLE 역할과 네트워크 구성

BLE는 연결과 어드버타이징(Advertizing)의 두 가지 통신 방식을 이용하여 통신한다. 연결은 상대방의 수신을 확인하며 양방향 통신을 하는 방식이다. 어드버타이징은 수신을 확인하지 않으며 단방향 통신을 하는 방식이다. 어드버타이징은 수신 측의 수신 여부에 상관없이 일정 주기마다 자신의 기초 정보를 발신하는 방식으로 통신반경 내에 있어야만 수신이 가능하다. 기초 정보란 어드버타이징 중인 페리페럴 또는 브로드캐스터 디바이스의 고유 이름(device name), 맥 어드레스(MAC address), 제공되는 서비스, 무선 출력 파워 레벨 등이 포함된다. 필요에 따라서는 페리페럴 또는 브로드캐스터 디바이스의 외부 입출력 포트에 연결된 센서 등으로부터 받은 아날로그 값이나 시스템으로부터 받은 디지털 레벨의 상태 등을 포함하여 전송할 수 있다.

11.3.1 BLE 역할

BLE의 역할은 프로토콜 계층에 따라 달리 부른다. LL(Link Layer)에서는 디바이스의 역할을 마스터, 슬레이브, 스캐너 및 어드버타이저의 네 가지로 정의한다. 한편, GAP(Generic Access Profile) 계층에서는 역할을 센트럴, 페리페럴, 업저버 및 브로드캐스터의 네 가지로 정의한다. 이들 역할은 연결된 후와 전으로 구분할 수 있는데 LL에서 연결된 후의 역할은 마스터와 슬레이브로 구분되고, 연결되기 전의 역할은 스캐너와 어드버타이저로 구분된다. GAP 계층에서의 센트럴은 LL 계층에서의 마스터와 역할이 상응된다. 마찬가지로 거의 같다. 페리페럴은 슬레이브, 업저버는 스캐너, 브로드캐스터는 어드버타이저 그 역할이 상응된다. <표 11.1>은 앞서 설명한 각 프로토콜 계층에서의 정의된 BLE 역할을 정리하여 보여주고 있다.

〈표 11.1〉 프로토콜 계층에 따른 BLE 역할의 정의

	Connection	LL Role	GAP Role	통신방식
BLE	후	Master	Central	Connection
		Slave	Peripheral	
	전	Scanner	Observer	Advertizing
		Advertiser	Broadcaster	

11.3.2 BLE 네트워크 구성

[그림 11.6]은 BLE 네트워크 중에서 가장 기본적인 P2P(Point to Point) 구조의 피코넷(piconet)과 비콘(Beacon)을 구성하는 방법을 설명하고 있다.

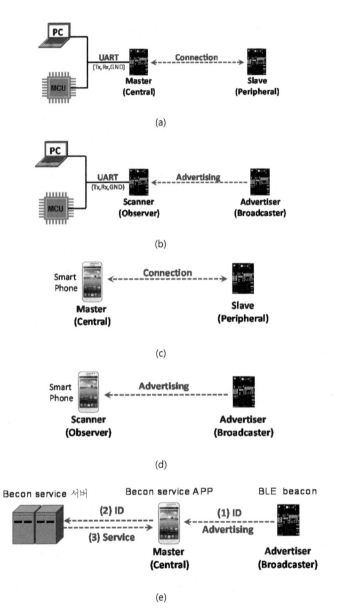

[그림 11.6] P2P 구조의 피코넷과 비콘

11.4 FBL780BC_H 핀 기능

11.4.1 FBL780BC_H의 핀 할당

〈표 11.2〉 FBL780BC_H PIN Assign

번호	핀 이름	기능	입/출 방향	신호레벨
1	NC	–	–	–
2	NC	–	–	–
3	NC	–	–	–
4	PIO 6	Digital Input or Output Port	입력/출력	TTL
5	PIO 5	Digital Input or Output Port	입력/출력	TTL
6	PIO 4	Digital Input or Output Port	입력/출력	TTL
7	PIO 3	Digital Input or Output Port	입력/출력	TTL
8	PIO 2	Digital Input or Output Port	입력/출력	TTL
9	PIO 1 / PWM1	Digital Input or Output Port / PWM	입력/출력	TTL
10	PIO 0 / PWM0	Digital Input or Output Port / PWM	입력/출력	TTL
11	VCC	3.3V DC	–	–
12	GND	Ground	–	–
13	Power Save Control	Power Save On/Off Control	입력	TTL

11.4.2 FBL780BC_H의 핀 기능의 이해

FBL780BC_H의 포트(혹은 핀)는 그 기능상 데이터 입/출력 용도의 포트와 제어 용도의
포트로 구분된다.

(1) FBL780BC_H의 입/출력 포트

■ PIO 6~PIO 0 (핀#4~#10)

PIO(Port Input Output)는 디지털 신호를 입력하거나 디지털 신호가 출력되는 포트로서

입력과 출력을 자유롭게 설정할 수 있는 GPIO(General Purpose Input Output)포트이다 (단, 페리페럴로 동작하는 경우에만 입/출력 설정이 가능하다). FBL780BC_H에는 핀번호 4번~10번까지 7개의 PIO 포트가 제공되며 각각의 포트별로 입력과 출력을 사용자가 자유롭게 선택적으로 설정하여 사용할 수 있다.

PIO 포트에는 10KΩ의 풀업(pull-up) 저항(option)을 달고 사용한다. 따라서 입력포트로 설정한 경우 falling edge를 event로 감지하는 Active-Falling으로 동작하는 회로를 구성해 주어야 한다. 즉, 풀업 저항에 의해 평소에 포트의 전압레벨이 high 상태로 있으므로 접지와 연결되는 스위치를 구성하면 스위치가 온(on)될 때 떨어지는 전압을 감지하여 신호가 입력되었음을 인식한다. 여기서 event란 [그림 11.7]에 보인 바와 같이 PIO 포트에 인가되는 입력 값의 변화를 말한다. 즉, falling edge(high → low) 또는 rising edge(low → high)를 의미한다.

[그림 11.7] 엣지(edge) 감지

출력포트로 설정한 경우 초기 출력 값이 High이므로 Active-Low로 동작되는 회로를 구성해야 한다. 즉, 풀업 저항에 의해 평소에 포트의 전압레벨이 high 상태로 있으므로 전압레벨이 low인 것을 감지하여 신호가 출력되었음을 인식한다. 여기서 주의할 점은 입력포트일 경우에는 전압의 변화(edge)를 감지하고 출력포트일 경우 전압의 레벨로 표시한다는 것이다.

한편, FBL780BC SPI_PIO# 포트에 10KΩ Pull-Down 저항을 반드시 연결해 주어야 PIO2~PIO5가 정상적으로 동작된다. FBL780BC_H의 경우, PCB상에서 SPI_PIO# 포트에 10KΩ 풀다운(Pull-Down) 저항 처리가 되어 있다.

■ PWM PWM ON/OFF 기능

PIO포트 중에서 PIO 1(핀번호 9)과 PIO 0(핀번호 10)은 PWM(Pulse Wide Modulation)로 변환하여 사용할 수 있다. PWM 포트는 출력포트로만 사용 가능하며, 사용 가능한 Duty

Rate 설정 값 범위는 0~255이고 PWM 출력 주파수는 125Hz로 고정되어 있다. PIO 포트
PWM 포트로 설정할 경우 PIO 1(핀번호 9)가 PWM 1이 되고 PIO 0(핀번호 10)가 PWM 1
가 된다.

PWM 포트의 출력전압 레벨은 Duty Rate 값(0 ~ 255)으로 설정되며 Duty Rate 값과 출
력전압 레벨 변화의 관계를 [그림 11.8]에서 설명하고 있다.

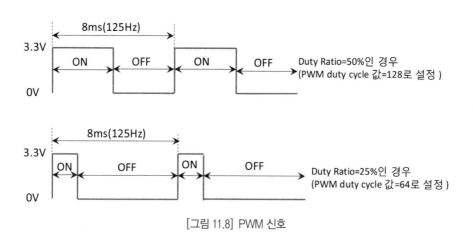

[그림 11.8] PWM 신호

■ ADC 포트 (핀#21~#20)

ADC(Analog to Digital Converter)포트는 아날로그(analog) 데이터의 입력포트로 사용하
는 포트로서 사용 가능한 입력전압 범위는 0~1.35V이다. ADC 포트는 페리페럴로 동작
하는 경우에만 사용 가능하다.

ADC 포트에 1.35V 이상의 전압이 입력되는 경우, 장치가 정상적으로 동작되지 않으
며 정상 동작을 위해 ADC 포트에는 반드시 0~1.35V 이내 범위의 전압을 입력해 주어야
한다. FBL780BC_H의 경우, PCB상에서 ADC 포트에 저항을 이용하여 전압 분배가 이루
어지도록 되어 있다. FBL780BC_H의 ADC 포트에는 3.3V까지 전압 입력이 가능하고, 내
부의 전압 분배 저항에 의해 FBL780BC에는 1.35V 이하의 전압이 입력되게 되어 있다.
ADC의 전송 주기는 1초~18시간까지 자유롭게 초(sec) 단위로 설정이 가능하다.

■ Tx, Rx 포트(핀#18~#19)

PC와 FBL780BC 상호간 Serial (RS232) 통신에 사용된다. FBL780BC의 초기 환경 설정 및 제어에 사용된다. FBL780BC RX 포트에 적은 양의 전류가 유입되어도 동작하므로 FBL780BC RX 포트의 전류 오프(Off)를 정확하게 해야 한다.

(2) FBL780BC_H의 제어 포트

■ Advertising control 포트 (핀#15)

Advertising control 포트는 Advertising ON/OFF, 환경설정 및 공장 초기값 설정의 세 가지 기능을 하며 각각에 대해 설명하면 다음과 같다.

① Advertising ON/OFF 기능

Advertising control 포트로 FBL780BC의 Advertising 기능의 ON/OFF를 선택할 수 있다. FBL780BC에 전원 인가 후 초기 상태는 Advertising ON 상태가 된다. 또한, Advertising ON/OFF 기능은 페리페럴로 동작하는 경우에만 사용 가능하다.

② 환경설정

환경설정 모드로 진입하고자 하는 경우, Advertising Control 포트에 Low Signal(0V)을 입력하고 전원을 ON하면 환경 설정 모드에 진입하며 하이퍼 터미널에 환경설정 매뉴가 뜬다. 이 메뉴에서 선택하여 환경설정을 한다.

③ 공장 초기값 설정

환경설정을 공장 초기값으로 변경하고자 하는 경우, 환경 설정 모드에 진입한 이후 Advertising Control 포트에 Low Signal(0V)을 입력하고 약 4초 동안 Low Signal이 유지되면 모든 설정 값이 최초 구입한 상태로 변경 된다.

■ Advertising status 포트 (핀#16)

Advertising status 포트는 FBL780BC의 Advertising 동작 상태를 모니터링 하기 위해서 사용된다. Advertising status 포트에 LED를 연결해 놓으면 FBL780BC가 Advertising ON이면 3초에 한번씩 LED가 깜빡인다. FBL780BC가 Advertising OFF이면 LED OFF(High 상태)를 유지한다. FBL780BC가 연결되면 LED ON(Low 상태)을 유지한다. FBL780BC가

Scanning 중이면 빠른 속도로 LED가 깜빡인다.

■ Power Save control 포트 (핀#13)

Power Save control 포트는 FBL780BC의 Power Save 기능의 ON/OFF를 선택한다. Low
Signal(0V)이면 'PowSave OFF'가 되고 High Signal(3.3V)이면 'PowSave ON'이 된다. 한편,
Power Save ON/OFF는 페리페럴로 동작하는 경우에만 사용 가능하다. 또한, 저전력 모
드(Power Save ON)로 동작되는 경우 시리얼 데이터의 입력이 불가능하다. 따라서 시리
얼 데이터나 AT Command를 입력하려면 Power Save OFF 상태로 설정해 놓아야 한다.

    FBL780BC_H의 경우, PCB상에서 Power Save Control Port에 Pull-Up 저항을 연결해 놓
았으므로 Power Save Control Port를 Open으로 사용해도 Power Save On으로 동작한다.
FBL780BC를 직접 사용하는 경우 Power Save Control Port에 풀업(Pull-Up) 또는 풀다운
(Pull-Down) 저항을 반드시 연결해 주어야 한다. 그렇지 않으면 오동작의 원인이 될 수
있다.

    <표 11.3>에 FBL780BC_H의 핀 기능 설명을 요약해 놓았다.

<표 11.3> FBL780BC_H의 핀 기능 요약

구분	포트	기능 (자세한 사용방법은 FBL780BC 사용자 매뉴얼을 참고할 것)	입/출 방향	신호 레벨

입출력
포트
	PIO6~PIO0
	(#4~#10))
		(Peripheral로 동작하는 경우만 입/출력 설정 가능)
		• 디지털 신호를 입력하거나 디지털 신호가 출력되는 포트이다.
		• 7 Bit로 구성된 포트로서 Digital Input, Digital Output 용도로 사용된다.
		• 각각의 Bit별로 Input, Output을 사용자가 자유롭게 선택적으로 설정하여 사용이 가능하다.
		  - Input Port로 설정한 경우, Pull-Up저항(Option)을 달고 Active-Falling으로 동작되는 회로(Switch)를 구성해야 한다.
		  - Output Port로 설정한 경우, 초기 출력 값이 High이므로 Active-Low로 동작되는 회로(LED)를 구성해야 한다.
			입력/
			출력
				TTL

	PWM1,
	PWM0
	(#9, #10))
		• PWM Port는 Output Port로만 사용 가능하며, PIO_0/PIO_1만 PWM Port로 설정하여 사용할 수 있다.
		  - PWM output 포트로서 사용 가능한 Duty Rate 설정 값 범위는 0~255(00~FF)이다.
		  - PWM 출력 주파수는 125Hz로 고정되어 있다.
			출력	

(계속)

구분	포트	기능 (자세한 사용방법은 FBL780BC 사용자 매뉴얼을 참고할 것)	입/출 방향	신호 레벨
입출력 포트	ADC1, ADC0 (#21~#20)	(Peripheral로 동작하는 경우만 ADC 사용 가능) • Analog 데이터의 Input Port로 사용하는 포트이다. • Analog Input 포트로서 사용 가능한 입력전압 범위는 0~1.35 V 이다. - ADC Port는 0V ~ 1.35V까지만 입력이 가능하다. ※ FBL780BC ADC Port에 1.35V 이상의 전압이 입력되는 경우, 장치가 정상적으로 동작되지 않는다. 정상 동작을 위해 ADC Port에는 반드시 1.35V 이하의 전압을 입력해 주어야 한다. ※ FBL780BC_H의 경우, PCB상에서 ADC Port에 저항을 이용하여 전압 분배가 이루어지도록 되어 있다. FBL780BC_H 의 ADC Port에는 3.3V까지 전압 입력이 가능하고, 내부의 전압 분배 저항에 의해 FBL780BC에는 1.35V 이하의 전압이 입력되게 되어 있다. ※ FBL780BC SPI_PIO# Port에 10KΩ Pull-Down 저항을 반드시 연결해 주어야 PIO2 ~ PIO5가 정상적으로 동작된다. FBL780BC_H의 경우, PCB상에서 SPI_PIO# Port에 10K Ω Pull-Down 저항 처리가 되어 있다. ※ FBL780 RX Port에 적은 양의 전류가 유입되어도 동작된다. 전원의 OFF를 정확하게 하기 위해서는 FBL780 RX Port의 전류 OFF를 정확하게 해야 한다.	입력	TTL
	RX, TX (#19~#18)	PC와 FBL780 BC 상호간 Serial (RS232) 통신에 사용된다. (FBL780BC 초기 환경 설정에 사용됨)		TTL
제어 포트	Advertising control (#15)	(Peripheral로 동작하는 경우만 Advertising ON/OFF 변경 가능) • FBL780의 Advertising 기능 ON / OFF를 선택한다. (*참고: FBL780 에 전원 인가 후 초기상태는 Advertising ON 상태임)	Advertising ON/OFF	TTL
		• 환경설정 모드로 진입하고자 하는 경우, Advertising Control Port에 Low Signal(0V)을 입력하고 전원을 ON한다.	환경 설정 (Config)	
		• 공장 초기값으로 변경하고자 하는 경우, 환경 설정모드에 진입한 이후 Advertising Control Port에 Low Signal(0V)을 입력하고 약 4초 동안 Low Signal이 유지되면 모든 설정 값이 최초 구입한 상태로 변경된다.	공장초기값 (Factory Reset)	

	Advertising
	status
	(#16)
		• FBL780의 Advertising 동작 상태를 모니터링 하기 위해서 사용된다.
		  - FBL780BC가 Advertising ON이면 3초에 한번씩 LED가 깜빡인다.
		  - FBL780BC가 Advertising OFF이면, High 상태(LED OFF)를 유지한다.
		  - FBL780BC가 연결되면 Low 상태(LED ON)를 유지한다.
		  - FBL780BC가 Scanning 중이면 빠른 속도로 LED가 깜빡인다.
				TTL

구분	포트	기능 (자세한 사용방법은 FBL780BC 사용자 매뉴얼을 참고할 것)	입/출 방향	신호 레벨

	Power Save
	control
	(#13)
		(Peripheral로 동작하는 경우만 Power Save ON/OFF 변경 가능)
		• FBL780의 Power Save 기능 ON/OFF를 선택한다.
		  - Low Signal(0V) → "PowSave OFF"
		   High Signal(3.3V) → "PowSave ON"
		  - "저전력 모드(Power Save ON)"로 동작되는 경우, 시리얼 데이터의 입력이 불가능.
		  - 시리얼 데이터(또는 AT Command)를 입력하는 경우, Power Save OFF 상태로 동작해야 한다.
		※ FBL780BC_H의 경우, PCB상에서 Power Save Control Port에 Pull-Up 저항을 연결해 놓는다. 그러므로 Power Save Control Port를 Open으로 사용해도 Power Save On으로 동작한다. 그러나 FBL780BC를 직접 사용하는 경우 Power Save Control Port에 Pull-Up 또는 Pull-Down 저항을 반드시 연결해 주어야 한다. 그렇지 않으면 오동작의 원인이 될 수 있다.
				TTL

	SPI_PIO#	SPI/PIO Select Port ※ FBL780BC SPI_PIO# Port에 10KΩ Pull-Down 저항을 반드시 연결해 주어야 PIO2 ~ PIO5가 정상적으로 동작된다. FBL780BC_H의 경우, PCB상에서 SPI_PIO# Port에 10KΩ Pull-Down 저항 처리가 되어 있다. ※ FBL780 RX Port에 적은 양의 전류가 유입되어도 동작된다. 전원의 OFF를 정확하게 하기 위해서는 FBL780 RX Port의 전류 OFF를 정확하게 해야 한다.		

11.4.3 인터페이스(핀 연결)

(1) 오픈 콜렉터 및 오픈 드레인

[그림 11.9]는 오픈 콜렉터(open collector)와 오픈 드레인(open drain)의 구조를 보여준다. 회로의 최종 출력단을 BJT로 할 경우 출력할 신호는 베이스 단자에 연결하고 이미터 단자는 접지하며 콜렉터 단자를 출력단자로 쓰게 된다. 이때 오픈 콜렉터란 콜렉터 단자에 아무 것도 연결하지 않고 오픈(open)시킨 것을 말한다. 이 경우 베이스 단자에 입력으로 'High' 신호가 들어오면 BJT는 온(on)이 되면서 출력인 콜렉터 단자는 접지와 연결되어 있기 때문에 출력은 'Low'가 된다. 베이스 단자에 입력으로 'Low' 신호가 들어오

면 BJT는 오프(off)되어 출력인 콜렉터 단자는 고임피던스(high- impedence) 상태가 된다. 고임피던스란 저항이 높다는 뜻이며 'Low' 상태도 'High' 상태도 아닌 플로우팅(floating) 상태가 된다. 따라서 [그림 11.9]에서 보인 바와 같이 출력인 콜렉터 단자에 풀업(pull-up) 저항을 달아 'High' 상태가 되도록 해준다. 다시 말해서 오픈 콜렉터 회로는 출력인 콜렉터 단자에 풀업(pull-up) 저항을 달아줘야 정상적인 출력 신호를 얻을 수 있다.

오픈 콜렉터는 2개 이상의 출력단자가 도선(wire)으로 연결되면 wired- OR가 되는 특징을 갖는다. 즉, 2개 이상의 오픈 콜렉터 출력단자가 도선으로 연결될 경우 달려 있는 오픈 콜렉터 중에 하나라도 'Low'가 되면 출력은 'Low'가 된다. 도선만을 연결해서 OR 게이트 역할을 하기 때문에 wired-OR라고 부른다.

한편, [그림 11.9]의 우측에서 보인 바와 같이 BJT 대신 MOSFET을 사용할 경우 오픈 드레인이라고 부른다. 오픈 드레인은 오픈 콜렉터와 동작 원리가 동일하며 출력인 드레인 단자에 풀업 저항을 달아줘야 정상적인 출력 신호를 얻을 수 있다.

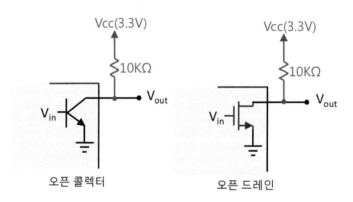

[그림 11.9] 오픈 콜렉터/오픈 드레인

(2) GPIO

GPIO란 General Pupose Input Output의 약자로 사용자가 임의로 입출력 상태를 설정하여 사용할 수 있는 핀을 말한다. [그림 11.10]은 GPIO의 회로도를 보여준다. GPIO 핀에는 입력 방향과 출력 방향의 증폭기가 병렬로 연결되어 있으며 각 증폭기에는 인에이블(Enable) 단자가 있다. 이 인에이블 단자에 IO 선택 비트를 인가하는데 한쪽 증폭기에는 반전시켜 인가하여 IO 선택 비트의 상태에 따라 두 증폭기 중 하나 만이 인에이블

되도록 함으로써 GPIO 핀을 입력 포트 혹은 출력 포트로 설정할 수 있다. IO 선택 비트의 설정 값은 일반적으로 레지스터에 저장하는데 이 레지스터 조작을 C와 같은 컴퓨터 언어로 조작할 수 있도록 레지스터에 번지를 부여한다. 이렇게 번지를 부여한 레지스터를 MMR(Memory Mapped Register)이라 한다. 한 비트의 레지스터가 하나의 GPIO 포트를 제어하므로 여러 개의 GPIO 포트를 제어하기 위해서는 여러 비트의 레지스터가 필요하다.

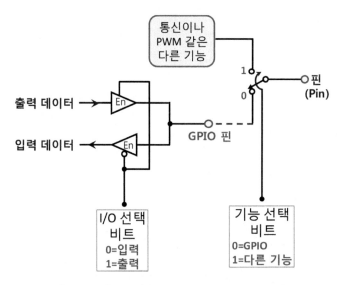

[그림 11.10] GPIO(General Purpose Input Output)

한편, 하나의 핀에 GPIO뿐만 아니라 PWM과 같은 다른 기능의 포트로도 사용할 수 있도록 하려면 [그림 11.10]의 우측에 보인 바와 같이 GPIO 포트와 다른 기능의 포트를 DPST(Double Pole Single Through) 스위치로 외부 핀과 연결하여 스위치를 제어함으로써 GPIO 포트나 다른 기능의 포트로 설정할 수 있다. 이 경우 스위치를 제어하는 비트를 기능 선택 비트라고 한다.

(3) 인터페이스(핀 연결) 방법

FBL780BC의 PIO핀들은 오픈 콜렉터 형식 출력이므로 사용할 때 반드시 풀업 저항을 달아서 사용하여야 한다. 또한, PIO핀들은 GPIO핀으로서 입력과 출력을 사용자가 설정할 수 있다. 특히, PIO0와 PIO1은 기능 선택 비트로 PWM 포트로도 설정할 수 있도록 설계되어 있다. [그림 11.11]은 각 경우에서 핀을 인터페이스(연결)하는 방법을 보여주고 있다.

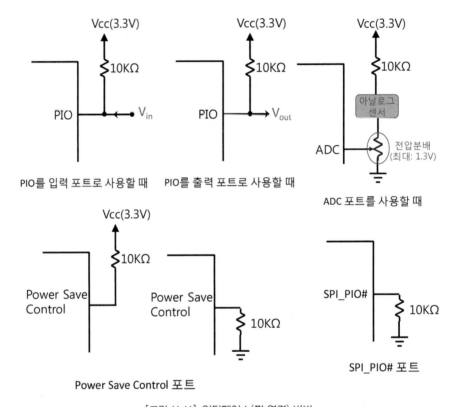

[그림 11.11] 인터페이스(핀 연결) 방법

11.5 하이퍼 터미널

하이퍼터미널(hyper terminal)은 텍스트 환경에서 PC가 모뎀과 직접 통신할 수 있도록 해주는 응용프로그램으로서, 기본적인 통신 요구를 만족시키기 위해 개발되어 크기가 작고 사용이 간편하다. 하이퍼터미널을 사용하면 직렬 통신을 통해 BLE 모듈의 설정 및 제어 등을 할 수 있다. 하이퍼터미널은 일반적으로 윈도우에 기본적으로 제공되지만, 제공되지 않을 경우 직접 하이퍼터미널 프로그램을 인스톨하여 사용하면 된다.

11.5.1 하이퍼터미널의 설정

BLE 모듈의 직렬포트(Tx, Rx)와 PC의 직렬포트를 연결한 후, 하이퍼터미널을 실행하면 [그림 11.12]에 보인 바와 같이 하이퍼터미널 창이 뜬다. 좌측 상단의 'Com Port'에서 BLE가 연결된 포트를 지정한 후 좌측의 'Connect' 버튼을 클릭한다. 상단의 등록정보 설정부분에서 등록정보 창이 나오면 보레이트(baud rate)는 9600, 데이터 비트는 8, 패리티는 none, 정지 비트는 1, 핸드쉐이킹(handshaking)은 none으로 설정한 후 사용한다.

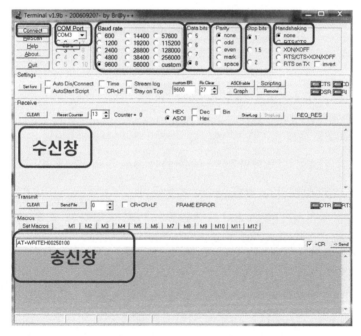

[그림 11.12] 하이퍼터미널 창

11.5.2 환경설정 Menu 사용방법

환경설정 모드로 진입하고자 하는 경우, Advertising Control 포트에 Low Signal(0V)을 입력하고(BLE Interface Board를 사용할 경우 BLE Interface Board 상에 있는 Advertising

Control 스위치를 누른다), 전원을 ON하면 환경 설정 모드에 진입하며 하이퍼터미널의 수신창에 [그림 11.13]에 보인 바와 같은 환경설정 메뉴가 뜬다.

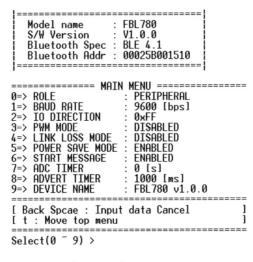

```
|==================================|
| Model name     : FBL780          |
| S/W Version    : V1.0.0          |
| Bluetooth Spec : BLE 4.1         |
| Bluetooth Addr : 00025B001510    |
|==================================|

=============== MAIN MENU ===============
0=> ROLE            : PERIPHERAL
1=> BAUD RATE       : 9600 [bps]
2=> IO DIRECTION    : 0xFF
3=> PWM MODE        : DISABLED
4=> LINK LOSS MODE  : DISABLED
5=> POWER SAVE MODE : ENABLED
6=> START MESSAGE   : ENABLED
7=> ADC TIMER       : 0 [s]
8=> ADVERT TIMER    : 1000 [ms]
9=> DEVICE NAME     : FBL780 v1.0.0
========================================
[ Back Spcae : Input data Cancel        ]
[ t : Move top menu                     ]
========================================
Select(0 ~ 9) >
```

[그림 11.13] 환경설정 메뉴

　　사용자는 변경을 원하는 내용의 메뉴를 선택한다. 메뉴 선택 방법은 가장 좌측의 메뉴 앞에 부여된 번호를 선택하면 된다. 예를 들어 'BAUD RATE'를 변경하고자 하면 하이퍼터미널의 송신창에 '1'을 입력 후 [Enter]하면 바꿀 수 있는 'BAUD RATE'의 종류가 수신창에 뜬다. 여기서 원하는 'BAUD RATE'의 번호를 입력한 후 [Enter]하면 원하는 'BAUD RATE'으로 설정된다.

　　메뉴의 사용법을 간략히 설명하면 다음과 같다. 실행은 수신창에 보이는 메뉴에서 가장 왼쪽에 있는 번호를 보고 원하는 번호를 선택하여 송신창에 입력하고 'Enter'하는 방식으로 진행하되 서브메뉴가 나오면 서브메뉴에서 같은 방법으로 번호를 선택하고 [Enter]한다. 't' 또는 'T'를 입력한 후 [Enter]하면 항상 상위 메뉴로 이동한다. 입력된 문자가 해석이 불가능하거나 해당 메뉴에서 지원하지 않거나 입력된 문자 개수가 초과되면 'Retry'라는 재시도 메시지가 출력되므로 바르게 고쳐 재시도한다.

11.5.3 환경설정 Menu의 이해와 디폴트 값

■ (0)_ROLE (Default: PERIPHERAL)

Periperal, Central, Advertising 등의 BLE 디바이스의 역할을 설정한다.

■ (1)_BAUD RATE (Default: 9600)

BLE 디바이스의 시리얼 통신 속도를 설정한다. 통신 속도는 2400~230400bps까지 설정 가능하며 데이터 비트/패리티 비트/정지 비트는 설정할 수 없다(8-N-1으로 고정).

Peripheral 장치에서 시리얼 데이터를 출력하기 위해서는, Central 장치에서 Peripheral 장치의 Serial Write Value에 값을 송신(Write)해야 하며, Serial Write Value를 사용하는 경우, 장치의 소비 전류는 증가한다. 입력된 시리얼 데이터를 Central 장치로 송신하기 위해서는 Peripheral 장치의 Serial Read Configuration이 Enable 로 설정되어 있어야 한다.

Peripheral 장치의 Serial Read Configuration(Notification)을 Enable/Disable로 설정하는 것은 Central 장치에서 진행한다. Peripheral 장치에 시리얼 데이터를 입력하는 경우, Peripheral 장치의 POWER SAVE MODE를 OFF로 설정해야 한다.

■ (2)_IO DIRECTION (Default: 0xFF)

BLE 디바이스의 IO Port 입/출력 방향을 설정한다. IO DIRECTION은 PERIPHERAL 장치에서만 유효한 설정 값이다. BROADCASTER는 IO DIRECTION에 상관없이 IO Port를 입력으로만 사용한다. CENTRAL은 IO Port를 사용하지 않으며 방향은 IO DIRECTION에 상관없이 입력으로 설정된다.

FBL780BC의 사용 가능한 IO Port는 7개이고(0 ~ 6번 포트), IO DIRECTION은 HEX 값으로 입력한다(0x00 ~ 0xFF). 사용 가능한 포트가 7포트이므로 최상위 비트(8번째 비트)의 값은 적용되지 않는다.

IO DIRECTION은 해당 비트가 1인 경우 출력, 0인 경우 입력으로 설정한다. 예를 들어, 0xFF (1111 1111)일 경우 7개의 포트를 모두 출력으로 설정하고 최상위 비트 값은 적용되지 않는다.

0x7F (0111 1111)일 경우 7개의 포트를 모두 출력으로 설정하고 최상위 비트 값은 적

용되지 않는다.

0x00 (0000 0000)일 경우 7개의 포트를 모두 입력으로 설정하고 최상위 비트 값은 적용되지 않는다.

0x80 (1000 0000)일 경우 7개의 포트를 모두 입력으로 설정하고 최상위 비트 값은 적용되지 않는다.

0x03 (0000 0011)일 경우 하위 2개의 포트는 출력, 나머지 5개의 포트는 입력으로 설정하고 최상위 비트 값은 적용되지 않는다.

0xF0 (1111 0000)일 경우 상위 3개의 포트는 출력, 하위 4개의 포트는 입력으로 설정하고 최상위 비트 값은 적용되지 않는다.

출력으로 설정된 IO Port를 동작시키기 위해서는, Central 장치에서 Peripheral 장치의 PIO Output Value에 값을 송신해야 하고, 송신 가능한 값은 0x00 ~ 0xFF(HEX)이다. 물론, 최상위 비트 값은 적용되지 않는다.

IO Port를 입력으로 설정한 경우, IO Port가 동작되면 장치는 IO Data가 입력된 것을 인지한다. 입력된 IO Data를 무선으로 Central 장치에 송신하기 위해서는 Peripheral 장치의 PIO Input Configuration이 Enable로 설정되어 있어야 한다.

Peripheral 장치의 PIO Input Configuration을 Enable/Disable로 설정하는 것은 Central 장치에서 진행한다.

IO Port의 하위 포트 4개를 입력(0xF0)으로 설정하더라도, PWM 또는 LINK LOSS가 Enabled로 설정되어 있으면 0xF0가 아닌 0xF3으로 자동 설정된다.

■ (3)_PWM MODE   (Default: DISABLED)

PWM MODE가 enable로 되면 PIO_0/PIO_1 Port를 Pulse with Modulation 기능으로 동작하도록 설정하며 IO DIRECTION에 상관없이 PIO_0/PIO_1 Port는 PWM 기능으로 동작한다. PWM MODE가 Disabled이면, PIO_0/PIO_1 Port는 IO DIRECTION에서 설정한 기능으로 동작한다.

PWM Port에 출력을 발생시키기 위해서는 Central 장치에서 Peripheral 장치의 PWM_0 Output Value / PWM_1 Output Value에 값을 송신해야 하며 송신 가능한 값은 0~255(Duty Cycle)이다. PWM 주파수는 125Hz로 고정되어 있고, PWM MODE가 Enabled

되면 장치의 소비 전류가 증가한다. PWM MODE는 PERIPHERAL 장치에서만 유효한 설정 값이다.

■ (4)_LINK LOSS MODE (Default: DISABLED)

LINK LOSS MODE는 BLE 무선 구간의 연결이 끊어진 경우, 알려주는 기능이 동작되도록 설정한다. 무선 구간의 끊김을 알려주는 방법으로 PWM 기능을 사용한다.

LINK LOSS MODE가 Disabled이면 PIO_0/PIO_1 Port는 IO DIRECTION에서 설정한 기능으로 동작하고, LINK LOSS MODE가 Enabled이면 IO DIRECTION에 상관없이 PIO_0/PIO_1 Port는 PWM 기능으로 동작한다.

LINK LOSS MODE가 Enabled이면서 Central 디바이스와 연결이 비정상적으로 끊어진 경우, 디바이스는 PWM_0/ PWM_1 Port에서 127/250(Duty Cycle)에 해당하는 펄스를 출력한다.

LINK LOSS MODE가 Enabled이면 장치의 소비전류가 증가한다. LINK LOSS MODE는 PERIPHERAL 장치에서만 유효한 설정 값이다.

■ (5)_POWER SAVE MODE (Default: ENABLED)

POWER SAVE MODE는 BLE 디바이스의 저전력 모드 진입 여부를 설정한다.

BROADCASTER는 POWER SAVE MODE에 상관없이 언제나 POWER SAVE MODE Enable로 동작한다. CENTRAL은 POWER SAVE MODE에 상관없이 언제나 POWER SAVE MODE Disable로 동작한다.

POWER SAVE MODE가 Enabled이면 장치는 저전력 모드로 진입할 수 있는 경우 저전력 모드로 진입하고, 이 경우 장치의 Serial Data Input (또는 AT Command의 입력)이 정상 동작하지 않는다.

POWER SAVE MODE가 Disabled 이면 장치는 저전력 모드로 진입하지 않고, 장치의 Serial Data Input (또는 AT Command의 입력)이 정상 동작한다. 이 경우 장치의 소비전류가 증가한다. POWER SAVE MODE는 PERIPHERAL 장치에서만 유효한 설정 값이다.

■ (6)_START MESSAGE (Default: ENABLED)

BLE 디바이스의 스타트 메시지 출력 여부를 설정한다. CENTRAL은 START MESSAGE 에 상관없이 메시지를 출력한다.

START MESSAGE가 Enabled이면 장치는 운영에 필요한 메시지(장치시작/Advertising/ 연결/종료…)를 출력하고, START MESSAGE가 Disabled이면 장치는 운영에 필요한 메시 지를 출력하지 않는다. START MESSAGE가 Enabled 이면, 장치의 소비 전류가 증가합 니다.

START MESSAGE 는 PERIPHERAL/BROADCASTER 장치에서만 유효한 설정 값이다.

■ (7)_ADC TIMER (Default: 0)

ADC Port에 입력된 데이터(아날로그 값)의 송신 간격(시간)을 설정하며, 0~65000초(약 18시간)까지 설정이 가능하다.

ADC TIMER가 0인 경우, 장치는 ADC Port에 입력된 데이터를 송신하지 않는다. ADC TIMER를 설정한 경우, BLE 디바이스는 설정된 시간에 한번씩 ADC Port의 값을 읽는다. 장치에서 읽은 ADC 값을 무선으로 Central 장치에 송신하기 위해서는 Peripheral 장치의 ADC_0 Read Configuration/ADC_1 Read Configuration이 Enable로 설정되어 있어 야 하며 이 설정은 Central 디바이스에서 진행한다.

Peripheral 디바이스에 설정된 시간에 한번씩 ADC Port의 값을 읽은 후, Central 장치로 데이터를 송신하는 간격은 ADC TIMER의 시간보다는 Central 장치에서 연결 시 설정된 Connection Interval에 더 많은 영향을 받는다.

ADC TIMER는 PERIPHERAL 디바이스에서만 유효한 설정 값이다. ADC TIMER가 0 이상 설정된 경우, 디바이스의 소비전류가 증가한다.

■ (8)_ADVERT TIMER (Default: 1000)

BLE 디바이스의 Advertising Data 송신 간격을 설정하며, ADVERT TIMER 는 100(ms)에 서 10000(ms)까지 설정이 가능하다.

ADVERT TIMER는 PERIPHERAL/BROADCASTER에서만 유효한 설정 값이고, 디 바이스의 Advertising Data 송신 간격은 짧을수록 디바이스의 소비 전류가 증가한다.

■ (9)_DEVICE NAME　(Default: FBL780 vx.x.x)

BLE 디바이스의 Device Name을 설정한다. DEVICE NAME은 Advertising Data에 포함되고, DEVICE NAME은 최대 20 바이트까지 설정 가능하다.

11.6 AT Commands

모뎀(MODEM)이 발달하면서 기계식으로 하던 연결을 포함한 모뎀 제어를 전자식으로 바꿔 소프트웨어적으로 처리해야 할 필요성이 대두되었다. 이에 데이터를 전송하는 포트 외에 제어 명령을 전달하기 위한 별도의 포트를 추가하여 사용하게 되었으나 단가적인 측면에서 매우 효율적이지 못한 문제가 있었다.

이 문제를 해결하기 위해 1981년 Dennis C. Hayes는 제어를 위한 추가적인 포트를 사용하는 대신 데이터 모드(data mode)와 명령어 모드(command mode)의 두 모드를 갖고 모드를 자유롭게 전환할 수 있도록 하는 방법을 고안하였다. 데이터 모드에서는 기존과 같이 데이터를 전송하나 명령어 모드에서는 모든 데이터가 명령어로 해석된다. 데이터 모드에서 연속적인 3개의 플러스 신호(+++) 후에 1초간의 멈춤이 있으면 명령어 모드로 전환하게 되고 이후의 데이터는 명령어로 인식하여 처리한다. 명령어 모드에서 데이터 모드로 되돌아가기 위해서는 'ATO'라는 명령어를 보낸다.

이 모뎀 명령어를 'Hayes command set'라고 불렀다. 그러나 명령어 앞에 항상 attention 의미의 'AT'가 붙으므로 'AT commands'라고 불리게 되었고 현재는 이 용어로 통용되고 있다. AT commands는 AT 다음에 원하는 명령어를 붙여주기만 하면 되는 단순한 구조로서 한 줄에 계속해서 40자까지 붙여서 사용할 수 있으므로 사용하기가 편리하다. 모든 명령어는 AT로 시작하나 '+++'과 'A/' 만은 독자적으로 사용되는 명령어로서 'A/'는 바로 전의 명령어를 다시 실행하라는 명령어이다. AT commands는 대소문자와 공백을 가리지 않으며, 명령어를 붙여 쓰는 것이 가능하다.

AT commands는 기본적으로 ASCII 코드로 입출력되며 Command 입력 마지막에는 <0x0D> (Carriage Return)를 같이 입력해야 Command가 정상적으로 인식된다. Command 의 응답에는 항상 <0x0D><0x0A><응답값><0x0D><0x0A>의 형태로 응답한다. <표

11.4>는 사용 심벌과 ASCII 코드를 보여준다.

〈표 11.4〉 사용 심벌과 ASCII 코드

심벌	의미	ASCII 코드
↵	Carriage Return	0x0D
∠	Carriage Return + Line Feed	0x0D+0x0A

AT Commands를 <표 11.5>에 정리하여 두었다.

〈표 11.5〉 AT Commands

no	송신창 (HOST → BLE)	수신창 (BLE → HOST)	기능
1	AT	∠OK∠ Ex)	• HOST와 BLE 장치가 정상적으로 연결되어 있는지를 확인한 다. • HOST와 BLE 장치가 정상적으로 연결되어 있으면 "OK" 메시 지로 응답한다. 정상적으로 연결되어 있지 않은 경우에는 아무런 응답도 전송 되지 않거나, 비정상적인 문자로 구성된 응답이 전송된다.
2	ATZ	∠OK∠ Ex)	• BLE 장치의 소프트 리셋을 시켜준다. • BLE 장치의 전원을 다시 인가하는 동작과 동일한 효과를 나타 낸다. AT 명령어 중 Setting 명령어는 사용 후에 이 명령을 사용하 여 BLE 장치를 소프트 리셋 시켜주어야 한다.
3	AT&F	∠OK∠ Ex)	• (OK 출력 후 약 2초 후에) 하드웨어 리셋을 한다. • 이 명령어 이후에는 모든 환경설정 값이 공장 초기치로 바뀌게 된다.
4	ATH	∠OK∠ ∠DISCONNECT∠ ∠ADVERTISING∠ (Peripheral인 경우) ∠DISCONNECT:0016 ∠ ∠READY∠ (Central인 경우) Ex)	• 무선 연결 상태를 해지한다. • PERIPHERAL은 무선 연결 해지 후 자동으로 Advertising을 시작한다. • CENTRAL은 무선 연결 해지 코드(0x0016) 출력 후 명령어 입력 대기를 한다. • CENTRAL 장치의 연결 해지 코드는 다음과 같다. 0008(0x0008): Time Out. (Link Loss) 0013(0x0013): Remote User Terminated. 0016(0x0016): Local Host Terminated. 003B(0x003B): Unacceptable connection interval. 003E(0x003E): Connect Fail to be Established.
5	AT+SETROLEn	∠OK∠ Ex)	• BLE 장치의 역할을 설정한다. • 설정 가능한 BLE 장치의 역할은 3가지이다. - Peripheral: Central과 연결이 가능하고, 데이터를 주고 받 을 수 있는 장치이다.

no	송신창 (HOST → BLE)	수신창 (BLE → HOST)	기능
			- Broadcaster: 연결이 불가능하고, Advertising만 수행하는 장치이다. - Central: Peripheral과 연결이 가능하고, Broadcaster 검색이 가능한 장치이다. n=P: BLE 장치를 Peripheral로 설정한다. n=B: BLE 장치를 Broadcaster로 설정한다. n=C: BLE 장치를 Central로 설정한다.
6	AT+SETADVTMR 1000	∠OK∠ (Peripheral에서만 유효) Ex)	• BLE 장치의 Advertising 간격을 설정한다. • 입력 가능한 값은 100(ms) ~ 10000(ms)이다. • BLE 장치가 Advertising 하는 간격이 길수록 소비전류가 감소한다.
7	AT+SETTXPOWE R4	∠OK∠ Ex)	• BLE 장치의 무선 출력 세기를 설정한다. • BLE 장치의 무선 세기는 8단계로 설정 가능하다. 0단계: −18dBm 1단계: −14dBm 2단계: −10dBm 3단계: −6dBm 4단계: −2dBm 5단계: 2dBm 6단계: 6dBm 7단계: 8dBm
8	AT+SETEOD0D	∠OK∠ (Peripheral에서만 유효) Ex)	• End Of Data를 설정한다. • BLE장치는 시리얼 데이터 입력 후 완료되었음을 알려주어야 입력된 시리얼 데이터를 무선으로 송신한다. End Of Data는 BLE 장치에 시리얼 데이터 입력이 완료되었다는 것을 알려주는 Character로, 기본적으로 0x0D로 설정되어 있다. nn은 변경하고자 하는 End Of Data의 ASCII Code 값이며 Printable Character(키보드에 존재하는)이여야 한다.
9	AT+SETPIOFF	∠OK∠ (Peripheral에서만 유효) Ex)	• BLE 장치의 IO Port 입/출력 방향을 설정한다. • nn은 IO Port의 입/출력 방향 설정 값이다. IO Port의 입/출력 방향 설정 값은 HEX값으로 입력한다. (0x00 ~ 0xFF) • 7개의 IO Port 입/출력 설정이 가능하다. 입/출력 방향은 해당 비트가 1인 경우 출력, 0인 경우 입력으로 설정된다. 예 1) 0x00 (0000 0000) => 7개의 포트를 입력으로 설정한다. (최상위 비트 값 적용 안 된다.) 0x80 (1000 0000) => 7개의 포트를 입력으로 설정한다. (최상위 비트 값 적용 안 된다.) 예 2) 0x03 (0000 0011) => 하위 2개의 포트는 출력, 나머지 5개의 포트는 입력으로 설정한다. (최상위 비트 값 적용 안 된다.)

(계속)

no	송신창 (HOST → BLE)	수신창 (BLE → HOST)	기능
9			예 3) 0xF0 (1111 0000) => 상위 3개의 포트는 출력, 하위 4개의 포트는 입력으로 설정한다. (최상위 비트 값 적용 안 된다.)
10	AT+SETBAUD11 5200	∠OK∠ Ex)	• BLE 장치의 UART 통신 속도를 설정한다. • BLE 장치의 설정 가능한 UART 통신 속도는 2400, 9600, 19200, 38400, 57600, 115200, 230400이다.
11	AT+SETPWM1	∠OK∠ (Peripheral에서만 유효) Ex)	• BLE 장치의 PWM 기능 사용 여부를 설정한다. • PWM 기능은 PIO_0/PIO_1포트를 사용한다. • IO Port 입/출력 방향 설정에서 PIO_0/PIO_1 포트를 입력으로 설정하여도, PWM 기능을 사용으로 설정하면 PIO_0/PIO_1 포트는 출력포트로 자동 설정된다. • n=0: PWM 기능을 사용 안 함으로 실징한다. n=1: PWM 기능을 사용함으로 설정한다
12	AT+SETLLOSS1	∠OK∠ (Peripheral에서만 유효) Ex)	• BLE 장치의 Link Loss 기능 사용 여부를 설정한다. • Link Loss 기능은 BLE 장치의 연결이 비정상(거리가 멀어서) 종료된 경우, PWM Port로 High/Middle 신호를 출력한다. • n=0: Link Loss 기능을 사용 안 함으로 설정한다. n=1: Link Loss 기능을 사용함으로 설정한다.

13	AT+SETPMODE1	∠OK∠
		(Peripheral에서만 유효)
		Ex)
			• BLE 장치의 Power Save 기능 사용 여부를 설정한다.
			• Power Save 기능은 BLE 장치가 "저전력 모드"와 "Wake Up"상태로 변화하는 기능이다.
			• Power Save 기능을 사용하는 경우, 소비전류는 감소하나 UART 포트의 사용이 불가능하다.
			  Power Save 기능을 사용 안 하는 경우, 소비전류는 증가하나 UART 포트의 사용이 가능하다.
			• UART 포트를 사용하여 BLE 장치에 시리얼 데이터 또는 AT Command를 입력하는 경우, Power Save 기능은 반드시 OFF가 되어야 한다.
			• n=0: Power Save 기능을 사용 안 함으로 설정한다.
			  n=1: Power Save 기능을 사용함으로 설정한다.

14	AT+SETSTAMSG1	∠OK∠ (Peripheral에서만 유효) Ex)	• BLE 장치의 Start Message 출력 기능 사용 여부를 설정한다. • BLE 장치의 Start/Connect Message는 시리얼 포트로 출력된다. • 시리얼 포트를 사용하게 되면, BLE 장치의 소비전류는 증가하게 된다. • BLE 장치의 소비전류를 감소시키기 위해서는 Start Message 기능을 사용안 함으로 설정해야 한다. • n=0: Start Message 출력기능을 사용 안 함으로 설정한다. n=1: Start Message 출력 기능을 사용함으로 설정한다.
15	AT+SETTMR100	∠OK∠ (Peripheral에서만 유효) Ex)	• ADC Port에 입력된 데이터의 송신 간격(시간)을 설정한다 • ADC 송신 간격은 0초 ~ 65000초(약 18시간)까지 초 단위로 설정 가능하다. • ADC 송신 간격이 0초인 경우, ADC 데이터는 송신되지 않는다.
16	AT+SETDEVNAM E1234567	∠OK∠ Ex)	• BLE 장치의 Device Name을 설정한다. • BLE 장치에 사용자가 식별하기 쉬운 이름을 부여한다. • 이 이름은 BLE 장치 검색에 이용될 수 있다. • 최대 20자까지 영문/숫자 조합으로 장치 이름을 지정할 수 있다.

no	송신창 (HOST → BLE)	수신창 (BLE → HOST)	기능
17	AT+SETESC2B	∠OK∠ (Peripheral에서만 유효) Ex)	• Escape Sequence Character를 변경한다. • Escape Sequence Character는 BLE 장치 연결상태에서 명령대기 상태로 전환 시 입력하는 문자열로, 기본적으로 "+++"로 설정되어 있다. • nn은 변경하고자 하는 Escape Sequence Character의 ASCII Code 값이며 Printable Character(키보드에 존재하는)이어야 한다. • Default는 0x2B(+)이다.
18	AT+SETCTMR60	∠OK∠ (Peripheral에서만 유효) Ex)	• BLE 장치의 Connection Interval Value를 설정한다. • 입력 가능한 값은 6(7.5ms) ~ 3200(4000ms)이다. 설정 값이 60인 경우, 통신간격은 60*1.25ms=75ms이다. • 설정 값이 3000인 경우, 통신간격은 3000*1.25ms= 3750ms=3.75s이다. • 데이터 통신간격이 길수록 소비전류가 감소한다.
19	AT+SETCHAR1	∠OK∠ (Peripheral에서만 유효) Ex)	• Scan에 의해 검색된 Device Name의 시리얼 출력 방식을 설정한다. • Scan작업에 의해 출력되는 데이터는 Hex 타입으로 출력된다. 예제1) C4EDBA23C3C7,09084669726D74656368,…… 예제2) C4EDBA23C3C7,Firmtech,…… 예제1)의 경우, "4669726D74656368" 부분이 Hex 타입의 Device Name이다. 예제2)의 경우 "firmtech" 부분이 Character 타입의 Device Name이다. 이와 같이 Device Name 인식에 차이가 발생하게 된다. • 데이터를 확인함에 있어서 편리한 방식으로 설정한다. • n=0: 검색된 Device Name을 Hex 타입으로 출력하도록 설정한다. • n=1: 검색된 Device Name을 Char 타입으로 출력하도록 설정한다.
20	AT+GETROLE	∠P∠ Ex)	• BLE 장치의 설정된 역할을 시리얼로 출력한다.
21	AT+GETADVTMR	∠1000∠ Ex)	• BLE 장치의 Advertising 설정 간격을 시리얼로 출력한다.
22	AT+GETTXPOWER	∠5∠ Ex)	• BLE 장치의 설정된 출력 파워를 시리얼로 출력한다. • 설정된 출력 파워의 단계가 시리얼로 출력된다. • BLE 장치의 무선 세기는 8단계로 설정 가능하다. 0단계: −18dBm 1단계: −14dBm 2단계: −10dBm 3단계: −6dBm 4단계: 2dBm 5단계: 2dBm 6단계: 6dBm 7단계: 8dBm

(계속)

no	송신창 (HOST → BLE)	수신창 (BLE → HOST)	기능
23	AT+GETESC	∠2B∠ Ex)	• BLE 장치의 Escape Sequence Character를 시리얼로 출력한다.
24	AT+GETEOD	∠0D∠ Ex)	• BLE 장치의 End Of Data를 시리얼로 출력한다.
25	AT+GETBAU	∠9600∠ Ex)	• BLE 장치의 UART 통신 속도 설정 값을 시리얼로 출력한다.
26	AT+GETPIO	∠FF∠ Ex)	• BLE 장치의 IO Port 입/출력 방향 설정 값을 시리얼로 출력한다.
27	AT+GETPWM	∠0∠ Ex)	• BLE 장치의 PWM 기능 설정 상태를 시리얼로 출력한나.
28	AT+GETLLOSS	∠0∠ Ex)	• BLE 장치의 Link Loss 기능 설정 상태를 시리얼로 출력한다.
29	AT+GETPMODE	∠1∠ Ex)	• BLE 장치의 Power Save 설정 상태를 시리얼로 출력한다.
30	AT+GETSTAMSG	∠1∠ Ex)	• BLE 장치의 Start Message 출력 설정 상태를 시리얼로 출력한다.
31	AT+GETTMR	∠0∠ Ex)	• BLE 장치의 ADC Port 송신 간격 설정 값을 시리얼로 출력한다.
32	AT+GETDEVNAME	∠FBL780 vx.x.x∠ Ex)	• BLE 장치의 Device Name을 시리얼로 출력한다.
33	T+GETCTMR	∠60∠ Ex)	• BLE 장치의 설정된 Connection Interval Value를 시리얼로 출력한다.
34	AT+GETCHAR	∠1∠ Ex)	• BLE 장치의 Character Mode 설정 상태를 시리얼로 출력한다.
35	AT+REQLOCALADDR	∠OK∠ ∠A1B2C3D4E5F6∠ Ex)	• BLE 장치에게 자신의 Address를 시리얼로 출력하도록 요청한다.
36	AT+REQREMOTEADDR	∠OK∠ ∠0000, 1A2B3C4D5E6F∠ Ex)	• BLE 장치에게 현재 연결된 장치의 Address를 시리얼로 출력하도록 요청한다. • 현재 무선으로 연결되어 있는 장치의 Address Type을 출력한다. =〉 0000: Public Address Type (실제 장치의 주소와 연결된 장치의 주소가 동일) =〉 0001: Random Address Type (실제 장치의 주소와 연결된 장치의 주소가 다름) 현재 무선으로 연결되어 있는 장치의 Address를 출력한다. 무선으로 연결되어 있지 않는 경우, "0000, 000000000000"을 출력한다.
37	AT+REQSTATUS	∠OK∠ ∠ADVERTISING∠ Ex)	• BLE 장치에게 현재의 상태를 시리얼로 출력하도록 요청한다. • BLE 장치의 상태는 다음 중 한가지를 출력한다. ∠ADVERTISING∠

no	송신창 (HOST → BLE)	수신창 (BLE → HOST)	기능
		∠CONNECT∠ ∠DISCONNECTING∠ ∠SCANNING∠ ∠CONNECTING∠ ∠READY∠	
38	AT+REQRSSI1	∠OK∠ ∠0000,4D∠ Ex)	• 수신된 무선 데이터 품질을 1초 간격으로 시리얼로 출력하도록 요청한다(무선 패킷 품질이 1초 간격으로 출력). • BLE 장치가 연결된 경우, 수신 받은 무선 패킷을 이용하여 품질을 측정할 수 있다. Central의 경우, 데이터 출력 형태가 주로 "Handle,Value"로 되어 있다. (Notification에 의해 발생된 데이터는 모두 여기에 해당된다.) RSSI의 Value를 출력하는 경우, "0000"이라는 Handle과 함께 출력된다. 수신 받은 무선 패킷이 없는 경우, 이전에 받은 무선 패킷의 품질이 출력된다. 정확한 무선 패킷의 품질을 측정하기 위해서는 데이터를 지속적으로 수신 받으면서 패킷 품질 측정을 진행해야 한다.
39	AT+REQRSSI0	∠OK∠ Ex)	• 무선 데이터 품질 출력 기능 정지를 요청한다.
40	AT+REQRSSI	∠OK∠ ∠0000,4D∠ Ex)	• 수신된 무선 데이터 품질을 1회 시리얼로 출력하도록 요청한다.
41	AT+REQVER	∠OK∠ ∠Vx.x.x∠ Ex)	• BLE 장치에게 자신의 소프트웨어 버전을 시리얼로 출력하도록 요청한다.
42	AT+REQADV1	∠OK∠ ∠ADVERTISING∠ Ex)	• BLE 장치에게 Advertising Start를 요청한다.
43	AT+REQADV0	∠OK∠ ∠READY∠ Ex)	• BLE 장치에게 Advertising Stop을 요청한다.
44	+++	∠OK∠ Ex)	• 동작 상태를 "데이터 송/수신 상태"에서 "명령어 대기 상태"로 전환한다. • BLE 장치는 Central 장치와 연결된 이후, "데이터 송/수신 상태"로 동작된다. "데이터 송/수신 상태"에서 "명령어 대기 상태로"로 전환하고자 하는 경우, "+++"을 입력하여 상태를 전환시킨다. "명령어 대기 상태"로 전환된 이후는 AT Command의 사용이 가능하다. "AT+SETESC" 명령어를 사용하여 Escape Sequence Character를 변경한 경우, "+++" 문자열 대신 변경된 ESC 문자의 3연속 입력으로 대체된다.

(계속)

no	송신창 (HOST → BLE)	수신창 (BLE → HOST)	기능
45	ATO	∠OK∠ Ex)	• 동작 상태를 "명령어 대기 상태"에서 "데이터 송/수신 상태"로 전환한다. • BLE 장치 무선 연결 상태에서, "+++" 문자열로 명령대기 상태로 전환한 이후에 다시 데이터 송신 가능상태로 전환하는 경우에 사용한다.
46	AT+REQSCAN1	∠OK∠ ∠SCANNING∠ ∠Value∠ Ex)	• BLE 장치에게 Scanning Start를 요청한다 • Scanning 기능에 의해 검색된 데이터를 시리얼로 출력한다. Scanning 기능에 의해 검색 가능한 데이터는 BT Address, Device Name, Flag, TX-Power, Manu Facture Data, Service, RSSI이다. Advertising을 진행하는 BLE 장치가 자신의 Advertising 데이터에 포함시킨 데이터만 Scanning 기능에 의해 검색된다. 즉, Advertising을 진행하는 BLE 장치가 Advertising 데이터에 Manu Facture Data를 포함하지 않으면, Scanning 기능을 진행해도 Manu Facture Data는 검색되지 않는다. Advertising을 수행하는 장치가 많거나 검색된 데이터가 많은 경우, Scanning 기능에 의해 검색된 데이터를 시리얼로 출력하는 경우 무리가 발생할 수 있다. 그러므로 Scanning 기능을 수행하는 장치의 UART 통신 속도를 가능한 높게 설정하는 것이 좋다. 검색된 데이터를 시리얼로 출력할 때 무리(오버 플로우)가 발생한 경우, 남아있는 데이터를 자체적으로 클리어 한다. 즉, 통신 속도가 낮으면 검색된 데이터가 정상적으로 출력되지 않는다. * 2400bps 설정 시: Scan 명령이 진행되지 않는다. Address를 이용한 직접 연결 방법을 사용한다. * 9600bps 설정 시: Address만 검색한다. * 19200bps 설정 시: RSSI를 추가로 검색한다. * 38400/57600bps 설정 시: Device Name과 Flag를 추가로 검색한다. * 115200/230400bps 설정 시: TX-Power, Manufacturer Data, Service를 추가로 검색한다.
47	AT+REQSCAN0	∠OK∠ ∠READY∠ Ex)	• BLE 장치에게 Scanning Stop을 요청한다.
48	ATD1234567890 12	∠OK∠ ∠CONNECT 123456789012∠(연결이 성공한 경우) ∠READY∠(연결이 실패한 경우) Ex) HOST →BLE : ATD123456789012(또는 ATD123456789012,0) BLE →HOST : ∠OK∠ BLE →HOST : ∠CONNECT 123456789012∠	• Address가 123456789012인 BLE 장치와 연결을 시도한다. • 연결시도는 약 15초간 수행된다. 연결하고자 하는 장치는 Advertising을 진행하고 있어야 한다. 연결하고자 하는 장치가 사용하는 Address Type이 Public Address인 경우 사용하는 명령어(옵션)이다. Public Address: 장치의 물리적 어드레스와 연결에 사용하는 어드레스가 같다. Random Address: 장치의 물리적 어드레스와 연결에 사용하는 어드레스가 다르다.

no	송신창 (HOST → BLE)	수신창 (BLE → HOST)	기능
49	ATD1234567890 12,1	∠OK∠ ∠CONNECT 123456789012 Ex) HOST → BLE : ATD123456789012,1 BLE →HOST : ∠OK∠ BLE →HOST : ∠CONNECT 123456789012∠	• Address가 123456789012인 BLE 장치와 연결을 시도한다. • 연결시도는 약 15초간 수행된다. 연결하고자 하는 장치는 Advertising을 진행하고 있어야 한다. 연결하고자 하는 장치가 사용하는 Address Type이 Random Address인 경우 사용하는 명령어(옵션)이다. Public Address: 장치의 물리적 어드레스와 연결에 사용하는 어드레스가 같다. Random Address: 장치의 물리적 어드레스와 연결에 사용하는 어드레스가 다르다.
50	ATDCANCEL	∠OK∠ ∠READY∠ Ex) HOST →BLE : ATDCANCEL BLE → HOST : ∠OK∠ BLE → HOST : ∠READY∠	• 연결 시도 중인 작업을 중지한다. • 약 15초의 연결시도를 기다리지 않고, 바로 연결 시도를 중지한다.
51	AT+ REQDISCPRIM	∠OK∠ ∠Value∠ ∠SUCCESS∠ Ex)	• 연결된 BLE 장치의 Primary Service 검색을 요청한다. • 연결된 장치에서 사용하는 Primary Service를 검색한다. 검색된 결과는 ∠Start Handle, End Handle, UUID∠ 형태로 출력된다. 예) ∠001A,0021,FFF0∠ ∠0039,FFFF,FFC0∠ 검색이 완료되면 결과값이 출력된다. 예) ∠SUCCESS∠
52	AT+ REQDISCCHAR	∠OK∠ ∠Value∠ ∠SUCCESS∠ Ex) HOST →BLE : AT+ REQDISCCHAR BLE →HOST : ∠OK∠ ...... BLE →HOST : ∠08,001C,FFF1∠ ...... BLE →HOST : ∠02,003B,FFC1∠ BLE →HOST : ∠SUCCESS∠	• 연결된 BLE 장치의 Characteristic 검색을 요청한다. • 연결된 장치에서 사용하는 Characteristic을 검색한다. 검색된 결과는 ∠Propertise,Value Handle,UUID∠ 형태로 출력된다. 예) ∠08,001C,FFF1∠ ∠02,003B,FFC1∠ 검색이 완료되면 결과값이 출력된다. 예) ∠SUCCESS∠
53	AT+READU1234	∠OK∠ ∠Value∠(연결이 성공한 경우) ∠SUCCESS∠(연결이 성공한 경우)	• UUID를 이용하여 연결된 BLE 장치의 Value를 Read한다. • 연결된 장치에서 UUID를 이용한 Value Read를 진행한다. UUID는 16bit Hex(2byte)값으로 입력한다. 검색된 결과는 ∠Value Handle,Value∠ 형태로 출력된다.

(계속)

no	송신창 (HOST → BLE)	수신창 (BLE → HOST)	기능
		∠FAIL:0A02∠(연결이 실패한 경우) Ex) BLE ∠ HOST : ∠OK∠ BLE ∠ HOST : ∠0024,FF∠ BLE ∠ HOST : ∠SUCCESS∠	예) ∠0024,FF∠ 검색이 완료되면 결과 값이 출력된다. 예) ∠SUCCESS∠ (성공인 경우) ∠FAIL:0A02∠ (실패인 경우) 실패인 경우, 결과 코드값(0A02)을 통해 실행 실패의 이유를 예상할 수 있다. (결과 코드값 관련사항은 FBL780_Appendix_1을 참고할 것)
54	AT+READ1234	∠OK∠ ∠Value∠(연결이 성공한 경우) ∠SUCCESS∠(연결이 성공한 경우) ∠FAIL:0A02∠(연결이 실패한 경우) Ex) HOST → BLE : AT+ READ0024 BLE →HOST : ∠OK∠ BLE →HOST : ∠FF∠ BLE →HOST : ∠SUCCESS∠	• Value Handle을 이용하여 연결된 BLE 장치의 Value를 Read한다. • 연결된 장치에서 Value Handle을 이용한 Value Read를 진 행한다. Value Handle은 16bit Hex(2byte)값으로 입력한다. 검색된 결과는 ∠Value∠ 형태로 출력된다. 예) ∠FF∠ 검색이 완료되면 결과 값이 출력된다. 예) ∠SUCCESS∠ (성공인 경우) ∠FAIL:0A02∠ (실패인 경우) 실패인 경우, 결과 코드값(0A02)을 통해 실행 실패의 이유를 예상할 수 있다. (결과 코드값 관련사항은 FBL780_Appendix_1을 참고 할 것)
55	AT+WRITEH1234 abcd	∠OK∠ ∠SUCCESS∠(연결이 성공한 경우) ∠FAIL:0A02∠(연결이 실패한 경우) Ex) HOST → BLE : AT+WRITEH002800 BLE → HOST : ∠OK∠ BLE → HOST : ∠SUCCESS∠	• Value Handle을 이용하여 연결된 BLE 장치에 Value Write 를 진행한다. • 연결된 장치에 Value Handle을 이용하여 Value Write를 진 행한다. Value Handle은 16bit Hex(2byte)값으로 입력한다. Write Value는 16bit Hex(2byte)값으로 입력한다. Write 이후 결과 값이 출력된다. 예) ∠SUCCESS∠ (성공인 경우) ∠FAIL:0A02∠ (실패인 경우) 실패인 경우, 결과 코드값(0A02)을 통해 실행 실패의 이유를 예상할 수 있다. (결과 코드값 관련사항은 FBL780_Appendix_1을 참고할 것)
56	AT+WRITE1234a bcd	OK∠ ∠Value∠(연결이 성공한 경우) ∠SUCCESS∠(연결이 성공한 경우) ∠FAIL:0A02∠(연결이 실패한 경우) Ex) HOST→BLE : AT+WRITE001Cabcdef g BLE→HOST : ∠OK∠ BLE→HOST : ∠SUCCESS∠	• Value Handle을 이용하여 연결된 BLE 장치에 Value Write 를 진행한다. • 연결된 장치에 Value Handle을 이용하여 Value Write를 진 행한다. Value Handle은 16bit Hex(2byte)값으로 입력한다. Write Value는 Character String(문자열)으로 입력한다. Serial Write Characteristic에만 사용 가능한 명령어이다. Write 이후 결과 값이 출력된다. 예) ∠SUCCESS∠ (성공인 경우) ∠FAIL:0A02∠ (실패인 경우) 실패인 경우, 결과 코드값(0A02)을 통해 실행 실패의 이유를 예상할 수 있다. (결과 코드값 관련사항은 FBL780_Appendix_1을 참고할 것)

11.7 BLE 디바이스 간의 무선 연결

이 절에서는 BLE 디바이스 간의 무선 연결 과정을 설명한다. 여기서는 BLE 네트워크는 [그림 9.8(a)] 구조의 P2P 피코넷(piconet)을 구현하여 통신한다. 두 BLE 디바이스 중에 하나는 센트럴(Central)로 설정하고 나머지 하나는 페리페럴(Peripheral)로 설정한다. 센트럴로 설정되는 디바이스는 PC와 직렬(UART) 통신으로 연결하여 PC가 호스트(Host)가 되고 BLE 디바이스가 콘트롤러(Controller)가 되어 작동한다. 또한, BLE 디바이스의 모든 설정과 제어를 AT commands를 써서 수행한다.

11.7.1 하이퍼 터미널(UART 직렬 통신) 설정

BLE 모듈의 직렬포트(Tx, Rx)와 PC의 직렬포트를 연결한 후, 하이퍼터미널(Hyper terminal)을 실행한다. 하이퍼터미널 창 'Com Port'에서 BLE가 연결된 포트를 지정한 후 좌측의 'Connect' 버튼을 클릭한다. 등록정보 설정에서 창이 나오면 보레이트(baud rate)는 9600, 데이터 비트(dada bits)는 8, 패리티(parity)는 none, 정지 비트(stop bits)는 1, 핸드쉐이킹(handshaking)은 none으로 설정한다. 이후 송신 창에 AT commands를 입력하고 수신창에서 그 결과를 보면서 작업을 수행한다.

(1) 호스트와 BLE의 연결 확인

호스트(Host)와 BLE 디바이스가 정상적으로 연결되어 있는지를 확인하기 위해 하이퍼터미널의 송신창에서 'AT'를 입력하고 Carriage Return('↵')한다. 수신창에 'OK'라고 뜨면 HOST와 BLE 디바이스가 정상적으로 연결되어 있어 직렬 통신이 가능한 상태임을 의미한다. 정상적으로 연결이 되어 있지 않은 경우에는 수신창에 아무런 응답도 전송되지 않거나 비정상적인 문자로 구성된 응답이 전송된다. 호스트와 BLE의 연결은 BLE 디바이스를 호스트에 연결할 때마다 확인해야 한다. <표 11.6>에 호스트와 BLE의 연결을 확인하는 방법을 요약해 놓았다.

〈표 11.6〉 호스트와 BLE의 연결을 확인하는 방법

no	송신창 (HOST → BLE)	수신창 (BLE → HOST)	기능
1	(각 module에서) AT	∠OK∠	• 명령어:HOST와 BLE 디바이스가 정상적으로 연결되어 있는지 확인 → 직렬 통신 가능 여부

11.7.2 환경 설정

환경설정은 11.5.2절에서 설명한 바와 같이 환경설정 메뉴로 들어가서 할 수도 있지만 환경설정 메뉴로 들어가지 않고도 AT Command로 설정할 수도 있다. <표 11.7>에 AT Command로써 BLE 디바이스의 설정을 리셋(reset)하는 방법과 보레이트(baud rate)을 설정하는 방법을 설명하였다. AT Command를 써서 다른 항목에 대해서도 같은 방법으로 설정할 수 있다.

〈표 11.7〉 리셋과 보레이트 설정 방법

no	송신창 (HOST → BLE)	수신창 (BLE → HOST)	기능
2	(각 module에서) ATZ	∠OK∠	• 명령어: BLE 디바이스를 시작했을 때의 설정 상태로 리셋한다.
3	(각 module에서) AT&F	∠OK∠	• 명령어: 공장 초기치로 리셋한다.
4	(각 module에서) AT+SETBAUD9600	∠OK∠	• 명령어: BLE 장치의 UART 통신 속도를 설정한다.
5	(각 module에서) AT+GETBAUD	∠9600∠	• 명령어: BLE 장치의 UART 통신 속도 설정 값을 시리얼로 출력한다.

11.7.3 Central / Peripheral 설정

두 개의 BLE 디바이스 중 호스트와 연결되는 것은 센트럴로 나머지 하나는 페리페럴로 설정해야 한다. <표 11.8>에 AT Command로써 BLE 디바이스의 역할을 설정하는 방법과 설정되어 있는 역할을 확인하는 방법을 설명하였다.

〈표 11.8〉 역할 설정 및 확인 방법

no	송신창 (HOST → BLE)	수신창 (BLE → HOST)	기능

6	(각 module에서)
	AT+SETROLEn
		∠OK∠	• 명령어: BLE 장치의 역할을 설정한다.
			  n=P: BLE 장치를 Peripheral로 설정한다.
			  n=B: BLE 장치를 Broadcaster로 설정한다.
			  n=C: BLE 장치를 Central로 설정한다.

7	(각 module에서) AT+GETROLE	∠P∠	• 명령어: BLE 장치의 설정되어있는 역할을 수신창에 출 력한다.

11.7.4 무선 연결

두 개의 BLE 디바이스를 무선으로 연결하기 위해서 먼저 센트럴로 설정된 디바이스에 'AT+REQSCAN1'의 명령을 주어 주변에 통신할 수 있는 BLE 디바이스가 있는지를 스캐닝하게 한다. 이때 연결하고자 하는 페리페럴로 설정된 디바이스는 전원이 온(on) 상태로 되어 있어 어드버타이징을 하고 있어야 한다. 스캐닝 결과로서 하이퍼터미널 수신창에는 주변에 통신할 수 있는 BLE 디바이스들의 주소가 계속해서 수신되게 된다. 연결하고자 하는 디바이스의 주소가 수신창에 뜨면 'AT+REQSCAN0' 명령으로 스캐닝을 중단하고 연결하고자 하는 디바이스의 주소를 기억해 둔다. 예를 들어 그 주소가 '001901B00175'라고 하면 'ATD001901B00175' 명령을 주면 두 BLE 디바이스가 무선으로 연결되고 수신창에는 'CONNECT 001901B00175'라는 메세지가 뜬다. 만약 연결에 실패했다면 수신창에 'READY'라고 뜬다.

<표 11.9>에 AT Command로써 두 개의 BLE 디바이스를 무선으로 연결하는 과정을 설명하였다.

〈표 11.9〉 BLE 디바이스를 무선으로 연결하는 과정

no	송신창 (HOST → BLE)	수신창 (BLE → HOST)	기능

8	(Central에서)
	AT+REQSCAN1
		∠OK∠
		∠SCANNING∠
		∠Value∠
			• 명령어: Central 디바이스에게 Scanning Start를 요청
			  한다.
			• Scanning 기능에 의해 검색된 데이터를 시리얼로 출력
			  한다.

no	송신창 (HOST → BLE)	수신창 (BLE → HOST)	기능
			Scanning 기능에 의해 검색가능한 데이터는 BT Address, Device Name, Flag, TX-Power, Manu Facture Data, Service, RSSI이다.
			• Advertising을 진행하는 BLE 장치가 자신의 Advertising 데이터에 포함시킨 데이터만 Scanning 기능에 의해 검색된다. 즉, Advertising을 진행하는 BLE 장치가 Advertising 데이터에 Manufacture Data를 포함하지 않으면, Scanning 기능을 진행해도 Manu Facture Data는 검색되지 않는다. • Advertising을 수행하는 장치가 많거나 검색된 데이터가 많은 경우, Scanning 기능에 의해 검색된 데이터를 시리얼로 출력하는 경우 무리가 발생할 수 있다. 그러므로 Scanning 기능을 수행하는 장치의 UART 통신 속도를 가능한 높게 설정하는 것이 좋다. • 검색된 데이터를 시리얼로 출력할 때 오버 플로우가 발생한 경우, 남아있는 데이터를 자체적으로 클리어한다. 즉, 통신 속도가 낮으면 검색된 데이터가 정상적으로 출력되지 않는다. * 2400bps 설정 시: Scan 명령이 진행되지 않는다. Address를 이용한 직접 연결 방법을 사용한다. * 9600bps 설정 시: Address만 검색한다. (장치 Address → 001901B00175) * 19200bps 설정 시: RSSI를 추가로 검색한다. * 38400/57600bps 설정 시: Device Name과 Flag를 추가로 검색한다. * 115200/230400bps 설정 시: TX-Power, Manufacturer Data, Service를 추가로 검색한다.
9	(Central에서) AT+REQSCAN0	∠OK∠ ∠READY∠	• 명령어: BLE 장치에게 Scanning Stop을 요청
10	(Central에서) ATD001901B00175	∠OK∠ ∠CONNECT 001901B00175 ∠(연결이 성공한 경우) ∠READY∠(연결이 실패한 경우)	• 명령어: Address가 001901B00175인 BLE 장치와 연결을 시도한다. • 연결시도는 약 15초간 수행한다. • 연결하고자 하는 장치는 Advertising을 진행하고 있어야 한다. • 연결하고자 하는 장치가 사용하는 Address Type이 Public Address인 경우 사용하는 명령어(옵션)이다. - Public Address: 장치의 물리적 어드레스와 연결에 사용하는 어드레스가 같다. - Random Address: 장치의 물리적 어드레스와 연결에 사용하는 어드레스가 다르다.
11	(Central에서) ATDCANCEL	∠OK∠ ∠READY∠	• 명령어: 연결 시도 중인 작업을 중지한다. • 약 15초의 연결 시도를 기다리지 않고, 바로 연결 시도를 중지한다.
12	(Central에서) ATH	∠OK∠ ∠DISCONNECT∠ (Peripheral인 경우) ∠ADVERTISING∠ (Peripheral인 경우) ∠DISCONNECT: 0016∠ (Central인 경우) ∠READY∠ (Central인 경우)	• 명령어: 무선 연결 상태를 해지한다. • PERIPHERAL은 무선 연결 해지 후 자동으로 Advertising을 시작한다. • CENTRAL은 무선 연결 해지 코드(0x0016) 출력 후 명령어 입력 대기를 한다. CENTRAL 장치의 연결 해지 코드는 다음과 같다. 0008(0x0008): Time Out. (Link Loss) 0013(0x0013): Remote User Terminated. 0016(0x0016): Local Host Terminated. 003B(0x003B): Unacceptable connection interval. 003E(0x003E): Connect Fail to be Established.

11.7.5 BLE 간의 데이터 송수신

두 BLE 디바이스 간에 데이터를 송수신하려면 다음 사항이 선결되어야 한다. 첫째, 하나는 센트럴로 나머지 하나는 페리페럴로 설정되어 동작하고 있어야 하며 무선 구간이 연결되어 있어야 한다. 둘째, BLE 장치에서 제공되는 서비스를 알아야 한다. FBL780BC 페리페럴의 Handle과 Characteristic은 <표 11.10>에 요약되어 있다. BLE 디바이스 간의 무선 구간이 연결되면, 센트럴 디바이스는 페리페럴 디바이스의 서비스와 페리페럴 디바이스 각각의 서비스에서 제공하는 특성을 검색해야 한다.

〈표 11.10〉 FBL780BC의 직렬 서비스 및 특성

Handle (hex)	Type(Define)	Value	Permission
0x001A	Serial Service	0xFFF0	Read
0x001B	Serial Write Declaration	0xFFF1 0x001C 0x08	Read
0x001C	Serial Write Value	–	Write
0x001D	Serial Write Description	"UART Write"	Read
0x001E	Serial Read Declaration	0xFFF2 0x001F 0x10	Read
0x001F	Serial Read Value	–	Notify
0x0020	Serial Read Configuration	–	Read & Write
0x0021	Serial Read Description	"UART Read"	Read
Handle (hex)	Type(Define)	Value	Permission
0x0022	PIO Service	0xFFE0	Read
0x0023	PIO Input Declaration	0xFFE1 0x0024 0x12	Read
0x0024	PIO Input Value	–	Read & Notify
0x0025	PIO Input Configuration	–	Read & Write
0x0026	PIO Input Description	"PIO Input"	Read
0x0027	PIO Output Declaration	0xFFE2 0x0028	Read

Handle (hex)	Type(Define)	Value	Permission
		0x0A	
0x0028	PIO Output Value	–	Read & Write
0x0029	PIO Output Description	"PIO Output"	Read
Handle (hex)	Type(Define)	Value	Permission
0x002A	PWM_0 Output Declaration	0xFFE3 0x002B 0x0A	Read
0x002B	PWM_0 Output Value	–	Read & Write
0x002C	PWM_0 Output Description	"PWM_0"	Read
0x002D	PWM_1 Output Declaration	0xFFE4 0x002E 0x0A	Read
0x002E	PWM_1 Output Value	–	Read & Write
0x002F	PWM_1 Output Description	"PWM_1"	Read
Handle (hex)	Type(Define)	Value	Permission
0x0030	ADC Service	0xFFD0	Read
0x0031	ADC_0 Input Declaration	0xFFD1 0x0032 0x12	Read
0x0032	ADC_0 Input Value	–	Read & Notify
0x0033	ADC_0 Input Configuration	–	Read & Write
0x0034	ADC_0 Input Description	"ADC_0"	Read
0x0035	ADC_1 Input Declaration	0xFFD2 0x0036 0x12	Read
0x0036	ADC_1 Input Value	–	Read & Notify
0x0037	ADC_1 Input Configuration	–	Read & Write
0x0038	ADC_1 Input Description	"ADC_1"	Read
Handle (hex)	Type(Define)	Value	Permission
0x0039	CONFIG Service	0xFFC0	Read
0x003A	CONFIG Read Declaration	0xFFC1 0x003B 0x02	Read
0x003B	CONFIG Read Value	–	Read
0x003C	CONFIG Read Description	"CONFIG READ"	Read

(1) 시리얼 데이터 송신(Central → Peripheral)

센트럴 디바이스에서 페리페럴 디바이스로 시리얼로 데이터를 송신하기 위해서는 'Serial Service'의 'Serial Write Characteristic'을 사용해야 한다. FBL780BC의 'Serial Write Value'의 'Handle'은 '0x001C'이다. <표 11.11>은 센트럴 디바이스에서 페리페럴 디바이스로 시리얼로 데이터를 송신하는 방법을 설명하고 있다.

〈표 11.11〉 시리얼로 데이터를 송신하는 방법

no	송신창 (HOST → BLE)	수신창 (BLE → HOST)	기능
13	(Central에서) AT+WRITE001Cabcdefg	→ (Peripheral의 수신 창에) abcdefg가 출력된다.	• 명령어: "Handle 0x001C"에 "abcdefg"라는 데이터를 String 타입으로 송신한다는 의미이다.
14	(Central에서) AT+WRITEH001C303146 69726d74656368 (30314669726d7465636 8=01Firmtech)	→ (Peripheral의 수신 창에) "01Firmtech"가 출력된다.	• 명령어: "Handle 0x001C"에 "3031466 9726d74656368"라는 데이터를 Hex 타입으로 송신한다는 의미이다.

(2) 시리얼 데이터 수신 (Central ← Peripheral)

페리페럴 디바이스로부터 센트럴 디바이스로 시리얼로 데이터를 수신하기 위해서는 'Serial Service'의 'Serial Read Characteristic'을 사용해야 한다. FBL780BC의 'Serial Read Value'의 'Handle'은 '0x001F'이다. 또한, 페리페럴 디바이스로부터 시리얼 데이터를 수신하기 위해서는 'Serial Service'의 'Serial Read Configuration'이 'Enable'로 설정되어 있어야 한다. 'Serial Read Configuration'의 'Handle'은 '0x0020'이다. 페리페럴의 'Serial read Configuration Enable' 설정은 센트럴 디바이스에서 진행해야 한다.

<표 11.12>는 페리페럴 디바이스로부터 센트럴 디바이스로 시리얼로 데이터를 수신하는 방법을 설명하고 있다.

〈표 11.12〉 시리얼로 데이터를 수신하는 방법

no	송신창 (HOST → BLE)	수신창 (BLE → HOST)	기능
15	(Central에서) AT+GETPMODE	∠1∠	• 명령어: Central의 Power Save 설정 상태를 시리얼로 출력한다.
16	(Central에서) AT+SETPMODE0 (Peripheral의 경우, 시리얼 데이터를 입력하기 위해서는 "Power Save OFF"를 해야 함)	∠OK∠ (Peripheral에서만 유효)	• 명령어: Central의 Power Save 기능 사용 여부를 설정한다. • n=0: Power Save 기능을 사용 안 함. • n=1: Power Save 기능을 사용함.
17	(Central에서) AT+READ0020 "(Handle 0x0020"의 "Value"를 Read한다) → "0000"은 "Serial Read Configuration"이 "Disable" 의미	∠OK∠ ∠0000∠(연결이 성공한 경우) ∠SUCCESS∠(연결이 성공한 경우) ∠FAIL:0A02∠(연결이 실패한 경우)	• 명령어: 'Handle 0x0020'의 'Value'를 Read한다는 의미이다. • Value Handle을 이용하여 연결된 Peripheral 의 Value를 Read한다. • '0000'은 'Serial Read Configuration'이 'disable'인 것을 나타낸다.
18	(Central에서) AT+WRITEH00200100 ("Handle 0x0020"에 "0100"이라는 데이터를 Hex타입으로 송신함→"0100"은 "Serial Read Configuration"을 "Enable"로 의미	∠OK∠ ∠SUCCESS∠(연결이 성공한 경우) ∠FAIL:0A02∠(연결이 실패한 경우)	• 명령어:'Handle 0x0020'에 "0100"이라는 데이터를 Hex타입으로 송신한다는 의미이다. • '0100'은 'Serial Read Configuration'을 'Enable'로 설정한다는 것을 나타낸다. • Value Handle을 이용하여 연결된 BLE 장치에 Value Write를 진행한다. Value Handle은 16bit Hex(2byte)값으로 입력한다.
19	(Central에서) AT+READ0020	∠0100∠ ∠SUCCESS∠	• 명령어: 'Handle 0x0020'에 있는 데이터를 Hex타입으로 읽어내라는 의미이다. • '0100'은 'Serial Read Configuration'이 'Enable'로 설정되어 있음을 나타낸다.
20	(Peripheral에서) "abcdefg"를 입력	001F,6162636465666	• 명령어: Peripheral 디바이스에 "abcdefg"를 입력한다. • 'Handle 0x001F'에서 "61626364656667"라는 데이터가 수신되었다는 의미이다. 0x61='a', 0x62='b', 0x63='c', x64='d', 0x65='e', 0x66='f', x67='g'

11.7.6 PIO 데이터 송수신

BLE 장치 간의 연결 이후, 데이터를 송수신하기 위해서는 페리페럴 디바이스의 Characteristic과 Handle을 알아야 하며 <표 11.10>에 FBL780BC의 직렬 서비스 및 특성이 정리되어 있다.

    센트럴 디바이스에서 페리페럴 디바이스로 PIO 데이터를 송신하기 위해서는 'PIO Service'의 'PIO Output Characteristic'을 사용해야 한다. FBL780BC의 'PIO Output Value'의 'Handle'은 '0x0028'이다. 페리페럴 디바이스로부터 센트럴 디바이스로 PIO 데이터를 수신하기 위해서는 'PIO Service'의 'PIO Input Characteristic'을 사용해야 한다. FBL780BC의 'PIO Input Value'의 'Handle'은 '0x0024'이다.

(1) PIO Port 입출력 설정

PIO Port를 제어하기 위해서는 BLE 장치 연결 전에 미리 PIO Port의 방향을 설정해야 한다. 센트럴 디바이스에서 PIO 데이터를 송신하고 페리페럴 디바이스에서 PIO Port의 출력 상황을 보기 위해서는 FBL780BC Peripheral의 PIO Port를 Output으로 설정해야 한다. 페리페럴 디바이스에서 PIO Port에 디지털 신호를 입력하고 센트럴 디바이스에서 PIO 데이터를 수신하기 위해서는 FBL780BC Peripheral의 PIO Port를 Input으로 설정해야 한다.

    <표 11.13>은 BLE 디바이스의 PIO Port를 입력 혹은 출력으로 설정을 방법을 설명하고 있다.

〈표 11.13〉 PIO Port 설정 방법

no	송신창 (HOST → BLE)	수신창 (BLE → HOST)	기능
21		∠FF∠	• 명령어: 무선 연결 해지(ATH) 후 Peripheral 디바이스의 PIO Port 입/출력 방향 설정 값을 시리얼로 출력한다. → 'FF': PIO Port가 모두 출력으로 설정되어 있음.
22	(Peripheral에서) AT+SETPIO00 AT+GETPIO		• 명령어: PIO Port를 모두 입력으로 설정 (AT+SETPIO00) 했다가 다시 모두 입력으로 설정(AT+SETPIOFF) 해봄.

no	송신창 (HOST → BLE)	수신창 (BLE → HOST)	기능
	AT+SETPIOFF		• nn은 PIO Port의 입/출력 방향 설정 값으로 HEX값으로 입력한다. (0x00~0xFF) • 7개의 PIO Port 각각의 입/출력 설정이 가능하다. - 입/출력 방향은 해당 비트가 1인 경우 출력, 0인 경우 입력으로 설정된다. (PIO Port가 7개이므로 최상위 비트 값은 적용 안 됨.) 예1) 0x00 (0000 0000)=>7개의 포트 모두를 입력으로 설정한다. / 0x80 (1000 0000)=>7개의 포트 모두를 입력으로 설정한다. 예2) 0x03 (0000 0011)=>하위 2개의 포트는 출력, 나머지 5개의 포트는 입력으로 설정한다. 예3) 0xF0 (1111 0000)=>상위 3개의 포트는 출력, 하위 4개의 포트는 입력으로 설정한다.

(2) PIO 데이터 송신 (Central → Peripheral)

센트럴 디바이스에서 페리페럴 디바이스로 PIO 데이터를 송신하기 위해서는 BLE 장치 연결 전에, FBL780BC Peripheral의 PIO Port가 모두 Output으로 설정되어 있어야 한다. 또한, 'PIO Service'의 'PIO Output Characteristic'을 사용해야 하며 FBL780BC의 'PIO Output Value'의 'Handle'은 '0x0028'이다.

<표 11.14>는 센트럴 디바이스에서 페리페럴 디바이스로 PIO 데이터를 송신하는 방법을 설명하고 있다.

〈표 11.14〉 PIO 데이터를 송신하는 방법

no	송신창 (HOST → BLE)	수신창 (BLE → HOST)	기능
21		∠FF∠	• 명령어: 무선 연결 해지(ATH) 후 Peripheral 디바이스의 PIO Port 입/출력 방향 설정 값을 시리얼로 출력한다. → 'FF': PIO Port가 모두 출력으로 설정되어 있음.
23	(Central에서)ATH(무선해지)	OK	• 명령어: 0xFF(1111 1111) → Peripheral

no	송신창 (HOST → BLE)	수신창 (BLE → HOST)	기능
	→ (Peripheral에서) AT+SETPIOFF	SUCCESS	의 PIO Port의 상위 3개와 하위 4개의 포트를 모두 출력으로 설정한다.(최상위 비트 값 적용 안 됨.)
24	무선연결 후(Central에서) AT+WRITEH002800	OK SUCCESS	• 명령어: 'Handle 0x0028'에 '00'이라는 데이터를 Hex 타입으로 송신한다. → Peripheral의 7개 PIO port 모두의 출력레벨이 'low(0V)'가 된다.(PIO port에 LED를 연결해 놓으면 7개 port 모두의 LED가 ON된다. 최상위 1비트는 사용되지 않는다.)
25	(Central에서) AT+WRITEH0028aa	OK SUCCESS	• 명령어: 'Handle 0x0028'에 'aa'라는 데이터를 Hex 타입으로 송신한다. → PIO port의 출력레벨이 번갈아가며 'low(0V)'/'high(3.3v)'가 된다.(PIO port에 LED를 연결해 놓으면 LED가 번갈아 가며 ON/OFF 된다.)

(3) PIO 데이터 수신 (Central ← Peripheral)

페리페럴 디바이스로부터 센트럴 디바이스로 PIO 데이터를 수신하기 위해서는 BLE 장치 연결 전에, FBL780BC Peripheral의 PIO Port가 모두 Input으로 설정되어 있어야 한다. 또한, 'PIO Service'의 'PIO Input Characteristic'을 사용해야 하며 FBL780BC의 'PIO Input Value'의 'Handle'은 '0x0024'이다.

페리페럴 디바이스로부터 센트럴 디바이스로 PIO 데이터를 수신하기 위해서는 'PIO Service'의 'PIO Input Configuration'이 'Enable'로 설정되어 있어야 하며 FBL780BC의 'PIO Input Configuration'의 'Handle'은 '0x0025'이다. 또한, FBL780BC Peripheral의 'PIO Input Configuration Enable' 설정은 FBL780BC 센트럴 디바이스에서 진행해야 한다.

<표 11.15>는 페리페럴 디바이스로부터 센트럴 디바이스로 PIO 데이터를 수신하는 방법을 설명하고 있다.

〈표 11.15〉 PIO 데이터를 수신하는 방법

no	송신창 (HOST → BLE)	수신창 (BLE → HOST)	기능
26	(Central에서)ATH → (Peripheral에서) AT+SETPIO00	OK SUCCESS	• 명령어: 0x00(0000 0000) → 상위 3개 와 하위 4개의 포트를 모두 입력으로 설정 함.(최상위 비트 값 적용 안 됨.)
27	무선연결후(Central에서) AT+READ0025	OK 0000 SUCCESS	• 명령어: 'Handle 0x0025'의 'Value'를 Read한다. → '0000'은 'PIO Input Configura- tion'이 'Disable'인 것을 의미한다.
28	(Central에서) AT+WRITEH00250100	OK SUCCESS	• 냉령어: 'Handle 0x0025'에 '0100'이 라는 데이터를 Hex타입으로 송신한다. → '0100'은 'PIO Input Configura- tion'이 'Enable'인 것을 의미한다.
29	(Peripheral에서) PIO_0 포트에 'Low(0V)'를 입력한다. (Peripheral Interface Board의 경우 PIO_0 스위치를 눌러서 데이 터를 입력할 수 있음)	(Central에서) 0024,01	• 명령어: Peripheral의 PIO_0 포트에 디 지털 데이터 '0'을 입력한다. → 'Handle 0x0024'에서 '01'이라는 데 이터가 수신되었다는 의미이다. PIO_0 포트에 'High(3.3V)'(=디지털 데 이터 '1')를 입력하면 Central 장치에 "0024, 00"이 출력된다.

11.7.7 PWM 데이터 송신 (Central → Peripheral)

센트럴 디바이스에서 페리페럴 디바이스의 PWM 포트가 PWM 데이터를 출력하도록
하기 위해서는 PIO Service의 'PWM_0 Output Characteristic'과 'PWM_1 Output
Characteristic'을 사용해야 한다. FBL780BC의 'PWM_0 Output Value'의 'Handle'은 '0x002B'
이고, 'PWM_1 Output Value'의 'Handle'은 '0x002E'이다. 이 경우 센트럴 디바이스에서 페
리페럴 디바이스의 PWM 포트를 무선으로 제어하는 것이 되므로 무선 연결 전에 미리
페리페럴 디바이스의 PWM Port를 'Enable'로 설정해 놓아야 한다.

　　<표 11.16>은 센트럴 디바이스에서 페리페럴 디바이스의 PWM 포트를 무선으로 제
어하는 방법을 설명하고 있다.

〈표 11.16〉 PWM 포트를 무선으로 제어하는 방법

no	송신창 (HOST → BLE)	수신창 (BLE → HOST)	기능
30	(Central에서) AT+GETPWM	∠0∠	• 명령어: BLE 장치의 PWM 기능 설정 상태를 시리얼로 출력한다.
31	(Central에서)ATH → (Peripheral에서) AT+SETPWM1 → 무선연결	OK	• 명령어: BLE 장치의 PWM 기능 사용 여부를 설정한다. n=0: PWM 기능을 사용 안 함으로 설정한다. n=1: PWM 기능을 사용함으로 설정한다
32	(Central에서) AT+WRITEH002B7F	OK SUCCESS	• 명령어: 'Handle 0x002B'에 '7F'라는 데이터를 Hex 타입으로 송신한다. → PWM_0가 Duty Rate=7F로 출력 신호를 낸다. (Peripheral Interface Board의 경우 PWM포트에 부저 달려 있어 소리를 내므로 확인할 수 있음.) • PWM 포트의 가능한 Duty Rate 설정 값 범위는 0~255(00~FF)이다.
33	(Central에서) AT+WRITEH002E7F		• 명령어: 위와 같은 명령을 PWM_1 (=Handle 0x002E)에 대해 수행한다.
34	(Central에서) AT+WRITEH002E00		• 명령어: 'Handle 0x002E'에 '00'이라는 데이터를 Hex 타입으로 송신한다. → Duty Rate=00이므로 Peripheral 장치의 PWM_1의 동작이 정지된다.

11.7.8 ADC 데이터 수신

BLE 디바이스 간의 무선 연결 이후, 데이터를 송수신하기 위해서는 페리페럴 디바이스의 Characteristic과 Handle을 알아야 한다. FBL780BC의 경우 센트럴 디바이스에서 무선으로 페리페럴 디바이스에 있는 ADC 포트로 입력된 ADC 데이터를 수신하기 위해서는 'ADC Service'의 'ADC_0 Input Characteristic'과 'ADC_1 Input Characteristic'을 사용해야 한다. FBL780BC의 'ADC_0 Input Value'의 'Handle'은 '0x0032'이고 'ADC_1 Input Value'의 'Handle'은 '0x0036'이다.

(1) ADC 데이터 수신을 위한 설정 및 절차

센트럴 디바이스에서 무선으로 페리페럴 디바이스의 ADC 데이터를 수신하기 위해서는 무선연결 전에 미리 ADC 관련 사항을 설정해 놓아야 한다.

센트럴에서 무선으로 페리페럴의 ADC 데이터를 수신하기 위해서는 'ADC Service'의 'ADC_0 Input Configuration'과 'ADC_1 Input Configuration'이 'Enable'로 설정되어 있어야 한다. FBL780BC의 'ADC_0 Input Configuration'의 'Handle'은 '0x0033'이고, 'ADC_1 Input Configuration'의 'Handle'은 '0x0037'이다. 또한, 'ADC_x Input Configuration Enable' 설정은 센드릴 디바이스에서 진행해야 한다.

<표 11.17>은 센트럴 디바이스에서 무선으로 페리페럴 디바이스의 ADC 데이터를 수신하는 방법을 설명하고 있다.

〈표 11.17〉 ADC 데이터를 수신하는 방법

no	송신창 (HOST → BLE)	수신창 (BLE → HOST)	기능
35	(Central에서) ATH → (Peripheral에서) AT+SETTMR3 → 무선연결	∠OK∠ (Peripheral에서만 유효)	• 명령어: ADC Port에 입력된 데이터의 송신 간격(시간)을 3초로 설정한다. • ADC 송신 간격은 0초~65000초(약 18시간)까지 초 단위로 설정 가능하다. • ADC 송신 간격이 0초인 경우, ADC 데이터는 송신되지 않는다.
36	(Central에서) AT+READ0033	OK 0000 SUCCESS	• 명령어: 'Handle 0x0033'의 'Value'를 Read한다. → '0000'은 'ADC_0 Input Configuration'이 'Disable'인 것을 의미한다.
37	(Central에서) AT+WRITEH00330100	OK 32,30 SUCCESS	• 명령어: 'Handle 0x0033'에 '0100'이라는 데이터를 Hex타입으로 송신한다.('0100'은 'ADC_0 Input Configuration'을 'Enable'로 설정한다는 것) → 'Handle 0x0032'에서 '30'이라는 데이터가 수신되었다(3초마다 출력).
38	(Central에서) AT+READ0033	OK 0100 SUCCESS	• 명령어: 'Handle 0x0033'의 'Value'를 Read한다. → '0100'은 'ADC_0 Input Configuration'을 'Enable'로 설정한다는 것.
39	(Central에서) AT+WRITEH00330000	OK SUCCESS	• 명령어: 'Handle 0x0033'에 '0000'이라는 데이터를 Hex타입으로 송신한다.

no	송신창 (HOST → BLE)	수신창 (BLE → HOST)	기능
			('0000'은 'ADC_0 Input Configura-tion'을 'Disable'로 설정한다는 것) → ADC_0로부터의 수신 없어짐.
40	(Central에서) AT+READ0037	OK 0000 SUCCESS	• 명령어: 'Handle 0x0037'의 'Value'를 Read한다. → '0000'은 'ADC_1 Input Confi-guration'이 'Disable'인 것을 의미한다.
41	(Central에서) AT+WRITEH00370100	OK SUCCESS	• 명령어: 'Handle 0x0037'에 '0100'이라는 데이터를 Hex타입으로 송신한다.('0100'은 'ADC_1 Input Confi-guration'을 'Enable'로 설정한다는 뜻이다.) → 'Handle 0x0036'에서 '30'이라는 데이터가 수신되었다. (3초마다 출력)
42	(Central에서) AT+READ0037	OK 0100 SUCCESS	• 명령어: 'Handle 0x0037'의 'Value'를 Read한다. → '0100'은 'ADC_1 Input Configu-ration'이 'Enable'로 설정되어 있다는 뜻이다.
43	Central에서) AT+WRITEH00330000	OK SUCCESS	• 명령어: 'Handle 0x0033'에 '0000'이라는 데이터를 Hex타입으로 송신한다.('0000'은 'ADC_1 Input Configu-ration'을 'Disable'로 설정한다는 뜻이다.) → ADC_1로부터의 수신 없어진다.

11.8 FBL780BC의 스펙과 소모전력

FBL780BC의 스펙과 소모전력은 3.3V 전원을 인가하고 송신전력(Tx Power)은 Default 값을 2dBm으로 하고 5단계로 변화시키며 측정한 결과이다.

11.8.1 FBL780BC의 스펙

〈표 11.18〉 FBL780BC의 스펙

No.	항 목		스펙
1	Bluetooth Spec.		Bluetooth 4.1 Low Energy Support
2	Communication distance		10 M
3	Frequency Range		2402 ~ 2480 MHz ISM Band
4	Sensitivity		−94dBm
5	Transmit Power		2dBm
6	Size		8.5 x 12.0 x 1.7 mm
7	Input Power		3.3V
8	Current Consumption	Peripheral	2mA (Max: Power Save Off)
		Central	
9	Temperature	Operating	−10℃ ~ 50℃
		Limit Operating	
10	Communication Speed		2400bps ~ 230400bps
11	Antenna		Chip Antenna
12	Interface		UART, ADC, PIO/PWM

11.8.2 FBL780BC의 전류 소모량

〈표 11.19〉 Peripheral 상태에서 FBL780BC의 전류 소모량

Peripheral 상태	소모 전류 (uA)		
	최소	최소	최소
Advertising (Advertising Interval: 1s)	3	314	45
Advertising (Advertising Interval: 10s)	3	274	12
Connection (Connection Interval: 100ms)	63	155	110
Connection (Connection Interval:4000ms)	3	215	11

〈표 11.20〉 Central 상태에서 FBL780BC의 전류 소모량

Central 상태	소모 전류 (mA)		
	최소	최소	최소
Ready	1	1	1
Scanning	18	18	18
Connection	1	1	1

11.8.3 FBL780BC의 소모 전력 증가요인

FBL780BC에서 소모 전력에 영향을 미치는 요인은 Advertising 간격, Connection 간격, Start Message 사용여부, TX Power 설정, UART 사용(Power Save Off), ADC 타이머 사용, PWM 사용, - LED 및 Switch 등의 외부 컴포넌트 사용 등이 있다.

연 습 문 제

1. LL(Link Layer)와 GAP(Generic Access Profile) 계층에서의 BLE의 역할을 설명하라.

2. P2P(Point to Point) 구조의 피코넷(piconet)을 구성하는 방법들을 그림으로 그리고 간략히 설명하라.

3. 오픈 콜렉터 및 오픈 드레인에 대해 설명하라.

4. GPIO(General Pupose Input Output)에 대해 설명하라.

5. AT Commands에 대해 설명하라.

센서 회로 응용을 위한
실용 연산증폭기 회로 설계법

12.0 서론

이상적인 연산증폭기는 말 그대로 생각할 수 있는 최상의 연산증폭기일 뿐 현실에서 구현은 불가능하다. 우리가 실제로 사용하고 있는 **실용 연산증폭기**는 [그림 12.1]에서 보인 바와 같이 여러 기능의 회로를 복합적으로 조합하여 이상적인 연산증폭기와 유사한 특성을 갖도록 구현한 것이다.

[그림 12.1] 실용 연산증폭기의 구조

〈표 12.1〉 실용 연산증폭기의 특성

항목	이상적인 연산증폭기	실용 연산증폭기 (μA741)
입력저항(R_i)	∞	10MΩ
출력저항(R_o)	0	75Ω
개방루프 전압이득(A_o)	∞	10^5
개방루프 대역폭(BW)	∞	$\approx$10Hz (우성 폴)
CMRR	∞	90dB
오프셋 전압/전류	0/0	2mV / 20nA
입력 바이어스전류	0	80nA

초기의 연산증폭기는 진공관 등의 개별 소자를 사용하여 만들어졌으며 매우 고가였다. 그러나 집적회로 기술의 발달로 현재는 집적회로화 되어 매우 싼 가격으로 좋은 성

능의 연산증폭기를 구할 수 있게 되었다. <표 12.1>은 이상적인 연산증폭기의 특성과
실용 연산증폭기의 특성을 비교하여 보여주고 있다.

12.1 CMOS 연산증폭기

(1) CMOS 연산증폭기의 구조

[그림 12.2]는 CMOS를 이용하여 구현된 연산증폭기의 구조를 보여준다. 연산증폭기는
2개의 증폭단으로 구성되어 있다. 첫 번째 증폭단은 M_1-M_2의 차동 트랜지스터 쌍과
M_3-M_4의 능동부하로 구성되고 정전류원 M_5에 의해서 직류 바이어스되는 차동증폭기
다. 차동입력은 능동부하를 거치면서 단일종단(single-ended)으로 출력되므로 요구되는
공통성분 제거비(CMRR)가 이 단에서 확보되어야 한다.

M_5-M_7의 정전류원은 M_5와 M_7의 2개의 출력 트랜지스터를 갖고있으며 I_{REF}는 칩 외
부에 정밀한 저항을 음전원 $-V_{SS}$에 연결하여 줌으로써 생성된다.

두번째 증폭단은 트랜지스터 M_8으로 구성된 공통소스 증폭기로서 정전류원 M_7이
부하로 사용되어 능동부하를 형성하고 있다.

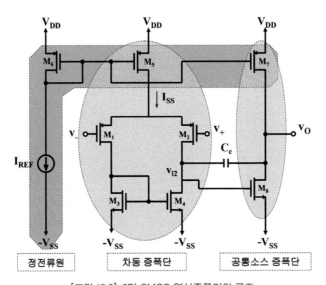

[그림 12.2] 2단 CMOS 연산증폭기의 구조

(2) 주파수 보상회로

한편, 기생 커패시터는 연산증폭기 내부에 귀환 경로를 형성하여 높은 주파수 대역에서 발진을 야기할 수 있다. 이를 방지하기 위해 두 번째 증폭단의 출력과 입력 사이에 커패시터 C_C를 삽입하여 우성 폴을 형성하여 줌으로써 주파수 보상을 해준다. 여기서, C_C는 부귀환 경로를 형성하며 주파수가 높아질수록 귀환량이 증가하므로 고주파 대역에서의 이득을 현저히 떨어뜨려 발진을 방지한다. 결과적으로 커패시터 C_C로써 주파수 보상회로가 형성되므로 $\mathbf{C_C}$를 **보상 커패시터**(compensation capacitor)라고 부른다.

12.1.1 전압 이득

CMOS 연산증폭기의 전압 이득 특성을 구하기 위해 [그림 12.3]에 보인 바와 같이 간략화된 CMOS 연산증폭기 소신호 등가회로를 생각하자. 여기서, 2개의 증폭단은 전달컨덕턴스 증폭기로 모델화 되었으며 입력단이 MOS의 게이트로 구성되었으므로 입력저항은 무한대로 간주했다.

$$R_{in} = \infty \tag{12.1}$$

차동증폭기인 첫 단의 전달컨덕턴스 G_{m1}은 식(12.24)의 차동증폭기 이득으로부터 트랜지스터 $M_1(=M_2)$의 전달컨덕턴스 $g_{m1}(=g_{m2})$과 같다.

$$G_{m1} = g_{m1} = g_{m2} \tag{12.2}$$

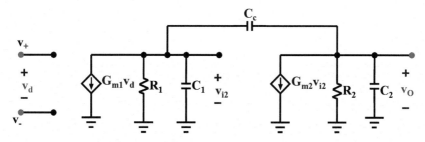

[그림 12.3] CMOS 연산증폭기의 소신호 등가회로

한편, 차동증폭기의 두 입력단자를 접지($v_+ = v_- = 0$)시키면 $v_d = v_+ - v_- = 0$인 동작점이 된다. $g_{m1} (= g_{m2})$을 구하기 위해 이때의 직류 바이어스 상태를 보면 입력 바이어스 전압이 $V_{GS1} = V_{GS2} = V_{GS}$로서 동일하므로 M_1과 M_2의 드레인 전류는 $I_{SS}/2$가 된다. 따라서 차동증폭기의 전달컨덕턴스 $G_{m1} (= g_{m1} = g_{m2})$은 식(12.24)로부터 다음과 같이 구해진다.

$$G_{m1} = g_{m1} = g_{m2} = \frac{I_{SS}}{V_{GS} - V_T} \tag{12.3}$$

R_1은 첫단의 출력저항이므로 [그림 12.2] 회로에서 다음과 같이 구해진다.

$$R_1 = (r_{o2} // r_{o4}) \tag{12.4}$$

여기서, $r_{o2} = \dfrac{|V_{A2}|}{I_{SS}/2}, \quad r_{o4} = \dfrac{|V_{A4}|}{I_{SS}/2}$ 이다.

따라서 첫 단의 전압이득 A_1은 다음 수식으로 구해진다.

$$A_1 = -G_{m1}(r_{o2} // r_{o4}) = -g_{m1}(r_{o2} // r_{o4}) \tag{12.5}$$

한편, 둘째 단은 공통소스 증폭기로서 전압이득 A_2는 다음과 같이 구해진다.

$$A_2 = -G_{m2}R_2 = -G_{m2}(r_{o7} // r_{o8}) = -g_{m8}(r_{o7} // r_{o8}) \tag{12.6}$$

여기서, $R_2 = (r_{o7} // r_{o8}), r_{o7} = \dfrac{|V_{A7}|}{I_{D7}}, \quad r_{o4} = \dfrac{|V_{A8}|}{I_{D8}}$ 이다.

따라서 CMOS 연산증폭기의 전체 전압이득 A_v는 다음과 같다.

$$A_v = A_1 A_2 = G_{m1}R_1 G_{m2}R_2 = g_{m1}g_{m8}(r_{o2} // r_{o4})(r_{o7} // r_{o8}) \tag{12.7}$$

식(12.7)로부터 CMOS 연산증폭기의 이득은 트랜지스터 $M_1(=M_2)$과 과 M_8의 전달컨덕턴스인 $g_{m1}(=g_{m2})$과 g_{m8}에 의해 좌우되고 있으며 무한히 클 수는 없음을 쉽게 알 수 있다. 상용 연산증폭기의 경우 <표 12.1>에 보인 바와 같이 일반적으로 10^5보다는 큰 정도이지 이상적 연산증폭기에서처럼 무한대가 될 수는 없다.

12.1.2 주파수 응답

[그림 12.3]의 CMOS 연산증폭기의 등가회로에서 C_1과 C_2는 첫째 단과 둘째 단의 출력단자에서의 총 기생 커패시터이고 C_C는 우성폴을 형성하기 위해 고의적으로 삽입해준 커패시터이다. C_C의 영향이 C_1이나 C_2의 영향보다 상대적으로 매우 크도록 C_C값을 설정하므로 C_1이나 C_2를 무시하고 C_C만 존재하는 것으로 간주할 수 있다. C_C는 둘째 단 증폭기의 출력단자와 입력단자를 연결하고 있으므로 둘째 단 증폭기를 전압 증폭기 A_2로 표시하면 [그림 12.4(a)]에서와 같이 CMOS 연산증폭기의 고주파 등가회로를 얻을 수 있다. 여기서, $Z=1/(sC_C)$로 놓고 밀러의 정리를 적용하면 다음의 Z_1과 Z_2의 수식을 얻는다.

$$Z_1 = \frac{1}{sC_c(1+G_{m2}R_2)} \cong \frac{1}{sC_cG_{m2}R_2} \tag{12.8a}$$

$$Z_2 \cong \frac{1}{sC_c} \tag{12.8b}$$

여기서, $A_2(=G_{m2}R_2)>>1$라고 가정하면 Z_2의 영향은 Z_1의 영향에 비해 상대적으로 매우 작게 된다. 따라서 Z_2를 무시하면 [그림 12.4(b)]의 등가회로를 얻는다.

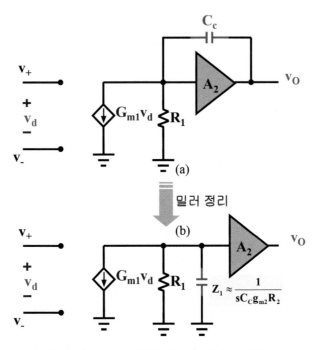

[그림 12.4] CMOS 연산증폭기의 고주파 등가회로

[그림 12.4(b)]의 등가회로로부터 CMOS 연산증폭기의 전체 전압이득 A_v를 구하면 다음의 결과식을 얻는다.

$$A_v(s) = G_{m1}(R_1 \,//\, Z_1)A_2 = G_{m1}G_{m2}R_1R_2\left(\frac{1}{sC_cG_{m2}R_1R_2 + 1}\right)$$

$$\rightarrow A_v(s) = \frac{A_o}{1 + s/\omega_H} \tag{12.9}$$

여기서, $A_o = G_{m1}G_{m2}R_1R_2$이고, $\omega_H = 1/(C_cG_{m2}R_1R_2)$이다.

식(12.9)로부터 CMOS 연산증폭기의 3dB 대역폭은 다음과 같다.

$$BW = \omega_H = \frac{1}{C_cG_{m2}R_1R_2} \tag{12.10a}$$

$$BW = f_H = \frac{1}{2\pi C_cG_{m2}R_1R_2} \tag{12.10b}$$

식(12.10)으로부터 CMOS 연산증폭기의 대역폭은 보상 커패시터 C_c, 트랜지스터의 전달컨덕턴스, 저항 R_1 및 R_2에 의해 좌우되고 있으며 무한히 클 수는 없다. 오히려 상용 연산증폭기의 경우 <표 12.1>에 볼 수 있듯이 10Hz 정도로 매우 작다는 것을 알 수 있다.

한편, CMOS 연산증폭기의 주파수 응답은 식(12.9)로부터 1-폴 시스템이 됨을 알 수 있다. 이것은 보상 커패시터 C_c로 우성폴을 형성하여 줌으로써 기생 커패시터 등에 의한 다른 폴들이 무시된 결과이다. 따라서 주파수 보상회로를 갖춘 연산증폭기는 근사적으로 식(12.9)와 같은 1-폴 시스템으로 간주할 수 있다.

12.2 실용 연산증폭기의 고찰

지금까지 연산증폭기는 이상적이란 가정하에 연산증폭기의 여러 응용회로를 해석하였다. 많은 회로 응용에서 이상적 연산증폭기 가정에 의한 해석은 유용한 해석 방법이 된다. 그러나 보다 더 완전하고 현실적인 설계를 위하여 실용 연산증폭기의 특성을 이해하고 설계에 반영할 수 있어야 한다. 이 절에서는 이상적 연산증폭기의 특성과 차이를 보이는 실제 연산증폭기의 몇 가지 중요한 특성에 대해 살펴보고 이를 고려한 회로 설계법을 공부하기로 한다.

12.2.1 유한한 개방루프 이득의 영향

이상적인 연산증폭기 회로를 해석할 때 두 입력단자가 가상접지되었다고 가정함으로써 쉽게 풀 수 있었다. 그러나 가상접지는 개방루프 이득 $A_o = \infty$라는 가정 하에서 얻어진 조건이었다. 그렇다면 실용 연산증폭기의 유한한 개방루프 이득이 연산증폭기 해석에 얼마나 영향을 미칠까? 실용 연산증폭기로 구성된 반전 증폭기 해석을 통해 살펴보기로 한다.

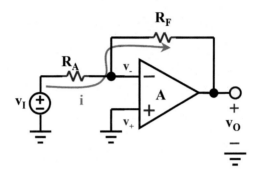

[그림 12.5] 실용 연산증폭기로 구성된 반전 증폭기

[그림 12.5]는 실용 연산증폭기로 구성된 반전 증폭기로서 개방루프 이득이 유한하므로 가상접지 조건이 성립되지 않는다. 따라서 입력의 차신호는 다음 수식으로 표현된다.

$$v_d \equiv v_+ - v_- = \frac{v_O}{A_o}$$

[그림 12.5]로부터 v_+=0이므로 위 식을 v_-에 대해 정리하면 다음 수식을 얻을 수 있다.

$$v_- = -v_d = -\frac{v_O}{A_o}$$

따라서, 저항 R_A를 통해 흐르는 전류 i는 다음과 같다.

$$i = \frac{v_I - v_-}{R_A} = \frac{v_I + \frac{v_O}{A_o}}{R_A}$$

한편, 출력전압 v_O은

$$v_O = -R_F i + v_- = -R_F i - \frac{v_O}{A_o} = -R_F (\frac{v_I + \frac{v_O}{A_o}}{R_A}) - \frac{v_O}{A_o}$$

이므로

$$v_O(1+\frac{R_F}{R_A A_o}+\frac{1}{A_o}) = -\frac{R_F}{R_A}v_I$$

따라서 폐루프 이득 A_f는 다음 수식으로 구해진다.

$$A_f \equiv \frac{v_O}{v_I} = \frac{-R_F/R_A}{1+(1+R_F/R_A)/A_o}$$

(12.11)

여기서, 개방루프 이득 $A_o \rightarrow \infty$가 되면 폐루프 이득 $A_f \rightarrow -R_F/R_A$가 되어 이상적인 연산증폭기의 경우와 같아진다. 즉, 개방루프 이득 $A_o >> (1+R_F/R_A)$로 충분히 커지면 이상적인 연산증폭기의 경우와 같이 가상접지 조건을 적용해도 무방함을 알 수 있다.

예제 12.1

[그림 12E1.1]의 실용 연산증폭기로 구성된 비반전 증폭기에 대해 폐루프 전압 이득 A_f를 구하라.

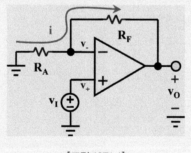

[그림 12E1.1]

풀이

입력의 차신호는 다음 수식으로 표현된다.

$$v_d \equiv v_+ - v_- = v_I - v_- = \frac{v_O}{A_o}$$

위 식을 v_-에 대해 정리하면 다음 수식을 얻을 수 있다.

$$v_- = v_I - v_d = v_I - \frac{v_O}{A_o}$$

따라서, 저항 R_A를 통해 흐르는 전류 i는 다음과 같다.

$$\mathbf{i} = -\frac{v_-}{R_A} = -\frac{v_I - \dfrac{v_O}{A_o}}{R_A}$$

한편, 출력전압 v_O은

$$v_O = -(R_A + R_F)i = (R_A + R_F)\left(\frac{v_I - \dfrac{v_O}{A_o}}{R_A}\right)$$

이므로

$$v_O\left(1 + \frac{R_A + R_F}{R_A A_o}\right) = \frac{R_A + R_F}{R_A}v_I$$

따라서 폐루프 이득 A_f는 다음 수식으로 구해진다.

$$A_f \equiv \frac{v_O}{v_I} = \frac{1 + (R_F / R_A)}{1 + \dfrac{1 + (R_F / R_A)}{A_o}}$$

여기서, 개방루프 이득 $A_o \to \infty$가 되면 폐루프 이득 $A_f \to 1+R_F/R_A$가 되어 이상적인 연산증폭기의 경우와 같아진다. 즉, 개방루프 이득 $A_o \gg (1+R_F/R_A)$로 충분히 커지면 이상적인 연산증폭기의 경우와 같이 가상접지 조건을 적용해도 무방함을 알 수 있다.

12.2.2 유한한 대역폭의 영향

실용 연산증폭기의 주파수 특성은 12.1.2절에서 설명했듯이 다음의 식(12.12)와 같이 1-폴 시스템으로 간주할 수 있다.

$$A(s) = \frac{A_o}{1 + s/\omega_H} \tag{12.12}$$

여기서, A_o는 개방루프 이득의 평탄 대역에서의 값이고, ω_H는 3dB 대역폭이다. [그림 12.6]은 식(12.12)의 1-폴 시스템을 가정한 실용 연산증폭기의 주파수 응답 특성을 보여준다.

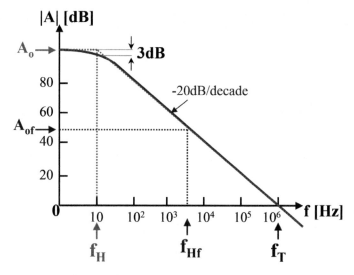

[그림 12.6] 실용 연산증폭기의 주파수 응답 특성

[그림 12.7]과 같이 비반전 증폭기를 구성하여 폐루프 이득 A_F를 구하기로 하자. 일반적인 경우 개방루프 이득 A_o가 충분히 커서 근사적으로 가상접지 조건을 적용할 수 있으므로 여기서도 가상접지 조건을 적용할 수 있을 정도로 개방루프 이득 A_o가 충분히 크다고 가정하기로 한다.

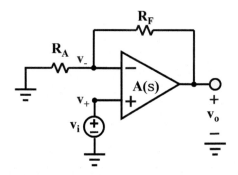

[그림 12.7] 실용 연산증폭기로 구성된 비반전 증폭기

[그림 12.7]의 회로에서 v_-단자에서 키르히호프 전류법칙을 적용함으로써 다음의 관계식을 얻는다.

$$v_- = \frac{R_A}{R_A + R_F} v_O \qquad (12.13)$$

한편, $v_+ = v_i$이므로 출력전압 v_O은 다음과 같이 표현된다.

$$v_O = A(s)(v_+ - v_-) = A(s)(v_I - \frac{R_A}{R_A + R_F} v_O)$$

위 식을 v_O와 v_I은 대해 정리하면

$$v_O(1 + \frac{R_A A(s)}{R_A + Z_F}) = A(s)v_I$$

따라서 폐루프 이득 A_f는 다음 수식으로 구해진다.

$$A_f(s) \equiv \frac{v_O}{v_I} = \frac{A(s)}{1 + \gamma A(s)} \qquad (12.14)$$

여기서, $\gamma = \frac{R_A}{R_A + R_F}$ 이다.

식(12.12)를 식(12.14)에 대입함으로써 폐루프 이득의 주파수 특성을 구할 수 있다.

$$A_f(s) = \frac{A_o}{1 + \gamma A_o + s/\omega_H} \overset{\gamma A_o \gg 1}{\approx} \frac{1}{\gamma} \frac{1}{1 + s/(\gamma A_o \omega_H)} \qquad (12.15)$$

식(12.15)로부터 폐루프 이득 A_f의 3dB 대역폭 ω_{Hf}를 구하면

$$\omega_{Hf} = \gamma A_o \omega_H \qquad (12.16)$$

식(12.16)은 다음과 같이 정리된다.

$$\frac{1}{\gamma}\omega_{Hf} = A_o\omega_H \tag{12.17}$$

여기서, $1/\gamma = (1+R_F/R_A)$로서 비반전 증폭기의 이득이다. 따라서 식(12.17)은 좌항의 폐루프 상태의 이득과 대역폭의 곱이 우항의 개방루프 상태의 이득과 대역폭의 곱과 같음을 의미한다. 즉, [그림 12.6] 주파수 응답 특성에서 볼 수 있듯이 부귀환으로 대역폭을 증가시키면 이득이 감소하게되므로 **이득-대역폭곱(GBP, Gain-Bandwidth Product)**은 항상 일정하게 유지됨을 보여준다.

따라서 증폭기의 성능은 이득-대역폭곱으로 표현된다. 예를 들어 μA741 연산증폭기의 경우 이득-대역폭 곱(GBP)은 10^6[Hz]가 되며 식(12.18)의 관계식이 성립한다.

$$GBP = A_{of}f_{Hf} = (1 + \frac{R_F}{R_A})f_{Hf} = A_of_H = 10^6 \tag{12.18}$$

다시 말해, 식(12.18)의 관계식을 이용하면 귀환을 통해 이득과 대역폭을 조절할 수 있다.

예제 12.2

전압이득이 400이고 대역폭이 20KHz 이상이 되는 증폭기를 μA741 연산증폭기를 써서 설계하라. 단, 사용되는 최소 저항 값은 10KΩ이 되도록 한다.

풀이

μA741 연산증폭기의 이득-대역폭 곱(GBP)이 10^6이므로 20 KHz 대역폭을 1단 증폭으로 구현할 경우 얻을 수 있는 최대 이득은

$$A_{of} = \frac{GBP}{f_{Hf}} = \frac{10^6}{20 \times 10^3} = 50$$

50으로서 필요로 하는 이득 400을 1단으로 구현하는 것은 불가능함을 알 수 있다. 따라서 증폭회로를 2단으로 구성해야 하며 이때 각 단의 이득을 20으로 설정한다면 400의 이득을 구현할 수 있다. 따라서 이득이 20인 증폭 단

을 설계하면

$$A_{of} = 1 + \frac{R_F}{R_A} = 20$$

이므로 R_F/R_A=19를 만족해야 한다. 만약 R_A=10KΩ으로 설정하면 R_F=190KΩ이 된다. [그림 12E2.1]은 설계된 회로도를 보여 주고 있다. 설계된 회로의 대역폭은

$$f_{Hf} = \frac{GBP}{A_{of}} = \frac{10^6}{20} = 50 \times 10^3 \text{ Hz}$$

50KHz가 되어 설계 스펙인 20 KHz이상의 조건을 만족한다.

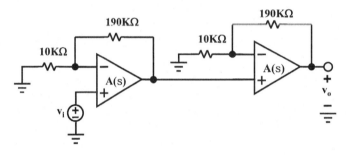

[그림 12E2.1]

12.2.3 슬루 레이트(SR)

일반적으로 시스템은 입력의 변화에 대해서 출력이 즉각적으로 반응할 수는 없고 일정 시간의 지연을 갖고 반응하게 된다. [그림 12.8]은 실용 연산증폭기로 단위 이득 증폭기를 구성한 후 계단 입력을 인가했을 때의 출력 특성을 보여주고 있다.

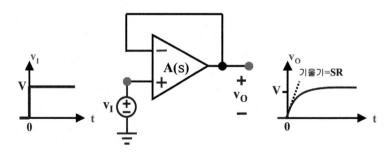

[그림 12.8] 계단 입력이 인가되었을 때의 출력 특성

■ 슬루 레이트

슬루 레이트(**SR**, Slew Rate)는 식(12.19)에서와 같이 **계단 입력(step-input)**이 인가되었을 때 출력전압의 **최대 변동률**로 정의된다.

$$SR \equiv \frac{dv_O(t)}{dt}\Big|_{max} \tag{12.19}$$

식(12.15)로부터 크기 V의 계단 입력($V_I(s)=V/s$)이 인가되었을 때의 출력은 다음과 같이 구해진다.

$$v_O(s) = v_I(s)A_f(s) = \frac{V}{s} \cdot \frac{1}{\gamma}\frac{1}{1+s/\omega_{Hf}} \tag{12.20}$$

여기서, $\omega_{Hf} = \gamma A_o \omega_H$ 이다.

식(12.20)을 라플라스 역변환함으로써 시간 영역에서의 출력 $v_O(t)$를 얻는다.

$$v_O(t) = \frac{V}{\gamma}(1-e^{-\omega_{Hf}t}) \tag{12.21}$$

따라서 슬루 레이트 SR은 정의에 의해 다음과 같이 구해진다.

$$SR = \frac{dv_O(t)}{dt}\Big|_{max} = \frac{V\omega_{Hf}}{\gamma}e^{-\omega_{Hf}t}\Big|_{t=0} = \frac{V\omega_{Hf}}{\gamma} = VA_{of}\omega_{Hf} = V \times GBP \tag{12.22}$$

■ 최대전력 대역폭

최대전력 대역폭(full-power bandwidth, f_p)은 **출력이 사인파일 때 왜곡이 일어나기 시작하는 주파수**로 정의된다. 진폭이 V_p이고 주파수 $f=f_p$일 때의 출력은 다음 수식으로 표현된다.

$$v_O(t) = V_p \sin(2\pi f_p t) \tag{12.23}$$

위의 출력에 대해 최대 변동률을 구하면 다음과 같다.

$$\frac{dv_O}{dt}\Big|_{max} = V_p\, 2\pi f_p \cos(2\pi f_p t)\Big|_{max} = V_p\, 2\pi f_p \tag{12.24}$$

한편, $\dfrac{dv_O}{dt}\Big|_{max} = V_p\, 2\pi f_p > SR$ 일 때 왜곡이 발생하므로 식(12.25)의 최대전력 대역폭 f_p와 SR과의 관계식을 얻을 수 있다.

$$f_p = \frac{SR}{2\pi V_p} \tag{12.25}$$

예제 12.3

SR=1V/μs인 연산증폭기로 사인파형을 피크 왜곡 없이 증폭하고자 한다. 다음 항목에 답하라.
(a) 50KHz의 사인파를 증폭할 경우 피크 왜곡 없이 얻을 수 있는 출력의 최대 진폭 V_p는 몇 V인가?
(b) 출력의 최대 진폭 V_p=10V가 되도록 사인파를 증폭할 경우 피크 왜곡 없이 얻을 수 있는 최대 주파수 f_p는 몇 Hz인가?

풀이
(a) 식(12.25)로부터

$$V_p = \frac{SR}{2\pi f_p} = \frac{10^6\, V/s}{2\pi \times 50 \times 10^3\, Hz} = 3.18\, V$$

(b) 식(12.25)로 부터

$$f_p = \frac{SR}{2\pi V_p} = \frac{10^6\, V/s}{2\pi \times 10V} = 15.9\, KHz$$

12.2.4 오프셋 전압과 전류

■ 입력 오프셋 전압

연산증폭기 내의 차동 증폭단이 제작상의 오차 등으로 완벽한 정합이 이루어지지 못할 경우 입력 $v_d(=v_+ - v_-)$가 0V임에도 불구하고 출력에 직류 전압 성분 V_O가 발생한다. 이것을 **출력 오프셋 전압**이라고 한다. 출력 오프셋 전압은 식(12.26)에서와 같이 이득 A로 나누어 줌으로써 입력전압 값으로 환산될 수 있으며 이를 **입력 오프셋 전압** V_{io}이라고 부른다.

$$V_{io} \equiv \left. \frac{V_O}{A_o} \right|_{v_+ = v_-} \tag{12.26}$$

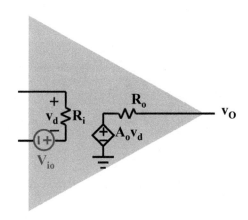

[그림 12.9] 입력 오프셋 전압을 고려한 연산증폭기의 등가회로

일반적으로 입력 오프셋 전압으로 오프셋 전압을 표시하며 [그림 12.9]는 입력 오프셋 전압을 고려한 연산증폭기의 등가회로를 보여준다. 오프셋 전압은 응용회로에서 오차로 나타나게 되므로 적절한 보상회로로써 제거해 주어야 한다.

■ 입력 오프셋 전류

연산증폭기로 회로를 구성할 경우 어떤 형태로든 입력에 직류 바이어스가 인가되게 된다. 이때 [그림 12.10]에서 볼 수 있듯이 두 입력단자를 통해서 바이어스 전류(I_{B1}, I_{B2})가 흐를 수 있다. 여기서, 식(12.27)으로 입력 바이어스 전류 I_B를 정의한다.

$$I_B \equiv \frac{I_{B1} + I_{B2}}{2} \tag{12.27}$$

완벽한 정합이 이루어지지 못할 경우 입력 I_{B1}과 I_{B2} 값에 차가 발생할 수 있으며 이 차 전류 성분을 **입력 오프셋 전류 I_{io}**라고 부른다.

$$\mathbf{I}_{io} = |\mathbf{I}_{B1} - \mathbf{I}_{B2}| \tag{12.28}$$

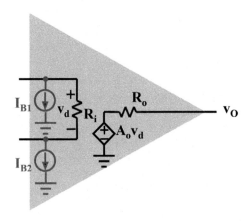

[그림 12.10] 입력 바이어스 전류를 고려한 연산증폭기의 등가회로

■ 바이어스 밸런스

입력 오프셋 전압과 마찬가지로 입력 오프셋 전류도 0A가 되는 것이 바람직하다. 그러나 입력 오프셋 전류가 0A가 되어 $I_{B1}=I_{B2}=I_B$가 되었다고 해서 오차 문제가 해결되는 것은 아니다.

[그림 12.11]은 연산증폭기로 증폭회로를 구성했을 때의 등가회로를 보여준다. 여기서 입력 오프셋 전류가 0A가 되어 $I_{B1}=I_{B2}=I_B$가 되었다고 가정하고 두 입력단자에서의 전압 v_+와 v_-를 구해 보기로 하자. 각 입력단자에서의 전압은 각 단자에서의 등가 저항에 바이어스 전류를 곱해 줌으로써 다음 수식으로 구해진다.

$$v_- = I_B(R_A /\!/ R_F)$$
$$v+ = I_B R_1$$

여기서, 각 입력단자에서의 등가 저항 값이 서로 다를 경우 두 입력단자의 전압 차를 발생시킬 수 있다. 따라서 $v_+ = v_-$로 **바이어스 밸런스**를 유지하기 위해 저항 R_1은 다음의 조건을 만족하도록 설계되어야 한다.

$$R_1 = R_A /\!/ R_F \tag{12.29}$$

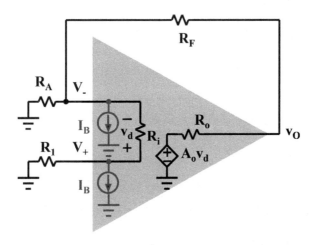

[그림 12.11] 연산증폭기의 바이어스 밸런스

예제 12.4

예제 12.2에서 설계된 회로를 바이어스 밸런스가 유지되도록 수정하라.

풀이

식(12.29)로부터 각 증폭 단의 바이어스 밸런스를 확보하기위한 저항 값은 다음과 같이 구해진다.

$$R_1 = R_A /\!/ R_F = 10K /\!/ 190K = 9.5K\Omega$$

$$R_2 = R_A /\!/ R_F = 10K /\!/ 190K = 9.5K\Omega$$

수정된 회로는 [그림 12E4.1]에 보였다.

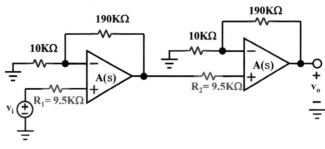

[그림 12E4.1]

12.3 응용 회로

12.3.1 비교기

■ 비교기의 동작

두 전압을 비교하여 어느 쪽이 더 큰가를 판단하는 것은 많은 회로에서 흔히 요구되는 중요한 기능이다. **비교기**(comparator)는 입력전압(v_I)을 기준전압레벨(V_{REF})과 비교하여 어느 쪽이 큰가를 판단해 주는 회로로서 [그림 12.12(a)]에 회로도를 보였다.

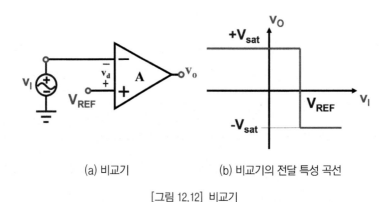

(a) 비교기   (b) 비교기의 전달 특성 곡선

[그림 12.12] 비교기

[그림 12.12(b)]는 비교기의 전달특성 곡선을 보여준다. $v_I < V_{REF}$이면 연산증폭기는 최고 전압인 양의 포화전압($+V_{sat}$)을 출력하고, $v_I > V_{REF}$이면 연산증폭기는 최저 전압인

음의 포화전압($-V_{sat}$)을 출력함으로써 비교 결과를 알려준다. 실용 **비교기의 정밀도**는 출력이 한 포화상태에서 다른 포화상태로 변화하는 데 필요한 최소한의 차입력전압으로 표현한다.

예제 12.5

[그림 12E5.1]의 비교기는 입력신호가 0V 레벨을 통과하는 것을 검출하는 0레벨 검출기로 응용되고 있다. 좌측의 입력신호가 인가되었을 때 출력 파형을 그려라.

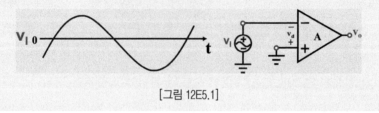

[그림 12E5.1]

풀이

비교기의 기준전압 $V_{REF}=0$V이므로 $v_I > 0$V이면 $v_O=-V_{sat}$가 되고 $v_I < 0$V이면 $v_O = +V_{sat}$가 된다. 따라서 [그림 12E5.2]에 보인 출력 파형이 얻어진다.

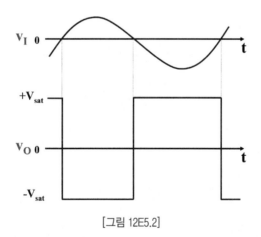

[그림 12E5.2]

입력신호가 0V 레벨을 통과할 때마다 출력은 토글함으로써 입력 신호의 0V 레벨을 검출해 내고 있다.

12.3.2 쉬미트 트리거

■ 비교기의 문제점

예제 12.5에서 입력신호에 잡음이 섞일 경우의 0레벨 검출기의 출력 파형은 어떻게 될까? [그림 12.13]은 예제 12.5의 입력신호에 잡음이 섞여있을 때 비교기 출력을 보여주고 있다.

기준 전압인 0V 근처에서 발생하는 잡음은 비교기 출력을 변화시켜 토글시키고 있음을 볼 수 있다. 즉, 입력신호가 0V 레벨을 통과하지 않을 때도 잡음에 의해서 출력이 토글되고 있는 것이다. 이것은 곧바로 0레벨 검출기의 오류로 나타나게 된다. 이러한 문제점은 0레벨 검출기에 국한되는 것이 아니다. 비교기가 기준전압과 유사한 크기의 신호를 비교할 때는 언제나 잡음에 의한 오류의 위험에 노출되는 것이다.

비교기의 이러한 문제점을 해결하기 위해 고안된 것이 **쉬미트 트리거**(Schmitt trigger)이다. 쉬미트 트리거는 **히스테리시스**(hysteresis) 특성을 갖는 비교기로서 잡음에 내성을 갖는다. 히스테리시스는 입력 신호가 증가할 때의 기준전압과 감소할 때의 기준전압이 서로 다르게 함으로써 얻어지는 특성으로 정 귀환(positive feedback)을 이용해 구현된다.

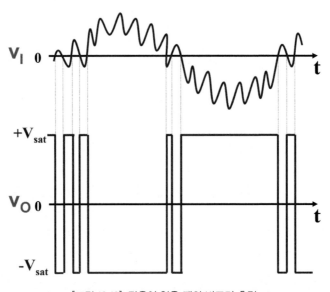

[그림 12.13] 잡음이 있을 때의 비교기 출력

■ 쉬미트 트리거

[그림 12.14(a)]는 쉬미트 트리거 회로를 보여주고 있다. 앞서의 비교기와 달라진 점은 출력전압을 R_1과 R_2로 전압 분배하여 비교를 위한 기준전압으로 삼는다는 점이다.

쉬미트 트리거의 동작을 해석하기 위해 우선 $v_O = -V_{sat}$의 상태에 있다고 가정하고 이 때의 비교기준전압 V_{LT}를 구하면 전압분배법칙에 의해 다음 수식으로 구해진다.

$$V_{LT} = \frac{R_1}{R_1 + R_2}(-V_{sat})$$
(12.30)

이때 입력 v_I를 감소시켜 출력을 토글시키려면 V_{LT} 이하로 감소시켜야 한다. 따라서 [그림 12.14(b)]의 전달특성 곡선 중 아래의 경로를 따르는 특성을 보이게 된다.

이번에는 $v_O = +V_{sat}$의 상태에 있을 때 비교기준전압 V_{UT}를 구하면 전압분배법칙에 의해 다음 수식으로 구해진다.

$$V_{UT} = \frac{R_1}{R_1 + R_2}(+V_{sat})$$
(12.31)

이때 입력 v_I를 증가시켜 출력을 토글시키려면 V_{UT} 이상으로 증가시켜야 한다. 따라서 [그림 12.14(b)]의 전달특성 곡선 중 위의 경로를 따르는 특성을 보이게 된다.

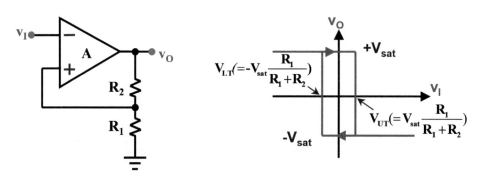

(a) 쉬미트 트리거 회로   (b) 쉬미트 트리거의 전달 특성 곡선

[그림 12.14] 쉬미트 트리거

결과적으로 입력 v_I가 낮은 전압에서 높은 전압으로 증가하여 출력 v_O를 토글할 때의 비교 기준전압이 V_{UT}인 반면에 입력 v_I가 높은 전압에서 낮은 전압으로 감소하여 출력 v_O를 토글할 때의 비교기준전압은 V_{LT}로서 서로 다르게 되어 [그림 12.14(b)]에서 보는 바와 같이 전달특성 곡선에 히스테리시스 루프(hysteresis loop)가 형성된다. 이 때 히스테리시스 V_{hys} 는 다음 수식으로 정의한다.

$$V_{hys} \equiv V_{UT} - V_{LT} = \frac{2R_1}{R_1 + R_2} V_{sat}$$

(12.32)

예제 12.6

예제 12.5에서 입력신호에 섞인 잡음의 최댓값이 $V_{np}[V_p{-}_p]$라고 할 때 [그림 12.14]의 쉬미트 트리거를 사용하여 잡음의 영향을 받지 않는 0레벨 검출기를 설계하는 방법을 설명하고 그 출력 파형을 그려라.

풀이

[그림 12E6.1]의 입력신호에서 잡음의 최대 피크치 V_{np}가 출력을 토글시키지 못하게 하려면 히스테리시스 $V_{hys} \rangle$ V_{np}의 조건을 만족시켜줘야 한다. 따라서 식(12.32)로부터

$$V_{hys} \equiv V_{UT} - V_{LT} = \frac{2R_1}{R_1 + R_2} V_{sat} > V_{np}$$

의 조건을 만족하도록 쉬미트 트리거를 설계하여야 한다.

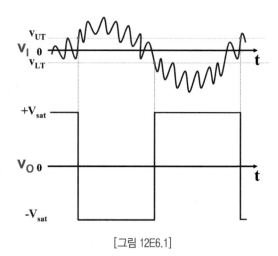

[그림 12E6.1]

이 경우 한번 결정된 출력은 V_{hys}보다 큰 입력의 반전이 있지 않는 한 그대로 유지되므로 잡음의 영향을 받지 않고 [그림 12E6.1]의 출력 특성에서 볼 수 있듯이 올바른 0레벨 검출기 기능을 수행할 수 있음을 알 수 있다. 여기서, 반전 쉬미트 트리거로 구현하였으므로 출력은 예제 12.5에서의 출력이 반전된 형태로 나타난다.

예제 12.7

아래 쉬미트트리거 회로의 전달특성 곡선을 구하라.

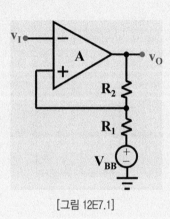

[그림 12E7.1]

풀이

$$V_{UT} = \frac{R_2}{R_1 + R_2} V_{BB} + \frac{R_1}{R_1 + R_2} V_{sat}$$

$$V_{LT} = \frac{R_2}{R_1 + R_2} V_{BB} - \frac{R_1}{R_1 + R_2} V_{sat}$$

[그림 12E7.2]

12.4 정밀 정류회로

12.4.1 다이오드 반파정류회로

[그림 12.15(a)]의 반파정류회로에 대해 다이오드 고정전압 모델을 써서 출력전압의 최대치를 구해보자. 고정전압 모델을 사용할 경우 0.7V의 다이오드 턴온 전압이 고려되어야 하므로 등가회로를 그리면 [그림 12.15(b)]와 같다.

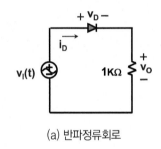

(a) 반파정류회로

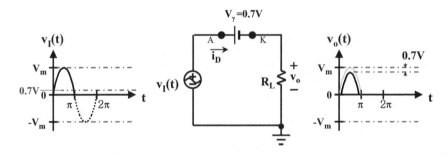

(b) 고정전압 모델을 사용한 반파정류회로의 등가회로

[그림 12.15] 고정전압 모델을 사용한 반파정류회로의 등가회로

따라서 전류 i_D의 최대치는

$$i_{D\_\max} = \frac{v_I - V_\gamma}{R_L}\bigg|_{최대치} = \frac{V_m - 0.7\text{V}}{R_L} \tag{12.33}$$

이다. 따라서 출력전압의 최대치는

$$v_{O\_max} = R_L i_{D\_max} = V_m - 0.7\text{V} \tag{12.34}$$

즉, 다이오드가 턴온되기 위해서는 입력전압이 0.7V보다 커야하므로 입력의 양의 반 주기 중에 0.7V 이상에 대해서만 도통되어 출력이 나타난다. 따라서 출력전압의 최대치는 이상적인 다이오드를 가정했을 때보다 0.7V 낮아진다. 입력 신호가 클 경우 0.7V의 오차는 무시될 수 있지만 입력 신호가 작을 경우 고려해 주어야 한다.

12.4.2 연산증폭기를 이용한 정밀 반파정류회로

앞 절에서 설명하였듯이 다이오드 반파정류회로는 다이오드 턴온 전압에 의한 오차로 인해 미세 전압 신호를 정류하기에는 부적합하다. 이 문제는 연산증폭기를 이용하여 정밀 반파정류회로를 구현함으로써 해결할 수 있다.

[그림 12.16]은 연산증폭기를 이용한 정밀 반파정류회로를 보여준다. 정밀 반파정류회로는 반전증폭기 구조로 이루어졌으므로 입력전압이 양의 반 주기인 동안 연산증폭기의 출력전압은 음(-)이 된다. 따라서 D_1은 순바이어스되어 턴온되고, D_2는 역바이어스되어 턴오프된다. D_2가 턴오프되어 끊어졌으므로 출력전압 v_{O1}은 0V가 된다.

한편, 입력전압이 음의 반 주기인 동안 연산증폭기의 출력전압은 양(+)이 된다. 따라서 D_1은 역바이어스되어 턴오프되고, D_2는 순바이어스되어 턴온된다. 이 경우 이득이 -1인 반전 증폭기로 동작하여 출력전압 $v_{O1} = -v_I$가 된다. . 따라서 출력전압 v_{O1}은 다음수식으로 표현된다.

$$v_{O1} = 0\big|_{\text{양의 반주기}} - v_I\big|_{\text{음의 반주기}} \tag{12.35}$$

여기서, D_2가 턴온되어 귀환루프를 형성하기 위해서는 연산증폭기의 출력이 다이오드 턴온 전압(0.7V) 이상이 되어야 한다. 귀환루프가 형성되기 전까지 연산증폭기는 개방루프로 동작하므로 개방루프 이득을 A_O라고 할 때 입력전압 $v_I > (0.7/A_O)$의 조건을 만족해야 귀환루프가 형성되어 정류 출력을 낼 수 있다. 따라서, 턴온 전압에 의한 오차는 $1/A_O$로 감소하게 되므로 정밀 반파정류가 이루어진다.

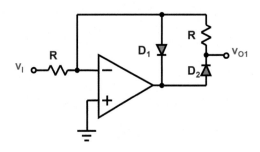

[그림 12.16] 연산증폭기를 이용한 정밀 반파정류회로

12.4.3 연산증폭기를 이용한 정밀 전파정류회로

정밀 전파정류회로는 [그림 12.17]에서 보인 것처럼 앞 절의 반파정류회로와 반전형 덧셈기로 구성된다. 이 경우 덧셈기 출력 v_O는 다음 수식으로 구해진다.

$$v_O = -(2v_{O1} + v_I) \tag{12.36}$$

여기서, v_{O1}는 입력 v_I가 반전형 반파정류회로를 거쳐 나온 출력으로서 v_I의 양의 반주기 동안 $v_{O1}=0$이고, v_I의 음의 반주기 동안 $v_{O1}=-v_I$가 된다. 따라서 v_O는 다음 수식으로 표현된다.

$$
\begin{aligned}
v_O &= -(2v_{O1} + v_I) = -\left[2\left(0\big|_{\text{양의 반주기}} - v_I\big|_{\text{음의 반주기}}\right) + v_I\right] \\
&= -\left[\left.(0 + v_I)\right|_{\text{양의 반주기}} - \left.(2v_I - v_I)\right|_{\text{음의 반주기}}\right] \\
&= -v_I\big|_{\text{양의 반주기}} + v_I\big|_{\text{음의 반주기}}
\end{aligned}
\tag{12.37}
$$

식(12.37)로부터 구해진 정밀 전파정류회로의 출력 파형을 [그림 12.18]에 보였다.

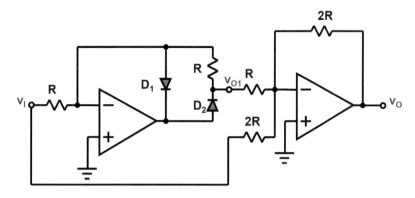

[그림 12.17] 연산증폭기를 이용한 정밀 전파정류회로

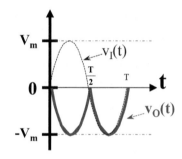

[그림 12.18] 정밀 전파정류회로의 출력 파형

연 습 문 제

1. [그림 P12.1]의 실용 연산증폭기로 구성된 반전증폭기에 대해 폐루프 전압이득 A_f를 구하라.

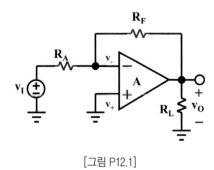

[그림 P12.1]

2. μA741 연산증폭기의 이득-대역폭 곱(GBP)은 10^6[Hz]이다. 전압이득이 500이고 대역폭이 30KHz 이상이 되는 증폭기를 μA741 연산증폭기를 써서 설계하라. 단, 입력저항은 10KΩ이 되도록 하고, 바이어스 밸런스가 이루어지도록 하라.

3. μA741 연산증폭기의 이득-대역폭 곱(GBP)은 10^6[Hz]이다. 전압이득이 -400이고 대역폭이 20KHz 이상이 되는 증폭기를 μA741 연산증폭기를 써서 설계하라. 단, 입력저항은 2MΩ 이상이 되도록 하고, 바이어스 밸런스가 이루어지도록 하라.

4. SR=2V/μs인 연산증폭기로 사인파형을 피크왜곡 없이 증폭하고자 한다.

   (a) 100KHz의 사인파를 증폭할 경우 피크 왜곡없이 얻을 수 있는 출력의 최대 진폭 V_p는 몇 V인가?

   (b) 출력의 최대 진폭 f_p=15V가 되도록 사인파를 증폭할 경우 피크 왜곡없이 얻을 수 있는 최대 주파수 f_p는 몇 Hz인가?

연 습 문 제

5. [그림 P12.5]에 보인 비교기의 전달 특성곡선을 그려라. 또한, [그림 12.12]의 비교기와 비교하여 기능상 달라진 점을 설명하라.

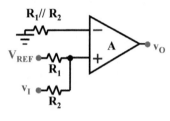

[그림 P12.5]

6. [그림 P12.6]에 보인 비교기의 전달 특성곡선을 그려라. 또한, [그림 12.14]의 쉬미트 트리거와 비교하여 기능상 달라진 점을 설명하라. 단, 다이오드는 이상적이라고 가정한다.

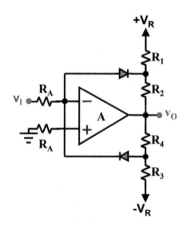

[그림 P12.6]

연 습 문 제

7.   [그림 P12.7]은 창(window) 비교기이다. 전달 특성곡선을 그리고 [그림 12.12]의 비교기와 비교하여 기능상 달라진 점을 설명하라.

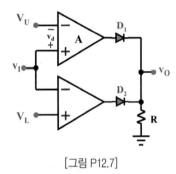

[그림 P12.7]

8.   [그림 P12.8]에 보인 쉬미트 트리거의 전달 특성곡선을 그려라. 그리고 [그림 12.14]의 쉬미트 트리거와 비교하여 기능상 달라진 점을 설명하라.

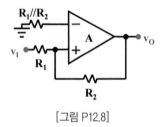

[그림 P12.8]

9.   [그림 P12.9]에 보인 쉬미트 트리거의 전달 특성곡선을 그려라. 그리고 [그림 12.14]의 쉬미트 트리거와 비교하여 기능상 달라진 점을 설명하라.

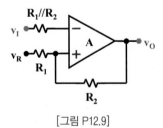

[그림 P12.9]

연 습 문 제

10. [그림 P12.10]에 보인 전달 특성을 갖는 쉬미트 트리거의 입력단자에 다음의 입력 신호 v_i가 인가되었을 때 출력 파형을 그려라.

$v_i = 2 \sin 100\pi t \,[V]$

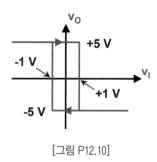

[그림 P12.10]

11. [그림 P12.11]에 보인 정밀 전파정류회로의 출력을 구하고 출력 파형을 그려라.
단, 1N4001은 턴온 전압이 0.7V인 실용다이오드이다.

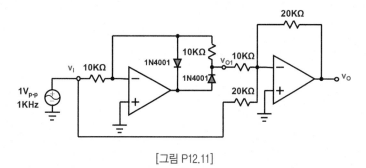

[그림 P12.11]

INDEX